Jürgen Zinnecker
Jugendkultur

Jürgen Zinnecker

Jugendkultur 1940 - 1985

Herausgegeben vom
Jugendwerk der Deutschen Shell

Leske + Budrich, Opladen 1987

CIP-Kurztitelaufnahme der Deutschen Bibliothek:

Zinnecker, Jürgen:
Jugendkultur 1940 [neunzehnhundertvierzig] — 1985/
Jürgen Zinnecker. Hrsg. vom Jugendwerk d. Dt. Shell.-
— Opladen: Leske und Budrich, 1987.

ISBN: 3-8100-0580-0

Satz und Umbruch: Leske Verlag + Budrich, Opladen
Druck und Verarbeitung: Presse-Druck, Augsburg
Printed in Germany

Vorwort

Auch dieses Buch hat seine Geschichte. Sie ist verknüpft mit der jahrelangen Arbeit an dem Forschungsprojekt "Jugendliche und Erwachsene '85. Generationen im Vergleich", deren Ergebnisse im Herbst vorletzten Jahres in Form einer fünfbändigen Buchkassette veröffentlicht wurden. Trotz des Volumens der Publikation — der Vergleich und die Entwicklung von Jugend- und Freizeitkultur in vier Jahrzehnten fanden darin keinen Platz. Weder war Raum für einen sechsten Band, noch reichte die Zeit zur Bearbeitung des umfänglichen Quellenmaterials hin.

Solche Verzögerungen sind einerseits beschwerlich, sie erlauben andererseits Denkpausen und erneutes Abstandnehmen. Der Autor hofft, daß dieser Umstand dem Thema und seiner Darstellung zugutegekommen ist.

Im Rahmen eines empirischen Forschungsprojektes stellt das Verfassen eines Buchtextes die letzte Stufe eines vielgliedrigen und auf Kooperation hin ausgelegten Prozesses dar. Nur die abschließende Arbeit am Schreibtisch wurde vom Autor — begleitet von den bekannten Höhen und Tiefen — allein getragen und verantwortet. Im Grunde müßte an dieser Stelle allen gedankt werden, die zwischen 1983 und 1985 ihren Anteil am Gelingen der Gesamtstudie beisteuerten. Da dies bereits einmal geschehen ist, möchte der Verfasser stellvertretend die Personen anführen, deren Beitrag für die vorliegende Teilstudie besondere Bedeutung hatte.

Die biografischen Porträts gründen auf dem Zusammenspiel der zwanzig Zeitzeugen für die Jugend zwischen 1940 und 1960 — ihre Namen müssen aus verständlichen Gründen pseudonym bleiben — und den Interviewern/Interviewerinnen Hubert Anton, Imbke Behnken, Renate Blank, Charlotte Heinritz, Jo Jaser, Conny Fischer, Hans-Joachim Rauh, Jürgen Karg. An der Auswertung waren zusätzlich beteiligt: Lotte Rose, Gerhard Schneider, Gerhard Walper.

Bei den Quellen- und Literatur-Recherchen zu Kindheit und Jugend der Jahrgänge 1929 — 1940 engagierten sich insbesondere Imbke Behnken, Charlotte Heinritz und Lotte Rose.

Ohne die diffizile und findige Arbeit von Horst Stein und Hanna Resch am Terminal hätte der Versuch scheitern müssen, die verstaubten Tabellenbände der alten Emnid-Umfragen aus den Jahren 1953 — 1955 und die verschiedenen Jugend- und Erwachsenen-Stichproben des Jahres 1984 in einen spannungsreichen Dialog miteinander zu verwickeln. Geduld mit dem Verfasser bewiesen bzw. mußten unfreiwillig beweisen: die Herren Schriever und Johanssen vom Jugendwerk der Deutschen Shell und die Kollegen Mitautoren Fischer und Fuchs. Ihnen sei für moralische und gedankliche Hilfe zur rechten Zeit gedankt.

Marburg, Frühlingsbeginn 1987 *Jürgen Zinnecker*

Inhalt

Einleitung

Leser mit ausgeprägt historiografischer Neigung seien gewarnt; Leser mit Angst vor Geschichte ermutigt: Die Studie über "Jugendkultur 1940 — 1985" ist in erster Linie gegenwarts- und zukunftsorientiert. Das Interesse gilt einem präziseren Blick auf hochentwickelte Jugendkulturen und die spezifischen Lebenslaufprobleme von Jugendlichen der 80er Jahre. Wer dies ernsthaft möchte, ist gehalten, zu den historisch-gesellschaftlichen Ursprüngen aktueller Freizeit- und Konsumkultur zurückzudenken und seine Aufmerksamkeit auf langfristige soziokulturelle Entwicklungsprozesse zu lenken.

Wann und auf welche Weise beginnt heutige Jugendkultur? Welche Entwicklungslinien in Alltagskultur, Konsumindustrie und Jugendstatus lassen sich seit der Jahrhundertmitte ausmachen und wie sind sie zu deuten? Nun könnte man diese und ähnliche Fragen getrost einer eigenständigen Geschichtsschreibung von Jugend überantworten — wenn es sie in nennenswertem Umfang gäbe. Bis vor kurzem beschränkte sich die Historiografie von Jugend im 20. Jahrhundert auf die Geschichte von Organisationen und Verbänden. Beispielsweise bewegen sich die meisten Darstellungen zur historischen Jugendbewegung oder auch zur Arbeiterjugendbewegung auf einem solchen Niveau von Verbands- und Vereinschronik. Gleiches läßt sich von Untersuchungen zur Geschichte des Bildungswesens, der außerschulischen Jugendhilfe oder der Popularmusik sagen. In solcher Perspektive verwandelt sich Jugend zu einem Appendix gewisser Institutionen und deren Organisationsgeschichte. Erst in jüngster Zeit wurde die Geschichte der Jugend als Institution zum eigenständigen Forschungsthema im Rahmen von Sozial-, Kultur- und Sozialisationsgeschichte (z.B.: Gillis 1980; Nitschke 1985; Trotha 1982; Roth 1983; Herrmann 1980; 1982; 1984; Herrmann/Gestrich/Mutschler 1983; Roth 1983; Schlumbohm 1979; Huck 1980; Koebner u.a. 1985; Mitterauer 1986).

Die Jugendforschung knüpft damit an das lebhafte Interesse an, das bereits einmal, in den 50er und 60er Jahren, an einer geschichtlichen Standortbestimmung von Jugend und Jugendgenerationen in Deutschland bestanden hatte (z.B. Muchow 1959; 1962; Roessler 1957; 1961; Hornstein 1965; Flitner/Hornstein 1964). Die Zahl der neueren Veröffentlichungen zu Thema und Zeitraum des vorliegenden Buches ist bislang noch gering (vgl. zuletzt Gaiser u.a. 1985; Krüger 1985; Berliner Geschichtswerkstatt 1985; Hellfeld/Klönne 1985; Fend/Friedeburg 1985). Ein spezifisches Defizit der sozialwissenschaftlich ausgerichteten Geschichtsschreibung von Jugend ist der ausgesparte reflexive Rückbezug auf Jugendforschung als Teil der Geschichte von Jugend (vgl. als Ausnahmen Rosenmayr 1962; Elder 1980; Braun 1979; Braun/Articus 1984).

Nach Lage der Dinge entschied sich der Autor dafür, historiografische und theoriebezogene Interessen in dieser Studie gegeneinander auszubalancieren. Geschichtliche Deskription bezieht sich dabei in erster Linie auf die 40er und 50er Jahre. Theoriegeleitete Analyse ist rückbezogen auf aktuelle Diskurse um jugendliche Alltagskultur, das Konzept der Jugendgenerationen, die Transformation westeuropäischer Industriegesellschaften in einen Dienstleistungs- und Konsumkapitalismus, schließlich Jugend und Jugendkonzepte als Teil klassenspezifischer Reproduktion. Konzeptuelle und methodische Fragen der Studie werden an verschiedenen Stellen im Buch erläutert und diskutiert. Ein Gang durch die inhaltliche Gliederung mag vorab als vorläufiger Hinweis dienen.

Der erste Teil befaßt sich mit der historischen Rekonstruktion von Jugend in den Vierziger und Fünfziger Jahren. Im Mittelpunkt stehen die Angehörigen zweier Generationen, die um 1930 und die um 1940 Geborenen. Die einen stehen für die Kriegs- und Nachkriegsjugend, eine Jugendzeit also, die vor dem historischen Eintritt in die industriekapitalistisch organisierte Jugendkultur liegt. Die anderen bilden die erste Generation, deren Leben durch Freizeit- und Konsumkultur im heutigen Sinn mitbestimmt war.

Die Annäherung an die geschichtlich gewordenen Lebenswelten damaliger Jugend geschieht mithilfe eines ausdifferenzierten Instrumentariums, dessen Orientierungsmarken Biografie und Alltag heißen. Im Rahmen der Studie "Jugendliche und Erwachsene '85" wurde besonderes Augenmerk auf Rückerinnerungen der heute 45- bis 54jährigen an Kindheit und Jugend in den 40er und 50er Jahren gerichtet. Solche — offen formulierten — Rückerinnerungsfragen enthielt sowohl die quantitative Vorerhebung (n = 239) wie die Haupterhebung (n = 729) unter den Erwachsenen (vgl. Bd. 3 und 5 in: Fischer/Fuchs/Zinnecker 1985). Die eindrucksvollste Verdichtung erfährt die subjektive Retrospektive durch die lebensgeschichtlichen Gespräche mit zwanzig Angehörigen der Jahrgänge 1930 bis 1940, die eine interpretative Hauptachse des ersten Buchteiles bilden. Die jugendkulturelle Welt der beiden Generationen wird anhand ausgewählter biografischer Porträts vorgestellt. Ein reizvolles Pendant zur mündlichen Lebensgeschichte bilden die ausgewählten Schlüsselszenen aus veröffentlichten Autobiografien, die Ch. Heinritz (1985) in Band 3 zusammengestellt hat.

Der zweite Typus von Quellen, auf die sich die historische Rekonstruktion stützt, sind zeitgenössischer Art. Herangezogen wurden die einschlägigen Arbeiten der damaligen Jugendforschung, sowohl der pädagogisch-psychologischen wie der sozialwissenschaftlichen Disziplinen. Fallweise greifen wir auf alltagskulturelle Dokumente zurück: die Jugenddebatte in der Tagespresse; Erziehungsratgeber für Eltern; Anstandsbücher für Jugendliche und junge Erwachsene; Sachbücher über Jugendprobleme; Broschüren zur sexuellen Aufklärung u.ä. Eine Auswahl dieser zeitgenössischen Quellen wurde in einem "Jugend Kaleidoskop" chronologisch zusammengestellt oder in den fortlaufenden Text als Infokasten eingestreut.

Ein eigener Abschnitt ist der historischen Genese und Weiterentwicklung kultureller Stile bis in die Gegenwart gewidmet. Hier handelt es sich nicht um die gesamte Breite einer Jugendgeneration, sondern um exponierte Repräsentanten expressiver Ausdruckskulturen, die gleichwohl von der Öffentlichkeit als Stellvertreter für eine Generation genommen werden können. Im Zentrum der Analyse stehen Stilrichtungen und Gruppen wie Halbstarke, Fußball-Fans, Rocker, Teenager und Exis.

Im zweiten Teil der Studie berichten wir über einen Versuch, zentrale Momente des soziokulturellen Wandels, den die Jugendphase im Bereich von Freizeitkonsum und sozialem Beziehungsgefüge seit den 50er Jahren durchlaufen hat, mit den Mitteln repräsentativer Jugendbefragung empirisch einzufangen. Das jugend- und sozialisationstheoretische Interesse, das der Empirie zugrundeliegt, wurde anläßlich der vorangegangenen Studie "Jugend '81" von den Autoren formuliert (Zinnecker 1981/82; Fuchs 1982).

Die Jugendstudie '84 bot die Gelegenheit, einen historischen Bogen zum Beginn sozialwissenschaftlicher Jugendforschung in der Bundesrepublik zu schlagen. Als Bezugspunkt wählten wir drei repräsentative Umfragen unter 15- bis 24jährigen, die 1953 bis 1955 im Abstand von je einem Jahr mit identischen bzw. nur wenig modifizierten Interviewfragen seitens des Emnid-Instituts (Bielefeld) durchgeführt wurden. Bei diesen Emnid-Studien handelt es sich um den Startpunkt für eine folgenreiche 30jährige Tradition von Jugendforschung.

Heutigen Jugendlichen wurden gut zwei Dutzend wörtlich gleichlautender Fragen vorgelegt, auf die die damalige Generation der Nachkriegsjugend und der Aufbauphase der Republik bereits einmal geantwortet hatten. Dadurch werden Lebenslagen, pädagogische Situationen, soziokulturelle Gewohnheiten und Orientierungen, gesellschaftspolitische Einstellungen zweier Jugendgenerationen direkt miteinander vergleichbar. Für die Jugend der 50er Jahre stehen die Geburtsjahrgänge 1929 bis 1940 ein; die Jugend der 80er Jahre wird durch die Geburtskohorten 1960 bis 1969 repräsentiert.

Zur Pointe des Zeitvergleichs gehört, daß wir die damalige Jugendgeneration heute, 1984, als Generation der mittlerweile 45- bis 54jährigen Erwachsenen erneut in die Befragung einbezogen haben. Als Erwachsene repräsentieren sie zugleich — emprisch: zu 67 % — die Elterngeneration für die heutigen Jugendlichen. Dieser Befragungsgruppe wurden gleichfalls verschiedene Themen aus den 50er-Jahre-Studien zur Beurteilung vorgelegt. Sie antworteten damit als Generation — nicht als Einzelperson — zum zweitenmal auf identisch gestellte Fragen.

Die Wiederholungsuntersuchung ermöglicht einen Dreifachvergleich:

a) Vergleich der Jugendlichen '53-55 mit den Jugendlichen '84.
b) Vergleich der Jugendlichen '53-55 mit den Erwachsenen '84.
c) Vergleich der Jugendlichen '84 mit den Erwachsenen 84.

Wir verzichten an dieser Stelle auf die Erörterung der vielfachen Problematik des Zeitvergleichs mittels einer empirischen Wiederholungsstudie, da an anderer Stell das Nötige bereits gesagt und publiziert wurde (vgl. Fischer/Fuchs/Zinnecker 1985, Bd. 3, S. 409ff; Bd. 5, S.7ff; Fuchs/Zinnecker 1985; Zinnecker 1985). An den genannten Orten findet sich u.a. die Dokumentation der Forschungsinstrumente, der Interviewsituationen, der Prozeßverlauf der methodischen Entscheidungen und Grundsätzliches zur Technik und Methodologie des empirischen Vergleichs.

Ein Problem bei der Wiederholung zeitlich weit zurückliegender Umfragen bildet die Überbrückung der Jahrzehnte, die zwischen den beiden Zeitpunkten der Befragung liegen. Um die Formulierung historischer Entwicklungstrends empirisch abzusichern, wurden Jugendumfragen der 60er und 70er Jahre in den Vergleich der bei-

Schema der Vergleichsbeziehungen

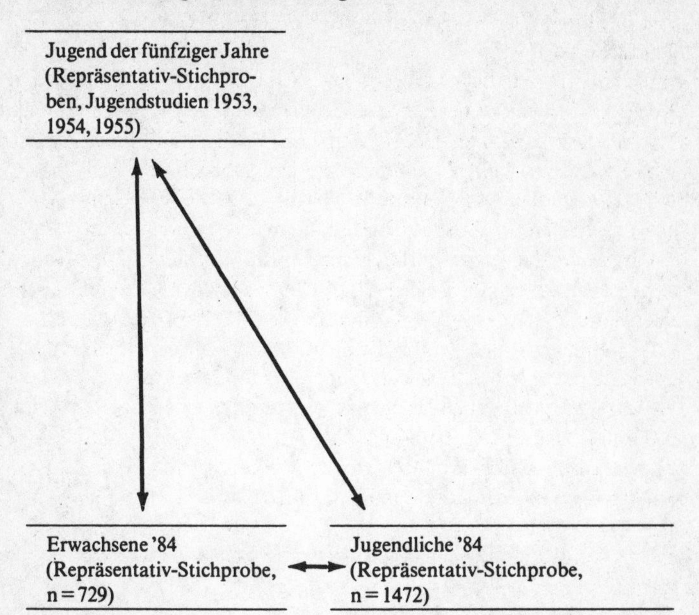

den Jugendgenerationen einbezogen. Bei bestimmten Themen ergab sich die Möglichkeit, Zeitreihen zu bilden. Hierbei interessierte insbesondere die kritische Phase soziokulturellen Wandels, die zwischen den Jahren Mitte der 60er und Mitte der 70er anzusiedeln ist. Die Jugendumfragen von Shell-Emnid aus den Jahren 1961, 1964, 1965 und 1975 halfen, die Differenz zu markieren.

Rezensenten und weitere Über-Leser seien ausdrücklich auf das Resümee des Buches verwiesen. Dort wird der Vesuch unternommen, inhaltliche Ergebnisse und theoretischen Ertrag der Vergleichsstudie(n) in knapper Form zu bündeln.

Erster Teil

Jugend der Vierziger Jahre — Jugend der Fünfziger Jahre. Zwei Generationen in Perspektive

Lotte Rose
Jürgen Zinnecker

Jugend Kaleidoskop 1945 — 1960

1945

Kapitulation — Konferenz von Potsdam über die alliierte Deutschlandpolitik — Hiroshima und Nagasaki — Beginn des Nürnberger Prozesses — Gründung deutscher Länder Bayern, Württemberg und Groß-Hessen

Kriegsfolgen

Über 4 mill tote Soldaten, 1,6 mill Kriegsversehrte, 1,2 mill Kriegerwitwen, 1,4 mill Halbwaisen, 60 000 Vollwaisen, 7,5 mill Heimatvertriebene, 20 mill ‚displaced persons' in Europa unterwegs, 2,25 mill Wohnungen, 5000 Brücken, 4000 Eisenbahnkilometer zerstört.

Arbeitspflicht

Die Alliierten erlassen einen Arbeitsaufruf an alle arbeitsfähigen Männer und Frauen, unter der Parole *'arbeitet oder hungert!'* Wer dieser Anweisung nicht folgt, riskiert hohe Strafen.

Schule

Die amerikanische Militärregierung in Bayern gibt 4 mill neue Schulbücher in Druck. Auf Veranlassung der britischen Behörden werden in Aachen und Hamburg Schulungskurse für Lehrer eingeführt, um die Lehrer auf die Wiedereröffnung der Schulen vorzubereiten.

Jugendwohlfahrt

Das *Reichsjugendwohlfahrtsgesetz* wird von den Besatzungsmächten für anwendbar erklärt, doch reichen die Bestimmungen nicht aus, um das Massenproblem der umherziehenden Jugend bewältigen zu können. Die Landesjugendämter der britischen Zone versuchen durch die *'Nenndorfer Richtlinien'* eine Hilfestellung bei der Sorge um die heimatlosen Jugendlichen zu geben, indem sie Beschaffung und Finanzierung der notwendigen Einrichtungen übernehmen.

Die tägliche *Lebensmittelration* für Kinder von 9 - 17 Jahren wird von 1388 auf 1550 Kalorien erhöht. Sachverständige aus Großbritannien beobachten die Ernährungslage in Deutschland ständig, indem sie Passanten auf der Straße wiegen.

Fraternisierungverbot

Feldmarschall Montgomery an seine Offiziere und Mannschaften:

„Ein Kontakt mit der Bevölkerung ist nur im dienstlichen Verkehr gestattet. Jede Art des persönlichen Umgangs hat zu unterbleiben. Bloße Kapitulation bedeutet noch nicht Frieden. Für euch Soldaten ist es noch zu früh, zwischen guten und schlechten Deutschen zu unterscheiden."

kultureller Neubeginn

Schlager des Jahres: ‚Capri-Fischer',
Aufbau voneinander unabhängiger *Rundfunkanstalten* in den einzelnen Zonen, es existieren noch 7 mill. Rundfunkgeräte.
Boogie-Woogie kommt auf.
Der Berliner Sender überträgt das erste Mal seit 6 Jahren wieder eine katholische Sonntagsmesse.

1946

Nürnberger Prozesse — Gemeindewahlen in der amerikanischen Zone — erste Interzonenkonferenz der Gewerkschaften — US-Außenminister Byrnes leitet Neuorientierung der amerikanischen Deutschlandspolitik ein.

Bewahrungsgesetz und ‚Nachkriegserziehung'

In der amerikanischen und britischen Zone strebt man ein einheitliches Arbeitserziehungsgesetz für Arbeitsscheue und Verwahrloste unter 30 Jahren an.

Not

Der Kölner Kardinal und Erzbischof Frings streicht in seiner Silvesterpredigt *Mundraub und Kohlendiebstahl* aus dem Sündenregister.

Allein in Berlin gedeihen schätzungsweise 12 mill *Tabakpflanzen*.

Wochenendbeschäftigung der Familien: Holz sammeln, Hamsterfahrten, Flickarbeit der weiblichen Mitglieder, Gartenarbeit.

4 mill. *Care-Pakete* haben die Deutschen bis jetzt erhalten. Ein Paket normaler Größe enthält 31129 Kalorien.

Deutschland im Jahre Null

Der Italiener Roberto Rosselini dreht im deutschen Chaos *‚Deutschland im Jahre Null'*, der von Kindern und Jugendlichen handelt, die betrügen, stehlen, sich prostituieren und so für die ebenfalls um das Überleben kämpfenden Erwachsenen nicht mehr verfügbar sind.

Kinder

Kamera-Teams der Sowjet-Wochenschau fahren wöchentlich zu den Auffangstellen für Kinder, die im Krieg und bei der Vertreibung verloren gegangen sind, und zeigen einige der kleinen Versprengten. Schätzungsweise *10 mill. Menschen suchen sich* in dieser Zeit.

1540 amtlich erfaßte *'farbige Besatzungskinder'* werden geboren (die höchste Zahl in der Nachkriegszeit).

Jedes Schulkind, das in Hamburg bei der Umwandlung von Brachland in *Schulgärten* mitmacht, erhält im Jahr zwei Zentner Kartoffeln und ein paar Kilo Gemüse für seine Familie.

Gründung der 'Freien Deutschen Jugend'

wird 1951 wieder verboten, hat in ihrer Blütezeit weit über 100 000 Mitglieder. Neben der Gewerkschaftsjugend und den sozialdemokratischen Falken ist sie der größte politische Jugendverband.

Medienkultur

Erste Ausgabe der Programmzeitschrift 'Hör zu' erscheint.

"Möwe, du fliegst in die Heimat, grüß sie herzlich von mir. All meine guten Gedanken ziehen nach Hause zu dir." (erster großer Nachkriegsschlagererfolg)

1947

Internationale Reparationskonferenz — Ahlener Programm der CDU — Bi-Zone Zusammenschluß der britischen und amerikanischen Zone — Truman-Doktrin — Verkündigung des Marshall-Plans

Hungerwinter

Eine Kältewelle im Winter 46/47 verursacht industriellen Stillstand. Es herrscht Mangel an Brennmaterial. Die Ernährungslage ist auf dem Tiefstpunkt. Nicht wenige müssen ihre Freizeit infolge der Kälte und Stromsperre im Bett verbringen.

Kinder- und Jugendnot

Ergebnisse einer Erhebung in Bremen: Schulversäumnis wegen Schuhmangels

1 - 5 Tage	39,1 %
6 - 20 Tage	23,4 %
11 - 20 Tage	20,5 %
21 - 50 Tage	12,6 %
über 50 Tage	4,1 %

,,Beinahme ausnahmslos für alle Schulkinder ist die Entgegenahme der warmen *Schulspeisung* das ganz wesentliche Ereignis des Schulvormittags. Eßgeschirr und Löffel gehören heute zu den unbedingt erforderlichen Ausrüstungsgegenständen, zu den ,Lernmittel' der Schulkinder."

,,Der verfluchte Garten müßte verschwinden. Wenn Vater die Zeit, die er im Garten zubringt, zum *Hamstern* verwenden würde, hätten wir wenigstens was zu essen." (Schüler zur Garten- und Brachlandaktion der Berliner Verwaltung)

Sozialfragebogen in Großberlin: zunehmende Gewichtsabnahme vor allem bei den 18 - 21jährigen, 80% der Lehrlinge haben *Untergewicht.*

Der Schwarzmarkt

Die Hamburger Polizei beschlagnahmt: 586 Kühe, Schweine, Schafe, 31 Tonnen sonstiges Fleisch, 28 Autos, 19 Tonnen Benzin, 17.000 Fahrradreifen, 3 mill. Zigaretten, 26.000 Rollen Nähgarn ...

Die Frauen

,,Ein Wort zur Belastung der *Flüchtlingsmütter.* 35% ... müssen alle ihre äußeren Verhältnisse ohne den Mann regeln, alle Verhandlungen mit fremden Behörden, Flüchtlingsamt, Versorgungsamt, Wohnungsamt usw. selber führen ohne Schutz und Hilfe des Mannes und seinen kräftigen und kräftigenden Beistand."

Viele der Mütter, die Kinder von Besatzungssoldaten haben, sind noch nicht mündig.

,,Ein Mann kommt nach Deutschland. Er war lange weg, der Mann. Sehr lange, vielleicht zu lange. Und er kommt ganz anders wieder, als er wegging." (W. Borchert. Draußen vor der Tür)

1948

Berlin-Blockade — Verkündigung des Ruhrstatus — Inkrafttreten des Marshall-Plans für die Westzonen — Währungsreform — Erklärung der Menschenrechte durch UN

Flüchtlinge und Vertriebene

Von 66 mill. Deutschen sind 15 mill. Flüchtlinge. Papst Pius XII an die Bischöfe: „Wir glauben zu wissen, was sich in den Kriegsjahren in den weiten Räumen zwischen Weichsel und Wolga abgespielt hat. War es jedoch erlaubt, im Gegenschlag 12 Millionen Menschen von Haus und Hof zu vertreiben und der Verelendung preiszugeben?"

Entnazifizierung

Betroffen sind in der amerikanischen Zone 28% aller Personen über 18 Jahre.

„Der Vorsatz, den Nationalsozialismus mit allen Mitteln dieses Gesetzes auszurotten, ist gescheitert. Dagegen hat diese Art der Denazifizierung zu Zuständen geführt, die ... an die hinter uns liegenden Schreckensjahre erinnern. Hunderttausende stehen unter beständigem Druck und erliegen der Versuchung, zu allen erdenklichen Unwahrhaftigkeiten und Lügen zu greifen, um sich reinzuwaschen." (Niemöller)

Familie und Ehe

Von 5,5 mill. deutschen Schulkindern lebt die Hälfte nicht bei beiden Eltern.

„1944 habe ich geheiratet, habe aber meinen Mann seit der Hochzeit nicht mehr gesehen. Er kam in russische Kriegsgefangenschaft ... Ich habe ihn ursprünglich geliebt, aber ... die lange Wartezeit hat mich müde gemacht. Nun kenne ich seit kurzem einen Mann, den ich heiraten möchte. Gibt es Fernscheidungen, wenn mein Mann damit einverstanden wäre?" (Leserbrief in ‚Constanze')

„Gelt Vati, es ist wieder Ostern!" — „Warum denn, Brigittchen?" — „Ei, weil die Mami schon den ganzen Tag in der Stadt ist, Eier suchen."

Ergebnis einer Jugendbefragung (Noelle)

Wodurch wurde das „Unglück Deutschlands" verursacht?

durch geschichtliche Umstände	44 %
durch die ältere Generation	19 %
durch beides gleichmäßig	9 %
unentschieden	28 %

Worin bestehen die „größten Schwierigkeiten" der heutigen Jugend?

Ziellosigkeit	31 %
Beruf und Fortkommen	19 %
Materielle Sorgen	18 %
Politische Umstände	16 %
unentschieden	16 %

1949

Grundgesetz in Kraft — Wahlen zum 1. Bundestag — Ende der Berliner Blockade

Innerhalb der Bundesregierung werden Jugendfragen — wie in der Weimarer Republik — wieder dem Ministerium des Innern übertragen, Abteilung 'öffentliche Fürsorge und Leibesübungen'.

Jugendverbände

Gründung der *Arbeitsgemeinschaft für Jugendpflege und Jugendfürsorge* (ab 1971 Arbeitsgemeinschaft für Jugendhilfe), getragen von allen maßgebenden Spitzenorganisationen der Jugendhilfe; Gründung des *Bundesjugendrings*

betr. Frauen

Gründung des Deutschen Frauenrings e.V.; Einrichtung eines Frauenreferats im Bundesinnenministerium

Ist die *freie Liebe* unmoralisch?
Ja 29 %

"Elegant geschminkt, aber meistens krank! Massenprostitution — ein trauriges Kapitel der Nachkriegszeit." (Neue Ruhrzeitung 16.2.)

Krankheiten

Zahl der tuberkulös infizierten Kinder gegenüber der Vorkriegszeit von 7,9 auf 15 % gestiegen. 40 % der Jugendlichen zeigen kriegsbedingte neurotische Störungen. 23 % der Geschlechtskranken sind Jugendliche.

wieder spielen

Wer das Spielen verlernt hat in den Jahren der Not, für den richten Kommunalverwaltungen 'Spielskreise' ein, in denen Eltern das Spielen mit ihren Kindern 'vorüben' können.

Probleme (mit) der Jugend

Wer fragt danach, ob der junge Lehrling geschlagen wird, ob er vom Hungerlohn leben kann?" (Norddeutsches Echo 8.2.)

"65.000 vagabundieren als Strandgut des Krieges durch die Zonen." (Hamburger Freie Presse 3.3.)

Modetanz Samba

‚Freiwillige Selbstkontrolle der deutschen Filmwirtschaft'

1950

Sowjetische Regierung erklärt Rückführung deutscher Kriegsgefangenen für abgeschlossen — Beitritt der BRD in Europarat — Remilitarisierungsbestrebungen der BRD — Aufhebung der Lebensmittelrationierung

'Ohne-Uns-Bewegung'

„Wir wollen keine Soldaten sein! Theodor, geh' du allein!" (Sprechchöre bei einer Veranstaltung mit Theodor Heuss)

Emnid: nur 14 % der Befragten stimmen der Wiederbewaffnung zu (1951 sind es bereits 28 %).

Jugendpolitik

Das erste vom Bundestag verabschiedete Jugendgesetz erleichtert die Adoption.

Schaffung eines neuen Förderprogramms: *Bundesjugendplan*. Ziel: Behebung der 'materiellen Jugendnot'.

Zusammenschluß der Nachwuchsverbände der Parteien zum *Ring der politischen Jugend*

Ruf nach Jugendforschung

„Die Jugend ist heute zweifellos ökonomisch, soziologisch und psychisch in einer so andersartigen Situation, daß es nötig ist, auf Bundesebene eine leistungsfähige Zentral- und Forschungsanstalt für Jugendfragen aufzubauen." (SPD-Abgeordneter Keilhack im Bundestag)

Arbeitslosigkeit

Die Rate liegt bei 11,9%, unter der Jugend herrscht höhere Arbeitslosigkeit als unter den Erwachsenen insgesamt.

Der 'Werkstudent'

An den Hochschulen blühen die studentischen Schnelldienste, die aber nicht genügend Arbeit für die Arbeitswilligen haben.

Statistisches zur Familie

9,5% aller Neugeborenen werden unehelich zur Welt gebracht — eine bislang nicht wieder erreichte Rekordmarke.

Darmstädter Kinder (10-12 Jahre), die kein eigenes Bett haben: 45 %, wenn der Vater ungelernter Arbeiter ist; 26 %, wenn er Angestellter ist.

German Youth Activities

Die amerikanische Regierung läßt sich ihre Jugendarbeit in Deutschland viel Geld kosten. Herzstück ihres Programms sind die GYA-Heime. 1950 existieren davon 247. Nach einer anfänglichen 'Schokoladen-Bonbon-Ära' wird die Arbeit in diesen Heimen zunehmend politisiert.

Medien

„So beginnt ein Leben", dänischer *Aufklärungsfilm* in Spielform, der eine Geburt zeigt

Gründung des *Deutschen Sportbundes*

'Erfindung' des Orff'schen Schulwerks

Erster deutscher Farbfilm nach dem Krieg (Schwarzwaldmädel)

1951

Die westlichen Alliierten beenden Kriegszustand mit BRD — Ratifizierung des Gesetzes zur Montan-Union — Bundesverfassungsgericht eröffnet — Schah von Persien heiratet Soraya — Beitritt der BRD zu UNESCO

‚Gesetz gegen ungebührliches Verhalten Minderjähriger in der Öffentlichkeit'
(ursprünglicher Titel)

Gründung der *Bundesarbeitsgemeinschaft ‚Aktion Jugendschutz'*, Ziel: „... die Gefahren des Verfalls von Zucht und Anstand, die Gefahren der Frühreife, ungesundes und verantwortungslosen Geschlechtslebens und dessen Folgen einzudämmen und abzuwehren" (Handbuch zur ‚Aktion Jugendschutz')

Bayerischer Landtag lehnt Abschaffung der Prügelstrafe ab.

Das deutsche Jugendarchiv führt eine Untersuchung über ‚Verbleib und Eingliederung der jugendlichen Grenzgänger aus der sowjetischen Besatzungszone seit Juni 1948' durch.

betr.: Frauen und Männer

Frauenüberschuß: Der Krieg hat eine Differenz verursacht, die Konflikte birgt; auf 22,4 mill. Männer kommen 25,2 mill Frauen.

Die Frauenzeitschrift ‚Constanze' ruft auf zur Diskussion über *Lohnungleichheit*.

‚Europa-Gedanke'

Europäisches Jugendlager auf dem Loreley-Felsen. Der Berichterstatter vergißt nicht anzumerken, daß selbstverständlich die Zelte der Mädchen streng bewacht würden.

Die **Freßwelle** läuft an (kg im Jahr):

	Zucker	Fleisch	Fett
49/50	22,9	31.4	16.2
50/51	27,4	36,6	20,5

In Frankfurt/M. findet 1. internationale **Automobilausstellung** statt.

Entnazifizierung

Die Zeitungen sind voll mit Berichten über Prozesse, die die Verbrechen des 3. Reiches aufklären sollen.

Frühform des Button

Im Bundesgebiet tauchen Anfang des Jahres Blechplaketten auf: Sie zeigen einen Kommißstiefel und zu beiden Seiten des Schafts die Worte ‚Ohne mich'.

Unterhaltungskultur

Schlager des Jahres: Florentinische Nächte; Kinderstar Conny Froeboess singt ‚Pack die Badehose ein'.

In den deutschen Kinos läuft eine ganze Serie erfolgreicher Heimatfilme; ein typischer Titel: ‚Grün ist die Heide', Filmhit: ‚Endstation Sehnsucht'.

Das *Taschenbuch* beginnt seinen Siegeszug. Rowohlt, der 1950 damit anfing, meldet nach einem halben Jahr 1,1 mill. verkaufte Exemplare.

Das erste *Micky-Maus-Heft* mit deutschen Sprechblasen kommt in den Kioskverkauf.

1952

Wiedergutmachungsabkommen zwischen BRD und Israel — DDR-Vorschläge zur Wiedervereinigung — BRD bekommt Nationalhymne — Ende des Marshall-Plans

Gesetze

Mutterschutzgesetz verabschiedet.

Das *Betriebsverfassungsgesetz* sieht die Bildung einer Jugendvertretung in allen Betrieben mit mindestens 5 jugendlichen Beschäftigten unter 18 Jahren vor — es gewährt aber keinen Kündigungsschutz für die gewählten Vertreter.

Mit dem *Wohnungsbauprämiengesetz* wird die Grundlage für Bausparförderung gelegt. (1953 : 571000 Bausparverträge; 1957: über 2 mill.)

Vermischtes

Bei den *Olympischen Spielen* in Helsinki ist Deutschland wieder zugelassen.
Meissner: ,,Man benimmt sich wieder" (Anstandsbuch)

Erste *Nachkriegsfernsehprogramm* vom NWDR

Der bundesweite Verband *‚Junge Presse'* gegründet

2 mill. Menschen leben noch in *Notunterkünften*

Schulkinder-Daten

Seit 1880 hat die *Durchschnittsgröße* deutscher Schüler um 10,4 cm zugenommen.

Albert Huth will gegenüber der Vorkriegszeit an deutschen Schulkindern einen durchschnittlichen *Begabungsrückstand* von 4 - 5 % und eine Begabungsverschiebung vom sprachlich-theoretischen auf das praktisch-organisatorische Gebiet festgestellt haben.

Jugenduntersuchung

C. Bondy, K. Eyferth: "Bindungslose Jugend. Eine sozialpädagogische Studie über Arbeits- und Heimatlosigkeit"

1953

Bundestagswahlen — Adenauer bildet Koalitionsregierung — Interzonenpässe zwischen DDR und BRD werden abgeschafft — 17-Juni-Aufstand — Waffenstillstand in Korea

Bonn ...

Einrichtung des *Familienministeriums:*

„Wir würden es bedauern, wenn das Ministerium seine Aufgabe in erster Linie darin sehen würde, durch eine Art moralischer Aufrüstung den Familiensinn zu stärken und die Familiengründung zu fördern" (Ollenhauer in der Aussprache zur Regierungserklärung)

Neues *Jugendgerichtsgesetz wird* verkündet.

Die im Grundgesetz vorgesehene Frist für die Herstellung der *Gleichberechtigung* der Frau läuft ergebnislos ab.

Einführung des *Kindergeldes*

Gesetz über die Verbreitung *jugendgefährdender Schriften* wird verabschiedet.

1. Nachkriegsnovelle zum *Reichsjugendwohlfahrtsgesetz* (u.a. Einrichtungen von neuen Jugendämtern, Jugendwohlfahrtsausschüssen)

Wo Ollenhauer pflügt, sät Moskau! (Wahlplakat der FDP)

Wie schon 1949, so auch bei dieser Bundestagswahl geringe Wahlbeteiligung bei Jungwählern.

Christian Dior bringt die Tulpenlinie in die **Damenmode**; Glockenröcke sind 'in'.

Vorboten der Halbstarkenkrawalle

Im Anschluß an die sog. Himmelfahrtskrawalle in Hannover mit 10.000 Menschen setzen Jugendliche die Schlägereien fort.

Filmecke

‚Der Wilde' mit Marlon Brando (eine Motorradclique tyrannisiert eine amerikanische Kleinstadt).

‚Königliche Hoheit' mit Ruth Leuwerik; ‚Die Wüste lebt', farbiger Dokumentarfilm von Walt Disney.

Schülerzeitungen

Die von amerikanischen Re-Education-Offizieren importierte Idee der *Schülerzeitungen* breitet sich schnell aus — vor allem an den höheren Schulen. 1953 sind es 200, 1956 350; 1981 3000.

Höhepunkt des **DDR-Flüchtlingsstromes** (6000 an einem Tag)

aus Wissenschaft und Forschung

A. Kinsey: ‚Die Sexualität der Frau'. Dieser 2. Kinsey-Report beunruhigt mit seinen statistischen Daten noch stärker die Öffentlichkeit

H. Schelsky: Wandlung der deutschen Familie

‚Unbekannte Jugend' (Eröffnungsartikel zum 1. Jahrgang der deutschen jugend)

H. Muchow: Flegeljahre. Beiträge zur Psychologie und Pädagogik der Vorpubertät.

1954

Europäische Verteidigungsgemeinschaft scheitert — BRD wird NATO-Mitglied — Bundestag billigt Wehrergänzung zum Grundgesetz — Aufstand in Algerien — Verfolgung ‚unamerikanischer Umtriebe' in USA

Was an Schmutz und Schund ich hab, fort damit ins Schmökergrab! (Motto einer Jugendschutzveranstaltung)
Bundesprüfstelle für jugendgefährdende Schriften eingerichtet.

„Frohe Ferien für alle Kinder"
Als bekannt wird, daß die Zahl der westdeutschen Kinder hoch ist, die 1954 der Einladung der DDR-Ferienaktion folgen, werden 1955 im Bundesjugendplan Gelder für Erholungsmaßnahmen zur Verfügung gestellt.

Wöchentliche Arbeitszeit:

USA - 39,7 Std.
BRD - 48,6 Std.

Konfessionsschulenstreit
In Niedersachsen werden durch ein neues Schulgesetz 2000 katholische Schulen in Gemeinschaftsschulen umgewandelt. „Wir kämpfen weiter und werden nicht eher die Waffen niederlegen, bis das Gesetz gefallen ist." (Hirtenbrief der kath. Bischöfe)

Aus der Medienwelt
40 - 60 % der Schallplatten (24 mill. Platten) werden an Jugendliche verkauft.

Der *Kugelschreiber* verdrängt Bleistifte und Stahlfedern — nur in den Schulen vorerst nicht.

Die Übertragung der Fußballweltmeisterschaft gibt dem Fernsehen einen starken Impuls.

Beliebte Kinofilme: E. Kazan, ‚On the waterfront' mit Marlon Brando; ‚Glenn-Miller-Story'; H. Käutner ‚Des Teufels General'.

1. Jugendstudie: „Jugend zwischen 15 und 24. Eine Untersuchung zur Situation der deutschen Jugend im Bundesgebiet" (Emnid)

„Von der Berufsnot zum Nachwuchsmangel" (deutsche Jugend)
„Bildungsnot und Berufsnot der Landjugend" (deutsche Jugend).

Erwachsene veranstalten in Berlin eine Kundgebung, in der sie gegen die *„bedrohlichen Auswüchse Jugendlicher"* protestieren.

1955

Kein Friedensnobelpreis — erste Bundeswehrfreiwillige werden eingezogen — Moskau und Bonn entsenden Botschafter — Saarbevölkerung lehnt Saarstatut ab — Hallstein-Doktrin — Verbot der Frauenlohngruppen

Jugenddebatte

G. Reimann: Verderbt — verdammt — verraten? Jugend in Licht und Schatten

Wolf von Baudissin: Das Leitbild des künftigen Soldaten (dj)

‚Das Heim der offenen Tür. Eine Untersuchung westdeutscher und Westberliner Freizeitstätten'

F. Stückrath, G. Schottmeyer: Psychologie des Filmerlebens in Kindheit und Jugend

Problem: Rowdies

Großkrawall in Hamburg im Zusammenhang mit einem Gastspiel von Louis Armstrong.

Die Berliner Polizei richtet ein Dezernat zur Bekämpfung des Rowdy-Unwesens ein.

‚Rock around the Clock

Bill Haley erreicht damit den Durchbruch des Rock'n Roll in den USA. Verbreitung über den gleichnamigen Film, Radio Luxemburg und die amerikanischen Soldatensender auch in der BRD.

steigender Konsum

Jahresschallplattenproduktion liegt bei 30 mill. Stück, 1949 waren es noch unter 5 mill.

Die Taschenbuchausgabe „Tagebuch der Anne Frank" erreicht in wenigen Monaten eine Verkaufszahl von 100.000.

Hochschulkonferenz in Bad Honnef beschäftigt sich mit Problemen der Studenten- und Hochschulnachwuchsförderung.

Koedukation?

„Um bestehende Unklarheiten zu beseitigen, weisen wir darauf hin, daß auch in einklassigen Schulen die Mädchen Unterricht in Leibesübungen erhalten müssen ... Es muß ein Weg gesucht werden, der alle Bedenken, die gegen einen gemeinsamen Turnunterricht der Knaben und Mädchen an einklassigen Schulen erhoben werden könnten, ausschließt." (Verfügung der Bezirksregierung Koblenz)

Filmhits:

‚Sissi' (ein Jahr später: ‚Sissi, die junge Kaiserin'); ‚Jenseits von Eden'; ‚Die Saat der Gewalt'

populärer Schlager: ‚Ganz Paris träumt von der Liebe'

1956

FDP-Bundesvorstand kündigt Koalition mit der CDU — Verbot der KPD — Hitler amtlich für tot erklärt — Ungarnaufstand — Fürst Rainier von Monaco heiratet Grace Kelly

Das Jahr der ‚Halbstarkenkrawalle'

Januar:
,,Halbstarken-Exzesse" in Berlin, Neukölln und Frankfurt-Bornheim

April:
Veranstaltungskrawall im Berliner Sportpalast, weitere Großkrawalle

Juni:
Bayerischer Innenminister fordert von der Stadt München, gegen die Halbstarkenauswüchse ,,mit Brutalität" vorzugehen und von der ,,unangebrachten Humanitätsduselei" Abstand zu nehmen.

September:
Parlamentsdebatte in Westberlin zu Jugendkrawallen, FDP-Fraktion hält die ,,Randalierer" für eine jugendliche Minderheit.

Oktober:
Bundestag befaßt sich mit dem ‚Halbstarken'-Problem, der Jugendgerichtstag in Marburg auch.

Ein Gesetz wird erlassen, das sich gegen das Herumfahren auf Motorrädern ,,aus purer Lust" richtet. Wer nicht zur Erreichung eines Verkehrszieles fährt, wird bestraft.

Bondy u.a.: Jugendliche stören die Ordnung (Analyse der ‚Jugendkrawalle')

Über die Jugend

,,Jungens in den Flegeljahren", Film für Jugendleiter, Lehrer und Eltern.

A. Gruber: ,,Jugend im Ringen und Reifen"

Bundestag verabschiedet Gesetz über Dauer des *Grundwehrdienstes* von 12 Monaten.

Auf Initiative des Bundesinnenministeriums *Streichung* der *Mittel des SDS aus dem Bundesjugendplan*

Gründung des *Studienbüros für Jugendfragen*

Erste Ausgabe der *‚Bravo'*

Gründung der Zeitschrift *Jugendschutz*

Karlheinz Graudenz/Erica Pappritz: Das Buch der *Etikette*

Musik und Film

Hits: ‚Love me tender', ‚A rivederci Roma'

ladies and gentlemen — ich möchte Ihnen jetzt eine kleine, sehr vernünftige Geschichte erzählen: Awopbop-loop-bopalobbamboom! Tutti frutti! All rottie! Tutti frutti! (Elvis Presley)

Filmstar: James Dean

beliebte Tier- und Naturfilme: ‚Eine Welt voller Rätsel' von Walt Disney; ‚Schweigende Welt', Unterwasserfarbfilm von Cousteau; ,,Kein Platz für Tiere", über die Gefährdung der afrikanischen Tierwelt, von Grzimek

1957

Abrüstungsverhandlung Ost-West — ‚Göttinger Appell' gegen Atomwaffen — 3. Bundestagswahl — Adenauer bleibt Kanzler — Sputnikschock

Bundeswehranfänge

Einberufung der ersten Wehrpflichtigen. Soldaten ertrinken bei einer Übung in der Iller. Eine Diskussion über den überstürzten Aufbau der Bundeswehr entflammt

Aus der Wissenschaft

DIVO: Zur ideologischen und politischen Orientierung der westdeutschen Jugend und ihrer Führer (Repräsentativumfrage)

deutsche Jugend: „Anni geht in die Fabrik" (vierzehnjährige Mädchen im Industriebetrieb)

„Ich bin überzeugt, daß die Phantasie der jugendlichen Ausbruchversuche aus der Welt in Watte, die man ihr zumutet, aller praktischen Weisheit der Pädagogen und Soziologen der Anpassung überlegen sein wird." (Die skeptische Generation, Schelsky)

Jugend - mal so

„Ja, ein Mädchen mit 16 braucht so wenig zum Glück, nur ein paar schicke Platten mit heißer Musik" (Conny)

mal so

Großkrawalle im Zusammenhang mit den Elvis-Presley-Filmen ‚Gold aus heißer Kehle' und ‚Mein Leben ist der Rhythmus'

Bonn ...

Das Familienministerium wird um den Komplex Jugend erweitert.

Wegen des Mangels an sozialpädagogischen Kräften setzt der Bundesjugendplan Mittel zur Förderung des sozialpädagogischen Ausbildungswesens ein.

betr.: Bildung

Schulversuche mit 5-Tage-Schule und Ganztagsschulen/verstärkte Forderung nach Ausbau des 2. Bildungswegs/verbesserte Studentenförderung durch Honnefer-Modell/Wissenschaftsrat empfiehlt Einführung des Numerus-Clausus und erstellt Gesamtplan zur Wissenschaftsförderung und Hochschulentwicklung.

Aus der Medienwelt

Das Fernsehen erreicht die erste Zuschauermillion. Stereo-Schallplatten kommen auf.

Kinohit: „Der König und die Tänzerin" mit Marilyn Monroe

1. Massenimpfung gegen Kinderlähmung

Eltern behinderter Kinder schließen sich zur Aktion **‚Lebenshilfe für das geistig behinderte Kind'** zusammen.

1958

Debatte um Atombewaffnung der Bundeswehr — Bewegung ‚Kampf dem Atomtod' — Volksbefragung zur Atombewaffnung abgelehnt — Chruschtschow Ministerpräsident — Schah von Persien trennt sich von Soraya

Hula-Hoop-Rekord: Der elfjährige Ricky Ilfeld mit 14 beleuchteten Reifen

Kinderkultur

Erste Kinderschallplatte, Hulla-Hupp-Reifen aus den USA

zur Ehe

Das sogenannten *‚Gleichberechtigungsgesetz' tritt in Kraft*

Es existieren 17 Eheberatungsstellen in der BRD, 1965 sind es 125.

Erklärungen der ev. und kath. Kirche zur Mischehe (seit 1914 ist der Prozentsatz von 10 % auf 25 % gestiegen)

Die Anti-Baby-Pille findet Anwendung.

Anstandserziehung

„Die Kieler Tanzschule hat ... besondere Lehrlingskurse eingerichtet. Früher war es üblich, die Lehrlinge mit in die Erwachsenenkurse einzureihen; jetzt aber nimmt diese Tanzschule die Arbeitersöhne, die noch mit betont proletarischen Sitten ankommen, in dieselbe Anstandserziehung wie die höheren Schüler ..." (Friedrich Heyer)

Jugendprobleme

‚Jugendliche Flüchtlinge aus der SBZ' (infratest)

‚15.000 junge Deutsche in der Fremdenlegion' (deutsche jugend),

‚Die junge Arbeiterin' (Wurzbacher u.a.)

Das 48. Heft dieser Ratgeber-Reihe erscheint. Einige Titel:

Kinder und Jugendliche richtig an der Hand nehmen, Flüchtlingskinder in der neuen Heimat, Das einzige Kind, Ist unser Kind schulreif, Autoritär oder demokratisch erziehen, So lernen Kinder richtig sparen ...

Im Zuge der bundesweiten Kampagne gegen Schmutz und Schundliteratur kommt es zu organisierten Bücherverbrennungen

Musik und Tanz

Die Deutschland-Tournee von Bill Haley ist begleitet von Saal- und Straßenschlachten.

Der kubanische Chachacha verbreitet sich in Europa.

1959

Vollbeschäftigung erreicht — Godesberger Programm der SPD — Revolution in Kuba — Gespräch zwischen Eisenhower und Chruschtschow in Camp David — Care-Nachkriegshilfe abgeschlossen

betr. Familie

Erhöhung des Kindergeldes, Familienrechtliche Gleichstellung von Vater und Mutter durch BVG-Urteil

,,Das *Schlüsselkind* ist eine problematische Erscheinung unserer Zeit … Wenn eine berufstätige Mutter ihre Kinder, weil sie niemanden zur Beaufsichtigung hat, einschließen oder ihnen den Wohnungsschlüssel überlassen muß, dann sollte, wenn nicht dringliche wirtschaftliche Gründe vorliegen, die Entscheidung immer gegen die Berufsarbeit der Mutter ausfallen." (,Die gute Ehe')

Welle **antisemitischer Wandsprüche, Synagogenschändung in Köln**

Kinoerfolge

,Die Brücke', ,Babette geht in den Krieg' mit Brigitte Bardot, ,Ben Hur'

,Randalierende Jugend'

von Günter Kaiser,

,,Die Bande ist die letzte und schlechteste Möglichkeit, frei zu bleiben; und das wollen wir." (Aussage eines Halbstarken)

Wiederaufleben der ,Faschingskrawalle' in Nürnberg

H.H. Muchow: Sexualreife und Sozialstruktur der Jugend

,Rahmenplan zur Umgestaltung und Vereinheitlichung des deutschen Schulwesens':

4jährige Grundschule, 2jährige Förderstufe, dann Hauptschule, Realschule oder Gymnasium

Hessen-Kolleg als Institution für den 2. Bildungsweg in Wiesbaden eingerichtet

Das Schuldorf Bergstraße wird gegründet, das die Entwicklung der *kooperativen Gesamtschule* und der Förderstufe in Hessen mit einem ersten Versuch ankündigt.

Ende der Fünfziger sind 350.000 Jugendliche in **Fan-Clubs** organisiert. Die Stars sind: Freddy Quinn, Caterina Valente, Peter Kraus, Marlon Brando, James Dean, Marilyn Monroe…

Musikalisches

Ende der frühen Rock'n Roll-Phase. Eine neue Weiche Welle setzt sich durch mit Liedern wie ,Maria' ,Muß i' denn', ,O, sole mio'. Jahres-Hit: ,Buena sera'

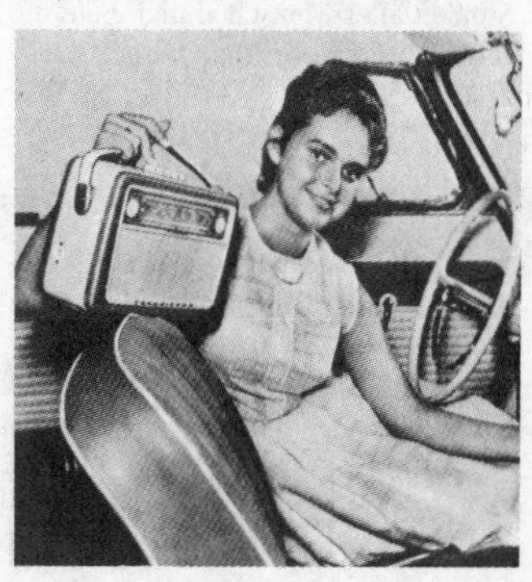

1960

10-Mächte-Abrüstungskonferenz beginnt — Festnahme von Eichmann — Breschnew UdSSR-Staatsoberhaupt — Kennedy US-Präsident — Abschuß des amerikanischen U2-Fernaufklärers löst Krise zwischen Weltmächten aus

Jugendarbeitgsschutzgesetz

40-Stunden-Woche für Jugendliche unter 16 Jahren; Mindestalter 14 Jahre bei Berufseintritt

Antisemitismus — noch immer ein Problem

Der Landesjugendring Berlin veranstaltet eine Protestdemonstration gegen Synagogenschmierereien mit über 10.000 Jugendlichen

Der Erzbischof von Lille erklärt die Sünden aller Menschen und nicht die Juden als verantwortlich für den Kreuzestod Christi

Vorboten der nahenden Bildungskrise

Der Wissenschaftsrat der BRD fordert in einer Denkschrift *drei* neue *Universitäten*, 1200 zusätzliche Lehrstühle und den verstärkten Ausbau des Mittelbaus

Pädagogisches...

H. Loduchowski: Teenager und Koedukation? Jugend der freien Welt in Gefahr

K. Eyferth: Farbige Kinder in Deutschland. Die Situation der Mischlingskinder und die Aufgaben ihrer Eingliederung (Untersuchung von 200 Kindern, deren Väter farbige Soldaten in der Besatzungsarmee waren)

Für 33 % aller Kinder stehen *Kindergartenplätze* zur Verfügung (1980 für 80 %). Verstärkter Ausbau von Kindergarten und Vorschule setzt ein.

In einer ‚Stern'-Serie 1960/61 wird erstmals die hohe Zahl der verbotenen **Abtreibungen** öffentlich diskutiert.

Die **Selbstbedienungsläden** kommen auf. 17.000 sind es in diesem Jahr, 1969 sind es schon fünfmal soviel.

Traum vom Eigenheim

Es wohnen

(in %)	'48	'55	'60
zur Untermiete	13	9	5
im Eigenheim	26	28	32

beliebte Kinofilme

„Vom Winde verweht", „Frühstück bei Tiffany", „Barfuß durch die Hölle"

Quellen:

Baumert, 1952
Benz, 1983
Max-Planck-Institut für Bildungsforschung, Projektgruppe
Bildungsbericht, 1980
Franck, 1983
Grube, Richter, 1981
Hasenclever, 1978
Jungwirth, Kromschröder, 1983
Jordan, Sengling, 1977
Kaiser, 1959
Kurz, 1949
Kuhn, Schubert, 1980
Lehmann, 1981
Nikles, 1978
Struss, 1980 a/b, 1981, 1984
Schwarz, 1981, 1983
Siepmann, Lusk, Holtfreter, 1982
Stein, 1978
Sozialarbeit und Selbsthilfe 1945, 1985
Thurnwald 1948

Bildnachweis:

Bangert 1983 a
Bangert 1983 b
Klinsky, Reich 1962
Gronefeld 1984
Hemsing, 1958
Rauch, 1956
Stückrath, Wenzel, o.J.
Verlagshaus der amerikanischen Hochkommission 1950
Italiaander, 1958
Jungwirth, Kromschröder, 1983
Franck, 1983
Grube, Richter, 1981
Hyde, 1983
Siepmann, Lusk, Holtfreter, 1982

Jugend in Krieg und Nachkrieg

Die Spannweite der Generationserfahrung in der Emnid-Jugend 1953

Die 15 bis unter 18jährigen (geboren 1936-38) waren:

bei Kriegsausbruch	1- 3 Jahre alt
bei Kriegsende	7- 9 Jahre alt
bei der Währungsreform	10-12 Jahre alt

Die 18 bis unter 21jährigen (geboren 1933-35) waren:

bei Kriegsausbruch	4- 6 Jahre alt
bei Kriegsende	10-12 Jahre alt
bei der Währungsreform	13-15 Jahre alt

Die 21 bis unter 25jährigen (geboren 1929-1932) waren:

bei Kriegsausbruch	7-10 Jahre alt
bei Kriegsende	13-16 Jahre alt
bei der Währungsreform	16-19 Jahre alt

(Emnid, 1954, 13)

Der Bereich Freizeit, Kultur, Konsum läßt generationsspezifische Grenzen innerhalb der Erwachsenen zwischen 45 und 54 Jahren hervortreten. Freizeit- und Kulturindustrie erlebten in den 50er Jahren in der Bundesrepublik einen Wachstumsschub. Jugendliche Lebensbedingungen in Familie, Ausbildung, Arbeit unterscheiden sich erheblich, je nachdem, ob man in den 40er Jahren — in Krieg und unmittelbarer Nachkriegszeit — oder in den 50er Jahren, in der Restaurationsphase der Adenauer-Ära, jung ist. Wir müssen folglich zwischen denen, die um 1930, und denen, die um 1940 geboren sind, unterscheiden (vgl. Drexler 1984).

Die Jahrgänge um 1930 bilden eine ausweisbare Generationsgestalt, die sich als ,,Jugend ohne Jugend" etikettieren läßt. Die Mehrheit der Angehörigen dieser Jahrgänge erlebten Einschränkungen im Bereich jugendlichen Moratoriums. Die maßgebliche Beschreibung dieser Generation wurde seinerzeit von Helmut Schelsky (1957) vorgelegt. Es handelt sich um die pragmatische ,,Ohne-mich-Generation", die unter dem Rubrum die ,,skeptische" in die Geschichtsschreibung von Jugend eingegangen ist.

Es fällt schwer, bezogen auf diese Generation von einer ,,Jugendkultur" zu sprechen. Eine entsprechende Debatte findet in dieser Zeit denn auch nicht statt. Stattdessen kristallisieren sich zwei Diskurse um Jugend heraus: Jugend-Not-Kultur und Jugend-Schutz-Kultur. Zunächst prägt die ,,Not der Jugend", wie es zeitgenössisch heißt, deren Lebensstil. Der Nöte sind viele:

* Jugendliche wachsen in vaterlosen Familien auf
* Jugendliche übernehmen tragende Rollen bei der Überlebenssicherung von Familien
* Jugendliche leben in internierter Form: in Lagern, Jugenddörfern, Lehrlingsheimen u.ä.
* Jugendliche irren ,,bindungslos" durch Westdeutschland, auf der Suche nach Arbeit und Bleibe
* Jugendliche verrichten Notstandsarbeiten — als Flakhelfer in der Endphase des Krieges oder als Erntehelfer beim Bauern in der ersten Phase des Nachkrieges.

Aus diesen und ähnlichen Jugend-Notlagen erwachsen spezifische jugendkulturelle Ausdrucksweisen der Zeit, die wir als generationsspezifische Überlebensstrategien entschlüsseln können.

Je mehr wir uns den 50er Jahren nähern, um so deutlicher wird die Jugend-Not-Kultur durch die Jugend-Schutz-Kultur überlagert (Heinritz 1985). Dieser Diskurs wird in restaurativer Absicht geführt. Es handelt sich um den Versuch, den alten Begriff einer pädagogisch geschützten Jugend wiederzugewinnen. Ganz ähnlich, wie in diesen Jahren eine intensive Familiendebatte stattfindet, um für Frauen und Kinder tradierte Ordnungen und Einfügungen zurück zu erhalten. Jugendliche Lebensstile entwickeln sich entlang der Jugend-Schutz-Kultur der Nachkriegszeit. Der Jugendschutz ist beispielsweise ein politischer. Jugendliche sind von den gesellschaftlichen Debatten der Zeit ausgeschlossen. Sie leben in einem vorpolitischen Raum, der ihnen in jenen Jahren zugewiesen wird, den sie aber auch akzeptieren. Jugendschutz ist des weiteren ein verbandlicher. Jugendliche werden in die sich neu konstituierenden alten Jugend- und Erwachsenenverbände zurückgeführt. Pfadfindertum, kirchliche Jugendgruppen, Turnvereine charakterisieren die jugendgeschützte Jugend dieser Generation. Jugendschutz richtet sich schließlich auf die Eindämmung erotisch-sexueller Frühentwicklung. Jugendliche sollen möglichst lange vor den zivilisatorischen Vergnügungen der Erwachsenengesellschaft bewahrt werden, die Sinne und Sinnlichkeit anregen, sei dies nun die Welt des Kinos, der Gaststätte, des Alkohols, der Motorisierung, der großstädtischen Sperrbezirke des Vergnügens.

Jugendlicher Lebensstil jener Jahre erwächst aus den Bedingungen des Lebens in einer Jugend-Schutz-Kultur. Dazu gehört die Entwicklung eines Doppellebens. Offiziell unterstellt man sich den Regeln pädagogischer Institutionen. Insgeheim suchen die Gleichaltrigen sich Spielräume des Eigenlebens. Jugendkultur jener Jahre ist überwiegend ritualistisch — so wie Jugendkultur der Gegenwart überwiegend expressiv-offensiv sich veröffentlicht.

Jugendkultur jener Jahre baut zudem auf den sozialökologischen Nischen auf, die sich damals noch vielfältig erhalten haben bzw. sich in Krieg und Nachkrieg neu ergeben. Der in diesem Sinn nutzbare Straßen- und Umweltraum ist ein Charakteristikum jener Generation. Es handelt sich um eine territorial auf den Nahraum des Wohnumfeldes begrenzte Straßensozialisation (Umfeld des Dorfes; Trümmerlandschaft; Wohnstraße), die allerdings nur den jüngeren Jahrgängen zugutekommt. Die älteren Adoleszenten sind in jenen Jahren in intensiver Weise durch Arbeit in Anspruch genommen.

Die zweite Generationsgestalt, die sich um den Geburtsjahrgang 1940 herum herauskristallisierte, durchlebt ihre Jugendzeit zwischen 1955 und 1965 (1968). Diese Generation probt als erste das Bündnis zwischen Jugend und explosiv sich entwickelnder Kultur- und Freizeitindustrie. Nicht nur die westdeutsche, die gesamte (west-)europäische Jugendgeneration holt in den 50er Jahren nach, was sich in den USA bereits in den 40er Jahren angebahnt hatte. Es ist daher nur konsequent, daß die 50er Jahre durch einseitigen Kulturimport aus Nordamerika bestimmt sind. Dies gilt für die Ära des Rock'n Roll (rund 1955 bis 1959). In der Ära des Beat, Anfang der 60er Jahre, deutet sich an, daß die westeuropäische Jugendgeneration, insbesondere die englische, ihre historische Lektion gelernt hat. Eine wechselseitige internationale Beeinflussung von Jugendkultur auf internationaler Ebene bildet sich heraus (nach wie vor unter Dominanz US-amerikanischer Kultur- und Freizeitindustrie).

Als Spezifikum der Generationsgestalt können wir festhalten: Es handelt sich um die erste Generation, die den Eintritt in die kommerzielle Jugend- und Freizeitkultur probt. Das unterscheidet sie nicht nur von vorangegangenen Jugendgenerationen, denen ein solcher industriekultureller Bezugsrahmen — von Teilbereichen abgesehen — noch fehlte, sondern auch von Nachfolge-Generationen. Diese zweite oder dritte Generation kommerziell organisierter Jugendkultur findet bereits Traditionen des Umgangs mit Kulturkonsum vor, auf die sie sich beziehen kann — zitierend, historisierend, ablehnend oder zustimmend. Ganz davon abgesehen, daß die

Kultur- und Freizeitindustrie selbst sich historisch entwickelte.

Das Jahrzehnt zwischen 1955 und 1965 wird durch den Diskurs um die Jugend-Teil-Kultur bestimmt. Literarischen Ausdruck fand diese Debatte in der Studie von Friedrich Tenbruck über „Jugend und Gesellschaft“ (1962). Jugendliches Eigenleben als Teil der Alterskultur tritt aus dem Schattendasein ritueller Abweichung und des heimlichen Doppellebens von Jugend in der Ägide des pädagogischen Jugendschutzes heraus. In der Formulierung als jugendliche Teilkultur gewinnen entsprechende Äußerungsformen öffentliche — wenngleich umkämpfte und viel bestrittene — Anerkennung als legitime Handlungsweisen dieser sozialen Altersgruppe. Ein längeres Zitat von F. Tenbruck mag den neugewonnenen gesellschaftlichen Status jugendkulturellen Handelns verdeutlichen. Dabei spielt zunächst keine Rolle, ob die vom Autor unterstellten separaten Kulturelemente Anfang der 60er Jahre die Mehrheit der damaligen Jugendgeneration tatsächlich bereits erreicht hatten; ob man also empirisch berechtigt war, von einer Teilkultur zu sprechen (vgl. die einschlägige Dokumentation bei Friedeburg (1965)). Entscheidend ist, daß jugendkulturelles Handeln in jenen Jahren als legitime gesellschaftliche Institution neu konzeptualisiert wurde. Da es sich bei den jugendsoziologischen Analysen um den dominanten Modus der Thematisierung von Jugend Anfang der 60er Jahre handelte, können wir unterstellen, daß der revidierte Jugendbegriff seinerseits den nachfolgenden Generationen den Weg öffnete, sich auch tatsächlich als „Teilkultur“ zu verhalten.

„Wenn sich innerhalb einer Gesellschaft eine Gruppe hinlänglich und bewußt von anderen unterscheidet, kann die Soziologie von einer *Teilkultur* sprechen. ... Eine solche Gruppe ist von der Gesamtgesellschaft nicht zu trennen, bewahrt ihr gegenüber aber ein hohes Maß von Eigenständigkeit und Selbstkontrolle. Man identifiziert sich mit der Gesamtgesellschaft nur indirekt und bedingt, nämlich über die eigene Gruppe, der man primär verpflichtet bleibt ... In diesem Sinne besitzt die moderne Jugend eine eigene Teilkultur.

Die Formen und Normen ihres Lebens haben einen Grad der Eigenart und Autarkie erreicht, der früher selbst dort fehlte, wo die Rebellion gegen die Welt der Erwachsenen zum Programm wurde. Entscheidend dafür ist nicht, daß die trennenden Unterschiede zahlreicher und schärfer geworden, sondern daß die Orientierungen zu den Erwachsenen hin abgebaut worden sind. An die Stelle des Zwanges, den eigenen Lebensstil zu verbergen oder doch an den Werten der Gesamtkultur zu messen und notfalls gegen sie zu rechtfertigen, ist die instrumentelle Benutzung der Gesamtkultur zu eigenen Zwecken getreten. Bei diser Selbständigkeit überrascht es nicht, daß die jugendliche Teilkultur fast souverän alle Lebensgebiete erfaßt. Die Jugendlichen haben nicht nur ihre unverwechselbaren Formen des Umgangs, Sports, Vergnügens, sie besitzen auch ihre eigene Mode, Moral, Literatur, Musik und Sprache.“

Ein zweites Kennzeichen der Geburtsjahrgänge um 1940 ist die Rebellion. Erst im historischen Rückblick wird deutlich, daß Exponenten dieser Jugendgeneration an zwei sehr unterschiedlichen und zeitlich versetzten rebellischen Jugendbewegungen beteiligt waren: 1956-58 an der ‚Halbstarken'-Bewegung und seit Mitte der 60er Jahre an der Studenten-Bewegung („die 68er") (Fischer-Kowalski 1983). In den europaweiten „Halbstarken-Krawallen" probten 16-17 jährige Lehrlinge und Jungarbeiter, wie sich die neuen Themen und Formen der Kulturindustrie zu öffentlichkeitswirksamer Straßenrandale verarbeiten lassen. Ein Jahrzehnt später eröffneten die bürgerlichen Studenten der gleichen Generation — in ihrer Nach-Jugend-Phase zwischen dem 25. und 30. Lebensjahr — eine ideologische Front. Auch hier spielte der kulturindustrielle Modernisierungsschub beim Übergang zum Konsum- und Dienstleistungskapitalismus eine herausragende Rolle. Sei es, daß man sich auf die Seite der Modernisierung stellte und überlieferte Traditionen und Abhängigkeiten kritisierte: mit der Losung allgemeiner Demokratisierung wurden die herkömmlichen hierarchischen Abhängigkeitsbeziehungen angegriffen; mit Hilfe hedonistischer Lebensauffassung die asketischen, auf Triebverzicht beruhenden Moralgrundlagen (insbesondere die Sexualmoral).

Wir finden in der Generation der Studentenbewegung aber auch schon jene, die sich mit überliefernswerten Traditionen gegen die durchgreifende Modernisierung stellen. Dieser „konservative" Flügel der Neuen Linken restaurierte ideologisch Traditionen der historischen Arbeiterbewegung (Arbeiterkultur; Marxismus) und führte diese gegen die Individualisierung von sozialen Klassenbeziehungen ins Feld.

Die Rebellionen dieser Generation, Halbstarken- wie Studentenbewegung, waren männlich dominiert — was nicht heißen soll, daß weibliche Jugendliche nicht vielfachen Nutzen für sich daraus ziehen konnten.

Gemeinsam war beiden Teil-Rebellionen auch ihr Bezug auf die Anfangsphase der Konsum- und Dienstleistungsgesellschaft. Nur daß beide Gruppen sich auf spiegelbildliche Weise dazu verhielten. Getreu ihrem klassenspezifischen Milieu verhielten sich die „Halbstarken" kulturaffirmativ und ausbeuterisch zu den kulturindustriellen Angeboten: Sie erkannten die Chancen zu einer hedonistischen Lebensweise, die sich daraus gewinnen ließen. Auf der Gegenseite verhielten sich die rebellierenden Studenten — ihrem bildungsbürgerlichen Lebenskreis entsprechend — kulturkritisch. In der Studentenbewegung werden zwei Habitus-Weisen vorformuliert, die in den 70er und 80er Jahren zur Entfaltung kommen sollten: Der Habitus des kritisch-distanzierten (Kultur-)Konsumenten; und der Habitus der ökologisch bewußten Konsum-Verweigerung.

Streiflichter.
Aus dem Leben einer Generation

,,Mehr als die Hälfte aller Kinder wuchs während des Krieges ohne Vater auf.“ (Baumert 1952, 35)

Die Geburtsjahrgänge 1927/28 gehörten noch zu denen, die u.U. als Luftwaffenhelfer an der Endphase des Krieges beteiligt waren und dort ihre politische Sozialisation, aber auch — als 15- bis 17jährige — einen Teil ihrer Jugend verlebten (vgl. zur Frage der Jugend- und politischen Sozialisation der ,,Flakhelfergeneration“ Schörken 1984).

Aus Bildungsläufen, die Primaner 1948/1949 zum Abitur einreichten

Günther H., Jahrgang 1928

,,Acht Wochen nach meinem 15. Geburtstag hieß es Abschied nehmen von der Mutter, von den Lieben. Niemals in meinem Leben war ich so unglücklich... Am späten Abend des 5. Januar 1944 stolperte ein kleiner Trupp von neu eingekleideten Luftwaffenhelfern über das Schienengewirr des Güterbahnhofs. Irgendwo zwischen dampfenden Lokomotiven und endlosen Güterzügen standen drei dürftige, verwitterte Baracken, ohne Öfen, ohne Fensterscheiben. Müde und abgespannt fielen wir auf die harten Strohsäcke...“

Arnold M., Jahrgang 1928

,,... auf die Flakhelfer- und Arbeitsdienstzeit folgte die Militärzeit, die mit der Gefangennahme im Fronteinsatz endete. Anfang 1945 fiel ich in Oberschlesien in russische Kriegsgefangenschaft und wurde nach kurzer Zeit nach Sibirien transportiert. Die Folgen, die dieser Aufenthalt auf die Formung meines Ichs hatte, waren eine gesteigerte Fortsetzung von denen der Militärzeit, nur mit dem Unterschied, daß sie mich jetzt nicht mehr hart machten, sondern nur noch abstumpften. Ich hatte das ,,Glück“, krank zu werden, und konnte so die Rückreise antreten. Vollkommen ausgemergelt, unterernährt und krank traf ich Dezember 1945 in meiner Heimat ein. Mein geistiger Zustand hatte sich dermaßen verändert, daß es lange dauerte, bis ich mich wieder normalen Verhältnissen angepaßt hatte.“

Udo K., Jahrgang 1927

„Zu Weihnachten 1945 kehrte ich aus dem Gefangenenlager zurück, enttäuscht, verbittert und haltlos geworden. Ich habe gelernt, mich durchzuschlagen oder mich mit Gegebenheiten abzufinden. Wenn man unter „jung sein" das Begeisterungsfähige, Frische, Gärende, Kraftvergeudende, Unverbrauchte und Wandelbare versteht, dann fühle ich mich nicht mehr jung."

Wolfgang P., Jahrgang 1930

„... Der Zusammenbruch im Mai zerstörte alles, worin ich bisher gelebt ... Ich will ruhig von dem Erlebnis des Krieges sprechen, denn es war das größte. Die Vorgänge an der Front hatte ich mit der glühendsten Anteilnahme verfolgt, die Schrecken des Krieges selbst miterlebt und bis zum Schluß auf den Sieg unserer gerechten Sache gehofft. Ich folgte nur dem Gebote der Pflicht, als ich mich freiwillig meldete, denn ich wollte mitkämpfen in dem Existenzkampf meines Volkes. Die Zerstörung unserer blühenden Städte mit ihren alten Kulturdenkmälern erfüllte mich mit bitterem Zorne. Ich konnte nicht glauben, daß alle unsere Opfer an der Front und in der Heimat umsonst gewesen sein sollten.

Viel schmerzlicher empfand ich die schmachvolle Haltung des deutschen Volkes nach dem Kriege. Nie hätte ich das schamlose Denunziantentum bei uns für möglich gehalten. Bis heute kann ich nicht darüber hinwegkommen, daß plötzlich unser Freiheitskampf ein Verbrechen gewesen sein soll."

Bodo M., Jahrgang 1927

„Ich war für ungewisse Zeit zur Zwangsarbeit in eine belgische Kohlengrube verbannt worden. Dort sollte ich erst das wahre Angesicht der Menschheit kennenlernen. Hunger und Kälte rissen dem Menschen die letzte Maske vom Gesicht."

Gerd W., Jahrgang 1928

„Die Erlebnisse des Krieges und der Gefangenschaft zerbrachen meine idealistische Weltschau."

Dieter Sch., Jahrgang 1928

„... 1941 trat ein Ereignis ein, das mich in kurzer Zeit viel weiter bildete, als die ruhige Entwicklung es in Jahren vermocht hätte. Um dem nervenzerstörenden Bombenkrieg zu entgehen, kam unsere gesamte Schule durch die Kinderlandverschickung nach Bansin. Nur selten war ich vorher für kurze Zeit vom Elternhaus getrennt, auf mich allein gestellt gewesen. Schwer fiel es mir, mich in die Ordnung und Gesetze eines Lagerlebens einzufügen.

... Im Januar 1945 stand ich nach kurzer Ausbildung im höchsten Norden im Partisanenkampf. Da trat das Grauen des Todes ganz nah an mich heran. Ich sah meine nächsten Kameraden fallen und leiden, litt Hunger und Kälte. Ich lernte aber auch die ganze verschwenderische Schönheit der Natur kennen."

Manfred H., Jahrgang 1929

(Nach längerer Flucht mit der Mutter aus dem Osten) „Der Wiederbeginn der Schule ließ meine Hoffnung aufleben. Ich glaubte nun endlich einen Weg gefunden zu haben, um später unserer Familie wirklich helfen zu können. Doch nun zeigten sich Lücken im Wissen durch das Fehlen von zwei Jahren jeglicher wissenschaftlicher Beschäftigung; einige Bücher wurden herangetauscht gegen Weggabe der letzten Wertsachen. In der Schule hatte ich eine Scheu meinen glücklichen und unbeschwerten Kameraden gegenüber zu überwinden. Ich fühlte mich gehemmt durch meine armselige Kleidung, durch das Bewußtsein, auf geldliche Unterstützung angewiesen zu sein. Nicht einmal eine Zeitung zu halten, konnten wir uns erlauben, ein endloser Weg zum Bahnhof, schlechte Zugverbindungen erschwerten den Schulbesuch der Oberschule. Am Nachmittag konnte ich neben der Heimarbeit, die wir verrichten mußten, wenig für die Schule tun, abends herrschten Stromsperren. Ein Leistungsabfall war unausbleiblich. Schließlich entstanden Zweifel an meiner Begabung, ich sollte eventuell die Schule verlassen. Verzweiflung ergriff uns. Wir hatten keine andere Wahl, als zu versuchen, durch Besserung unserer Wohn- und Arbeitsverhältnisse Abhilfe zu schaffen. Schließlich gelang es uns nach vielen Mühen, ein anderes Zimmer zu bekommen. Der Schulweg wurde dadurch verkürzt, und wir erhielten bessere Beschäftigung. Meine Leistungen stiegen, es ging mit uns aufwärts, der Tiefpunkt war überwunden."

Ursula V., Jahrgang 1930

,,... Meine Lebensauffassung ist positiv ... Aus dieser Lebenshaltung heraus gewann ich auch die Kraft, die große Enttäuschung der Kapitulation leichter zu tragen. Der Zusammenbruch Deutschlands traf mich schwer. Ich sah plötzlich alle Ideale zerstört; die Staatsform, der man vertraut hatte, galt mit einem Male nichts mehr. Die Zukunft lag dunkel vor mir..."

Ruth H., Jahrgang 1929

,,... Die ersten Kriegsjahre wirkten sich nicht nachteilig auf den ‚Schulbetrieb' aus, bis 1943 wegen der ständig steigenden Fliegergefahr die Räumung Stettins von Frauen und Kindern beschlossen wurde. Ich befand mich gerade mit dem Stettiner Mädelchor auf einer Einsatzfahrt bei den deutschen Umsiedlern aus Bessarabien und Wolhynien im Warthegau, als ich von meinem Vater die Nachricht erhielt, daß unsere Schule nach A. verlegt werden sollte... Aber schon am 9. Oktober wurde unserem Aufenthalt in A. durch einen Tagesangriff amerikanischer Flieger auf die Stadt ein gewaltsames Ende bereitet. In jenen Augenblicken, da ich mit wachen Sinnen die Bomben vom Himmel fallen sah, erschien mir zum erstenmal der Krieg in seiner ganzen furchtbaren Grausamkeit. ,,Mord!" schrie es in meinem Innern. Aber dann war auch schon alles vorbei, denn das Haus, in das ich flüchten wollte, war eingestürzt und hatte mich noch halb unter sich begraben."
(Haß: Jugend unterm Schicksal, 1950)

Der Entwicklungssprung

Bei den Gesprächen mit den heute 17-21jährigen fiel eine Redewendung, die sinngemäß immer wiederkehrte, auf: ,,Damit wurde ich sehr plötzlich aus dem Traum meiner Kindheit aufgeweckt." Die Häufung dieser Aussagen machte darauf aufmerksam, daß hier das entscheidende Erlebnis dieser Altersstufe liegt. ...Dieses Phänomen begegnete mir bei fast allen Jugendlichen, die aus geordneten Verhältnissen kamen und durch das Zeitgeschehen erfaßt wurden.

... Durch die Wucht der Geschehnisse wurde diese Jugend aus dem Traum ihrer Kindheit jählings geweckt ... Sie erlebt die Alterskrise der Pubertät, in deren zweiter Phase sie ja noch steht, in einer epochaltypischen Steigerung und Hemmung.

... Die Krise der Zeit, mit dem Grunderlebnis von Entordnung und Zusammenbruch, trifft den jungen Menschen in seinen labilsten Jahren, in denen er den Halt zur Ausbildung einer eigenen, festen Struktur am nötigsten hätte.

... Ihre ersten Ideale sind zum großen Teil die von Heldentum, Soldatentum und Opferbereitschaft für die Nation gewesen... Zum Ende des Krieges kamen diese Kinder (im Alter zwischen 14 und 18 Jahren) in den direkten Bereich des Todes und des Grauens, entweder in den Bombennächten in der Heimat oder nach dem Überfluten der Grenzen durch die Kampfhandlungen oder im Erlebnis der Flucht. Darüber hinaus ist ein großer Teil noch selbst in den Kriegseinsatz gekommen, sei es als Flakhelfer, im Volkssturm oder im Schippeinsatz und stand damit vor einer letzten Probe der Bewährung. Sehr viele der Jugendlichen wurden in den letzten Kriegsjahren von ihren Eltern getrennt, sei es durch die Kinderlandverschickung, den Einsatz oder auf der Flucht.

... Mit dem erschütternden Erlebnis des Zerbrechens aller Ordnungen, mit dem Versinken von Leitbildern, die für viele noch ein Halt zum Durchstehen in den übermäßigen Anforderungen waren, wird nun ein großer Teil der Jugend auch äußerlich in den Strudel von Tod, Not und Schuld hineingerissen.

Aus Gemeinschaften, die sie noch trugen, RAD-, KLV-Lagern oder aus der schützenden Hut der Familie sind die meisten nun ganz auf sich gestellt und auf die Landstraße gestoßen und erfahren damit das „Im-Elend-Sein". Oder sie erleben den Zusammenbruch von Kameradschaft und Volksgemeinschaft in den Gefangenen- und Flüchtlingslagern.

Es ist damit der junge Mensch in diesen entscheidenden Jahren seines Lebens vor eine Fülle von Grenzsituationen gestellt worden ... Er wird von dem, was er erlebt hat, nur in seltenen Augenblicken sprechen. An diese tiefsten Erlebnisse konnte diese Untersuchung nur behutsam rühren. Vieles hatte sich unbewußt eingeprägt oder als Trauma verkapselt...

Besonders entscheidend für die Entwicklung der Jugendlichen ist die Dauerkrise nach Beendung der Kampfhandlungen gewesen. Das Erlebnis der Entordnung der Welt hat auf viele Jugendliche einschneidendere Wirkungen gehabt als die einmaligen stoßartigen Erschütterungen.

...In dieser harten Welt, im Bannkreis der Sorge, war kein Raum für den Traum einer Jugend, war keine Ruhe für das Auf- und Abklingen all der Probleme, die sonst die Pubertätsjahre kennzeichnen."

So faßt 1950 Liese Hoefer einige der Eindrücke ihrer intensiven psychologischen Gespräche mit 80 Jugendlichen Ende der 40er Jahre zusammen. Sie bezieht sich dabei auf die Jahrgänge 1927 bis 1931. (Dissertation u.d.T.: Verarbeitungsweisen zeitbedingter Erlebnisse bei 17-21jährigen) (S. 162 f., 173f.)

Die Teilnahme am Krieg wird von der Mehrheit der männlichen Jugendlichen der Jahrgänge '27-'34 im Jahr 1952 als ein sichtbares Kennzeichen angesehen, das man jemandem anmerkt (58 % sind dieser Auffassung). Es handelt sich um ein psychosoziales Stigma im guten wie im schlechten Sinn — die Auffassungen hierüber sind bei den 18- bis 25jährigen geteilt. Positiv werden hervorgehoben (offene Antwortmöglichkeiten): ,,Ernst; reife Überlegenheit — andere Einstellung zum Leben" (17 %); ,,gefestigtes Auftreten" (6 %); ,,anständige Gesinnung" (2 %). Zu den Negativseiten zählen dagegen: ,,Kriegsverwundungen" (15 %); ,,Nervosität und geschädigte Gesundheit" (10 %); ,,Verbitterung, Gleichgültigkeit" (7 %); ,,Aufschneiderei" (1 %). (Noelle ... Neumann 1956, 114)

Der ersehnte Vater kehrt heim

Seine Fotografie steht in der Wohnküche auf dem Radio. Die fünfzehnjährige Irmgard hält sie hin und wieder in den Händen, obgleich sie das Bild überdeutlich in sich trägt. Sieben Jahre haben sie ihn nicht gesehen! Wenn Vater wieder da ist, wird alles besser, leichter und schöner werden. Mutter müßte sich nicht mehr so schwer abschaffen. Wie oft war sie in letzter Zeit nervös und ungerecht. Da — das Telegramm! Die Wohnung wird geputzt. Es wird gebacken, in aller Eile noch ein Kleid genäht für Irmgard. Blumen in jeder Vase. — Freilich, Vater wird etwas anders aussehen nach so viel Leidensjahren ... Doch den sie da empfingen, den erkannte sie nicht als ihren Vater: gebückt, müde, fast kahlköpfig, matt und unstet der Blick, kraftlos und fremd die hastige Stimme. Dennoch, all ihre gespeicherte Liebe muß sich ja auf ihn abladen. Als das normale Familienleben beginnen sollte, wurde es Irmgard klar, daß nun nichts besser, sondern alles viel schlimmer würde. Das ideale Vaterbild zerbricht in ihr. Die Mutter hat mit Vater und sich selbst zu tun. Große Hilflosigkeit und Einsamkeit bemächtigen sich ihrer. Kaum vermag sie ihre Schularbeiten zu bewältigen ... Da schaut sie unterwegs einem Mann ins Gesicht, das dem verlorenen Vaterbild gleicht. Was Wunder, daß der fremde Egoist sie bald gänzlich in der Hand hat und verderben konnte! Sie ist völlig verstockt in Haus und Schule, man kann mit ihr nichts mehr anfangen. Sie selbst findet aber noch den Mut und den Weg zur Erziehungsberatungsstelle am Jugendamt ... So großer Enttäuschung ist eine junge Mädchenseele noch nicht gewachsen. Der erwachte und zugleich gestaute Hingabetrieb wurde fehlgeleitet. Ihn gesunden und neue Richtung finden zu lassen. ist nun die Aufgabe. Nach längerer Erholung in einem kleinen Gebirgsort, der auch Kriegsversehrtenwerkstätten beherbergte, hat sich Irmgard zur Wirklichkeit durchgerungen und gesundete völlig in dienender Fürsorge für ihren vom Schicksal schwer gezeichneten Vater.

Das Vaterbild ist für die richtungsweisende Ausgestaltung des männlichen Urbildes in der Seele der eigenen Tochter, für das unbewußte Wunschbild vom Geschlechtspartner bedeutsam. Die Väter sollten sich dessen beizeiten bewußt werden können, sollten auf sich achten und an sich arbeiten, um ihr Kind in der rechten Weise wählerisch und anspruchsvoll zu machen.

Charlotte Hermann: Eure Tochter in der Entwicklungskrise. (1952, 31f.)

Kriegs- und Nachkriegsbelastungen männlicher Jugendlicher der Jahrgänge 1927 bis 1934 (BRD und Westberlin) — Angaben in % —

	Junge Männer (18-25 Jahre) (n = 535) März 1952
Sorge um Familienangehörige	58
Habe in den Nachkriegsjahren sehr unter Hunger gelitten	57
Menschen, die mir viel bedeutet haben, sind gefallen oder vermißt	51
Habe schwere Luftangriffe mitgemacht	41
Vater oder Brüder waren lange in Gefangenschaft	36
Habe schlimme Erfahrungen bei der Besetzung gemacht	24
Familie wurde ausgebombt	21
Flucht oder Ausweisung bei Kriegsende	21
Menschen, die mir viel bedeuten, sind schwer kriegsversehrt	19
Benachteiligung der Familie durch Entnazifizierung	18
Beschlagnahme der Wohnung durch die Besatzung	13
	395

Quelle: Noelle/Neumann 1956, 23

Fragetext: „Nun möchte ich Sie noch nach Ihrem (und Ihrer Familie) Schicksal in Krieg und Nachkrieg fragen. Würden Sie mir anhand dieser Liste angeben, was Sie und Ihre Familie in diesen Jahren mitgemacht haben?"

„Eine typische Fehlentwicklung

Der Jugendliche Heinz M. ist als Sohn des Obermeisters der Schlosserinnung einer süddeutschen Kreisstadt geboren (1930). Die Familie genießt seit Jahrzehnten in dem Ort einen sehr guten Ruf, die wirtschaftlichen Verhältnisse sind bestens geordnet. Seit dem zweiten Kriegsjahr besucht Heinz die Oberschule seines Heimatortes.

...Gegen Ende des Krieges ist der Schulbesuch sehr unregelmäßig, Heinz treibt sich teilweise wochenlang auf dem Land herum, um Lebensmittel heranzuschaffen, und wird dafür von seinen Eltern entsprechend gelobt. Aber genau so kann es vorkommen, daß er mehrere Wochen verschwunden ist, ohne daß die Eltern über seinen Verbleib wissen.

Nach Kriegsende schließt er sich einer Einheit der Besatzungstruppen an, wird „Troßjunge" und zieht mit der Truppe durch Österreich und Deutschland. Erst nach einem Jahr kann er aufgegriffen und seinen Eltern zurückgebracht werden.

Der mittlerweile groß aufgeschossene, dabei breite und kräftige Fünfzehnjährige verspürt keine Lust mehr, in die Schule zu gehen. Nach einer entsprechenden Versöhnung mit den Eltern tritt er in den väterlichen Betrieb als

Lehrling ein (1946). Anfang 1947 stellt sich heraus, daß Heinz bei Außenarbeiten Nachschlüssel verwandte, die er sich selbst angefertigt hatte, und Schränke bzw. Türen öffnete, um sich Zigaretten, Geld, Alkohol und Lebensmittel zu verschaffen. Die Gegenstände verbrauchte er in Gesellschaft Gleichaltriger. Er bekam dafür Jugendarrest von 4 Wochen. Zu gleicher Zeit wurde Fürsorgeerziehung angeordnet, da sich erwiesen hatte, daß das Elternhaus die Gewalt über Heinz verloren hatte ..." (H. Thomae: Zur psychologischen Charakteristik der deutschen Nachkriegsjugend und ihrer Gefährdungen" (1950)

Bindungslose Jugend Sommer 1951

1952 erscheint ein „Reisebericht" der Sozialpädagogen und Psychologen C. Bondy und K. Eyferth, Universität Hamburg. Sie nennen ihr Buch im Untertitel „Eine sozialpädagogische Studie über Arbeits- und Heimatlosigkeit". Der Haupttitel lautet: „Bindungslose Jugend".

„Die vorliegende Schrift handelt von der halben Million Jugendlicher in Westdeutschland, die ohne Arbeit und Heimat sind. Wir nennen sie „Bindungslose Jugend", denn vielen fehlt nicht nur Heimat und Arbeit, sondern auch die Bindung an die Familie, die echte Bindung an Menschen überhaupt, die Bindung an ihre Arbeit und geistige Werte; ihnen fehlt letzten Endes der Sinn ihres Lebens."

„Mindestens 250.000 Jungarbeiter unter 25 Jahren hatten (Februar 1952) keine Stellung. Eine große Zahl Jugendlicher muß in Berufen arbeiten, die ihnen nicht zusagen und die ihren Fähigkeiten nicht entsprechen. Das gilt vor allem für viele der etwa 80.000 Jugendlichen von 15-25 Jahren in Bergbau und Landwirtschaft.

Zusätzlich zu den Arbeitslosen des Bundesgebietes müssen monatlich etwa 3.000 Jugendliche aus der Ostzone untergebracht werden, die legal oder illegal in das Bundesgebiet einströmen.

90.000 Kinder und Jugendliche leben mit ihren Eltern immer noch in Flüchtlingslagern. Fast keine Bindung an ihre Familie haben die 100 bis 120.000 Jugendlichen in den Jugend-Wohnlagern und Heimen.

Die Zahl derer, die sich im Sommer 1951 völlig unerfaßt und ziellos umhertrieben, wird auf 40.000 geschätzt." (S. 7,9)

„Die Lebensbedingungen des Jungarbeiters"

Unter diesem Titel wurden 2.500 Fragebögen aus dem Jahr 1948 ausgewertet, in denen Mitglieder der Christlichen Arbeiter-Jugend (CAJ) über ihre eigene Situation und die ihrer Bekanten Rechenschaft gaben. (Graf 1950)

„Die Feststellung über die durchschnittlichen Monatsverdienste zeigt, daß ... ein recht beträchtlicher Teil ... mit seinem Verdienst für den Unterhalt der Familie als Ernährer oder Mithelfer für die jüngeren Geschwister einspringen muß und daß eine große Zahl von Jungarbeitern ... diese zusätzliche Belastung auf sich nimmt, die oft die eigene Familiengründung und berufliche Selbständigkeit weit hinausschiebt." (50)

„Die Belastung vieler Jungarbeiter durch die vielfach weiten Entfernungen von Wohnung und Arbeitsstätte in psychophysischer und auch wirtschaftlicher Hinsicht ist erschreckend groß."

45% gehen zu Fuß und legen Entfernungen von 2-10 km zurück; 26% benutzen das Fahrrad für Entfernungen von 5-25 km.

10% benötigen täglich 2 und mehr Stunden für den Weg zwischen Wohnung und Arbeitsstätte.

„Im Zuge der allgemeinen Wirtschaftsentwicklung hat sich die Zahl der Arbeitslosen unter 25 Jahren seit 1950 fast ständig verringert, und zwar die der männlichen stärker als die der weiblichen. Die Abnahme der Arbeitslosenzahl erfolgt bis 1955 bei den unter 25jährigen weitaus schneller als bei den älteren; entsprechend ist auch ihr Anteil an der Gesamtzahl der Arbeitslosen von September 1950 bis September 1955 gesunken ...

Von einem Problem der „Jugendarbeitslosigkeit", wie es noch vor einigen Jahren in der Öffentlichkeit diskutiert wurde, kann nicht mehr die Rede sein, nachdem nunmehr die Reserven an jugendlichen Arbeitskräften weitgehend ausgeschöpft und die schwächer besetzten Kriegsjahrgänge ins Erwerbsleben getreten sind. Gewisse Schwierigkeiten dürften sich höchstens noch bei der Unterbringung der restlichen jüngeren weiblichen Arbeitslosen ergeben, da

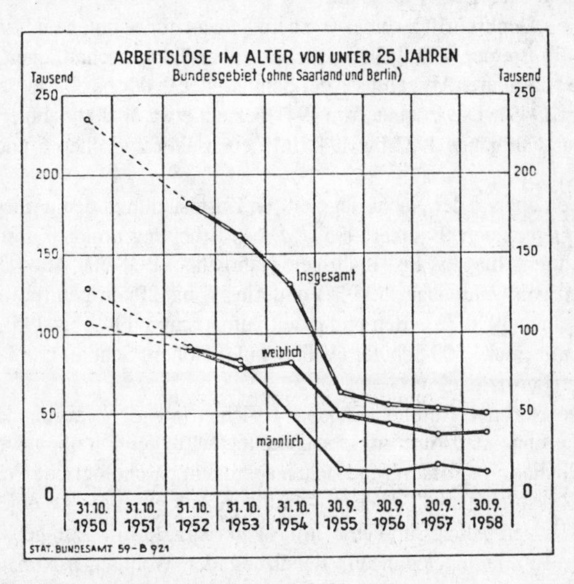

Quelle: Stat. Bundesamt (Jugend) (1959) S. 39

die Berufsausbildungs- und Arbeitsmöglichkeiten für junge Müdchen und Frauen geringer sind als bei der männlichen Jugend." (Stat. Bundesamt (Jugend) 1959, 39)

Jugendforschung als zeitgeschichtliche Milieuforschung

Was können wir über Jugendleben der unmittelbaren Nachkriegsjahre aus einschlägigen Jugenduntersuchungen der Zeit in Erfahrung bringen?

Die wissenschaftliche und politische Aufmerksamkeit zwischen 1945 und 1950 gilt ausschließlich den handfesten Überlebensfragen im Jugendalter. Ein guter Spiegel hierfür sind die ersten veröffentlichten Berichte über Jugend. Bezeichnenderweise handelt es sich dabei zunächst um die großstädtische. Als Beispiele lassen sich anführen:

Hilde Thurnwalds „Gegenwartsprobleme Berliner Familien. Eine soziologische Untersuchung an 498 Familien" (1948), die u.a. „Erziehung und Schicksal der heranwachsenden Generation" in Enquete-Form Winter 1946/47 festhält.

Die „Denkschrift zu einer von dem Senator für Schulen und Erziehung in Bremen veranlaßten Erhebung über die wirtschaftlichen, sozialen familiären Verhältnisse der Schulkinder in der Nachkriegszeit" (Kurz 1949). Die Enquete von 1947 bezieht etwa 50.000 Schüler der Geburtsjahrgänge 1927 bis 1941 im Lebensalter zwischen 6 und 20 Jahren ein.

Die „Jugend der Nachkriegszeit" in Darmstadt und den umliegenden Gemeinden (Baumert 1952). Diese Erhebung umfaßte drei Altersstufen, die 10- bis 11jährigen (Jahrgänge 1938/39), die 13-bis 15jährigen (Jahrgänge 1935/37) und die 17- bis 20jährigen (etwa die Jahrgänge 1930-33). Befragungszeiträume waren 1949 bis 1951, insgesamt rund 1.600 Schüler (Volksschule; Höhere Schule) und Lehrlinge (Berufsschule).

Die Berliner Familien-Enquete berichtet von den „vorhandenen Lockerungs- und Auflösungserscheinungen" in den Familien der Jugendlichen. Im Vordergrund stehen aber nicht psychologische Fragen des Zusammenhalts, sondern — milieusoziologisch — die objektiv schwierigen Alltagsprobleme im Nachkriegs-Berlin. Bombenschäden, Wohnraumbelegungen, Beheizung der Wohnungen, unzureichende Ernährung, Verschlechterung der Ernährungslage im Winter

1946-47, Verschlechterung der Wirtschaftslage im Winter 1946-47, Tauschhandel, schwarzer Markt und Schwarzarbeit, Beispiele von Familien, die zum Schwarzhandel übergehen, Häufigkeit von Erkrankungen und Erschöpfungszuständen, Auswirkungen von Unterernährung und Kälte. In diesem düsteren Sittengemälde des Berliner Nachkriegsalltags geht es um das „Schicksal der heranwachsenden Generation". Die Schicksals-Metapher wird verschiedentlich in Berichten über die Jugend zwischen 1945 und 49 bemüht. So heißt der Titel einer Sammlung von „Lebensberichten junger Deutscher" (Haß 1950): „Jugend unterm Schicksal". Unter dem Rubrum „Schicksal" faßt die Autorin H. Thurnwald Vergangenheit, Gegenwart und Zukunft der zeitgenössischen Jugendgeneration zusammen. Es geht um „Nachwirkungen der Hitlerherrschaft", „Hemmnisse durch Mangel an Kleidung, Ernährung und durch Raumbeengung", „Ursachen der Lern- und Arbeitsscheu" sowie die düsteren „Berufsaussichten von Jugendlichen".

Die Bremer Enquete berichtet von zerstörten Schulgebäuden, Wohnräumen, interessiert sich für „beeinträchtigende Momente in der Erziehung der Kinder". Ferner werden bei den Schul-Jugendlichen untersucht: Ernährungsverhältnisse, Bekleidungsverhältnisse, Schlafmöglichkeiten. Besondere Problemkinder stellen dar: „Flüchtlingskinder und Kinder aus 1-Raum-Wohnungen". Nimmt man nur diese Überschriften, so erinnert das Interesse für objektive Notsituationen an Berichte über das Elend von städtischen Proletarierkindern um die Zeit des Ersten Weltkrieges (z.B. Rühle). Aus der Zusammenfassung der Ergebnisse erfahren wir:

„Wohnverhältnisse

Der bremische Lehrer hat damit zu rechnen, daß jeweils das dritte vor ihm sitzende Kind ein Kind aus einer „ausgebombten" Familie ist, das also die Schrecken des Krieges und der Feuerüberfälle auf die Stadt am eigenen Leib erfahren hat …

Jeder 5. bis 6. Schüler kommt aus einem „Daheim", das der Lehrer bei seinem Hausbesuch nur als Notunterkunft bezeichnen konnte. Der Prozentsatz der Flüchtlinge aus Notwohnungen beträgt 42!

Aus 1-Raum-Wohnungen kommt jeder 12. Schüler … 23,4% davon wohnen in dem einen Raum zu Zweien, 36,5% zu Dreien, 24,4% zu Vieren, 10,5% zu Fünfen; noch jeder 25. Schüler wohnt zu Sechsen in dem einen Raum. Die Zahl der Personen in dem einen Raum steigt bis 11 an.

Jeder 6. Schüler der Höheren Schule hat wegen der Wohnverhältnisse keine Möglichkeit, seine Hausaufgaben anzufertigen. Bei den Flüchtlingskindern liegt der Prozentsatz doppelt so hoch.

Von je 5 Schülern haben im Durchschnitt 2 kein eigenes Bett; jeder 7. bis 8. Schüler verbringt die Nacht auf einer Behelfsschlafstelle; jeder 3. Schüler schläft nicht allein in seinem Bett.

Ernährungsverhältnisse

Beinahe ausnahmslos für alle Schulkinder ist die Entgegennahme der warmen Schulspeisung das ganz wesentliche Ereignis des Schulvormittags. Eßgeschirr und Löffel gehören heute zu den unbedingt erforderlichen Ausrüstungsgegenständen, zu den „Lernmitteln" der Schulkinder und begleiten sie ständig auf Schritt und Tritt von und zur Schule.

1.400 Schulkinder erhalten außer der Schulspeisung kein warmes Essen am Tage.

Bekleidungsverhältnisse

Zwischen 1/4 und 1/3 aller Knaben in der Gesamtheit der Bremer Schulen verfügt über keinen eigentlich brauchbaren Anzug.

Gut 85% unserer Knaben ist nicht imstande, den Anzug zu wechseln. Rund jedes 10. Mädchen hat kein eigentlich brauchbares Kleid, ein weiteres Viertel aller Mädchen kann sich nicht ordentlich anziehen, wenn an dem einen brauchbaren Kleid etwas passiert oder es gereinigt werden muß.

Die Unterkleidung ist bei 86%, Strümpfe sind bei 87% der Schulkinder unzureichend. Von 5 Schülern haben rund immer gut 2 überhaupt kein Par wirklich brauchbare Schuhe. Nahezu 1/4 aller Schüler hat wegen Schuhmangels zeitweise die Schule versäumen müssen." (114ff.)

Tab. 1: Jugend '53 — Jugend '55 im Spiegel der Soziodemographie — Angaben in Prozenten —

	Jugend '53[1] n = 1498	Jugend '54[2] n = 1493	Jugend '55[3] n = 1464
Schlafraum für sich			
Ja	43	47	47
Nein	56	52	53
Keine Angaben	1	1	—
Mit wieviel Personen Schlafraum zusammen			
1 Person	30	29	31
2 Personen	18	17	15
3 Personen	6	4	5
4 oder mehr Personen	2	2	2
Keine Angaben	1	1	—
Vater			
Lebt		77	76
Ist gestorben		22	22
Keine Angaben		1	2
Vater Soldat gewesen			
Ja	77	80	83
Nein	22	18	15
Keine Angaben	1	2	2
Mit Vater zusammen			
Gar nicht		4	2
Weniger als 1/4 des Lebens		5	10
1/4 bis 1/2 des Lebens		13	14
1/2 bis 3/4 des Lebens		26	15

3/4 und mehr des Lebens		{ 52	22
Immer			37
Anzahl der Jahre, die der Vater seit der Geburt des Befragten abwesend war			
0	29		
1 Jahr	4		
2 Jahre	7		
3 Jahre	8		
4 Jahre	12		
5 Jahre	10		
6 Jahre	11		
7 Jahre	5		
8 Jahre	5		
9 Jahre	9		
Mutter			
Lebt		91	93
Ist gestorben		7	6
Keine Angaben		2	1
Beruf der Mutter			
Arbeiterin		9	5
Angestellte		4	4
Beamtin		1	1
Selbständige		4	4
Landwirtin		4	4
Land- und Gärtnereiarbeiterin		1	0
Pensionärin, Rentnerin		4	6
Nur im Haushalt tätig		73	76
Berufstätigkeit der Mutter			
berufstätig	26	27	
ohne Beruf oder ohne Angabe	74	73	
Heimatgruppen			
Vor 1945 im Bundesgebiet beheimatet	68	74	75
Seit 1945 in das Bundesgebiet zugewandert	27	26	25
Keine Angaben	5	—	—

Quellen:

1 Nach Emnid 1954, 130-134 („Strukturübersicht")

2 Nach Emnid 1955, 330-334 („Strukturübersicht") „Berufstätigkeit der Mutter" und „Heimatgruppen". Alle anderen Daten nach Fröhner 1956, da sie in der Strukturübersicht nicht ausgewiesen sind.

3 Nach Fröhner 1956, 391-395 („Strukturübersicht").

Auch die Darmstädter Gemeindestudie, an der Wende 40er-50er Jahre, steht noch ganz unter dem Eindruck von Krieg und Nachkrieg. Im Zentrum der „Milieustudie" stehen „die Lebensverhältnisse", worunter zunächst gleichfalls die „Wohnbedingungen .. nach der Katastrophe" gefaßt werden. Wie steht es mit den „Schlafverhältnissen" und dem Verhältnis von ,,Wohnraum und Personenzahl?" In bezug auf die ,,familiale Umwelt" wird nach ,,Störungen durch Kriegsereignisse" gefragt. Es geht also um eine zeitgeschichtliche Bestandsaufnahme der objektiven Nachkriegsverhältnisse der Erziehung und des Alltags. In einem zweiten Teil werden ,,die Reaktionsweisen" der Jugendlichen auf dieses Nachkriegsmilieu nachgefragt. Bezeichnende Überschriften: ,,Die Katastrophe im Bewußtsein der Kinder" oder ,,Reaktionen auf familiale Störungen".

Erst zum Schluß, als Epilog auf die Zukunft gleichsam, werden wir knapp über Themen unterrichtet, die bei Jugendstudien seit etwa Mitte der 50er Jahre im Vordergrund des Interesses stehen: ,,Neigungen, Freundschaften, Jugendgruppen", ,,Berufserwartungen", ,,Politische Interessen und Erwartungen" der Jugendlichen.

Vielfach fragt übrigens auch die Umfrageforschung Schüler und Studenten der 40-er Jahre ganz handfeste Dinge. So stellt sich 1947 heraus, daß 31% der Schüler und 42% der Studenten von Care-Paketen ,,mit Lebensmitteln oder Kleidung aus dem Ausland" zu berichten wissen, die ihre Familie seit Kriegsende erhalten habe. Nur knapp 40% können sich vorstellen, ,,daß man in fünf Jahren in Deutschland wieder Schuhe oder Kleidungsstücke im Laden frei kaufen kann". Die Mehrheit der Studenten und insbesondere der Schüler verurteilt den schwarzen Markt, aber sie verteidigen die ,,Menschen, die manchmal etwas im Schwarzhandel kaufen". 57% der Schüler und 67% der Studenten wollen ein solches Verhalten verteidigen. (Noelle 1956, 141)

USA, Kanada, Australien

Die Jahrgänge, deren Jugend noch in die 40er Jahre fiel, verlegten ihre Träume und Wünsche nach dem Krieg in die Ferne. Sie qua Jugendkultur auszuleben, war für die meisten verunmöglicht, kam als Möglichkeit nicht in den Sinn. Statt dessen träumte man vom Auswandern — nach Kanada, Australien oder in die USA. In einer Allensbach-Umfrage vom Juli 1947 gestanden mehr als ein Drittel der befragten Schüler aus Süd-Baden / Süd-Württemberg und der Studenten-Stichprobe aus Freiburg und Tübingen entsprechende Vorstellungen ein. Es wollten ,,gerne aus Deutschland jetzt oder später auswandern" (Noelle 1956, 49)

	Schüler		Studenten	
Ja, bei gutem Angebot	19%	35%	28%	37%
Ja, unbedingt	16%		9%	

Nicht viel anders fiel das Ergebnis einer Befragung junger Männer zwischen 18 und 25 Jahren aus, die im März '52 stattfand. Danach haben 37% der Jüngeren ,,irgendwann nach dem Krieg daran gedacht, aus Deutschland auszuwandern" (Noelle 1956, 49). Die möglichen Auswanderungsträume sind denn auch Gegenstand besorgter Fragen in Kreisen der Jugendarbeit der unmittelbaren Nachkriegszeit gewesen.

Die Auswanderungsträume blieben unter den Jugendlichen bis in die Fünfziger Jahre hinein erhalten. So fanden die Hörerforscher des NWDR 1953 bei 15- bis 24jährigen 27% Auswanderungslustige. Von diesen träumten von den USA 35%, Kanada 15%, Südamerika 13%, Australien 9% (Jugendliche heute 1955).

,,Ach, da fällt mir auch noch ein, daß ich mich beworben hatte, nach Amerika auszuwandern.

Ich hatte schon das Visum, aber dann kam die Heirat dazwischen. Ich hatte sogar schon Leute gefunden, die meine Überfahrt bezahlten. Das war ein Pfarrer mit einer Familie mit vier Kindern. Das Visum hab ich heute noch, das hab ich auch noch aufgehoben. Ja, das war einschneidend, daß ich das erreicht hatte, daß man mich genommen hat. Man stellte 'nen Antrag und als Krankenschwester — unser Examen wurde drüben nicht anerkannt — mußte man ein Jahr als Haushaltshilfe arbeiten in einem kinderreichen Haushalt. Man mußte Menschen finden, die einem die Überfahrt bezahlten und ich fand sofort jemanden. Man mußte die Bilder einschicken. Und ich habe so einen Pfarrer da gefunden, der in einem Hospital arbeitete und der mich dann zu Hause bei sich und seinen Kindern haben wollte.

Ich wollte meinen Horizont erweitern. Ja, Amerika war damals eben das Land, wo man sagte, da waren noch wesentlich mehr Möglichkeiten als hier.

Aber das hat sich zerschlagen, als ich eben heiratete. Aber ich muß ehrlich gestehen, daß das immer ein ganz wunder Punkt geblieben ist, daß ich das nicht gemacht hab.

Ja, das war damals eigentlich Mode. Es sind mehrere meiner Kolleginnen rübergegangen, haben ein neues Examen abgelegt und es hat ihnen sehr gut gefallen, was ich so gehört habe. Australien war damals auch sehr groß in Mode. Aber nach Australien hab ich nichts bekommen." (Frau S., Geburtsjahrgang 1932, gelernte Krankenschwester)

,,Kanada?"

,,Ja: Den Spleen hatt' ich schon mal gehabt. Und zwar auch ein Kollege von mir, der ist heut noch drüben. Und hat drüben geheiratet, hat sich auch so ein Holzhüttchen da gebaut.

…Wenn ich irgend jemand an der Hand gehabt hätt', oder ich hät' damals mehr Geld gehabt oder mehr verdient und ich hätt' des zusammensparen können, dann hätt ich's ernst gemacht. Wär ich ausgewandert, ja. Auch mit Genehmigung meiner Eltern. Hätt' ich's gemacht. Also ich wär weg." (Herr D., geboren 1938 in Mainz. Volksschule, dann — ohne Lehre — Arbeit auf dem Bau.)

Erinnerungen heute Erwachsener an Kindheit und Jugend

In der Befragung der Erwachsenengeneration '84 berührten wir mit einigen Fragen, zumeist als offene gestellt, die Kindheit und Jugend in Krieg und unmittelbarer Nachkriegszeit. Die Vorerhebung (n = 239) enthielt fünf entsprechende Fragen:

- Können Sie sich noch an die Zeit des Krieges erinnern?
- Sind Sie eigentlich in einer Kinder- oder Jugendorganisation der damaligen Zeit gewesen?
- Ich habe hier eine Liste von Geschehnissen, die einem damals widerfahren konnten. Waren Sie als Kind oder Jugendlicher auch davon betroffen?
- Haben Sie eigentlich selbst noch irgendwie im Krieg mitmachen müssen?
- Wenn Sie jetzt einmal an die Jahre nach dem Krieg denken: Was fällt Ihnen ein, wenn Sie an die Besatzungssoldaten denken?

90% der heute 44- bis 55jährigen könen sich noch an die „Zeit des Krieges erinnern". (Vorerhebung Februar 1984, Frage 11)

Die Rangreihe der Erinnerungen ist nach Geschlecht und Geburtsjahrgängen recht ähnlich. Es erinnern sich noch an … (Alle Befragten, die sich erinnern können = 100%)

1. Bombenangriffe	57 %
2. Hunger	41 %
3. Fliegeralarm	28 %
4. Luftschutzkeller/Ausgangssperre	18 %
5. Volkssturm, Soldat sein	16 %
6. Zerstörung/Trümmer/Schutt	14 %
7. Angst/Chaos	14 %
8. Flucht	12 %
9. — 10. Tod, Tote	10 %
9. — 10. Vater im Krieg	10 %

Sonstiges (7% und weniger): Lebensmittel-, Kleiderkarten; Evakuierung; Kälte; Gefangenschaft; Lagerleben; Krankheit/Verwundung; zerrissene Familie; Armut; keine Schule/Notunterkunft; Nationalsozialismus/KZ

Die Erinnerungen der Jüngeren '37 bis '40 Geborenen, unterscheiden sich nur in Nuancen von den Kriegserinnerungen der '29 bis '33 Geborenen — jedenfalls auf dem Niveau der kurzen Mitschriften der Interviewer, die unserer Auszählung zugrundeliegen. Die jüngeren Jahrgänge, die zur Zeit des Krieges ja ihre frühe Kindheit durchlebten, akzentuieren etwas mehr Flucht, Luftschutzkeller, Erlebnisse mit dem Volkssturm. Die Älteren, während des Krieges in Pubertät und früher Adoleszenz, akzentuieren etwas mehr: Erinnerungen an den Nationalsozialismus, Vater im Krieg, Angst und Chaos, Evakuierung, Bombenangriffe.

Die generellen Kriegs- und Nachkriegsschicksale deutscher Familien trafen die Angehörigen der Erwachsenengeneration in gleichem Umfang, unabhängig von den Altersjahrgängen oder dem Geschlecht. In der Haupterhebung Mai 1984 gaben die 45- bis 54jährigen an:

Es wurden ausgebomt	18 %
Es sind geflüchtet/wurden vertrieben	23 %
Ausgebombt und geflüchtet/vertrieben	3 %
Nichts davon	56 %
	100 %
	(n = 729)

Die jüngeren Erwachsenen erlebten die Besatzungssoldaten als Kinder. Ihre Erinnerung ist geprägt von der oralen Befriedigung, die durch die Besatzer sie erreichte. Carepakete, Süßigkeiten, Kaugummi stehen im Vordergrund. Wer als Kind die Besatzungssoldaten erlebte, macht häufiger positive Anmerkungen über deren Verhalten.

Tab. 2: Erwachsene — Vorerhebung Febr. 1984

Altersgruppen	44-47 J.	48-50 J.	51-55 J.
Geburtsjahrgänge	1937-40	1934-36	1929-33
Alter im Jahr 1945	5-8 J.	9-11 J.	12-15 J.
	(n = 79)	(n = 82)	(n = 78)
	Es waren in einer Kinder- oder Jugendorganisation während der Zeit des Krieges		
Ja	10 %	37 %	72 %
darunter (in %)	(n = 8)	(n = 30)	(n = 56)
Jungmädelbund	(25)	(33)	(25)

BDM	—	(13)	(16)
Pimpfe	—	(27)	(38)
HJ	—	(20)	(30)
Anderes	(75)	(13)	(6)
	100	106	116

(Jungen: Pimpfe, HJ; Mädchen: Jungmädel, BDM)

	Es haben selbst noch irgendwie im Krieg mitmachen müssen (Liste)		
Ja	1 %	2 %	27 %
darunter (in %)	(n = 1)	(n = 2)	(n = 21)
als Soldat			(14)
im Volkssturm			(10)
als Flakhelferin			(14)
als Schwesternhelferin			(5)
beim Bunkerbau			(10)
in Sondereinheiten			(24)
auf andere Weise			(43)
			120

(18 Jungen: Soldat/Volkssturm/Bunkerbau/Sondereinheit;
6 Mädchen: Flakhelferin/Schwesternhelferin/Bunkerbau)

Tab. 3: Erinnerungen an die Besatzungssoldaten nach dem Krieg. Erwachsene '84 (Vorerhebung n = 239) — Jahrgänge 1929-1940 im Alter von 44 bis 55 Jahren —

Positive Erinnerungen	79 %
darunter: Süßigkeiten, Schokolade (22 %) Lebensmittel, Carepakete (18 %) Kaugummi (7 %) Kinderfreundlichkeit (7 %) Zigaretten (3 %) Allgemein positives Verhalten (22 %)	
Negative Erinnerungen	49 %
darunter: Angst (10 %) Vergewaltigung (8 %) Plünderung (5 %) Gewalttätigkeiten (9 %) Ausgehsperre (1 %) Diebstahl (1 %) Ausquartierung (3 %) Allgemein negatives Verhalten (12 %)	
Neutrale Erinnerungen (nicht einordbar)	19 %

darunter:	
Schwarze, Neger (5 %)	
Tauschgeschäfte (5 %)	
Sonstiges (9 %)	
Es nannten Erinnerungen	81 %
Summe aller Erinnerungen	147 %

Quelle: Vorerhebung Erwachsene '84; Frage 15
Fragetext: Wenn Sie jetzt einmal an die Jahre *nach* dem Krieg denken: Was fällt Ihnen ein, wenn Sie an die Besatzungssoldaten denken? (offen; Mehrfachantworten möglich)

Tab. 4: Positive und negative Erinnerungen an die Besatzungssoldaten in zwei Jahrgangsgruppen — Angaben in Prozenten —

Alter zum Zeitpunkt der Befragung Februar '84	44-47 J.	51-55 J.
Geburtsjahrgänge	1937-40	1929-33
Alter im Jahr 1945	5-8 J. (n = 79)	12-15 J. (n = 78)
Positive Erinnerungen	98	62
darunter u.a.:		
Süßigkeiten/Schokolade	28	15
Lebensmittel/Carepaket	22	12
Kaugummi	13	3
Zigaretten	3	8
Allgemein positives Verhalten	24	18
Negative Erinnerungen	41	53
darunter u.a.:		
Angst	13	8
Vergewaltigung	4	9
Gewalttätigkeiten	4	14
Diebstahl	—	3
Tauschgeschäfte	1	8

Die älteren Erwachsenen waren bereits Jugendliche, als die Besatzungssoldaten einrückten. In diesen Altersjahrgängen tauchen weniger positive, dafür etwas mehr negative Erinnerungen auf. Vergewaltigung und Gewalttätigkeit sind die entsprechenden Stichworte der Rückerinnerung. Bei den Kindern ist es mehr ein diffuser Erlebnisfaktor: Man hatte Angst.

Die Jugendlichen der Nachkriegszeit treten bereits in quasigeschäftliche Kontakte mit den Besatzern. 8% erinnern Tauschgeschäfte mit ihnen.

Erwachsene Frauen machen häufiger keine Angabe zu den Besatzern. Während nur 12% der befragten Männern nichts einfällt, äußern sich 27% der Frauen nicht hierzu.

Frau Wilt (Jahrgang 1930)

„Da hab ich eigentlich aufgehört Kind zu sein"

„Das war 1945, als wir geflüchtet sind. Mein Bruder und meine Mutter und ich. Und mein anderer Bruder war im Krieg und mein Vater war auch im Krieg.

Da hab ich eigentlich aufgehört Kind zu sein. Weil dann ja nichts Schönes mehr war. Mutter unterstützen damals — nicht geldlich, aber die stand ja mit uns beiden damals allein da. Ich war 15 und der Bruder 13. Wir haben sehr viel erlebt. Wir waren in der Tschechei in einem Internierungslager. Und da haben wir viel Trauriges erlebt. Ab dem Tag war ich kein Kind mehr."

Ihre Kindheit verbringt Frau Wilt (Jahrgang 1930 „sehr behütet, sehr schön" in Breslau. „Meine Eltern sind nie in Urlaub gefahren, haben alles in ihre Wohnung gesteckt, in ihre Kinder gesteckt, damit die alles sehr schön hatten." Die Familienidylle hält auch in den ersten Kriegsjahren an, „mein Vater wurde nicht gleich eingezogen, mein ältester Bruder auch nicht."

Um 1941 „wurds dann schon ein bißchen traurig. Die Mutter wurde kriegsdienstverpflichtet. Ich mußte von der Schule runter. Ich mußte auch irgendwo in der Munitionsfabrik arbeiten. Da hatte ich aber noch das Zuhause und hatte die Mutter und noch einen Bruder zu Hause. Man hat das Ganze eigentlich noch nicht so ganz erfaßt. Man hat das noch so bißchen als Gaudi betrachtet, mal paar Tage in die Fabrik zu gehen."

„Man war in der Hitlerjugend mit Begeisterung, voller Ideale. Ich war also 100prozentig begeistert. Und das hab' ich alles schön in Erinnerung: Gemeinschaft mit Freunden, viele Erlebnisse, bedingt durch diese Gruppe da. Man machte viel, bastelte fürs Winterhilfswerk, man hatte das Gefühl, man tut so'n bißchen was Gutes."

1945 „hörte eigentlich alles auf". Die Restfamilie kommt ins Lager „mit hundert Leuten zusammen". Jeder hatte „nur einen Rucksack", die Mutter wurde schwer typhuskrank und kam in ein Krankenhaus. Sie und ihr Bruder blieben „alleine unter diesen vielen Menschen" im Lager zurück. Sie war jetzt 15 Jahre alt. Was sie bedrückte, war die plötzliche Verlassenheit. Dazu kam ein kultureller Schock, als sie von tschechischen Bauern zur Landarbeit abgeholt wurden und unvorbereitet — als bürgerliche Kinder — mit bäuerlich-tschechischem Landleben konfrontiert wurden.

„Wir mußten uns also im Flur aufstellen, und die Bauern standen wie bei der Viehbeschaffung vor uns und sagten: Ich nehm die und ich nehm den zum Arbeiten. Und dann wurden wir geschnappt und mußten irgendwo hin. Meine Mutter wußte gar nicht, wo wir waren.

...Wir waren also wirklich völlig allein. Wir schliefen dann so mit der ganzen Bauernfamilie einschließlich Hühnern und alles in einem Raum. Da wurde eine Suppenschüssel auf den Tisch gestellt, und ich kam aus einem sehr behüteten Haus, und dann saß ich da mit diesen ganzen Bauern, und da kam eine Schüssel Dickmilch auf den Tisch und ein Stück Brot, und wenn sie sich da geekelt hätten, da wären sie eben verhungert. Und so haben sie eben mitgelöffelt.

Ich hab' die Sprache nicht verstanden; nur gezeigt bekommen: Mach das oder mach's nicht."

,,Auf vielen Umwegen" kam die Familie aus dieser Lage wieder heraus. 1946 und 1947 traf man, bereits in Westdeutschland, den Vater wieder, ,,was ein großer Glücksfall war. Und da fing man dann an, ein ganz klein bißchen wieder zu leben." Zwar teilte sich die Familie nur zwei Zimmer, ,,aber wir waren zusammen."

,,Erstmal bekam ich Kleider von jemandem geschenkt, der bekam so Pakete aus Amerika. Ich hatte ja absolut nichts anzuziehen und die Eltern mußten erstmal sehen, daß sie für jeden mal ein Bett kaufen konnten. Wir hatten ja nun wirklich gar nichts. Wir schliefen in geborgten Betten."

Frau Wilt beginnt nach dem Besuch der Handelsschule eine kaufmännische Lehre, unmittelbar vor der Währungsreform. Sie war damals 18 Jahre alt.

,,Ich verdiente als Lehrling damals erst 75 Mark. Dann kam die Währungsreform. Dann wurd's auf 25 Mark gesenkt, weil ja kein Geld in der Firma war. Dadurch konnte ich auch nichts kaufen. Mein Bruder, der war ja vier Jahre älter, der hatte schon 'ne Freundin, und die bekam Pakete aus Amerika. Und die schenkte mir dann Kleider. Und die hatten also bißchen Volant. Und ich fand mich damals bildschön."

Jugend ist in den Jahren nach '45 für Frau Wilt ein Anhängsel der Vereinskultur. Sie geht leidenschaftlich gern tanzen. Die Möglichkeit hierzu besteht für sie ausschließlich im Rahmen von Vereinsfesten. Ein eigener kommerzieller Tanzsektor ist für das familienzentrierte Mädchen nicht sichtbar. Um 1947/48 machte sie Tanzstunde.

,,Das war für uns was Absolutes. Das war eine ganz andere Welt. Man fing auf einmal an zu leben. Das kann man sich gar nicht vorstellen, wie schön das für uns war." ,,Bis zur Bewußtlosigkeit" habe man beispielsweise nach dem ,,Capri-Lied" getanzt. Wie konnte sie dieser Leidenschaft in der Folgezeit nachgehen? ,,Durch Vereine."

,,Mein Vater war nun schon Leiter dieser Polizeiabteilung, damals nannte man das Stadtkommandant, und hatte dadurch viele Einladungen. Man ging dann also mit den Eltern tanzen. Da waren dann die Gesangsvereine, wo man nur mit Einladungen reinkonnte und wo die jungen Männer sich noch vor'm Vater verbeugten, ob sie mit der Tochter tanzen durften.

Ich war also im Turnverein, mein Bruder war in einem Sportverein, der nahm uns dann mit. Man ging alleine und ließ sich auffordern. ,,Das war alles nicht so laut wie heute. Man konnte sich beim Tanzen unterhalten, man konnte flirten auf Deubel komm raus, was ich also ganz toll fand.“ ,,So wie heute, in die Stadt fahren und tanzen, das machte man damals nicht. Tanzen ging nur durch Vereine. Da waren also große Plakate in der Stadt und da wußte man dann, da ist Schützenfest oder da hat der Sportverein Fasching veranstaltet oder da war ein Jubiläum. Und da ging man hin.“

An den Medien partizipierte Frau Wilt zunächst kaum. Charakteristisch hierfür die folgende Aussage:

,,Schallplatten hatten wir nicht, denn wir hatten keinen Schallplattenapparat, das hätten wir nicht gekauft.“

Gelegentlich durfte sie als Jugendliche auch einmal ins Kino. Die Umstände des Kinobesuchs sind Frau Wilt plastischer im Gedächtnis haften geblieben als die Filmstoffe selbst. Dabei spielt das Thema Mittelosigkeit die Hauptrolle. Wie eigentlich allen Berichterstattern aus dieser Zeit sind ihr die Eintrittspreise und die sich darum rankenden Ritualien auch heute noch bestens präsent.

(Aus der Zeit zwischen 16 und 18:)

,,Das war also schon was ganz Besonderes, wenn man mal ins Kino gehen durfte. Weil meine Eltern immer sehr mit dem Geld gerechnet haben. Ich weiß noch, Kindheitsfilme, also Shirley Temple, war ein ganz großer Schlager. Daß wir dahin gehen durften. Das heißt ich, weil mein Bruder da noch zu jung war.

Da gab's drei Preise, 20, 25 und 30 Pfennig. Alle, die 30 kriegten von den Eltern, die durften gleich durchgehen ins Kino und die anderen mußten an der Kasse anstehen. Das ist auch so was, was man nicht vergißt.“

(aus der Verlobungszeit, nach 21:)

,,Ins Kino sind wir immer nach E. (Nachbarort, einige Kilometer entfernt) gelaufen, weil wir das Busgeld sparen wollten.“

Gaststätten lernte Frau Wilt in ihrer Jugend, im Alter von 16, 17 Jahren, nicht kennen.

,,Ich kannte nur ne Eisdiele, und da ging man hin, und hatte vielleicht 50 Pfennig, und hielt sich also krampfhaft am Eis für 50 Pfennig den ganzen Abend fest in der Hoffnung, sie sagen nicht: Willste noch was? Weil man kein Geld hatte. Man hatte absolut kein Geld.“

Frau Wilt zieht mit 21 Jahren aus dem Elternhaus aus, als die Firma, bei der sie die kaufmännische Lehre gemacht hat, in den Rheingau umsiedelt. Das ist 1951. Am neuen Wohnort nimmt sie ein ,,möbliertes Zimmer mit Herrenbesuch bis 22 Uhr“.

,,Da hatte ich ein möbliertes Zimmer und ne Wirtin. Ich mußte mich erst schon mal fügen, als ich das Zimmer ansah. Sie sagte als erstes — sie war eine sehr nette Frau, Kriegerwitwe, gar nicht so alt damals: Ja, also bitte keine Herrenbesuche.

Und dann sagte ich schließlich: Ich hab einen Freund und mein Mann ist 10 Jahre älter als ich. Das muß ich Ihnen sagen. Wir wollen abends zusammen essen. Und dann hieß es. Bis um zehn. Da habe ich mich also widerstandslos gefügt. Wo hätten wir uns treffen sollen? Ausgehen konnten wir nicht, weil wir kein Geld hatten. Das war ja praktisch unsere Bleibe für die Abende, so von 7 bis um 10. Aber um 10 mußte er gehen."

Frau Wilt zieht von dem fast „widerstandslos sich fügen" bei der Zimmerwirtin eine Parallele zu ihrer Arbeitssituation mit 21-24 Jahren bei ihrer Firma.

„Es ist mir ja kein großes Unrecht passiert, aber trotzdem, ich hab' alles gemacht, was die älteren Kollegen gesagt haben (sie war die Jüngste). Ich hätte nicht gemuckst. Wir haben zum Beispiel durch den Umzug der Firma wahnsinnig viel Überstunden machen müssen, ohne einen Pfennig Geld, ohne eine Stunde Freizeit dafür. Und haben uns nicht aufgelehnt. Wir haben bis abends um 10 rumgewühlt, bis wir fast umgefallen sind, wirklich, ohne überhaupt was dafür zu bekommen. Man war natürlich mit der Firma verbunden. Man hatte da gelernt, hatte bißchen Kontakt mit der Chef-Familie. Aber das war gar nicht der Grund. Man sah, die Arbeit war da und hat sie einfach gemacht."

Das „plötzliche auf sich Alleingestelltsein", auf das sie „nicht gut vorbereitet" war, machte ihr Probleme. „Oft hab ich auch Heimweh gehabt, wenn man so alleine im Zimmer hockt". Sie hat „allerdings sehr wenig Geld ... ich mußte sehr sparsam leben, es gab damals 180 Mark Gehalt, und 35 Mark kostete schon mein möbliertes Zimmer, und dann Heizung dazu." Sie schließt sich an einen Kollegen in der Firma an, ein Jahrzehnt älter als sie, den sie vier Jahre später, mit 25 Jahren, schließlich heiratet. Das ist 1955. „Wir hatten nur ein möbliertes Zimmer."

Die Zeit nach dem 21. Lebensjahr, ab 1951, ist Frau Wilt als Phase starker Verliebtheit und Zweisamkeit in Erinnerung. Da ihr Partner sich bereits im dritten Lebensjahrzehnt befindet, beide über keine Gruppenkontakte verfügen, sondern sich auf sich zurückziehen, erlebt sie den Beginn kommerzieller Jugendkultur nicht mehr mit.

„Ich weiß keine Filme mehr, das ist irgendwie versunken. Wir sind wahnsinnig viel am Rhein spazieren gegangen. Und dieses ganze Erleben und sich Kennenlernen, das ist mir viel mehr in Erinnerung als das, was wir dann so offiziell gemacht haben."

Neben dem Gefühlserlebnis des Verliebtseins sind Frau Wilt aus den 50er Jahren noch die ersten Konsumfreuden eindringlich in Erinnerung geblieben. Entsprechende Erzählungen durchziehen das gesamte Interview. Beispielsweise war sie „außer sich vor Freude", als sie zum erstenmal Weihnachtsgeld, 25 DM, vom Betrieb erhält.

„Das war für mich, als wenn ich ein Vermögen geschenkt gekriegt hätte. Ich konnt's überhaupt nicht fassen, was ich also überhaupt nicht erwartet hatte. Ich weiß nicht mehr, was ich damit gemacht habe, weiß nur, daß ich auf meinem Fahrrad nach Hause fuhr und immer vor mich hinsang: Du hast 25 DM, du hast 25 DM!"

Ein anderes sensationelles Konsumereignis, das Frau Wilt „nicht vergessen" kann, ist die erste eigene Armbanduhr, die sie sich um das 20. Lebensjahr herum kaufen konnte.

„Ich hatte nie eine, im Krieg gab's so was alles nicht. Das war also ein ganz großer Wunsch von mir. Die hab ich mir eben beim Versandhaus auf Raten bestellt."

Ein drittes Beispiel: Die erste Urlaubsreise, die sie im Alter von 27/28 Jahren, drei Jahre nach der Heirat, mit ihrem Mann antreten kann.

„Ich bin ja in meinem Leben nie in Urlaub gewesen. Früher als Kind bei der Oma. Durch den Krieg bedingt dann gar nicht mehr verreist. Das war also mein erster Urlaub. Das war für mich was ganz Sensationelles, in Urlaub fahren.
Wir sind '57 oder '58 in den Schwarzwald gefahren, und zwar mit einer Reisegesellschaft. Das war eine ganze einfache Pension. Man ließ sich also vorher genau ausrechnen, was das kostet. Und man hat sich dann ausgerechnet: So und soviel Taschengeld bleibt dir dann vielleicht noch. Als wir da ankamen und da sagte der Wirt zu uns: Also mir ist ein Fehler passiert, ich muß Ihnen jeden Tag eine Mark mehr berechnen — das hat uns fast vor Probleme gestellt, weil — man hatte ja das Geld nicht."

Die heutige Welt der Jugend erlebt Frau Wilt ganz von ihren Söhnen her. Ähnlich wie sie die 50er Jahre über die persönliche Beziehung zu ihrem Mann erlebt hat. Sehr präzise vermag sie den psychosozialen Wandel in der Kind-Mutter-Beziehung zu analysieren. Sie erlebt sich als abhängig von ihren Söhnen, zeichnet verschiedene Facetten der neuen Machtbalance nach. Teilweise spricht sie bewundernd über die Selbstsicherheit der heutigen Jugendgeneration, teilweise entwickelt sie heftige Abwehrgefühle gegen die Freiheiten, die sich die Jüngeren herausnehmen. Sie findet „manchmal den Ton etwas zu frei, mit diesen häßlichen Worten" oder „das Knutschen auf der Straße, das ganz öffentliche Zurschautragen."

Frau Wilt beschreibt, welche Anpassungsleistungen ihr die jugendkulturellen Ausdrucksformen der beiden Söhne abverlangen: Jeans zerissen; lange Haare. Sie sieht es als unvermeidbar an, als Mutter zurückzustecken, wenn einem an einer guten Beziehung zu den Kindern etwas liegt. Andere Erwachsene, die diesen Lernprozeß nicht durchlaufen haben, können diese Nachgiebigkeit ihrer

Meinung nach nicht verstehen. Eltern als „gebrannte Kinder" seien notwendigerweise toleranter als andere Erwachsene. Allerdings kennt sie sich nur in den Bereichen jugendlichen Lebens aus, die ihr durch die eigenen Kinder nahegebracht worden sind. Über heutige öffentliche Stilrichtungen unter den Jüngeren beispielsweise weiß sie wenig zu sagen.

Herr Huber/Jahrgang 1932

„Das war Kindheit, die mich eigentlich erwachsen gemacht hat"

Herr Huber ist ein 1932 geborenes Großstadtkind aus Südhessen. Während des Krieges beschloß die Familie, nach den ersten Bombenangriffen auf die Stadt, zu Verwandten ins Allgäu zu ziehen. 1946 kehrte man, nach drei Jahren, in die Stadt zurück. Er berichtet von einer außerordentlich schwierigen Familiensituation, die sein Leben in Kriegs- und Nachkriegszeit zusätzlich belastet habe. Er ist ein uneheliches Kind. Der Stiefvater war zunächst im Krieg, nach seiner Rückkehr stellte sich rasch heraus, daß die Eltern nicht zusammenleben konnten. Man trennte sich. Die Mutter vermochte die Familie, zu der noch eine jüngere Schwester gehörte, kaum zu ernähren. Sie hatte keinen Beruf gelernt und mußte auf Gelegenheitsstellen zurückgreifen. Her Huber wuchs früh in die Rolle eines Ersatz-Vaters hinein.

Die unmittelbare Nachkriegszeit war „auch wiederum durch elementare Not, also Hunger" gekennzeichnet. Herr Huber hat in diesen Jahren „so ein Stück Vaterrolle in der Familie schon übernommen". Das brachte ihm, als 15-16jährigen, manche Last, aber „auch viel Bestätigung" ein. Er trug zum Überlebenskampf der Familie maßgeblich bei. Zum Beispiel beschaffte er Heizmaterial:

„Wir haben so 10 Minuten von den Gleisen weg gewohnt, auf denen die Züge zum Bahnhof gingen. Da bin ich in der Winterzeit oftmals mit 'nem Sack hin und hab dann auf Kohlenzüge gewartet, bin aufgesprungen, um dort Kohle runterzuholen. Die mußten halt auf ihre Einfahrtsignale warten, und während der Zeit haben wir also Kohle geklaut von den Zügen, um überhaupt was zum Heizen zu haben.

Ein anderer Beitrag lief über den Schwarzmarkt:

,,Ich hab auch gehandelt, so mit Zigaretten; und so Dinge verkauft an Amerikaner. Bis das dann auch so reguliert wurde. Da gab's ja dann diese offiziellen Geschäfte von den Amerikanern, wo du also dein Silber, Rosenthal-Porzellan hinbringen konntest, und hast dann Coupons gekriegt für Zigaretten und Fett oder irgendwas, was begehrt war."

Die ersten Leistungen in dieser Richtung vollbrachte Herr Huber bereits als Zehnjähriger während der Evakuierung im Allgäu.

,,Mein Großvater, der war beinamputiert. Vater war keiner da. Mit 10 Jahren hab ich mir ein Pferd vom Bauernhof geliehen, bin in den Wald gefahren, hab erst Bäume gerodet und hab sie dann mit dem Pferd geholt. Mit 10 Jahren! Und hab dann Holz gesägt und Holz gehackt, damit wir also nicht gefroren haben."

Als es zu Auseinandersetzungen zwischen der Mutter und dem Stiefvater kommt, wobei die Frau geschlagen wird, greift Herr Huber als 16jähriger zur Selbsthilfe. Auch hier erweist er sich als Beschützer der Mutter.

,,Eines Tages kam ich von der Schule heim, und da hat er sie geschlagen gehabt und sie stand dann heulend da, als ich zur Tür rein kam. Da hab ich ihn mir gegriffen — also da hat mich meine Mutter ganz konkret zurückgehalten, ich hätt' ihn umgebracht. Also ich hab ihn praktisch auf's Bett geworfen und gewürgt. Und ich hätt' ihn auch umgebracht. Ich hatte so Aggressionen. Dann hat mich aber meine Mutter zurückgerissen. Da hab ich ihn aus der Wohnung rausgeworfen. Hab gesagt, er soll sich nicht mehr sehen lassen, und er hat sich auch nicht mehr sehen lassen."

Innerhalb der Familie ist Herr Huber gezwungen, sein ,,eigenes Leben schon sehr früh" zu leben. ,,Also wir haben z.B. nie was gemeinsam gemacht, also daß wir mal irgendwo eine kulturelle Veranstaltung besucht hätten." Er sei ,,schon früh durch die ganzen Bedingungen" gefordert, ,teilweise auch überfordert" gewesen. Beispielsweise habe er allein seine Schullaufbahn planen müssen.

,,Zum Beispiel die Entscheidung, von der Volksschule auf's Gymnasium zu gehen, die hab ich gefällt, ohne mit meiner Mutter überhaupt darüber gesprochen zu haben. Das hieß in der Schule: Wer will die Prüfung mitmachen? Und dann hab' ich mich für die Prüfung gemeldet, das wußte bei mir zu Hause niemand. Und als ich sie dann bestanden hab', hab' ich meine Mutter informiert. Sie war überrascht und auch erfreut, aber es war eine totale Entscheidung von mir, ohne daß da irgendjemand mich gedrängt hätte oder auch nur informiert war. Ich mein', sie hat mich nicht gehindert, aber sie hat mich auch in keiner Weise da irgendwo gelenkt oder gefordert."

Zur ,,Volontärszeit" Anfang der 50er Jahre fällt ihm ein, daß er ,,eigentlich sehr wenig Geld verdient" habe, 35 DM zunächst, was sich später auf 45 DM steigerte. Er kann sich erinnern, ,,daß ich mir also überhaupt nichts leisten konnte. Ein Teil des Geldes mußte ich zu Hause abgeben, meine Mutter hatte auch nichts, kein festes Einkommen". So war er z.B. einmal ,,happy", als es ihm gelang, passende Kleider gebraucht von einem Bekannten zu erstehen. Das ,,Stiftdasein" war dadurch gekennzeichnet, daß man ,,im Grunde Handlanger für andere" war, eine ,,ausgenutzte Arbeitskraft". Wollte man etwas lernen, so mußte man dies selbst arrangieren. (Herr Huber ließ sich in einer Agentur zum Bildjournalisten ausbilden. Für diesen Beruf gab es ,,keine Prüfungsinstanz" damals.)

Der einzige Kulturkonsum, dem Herr Huber sich in der Jugend hingibt: Er erinnert sich an den ,,großen Enthusiasmus Westernfilme". Er erklärt sich die damalige Faszination mit dem ,,einfachen Schema", das sowohl Spannung schuf als auch wieder löste: Der Kampf zwischen Gut und Böse und ,,das Gute siegt letzten Endes immer über das Böse, und das geht übersichtlich, und die Dinge sind auch einfach lösbar." Das einfache Filmschema stand in angenehmem Kontrast zu den ,,Existenzschwierigkeiten", die sein Leben damals bestimmten.

Herr Huber erweist sich als ausgesprochener Kenner der heutigen Jugendszene. Wie kein zweiter der zwanzig Gesprächspartner in der Erwachsenengeneration sonst vermag er das gesamte Spektrum von Gruppen und Stilrichtungen zu charakterisieren. Dies hängt offenkundig u.a. mit seiner beruflichen Tätigkeit als Bildjournalist zusammen. Herr Huber hat einen ,,Blick" für kulturelle Ausdrucksformen.

Diese Kompetenz zeigt sich auch beim Rückblick auf die Jugendkultur der 50er Jahre. Herr Huber ist in dieser Zeit des Rock'n Roll, die nach seinem 21. Lebensjahr liegt, gleichfalls bewandert. Nur: Seine eigene Lebenswelt war dies nicht.

> ,,Ich war nie ein Anhänger davon. Mich hat das überhaupt nicht berührt. Ich war damals in der katholischen Jugendbewegung. Und da kam ich mit ganz anderen Kriterien. Da waren ganz andere Interessen da. Wir haben Fahrten gemacht, Wanderungen und Gottesdienste gestaltet. Laienspiel. Uns zweimal in der Woche getroffen zu Gruppenabenden. Diskutiert. Seelsorge. Das hatte für mich eine sehr große Bedeutung. Das war für mich ein Stück prägend und sinngebend. Einmal Gemeinschaft zu erfahren und auch Gemeinschaft auf ein bestimmtes Ziel hin — Christ zu sein."

Es bereitet Herrn Huber keinerlei Probleme, seine eigene gegenwärtige Lebensauffassung in der Sprache aktueller Stildifferenzierung zu formulieren. Seine Sympathie gehört den Alternativen.

> ,,Ich habe eine große Sympathie für die Alternativ-Bewegung und das sagt doch was über mich aus. Das sagt über mich halt aus, daß ich für Konsumverzicht und

bescheidener Leben bin, daß ich das für einen Wert halte, der notwendig ist und anstrebenswert. ...

Ich habe einen relativ großen Wagen gefahren und fahr seit einem Jahr also mehr einen Kleinwagen. Ganz bewußt...

Ich träume manchmal von einem kleinen Bauernhof mit überschaubarem Lebensraum. Wo man sät und erntet. (Versuche in dieser Richtung?) Nicht konkret. Ich habe mal jahrelang geguckt, ob ich irgendwo ein billiges Bauernhaus kriegen kann."

Frau Sehr (Jahrgang 1932)

„Jugend in dem Sinne hatte ich keine"

„Das war schwierig, weil darauf gar keine Rücksicht genommen wurde. Und es gab weder Jugendkleidung noch sonst was. Das gab's überhaupt noch gar nicht. Es wurde auf die Jugendlichen damals keine Rücksicht genommen. Wir haben eigentlich keine Übergangszeit gehabt. Wir haben nur eine Kindheit und eine Erwachsenenzeit gehabt, weiter nichts."

Frau Sehr (Jahrgang 1932) erzählt ihre Jugendgeschichte als eine Geschichte der Leiden und Prüfungen. Leiden und Prüfungen, die sie allerdings durchstanden habe, worauf sie nicht wenig stolz ist. Jugendliche damals machten aus dem bescheidenen Dasein, das man ihnen bot, das Beste:

„Wir freuten uns an kleinen Dingen. Wir sangen viel zum Beispiel."

Tröstungen erwuchsen ihr aus dem religiösen Umkreis.

„Als junges Mädchen habe ich mich sehr nach Psalmen gerichtet. Da war ich sehr gläubig. Das hat mich eigentlich sehr glücklich gemacht. Ich war eigentlich ein ausgesprochen glücklicher Mensch, obwohl die Umstände nicht danach waren. Ich war sehr gläubig.

Aber ich hab ja viele schwere Situationen gehabt, und da ist mir immer das eine Sprichwort gegenwärtig gewesen: ‚Wenn du denkst, es geht nicht mehr, kommt von irgendwo ein Lichtlein her, daß du es noch einmal wieder zwingst und von Sonnenschein und Freude singst."

Sie war „Flüchtlingskind". Nach dem Krieg lebte sie vom 14. bis zum 19. Lebensjahr mit dem Vater allein in einem Haushalt. Die Mutter durchlitt nach der Flucht eine nervliche Krise und war seit 1946, als Frau Sehr 14 Jahre alt war, für sieben Jahre in einer Nervenklinik.

„Also mein Vater, der war sehr autoritär. Ich durfte zum Beispiel nicht laut lachen. Oder wenn ich mich schminkte, wenn ich nach Hause kam. Oder ich war mal irgendwie 'nen bißchen moderner gekleidet. Ich kann mich an eine sehr hübsche Mütze erinnern. Dann hat er sich in die andere Ecke des Busses gesetzt, damit er nicht als mein Vater angesehen wurde."

Nach dem Weggang der Mutter beendete der Vater ohne weitere Erklärung ihre Schulzeit.

„Mein Vater verbot mir, weiter die Schule zu besuchen. Ich mußte sofort in den Haushalt. Ich war viel zu unterernährt (Wir schreiben das Jahr 1946. J.Z.) Ich wog mit 14 Jahren 74 Pfund und hab dann gleich bei fünf Kindern gearbeitet, das war eigentlich zuviel für mich.

Ich bin dann in die Haushaltungsschule gekommen, da hat mein Vater mich ohne mein Wissen angemeldet. So bin ich dann in die Haushaltungsschule gekommen.

Da bekam ich auch nichts zu essen. Ich kann mich erinnern, daß ich mich einmal an einer Graupensuppe, die mit blauer Milch — also mit Magermilch — gekocht war, derart überfressen habe, daß ich fast gestorben bin.

Es wurde eigentlich keine Rücksicht auf uns genommen, gar keine. Wir haben Schwerstarbeit geleistet. Wir haben in Altersheimen gearbeitet, wir waren eigentlich bessere Dienstmädchen in der Haushaltungsschule. Und der Unterricht lief danebenbei, natürlich, nicht."

Zwischen dem 17. und 18. Lebensjahr gab es eine kurze Jugendphase, in der Frau Sehr außerhalb von Arbeit und Haushaltungsschule gewisse Aktivitäten entfalten konnte. Dieses Zwischenspiel wurde mit 19 Jahren, als sie die Schwesternausbildung begann, wieder unterbrochen.

„Als ich 17 war, so etwa '49, '50, da war ich sehr aktiv. Da hab ich mich sehr beteiligt. Ich war von der Kirche aus in der Jugend; ich war in der Volkstanzgruppe; ich ging zur Volkshochschule, da war also ein Theaterkreis; da war noch die Pommersche Landsmannschaft. Da dachte und glaubte man immer noch, Deutschland würde sich vereinigen."

Das Internat der Schwesternschülerinnen lag in N., einem „winzigen Örtchen" in der Nähe von Bremen. Obwohl die Großstad nicht weit entfernt lag, mit dem Bus „gut zu erreichen", schaffte Frau Sehr es nur ein einziges Mal, dorthin zu fahren. Der Ort des Schwesternheims ist für sie Symbol ihrer damaligen Jugendsituation.

„(Das Gelände) gehörte früher der Wehrmacht, und das hatte die Innere Mission übernommen. Es war rundherum mit Stacheldraht, und wenn wir raus gingen, dann mußten wir durch die Pforte. Und wenn wir ins Kino wollten, wurde vorher angerufen, was für'n Film gespielt wurde. Obwohl wir doch eigentlich schon über 20 waren. Wir waren also sehr streng bewacht, und wir hatten Freizeit — eigentlich kaum. Wir hatten einmal in der Woche Strickstunde.

Freizeit war in diesen Jahren groß geschrieben, denn wir hatten gar keine."

„Als ich ausgebildet wurde, da wurden die ersten amerikanischen Filme gezeigt, schon synchronisiert. In so'nem ganz alten Schuppen, es regnete durch, man brauchte 'nen Schirm.

Ich kann mich erinnern, daß ich fürchterlich geheult habe, daß Jane Wyman die Hauptrolle spielte, irgend so 'ne Muttergeschichte, sehr rührselig und so.

Ja, und an einen Film mit Bing Crosby kann ich mich noch erinnern. Da hat er irgend ein Lied gesungen. Ich mein', es wäre ,,White Christmas" gewesen. Da spielte er den Pfarrer. Und zwar war das ein Film mit ihm und Ingrid Bergmann. Ingrid Bergmann als Nonne und er als Pfarrer. Das hat mich furchtbar beeindruckt."

,,Wir waren nur sechs Schülerinnen, und wir wurden ziemlich hart rangenommen. Wir hatten abends noch um zehn Unterricht, der sich manchmal bis zwölf hinstreckte, sonst hätten wir's Pensum hin bis zum Examen nicht geschafft."

Dies berichtet Frau Sehr mit einer gewissen Genugtuung. ,,Daß ich aus eigener Kraft die Schwesternschule durchgestanden habe", das sei eine Leistung gewesen, ,,weil ich eben sehr wenig Schule gehabt habe durch die Kriegsjahre, da fiel Unterricht aus."

,,Wir wurden von einer Diakonisse unterrichtet — das war die Innere Mission. Sie war also völlig christlich. Ich kann mich erinnern, daß wir dazu angehalten wurden, CDU zu wählen.

Und wir kriegten wenig zu essen. Wir lebten eigentlich nur von Spenden. Wir hatten immer großen Hunger. Selber kaufen ging nicht, weil das Geld eben nicht da war. Ich bekam als Schwesternschülerin im ersten Jahr 10 Mark Taschengeld. Weil ich Flüchtling war, 38 Mark als Zuschuß. Das wurde mir aber abgezogen für die Tracht."

Die Hungergeschichte durchzieht die gesamte Jugend von Frau Sehr bis hin in die ersten Ehejahre. Immer wieder gab es Phasen, in denen sie zu wenig zu essen hatte.

,,Ich hab ja als junges Mädchen schon gehungert, kurz nach dem Kriege. Und später als ich verheiratet war, hatte ich auch wieder Hunger gehabt. Weil mein Mann sich eben nicht drum kümmerte, morgens aus dem Haus ging und abends wieder kam. Und eben dreimal die Woche besoffen war."

(Frau Sehr hatte nach der Heirat mit der Arbeit im Krankenhaus aufgehört, um sich der Pflege ihrer Tochter zu widmen. Zu spät erst bemerkte sie, daß ihr Mann ,,Alkoholiker" war, was schließlich auch zur Trennung führte.)

Nach der staatlichen Anerkennung als Krankenschwester, Frau Sehr ist jetzt 21 Jahre alt, arbeitet sie über ein Jahr als Vertretungsschwester in mehreren Kliniken in Düsseldorf.

,,Das war '54. Wir schliefen damals in der Hauptklinik ganz unterm Dach und vier waren wir in einem Zimmer, das war damals üblich. Einzelzimmer wurden eigentlich nur für die ganz alten Schwestern bereitgehalten. Wir, auf diesem Flur — ich weiß nicht, wieviel Frauen mit einem einzigen Bad und zwei Toiletten ... also es war eine schlechte, eine sehr schlechte Unterbringung.

Wir haben gearbeitet von morgens um sechs bis mittags um eins oder zwei.

Dann mußten wir essen. Dann mußten wir um zwei wieder anfangen, manchmal auch um drei oder um vier. Das war je nach Arbeit. Und abends ging es dann so bis neun. Hatten wir 'nen freien Nachmittag und es waren dringende Fälle, wo eine extra Wache verlangt wurde, beim Tetanus zum Beipiel, dann mußte man eben, wenn man aus dem freien Nachmittag kam, sich abends da hinsetzen an das Bett und bis morgens sechs da sitzen. Bis elf durfte man dann schlafen und hatte dann seinen vollständigen Dienst zu machen."

Frau Sehr hebt die vielfachen Dienstleistungen hervor, die Krankenschwestern seinerzeit noch machen mußten, teilweise in Überstunden.

„Wir waren zu der Zeit, als ich gearbeitet habe, eben bessere Dienstmädchen."

„Wenn die Arbeit fertig war, mußten wir auch noch putzen. Ich kann mich erinnern, daß wir sonnabends dann noch die ganzen Blattpflanzen unserer Stationsschwester, das waren 56 Blattpflanzen, noch bespritzen mußten. Also wir mußten auch noch Stühle schrubben und Nachttische — Dinge, die man als ausgebildete Krankenschwester heute eben nicht mehr macht."

Frau Sehr erinnert sich kaum an Ereignisse aus diesen Jahren, die außerhalb des Krankenhauses und ihres Berufes stattfanden.

„Kann ich also schlecht sagen, weil meine Freizeit derart beschränkt war, wenn ich dann von der Station kam, dann war ich derart kaputt, daß ich also weiter nichts machte als geschlafen habe."

Im Düsseldorfer Jahr habe sie „eigentlich überhaupt keinen Film gesehen". Einmal war sie in einem Konzert, „und zwar waren das die Hoch- und Deutschmeister. Die Karte hab ich geschenkt bekommen. Anders war es gar nicht möglich, denn das Geld dafür hatte ich nicht."

Medien spielten — außer den gelegentlichen, finanziell und durch pädagogische Aufsicht gehinderten Filmbesuchen — keine Rolle in der Jugendzeit von Frau Sehr. „Ich hatte keine Platten, ich hatte nicht mal ein Radio. Ich hatte gar nichts. Weil es mir gar nicht möglich war, was zu kaufen." Sie habe in ihrer Jugend zwar „auch irgendwie Sehnsüchte gehabt, „die ich aber nicht los wurde, weil ich eben voller Arbeit steckte." Die alltäglichen Sehnsüchte erstreckten sich auf den Besuch kultureller Ereignisse, Theater, Konzerte, Ausstellungen. Ihre große Sehnsucht, die gleichfalls unerfüllt blieb, war, in die USA zu gehen und dort dem Krankenschwester-Beruf nachzugehen. Eine Kompensation allerdings gestattete sich Frau Sehr in den 50er Jahren:

„Wie gesagt, ich bin nicht ins Kino gegangen und nichts. Ich hab mir dann lieber einen ganz tollen Rock gekauft oder 'ne ganz schicke Bluse ... und war dann unheimlich stolz, nach Hause zu kommen und anders auszusehen als die anderen."

Jugendliche Gruppenkultur nimmt Frau Sehr, die in den 80er Jahren als Hausfrau in einer Kleinstadt lebt, kaum wahr. Punker gebe es hier nicht; die Jugendlichen seien eben in diesen oder jenen Vereinen. Worauf sie allerdings stolz ist: daß sie akzeptiert habe, daß ihr Sohn schwul sei und sich offen dazu bekenne. Sie sei neulich bei seiner Verlobung gewesen.

Herr Uhl (Jahrgang 1933)

,, … das war für mich insofern sehr schwierig"

Mit diesen Worten umschreibt Herr Uhl, der 1933 geboren ist, seine Lage als Jugendlicher nach dem Krieg. Er wuchs allein mit seiner Mutter in einem nordhessischen Dorf auf, an der heutigen Zonengrenze, nahe an Thüringen heranreichend. ,,Mein Vater ist im Krieg gefallen. Meine Mutter war ganz allein und bekam damals für uns beide sage und schreibe 16 DM Rente. Das war dann aber schon von '48 bis '50."

In der familiären Notlage mußten Verwandte aushelfen, um dem Jungen eine Ausbildung zu ermöglichen. ,,Ich habe dann in einem Nachbardorf bei einem Verwandten Maurer gelernt, von '48 bis '50." Herr Uhl war damals im Alter von 15 bis 17 Jahren. ,,Die ganze Ausbildung da oben war nicht sehr schön."

Eigentlich hatte er als Junge davon geträumt, nach Eisenach zu gehen und dort Abitur zu machen. ,,Das war gar nicht drin. In den letzten Kriegsjahren nicht mehr. Unsere Kreisstadt Eschwege war zu weit weg. Hinzu kamen noch die schlechten wirtschaftlichen Verhältnisse."

(Woran haben Sie gemerkt, daß Sie aus den Kinderschuhen rausgewachsen waren?)

,,Das habe ich in dem Moment gemerkt, als ich meine Maurerlehre begann und nicht die richtigen Ausbilder hatte. Das waren zum Teil noch Schulkameraden von meinem Vater. Man hat nur gesagt: O.K., der hat keinen Vater mehr — vielleicht war es nicht so gemeint, ich habe das immer so empfunden — : Aber ich mußte dann immer die Drecksarbeiten machen und dies und jenes."

,,Ich bin auch schon sehr früh aus dem Haus gegangen und war immer auf mich allein angewiesen. Ich hab sehr viel bei fremden Leuten gewohnt, bedingt durch meinen Arbeitsplatz, weil zu Hause mit Arbeit nichts los war."

Was sollte er nach der Lehre anfangen? ,,Arbeitsmöglichkeiten waren damals — oben in Nordhessen — denkbar ungünstig." Also wurde er wiederum bei Verwandtschaft untergebracht und verdiente „als Geselle in Düsseldorf ... ein paar Mark." Das war 1952, Herr Uhl war damals 19.

„In Düsseldorf war ich ganz allein auf riesengroßen Baustellen und jeder zweite, der da schaffte, der kam aus dem Gefängnis, das ist tatsächlich wahr. Die haben sich gegenseitig die Fahrräder weggenommen, die haben sich gegenseitig das Essen weggeklaut und weggegessen. Das vergesse ich nie. Ich junger Kerl von 19 Jahren damals, ich war in den damaligen Zeiten froh, daß ich da oben arbeiten durfte."

Anschließend versuchte er es wieder zu Hause. Der Arbeitsplatz lag in der DDR, Herr Uhl wurde zum Wochenpendler. In der Nacht vom Sonntag zum Montag radelte er um drei Uhr nachts mit Arbeitskollegen los, damit sie um 6 Uhr früh auf der Baustelle waren.

„Dann hatte ich das Maurern eines Tages satt. Mein Maurerwerkzeug einschließlich Hut habe ich in H. an der Werra, wo das große X-Werk ist, eingebuddelt. Die letzte Karre Estrich, Zement drauf, am letzten Tag eingebuddelt, nagelneue Wasserwaage."

Für drei Semester ging Herr Uhl, jetzt 21 Jahre alt, auf die Handwerkerfachschule. Das war in den Jahren 1953 und 1954.

So nimmt es nicht wunder, daß Herr Uhl sich zwar „ganz genau" an den Anfang der 50er Jahre erinnern kann, aber „in erster Linie beruflich". Zur Jugendkultur fällt ihm partout nichts ein. Zwischen dem 15. und 18. Lebensjahr, nach der Schulzeit, engagierte er sich „ein bißchen" in der Feuerwehr und im Gesangverein des Dorfes. Zur Auswahl standen noch Kirchenchor, Turnerriege und Kirmesgesellschaft. „Es gab ja sonst nichts. Es gab keine Disco, keine Großstadt, gar nichts." Aber auch später, 1958 in Düsseldorf oder 1960 in Frankfurt, habe er nichts erlebt, was man mit manchen „Auswüchsen" heutiger Jugend vergleichen könne.

Heutige Gruppen oder Organisationen von Jugendlichen? Als erste fallen ihm die Pfadfinder und der CVJM ein. Dann die Punker, „die sind Gott sei Dank in der Minderheit". Nach Terroristen fallen ihm noch Singkreise ein, und: „Da gibt es doch die ganzen Kriminellen, die Hell Angels. Die wollen ja auffallen." Und „Mofahorden". Aber all dies weiß er nur aus der Zeitung und dem Fernsehen.

Herr Schon (Jahrgang 1931)

„Wir sind halt die Blöden der Nation, und das werden wir immer bleiben"

Leitthema für Herrn Schon ist das zeitgeschichtliche Schicksal seiner Generation. Die Generation, deren Jugend in den Krieg fiel, sei die wahrhaft benachteiligte Jugendgeneration. Zwar haben sie noch einmal Glück gehabt, daß sie nicht mehr zum Kriegseinsatz an die Front einberufen wurden. Aber sein Jahrgang — er ist 1931 geboren — sei an diesem Schicksal nur knapp vorbeigegangen. Hätte der Krieg nur noch ein halbes Jahr länger gedauert, dann wären sie im Endkampf um Berlin noch eingesetzt worden.

Betrogen fühlt Herr Schon sich vor allem um eine gleichberechtigte Zukunft. Man habe ihnen im Krieg jegliche Ausbildung vorenthalten. Nach dem Krieg hätten sie als das junge Deutschland gegenüber den Besatzern die Suppe auslöffeln müssen, die ihnen die ältere Generation eingebrockt habe. Und jetzt seien sie als die Älteren gegenüber den nachrückenden Generationen entscheidend im Nachteil.

„Dann sind die Amis gekommen, die haben uns dann recht umeinander gehaut. Wir waren ja die Zukunftsmänner, die übrig geblieben sind, es war ja niemand mehr daheim. — Da hab ich mir geschworen: Nie mehr Politik, ich bin auch in keiner Partei, ich bin in gar nichts. In keinem Verein, in keinem Sportverein, in keinem nichts. In gar nichts geh ich hinein." „Freilich war ich bei der Hitlerjugend, genauso Heil Hitler geschrien, wie ich jung gewesen bin. Ganz klar. Wer da nicht dabei war, der ist halt getreten worden. Ich war auch gern dabei. Genauso wie heute die Ostzone mit der FDJ oder wie da die Pfadfinder — das ist dasselbe, mehr ist ja das auch nicht. Bloß daß das ausgenutzt worden ist von der falschen Seite. Und wir haben das geglaubt."

„In den 50er Jahren, da hat's bloß die Älteren gegeben. Der mittlere Jugendliche, der ist im Krieg geblieben. Sagen wir mal, die besten Jahrgänge, die sind im Krieg geblieben. Und dann sind wir aufgekommen.

Und wir waren natürlich blöd, wir waren dumm.

Was haben sie denn in der Schule gelernt? 9 oder 8 Jahre waren wir in der Schule. Jeden Morgen früh: „Heil Hitler, wir grüßen unseren Führer!" Dann haben wir Sondermeldungen gehört. Das haben wir gelernt.

Wir sind halt die Blöden der Nation, und das werden wir immer bleiben."

Als besondere Benachteiligung erlebt Herr Schon, daß seine Generation geduckt worden sei, was eine lebenslange Prägung hinterlassen habe. Dadurch sei man — zum Beispiel im beruflichen Bereich — psychologisch gegenüber der heutigen Generation im Nachteil. Die hätten gelernt, den Mund aufzumachen und den Ellenbogen zu gebrauchen. Um dieses Durchsetzungsvermögen beneidet er Jugendliche der 80er Jahre.

,,Der Großteil der Jugend, da hab ich Respekt. Die wissen schon, was sie wollen. Sie wehren sich halt dagegen, was für Ungerechtigkeit überall ist. Da wehren sie sich dagegen, das ist auch richtig.“ (Frau Schon ergänzt: ,,daß sie vermarktet und ausgebeutet werden.“)

,,Schauen's, wir haben ja nichts sagen dürfen. Ich beneide jeden, der heute das Maul aufmacht. Ich trau mich das nicht. Wir sind ja eingeschüchtert, das wird auch ewig so bleiben.“

Frau Schon, die auf Wunsch von Herrn Schon am Gespräch teilnimmt, assistiert:

,,Die Jugend ist heute studiert, also die meisten haben eben studiert und haben sich fachlich auch mehr angeeignet, so daß sie den Älteren überlegen sind. Das haben sie ja auch in den Familien: die Eltern Volksschule, Kinder Gymnasium. Und so ist es auch in den Betrieben: die Jüngeren arbeiten halt mit dem Ellenbogen und sagen, ,,der Alte oder die Alte gehört raus, wir möchten mehr verdienen“.

Innerhalb der Erwachsenen möchte Herr Schon zwei Jahrgangsgruppen unterscheiden. Die Grenze zwischen den Erwachsenen-Generationen wird dabei von Herrn Schon sehr eng gezogen. Auf der einen Seite stehen die Erwachsenen-Jahrgänge, die wie er ,,als Jugendliche den Krieg noch mitgemacht haben“. Die nachfolgenden Jahrgänge — also die in der zweiten Hälfte der 30er Jahre Geborenen —, ,,die sehen das ganz anders, weil die schon mit dem Wohlstand aufgewachsen sind“. Diese Träger der Aufbaujahre hätten auch ein anderes Verhältnis zu jugendlichem Protest und jugendlicher Kritik. ,,Die haben Angst, daß ihr Wohlstand, ihr Niveau, ihr Mercedes und ihr Dings, daß das flöten geht.“

Auf der einen Seite solidarisiert sich Herr Schon also mit der Kritik der heutigen Jugendgeneration gegen die ,,Aufbaugeneration“ der 50er Jahre, zu der er sich selbst nicht zählt. Auf der anderen Seite hegt er ausgesprochene Antipathien gegen bestimmte Gruppen unter den Jüngeren, die sich durch expressiven Stil auszeichnen und die — nach Herrn Schons Einschätzung — nicht arbeiten wollen. In diesen Sündenbockgruppen unter den Jüngeren kommt die Ambivalenz zum Vorschein, die er insgesamt gegenüber der heutigen Jungendgeneration hat.

,,Das hasse ich wie die Pest — die Punker, die Rocker und das ganze. Diese Nichtstauger da, die bloß vom Sozialamt leben.“

Der Haß gegen diese Gruppen geht einher mit einer Portion haßerfüllter Selbstkritik, die von seiner Frau immer wieder abgeschwächt wird. Er kann es sich letztlich nicht verzeihen, daß er so „feige" in seinem Leben gewesen sei; daß er es nicht vermocht hat, aus den prägenden Erfahrungen seiner autoritativ unterdrückten Jugend herauszuschlüpfen und ein „Erfolgsmensch" neueren Zuschnitts zu werden.

Wie schildert Herr Schon die Stationen seiner Kindheit und Jugend? Entsprechend seinem Leitthema — benachteiligte und betrogene Generation — hebt Herr Schon den bescheidenen und — im Vergleich zu heute — ärmlichen Zuschnitt des alltäglichen Lebens besonders hervor. Die Eltern mußten fünf Brüder unter schwierigen Kriegs- und Nachkriegsbedingungen durchbringen. Als sozialökologischen Hintergrund der folgenden Schilderungen muß man sich ein dörfliches Milieu in der Provinz in den 30er und 40er Jahren vorstellen.

„Eine Hose: drei Geschwister, drei Brüder haben die auftragen müssen. Die Schuhe genauso: Das ist gleich so groß gekauft worden.

Schokolade hat's überhaupt nicht gegeben. Kandiszucker hat's gegeben. Ich weiß noch, der Vater hat vom Krieg einmal, von Frankreich, drei Bananen geschickt. Die waren schon schwarz. Aber das war gut — das vergißt man nie.

Wir haben zu Weihnachten ein Schaukelpferd gekriegt, oder ein Dings mit Handwagen. Und das ist halt fünf Jahre aufpoliert worden.

Wir zuhause hatten einfach so Holzstühle, so Holzbank und Holzkisten. Wir sind halt einfach aufgetreten. Das war primitiv gegenüber heute.

Wir haben noch auf Strohsäcken geschlafen. Den Strohsack hat man jedes Jahr selber stopfen müssen. Und dann haben wir noch zwei Geschwister in einem Bett schlafen müssen."

(Über das Essen in der Jugendzeit:)

„Kartoffeln, Kartoffeln und nochmals Kartoffeln. Dann gab's Reiberdatschi und dann gab's wieder Salzkartoffeln. Und dann gab's Pellkartoffelhering. Und dann gab's Pellkartoffelsprotten. Und Pellkartoffeln Grüne Sauce.

Dann hat's sonntags Knochensuppe gegeben. Und wenn es eine Fleischsuppe gegeben hat, dann hat der Vater das Fleisch gekriegt, und wir haben dann die Suppe noch einmal verlängert. .

Aber Kartoffeln haben wir gebraucht — für sieben Personen 40 Zentner. Da sind die Kartoffeln gegessen worden, kann ich mich erinnern, und der Vater hatt' sie noch gar nicht bezahlt. Und dann ist der Bauer gekommen, wollt' kassieren, wo kein Geld da war."

Die wirkliche Härte seines jungen Lebens setzte erst ein, als der Vater in den Krieg eingezogen wurde und für acht Jahre die Mutter und die fünf Brüder allein zurücklassen mußte. Gab es in seiner

Kindheit in den 30er Jahren noch Tradition und Geborgenheit, so endete 1939 diese Kindheit. Die älteren Brüder — Herr Schon ist der zweitälteste — rückten unvermutet und unfreiwillig in die Mitverantwortung für die Familie ein. Der Übergang in die Jugendphase bedeutete zugleich auch deren Ende, da Elemente erwachsener Verantwortung ins Spiel kamen.

„Als Kind waren sie halt geborgen, da ist alles um sie gegangen. Aber dann als Jugendliche, haben sie schon kämpfen müssen.

Ich weiß noch, als Kinder, da hat der Vater mit uns gespielt. Naja, der ist '39 in' Krieg gegangen — wie alt war ich da? Acht Jahre. Der Vater im Krieg — also waren wir schon mal alleine.

Dann ist es zwei Jahre gut gegangen, naja, und dann ist der Kampf ums Überleben gegangen. Essen hin, essen her.

Dann ist '45 gekommen. Da waren diese Gefangenen oder Zwangsarbeiter. Da ist es um den Kampf um die Mutter gegangen, wie verteidigt man die.

Und dann ist wieder der Kampf ums Essen gegangen. Und dann haben wir so zwei Rollen Käse, so große hab ich in meinem Leben noch nie gesehen, die haben wir regelrecht auf der Straße heimgerollt.

Dann waren wir in Miete. Da haben die wieder auf die Mutter losgehackt. Da haben wir uns wieder dazwischen gehängt. Wissen's in die Waschküche hat's net dürfen, in' Garten hat's nicht dürfen — und dann haben sie den Schornstein zugesteckt, daß es raucht. Lauter so Schikanen. Naja, Kräfte haben wir gehabt, und dann haben wir gesagt: Paß auf, wenn du nochmal runterkommst, dann kriegst du es von uns.

Man hat den Vater ersetzen müssen. Und das ist auch nicht immer gut ausgegangen.

Und dann ist der Vater '46 heimgekommen. Den haben wir ja erst mal verstecken müssen, weil er keinen Entlassungsschein hatte. Bis das dann aufgehoben worden ist.

Und dann ist da die Reiberei losgegangen. Jetzt kommt der Vater heim, jetzt will er wieder die Reden schwingen. Wir waren aber schon ein bißchen größer. Keine größeren Reibereien als bei mir hat er nicht gehabt. Also da ist ja schon der Kampf losgegangen nach dem Krieg."

Die Rückkehr des Vaters bedeutete folglich keine Erleichterung der Situation, in dem Sinn, daß die (älteren) Brüder jetzt wieder zurücktreten und ihre Jugend nachholen konnten. Die biografische Verfrühung ließ sich nicht mehr rückgängig machen. Weder war der Vater in gleicher Weise handlungsfähig wie in der Zeit vor dem Krieg — die Familie mußte in der ersten Zeit sogar für ihn Sorge tragen, da er sich „ohne Papiere" aus der Gefangenschaft entfernt hatte. Noch fiel es Herrn Schon leicht, den gewonnenen Handlungsspielraum zurückzugeben oder sich umstandslos der neuen Macht zu beugen. Die Zeit der Suche eines Ausbildungsberufes wird von Herrn Schon als fremdbestimmt erlebt und mit Bitterkeit erzählt.

Nach der Volksschule macht er auf Weisung des Vaters eine Metzgerlehre auf dem Dorf. Das ist unmittelbar nach dem Krieg zwischen 1946 und '48.

,,Vor allen Dingen, sie haben den Beruf nicht erlernen können, den sie wollten. Denn das, das hat der Vater mit seinen Spezeln im Wirtshaus ausgemacht. Es war ja allen bekannt. Er hat gesagt: du lernst das, du lernst das. Wenn du nicht willst, ich krieg dich hin.

Wir waren fünf Geschwister. Fünf Brüder waren wir zuhause. Der erste Bruder, zu dem hat er gesagt: ,,Du wirst Schreiner." Zu mir hat er gesagt — ich bin der zweite —: ,,Du wirst ein Metzger." Das war alles ausgemacht, bevor wir aus der Schule herausgekommen sind. Zum Dritten hat er gesagt: ,,Du wirst Schuhmacher."

Weil: Die haben so gerechnet, die Eltern: ,,Naja, der Schreiner, vielleicht kann er mir mal ein' Wohnkasten machen. Naja der Metzger der kann jedes Jahr die Sau für uns schlachten. Der andere, der kann uns allen die Schuhe reparieren." So ist das gedacht gewesen.

Aber es ist ganz anders gekommen. Der vierte hat gesagt: ,,Vater, paß auf, Du kannst Dir Deinen Beruf selber lernen, und ich geh!" Der war schon neun Jahre jünger, der hat schon nicht mehr das gemacht, was der wollte. Der war schon in den Jahren, wo die ein bißchen aufgeklärt worden sind."

Ende der 40er Jahre flieht Herr Schon aus dem Umkreis der elterlichen Einflußphäre, zusammen mit seiner späteren Frau. (Die näheren Umstände dieser Sezession werden im Gespräch nicht erörtert.) Er ist 19 oder 20 Jahre alt. Als das junge Paar — jetzt in H. — ein Kind erwartet, verschafft man ihnen eine Ein-Zimmer-Wohnung auf einem Bauernhof per Zwangseinweisung. Herr Schon ist zu der Zeit Gelegenheitsarbeiter bei der Bahn bzw. stempelt als Arbeitsloser.

,,Wir sind zwangseingewiesen worden in ein Bauernhaus. Da haben wir ein Zimmer gehabt. Und dann haben wir jeden Tag durch dem Bauern seine Küche gehen müssen. Wenn wir da auf's Klo gehen mußten, haben wir da durchgehen müssen. Jeden Morgen haben wir ,,Guten Morgen" gesagt — keine Antwort. Weil wir eben zwangseingewiesen worden sind durch die Polizei. Und eines Tages ist dann die Anna zur Welt gekommen. 1951."

Mit 22 Jahren liest er im Arbeitsamt auf einem Werbeplakat, daß Bergarbeiter im Ruhrgebiet gesucht werden.

,,Da hab ich mich also im Bergbau beworben. Und zwar aus dem einfachen Grund, weil's keine Arbeit gegeben hat."

Während Herr Schon bereits in Aachen arbeitet, bleibt Frau Schon gezwungenermaßen in H. zurück, bis man in eine Werkswohnung der Knappschaft einziehen kann. ,,Da haben sie die ersten Siedlungshäuser von der Neuen Heimat gebaut, da haben wir eine gekriegt.“ (Frau Schon ergänzt: ,,Da haben wir uns schon gefühlt wie im Himmel, gut verdient, schöne Wohnung.“)

,,Im Bergbau hat man gut verdient. (Frau Schon: ,,700 Mark im Monat. 240 Mark hat die Wohnung gekostet. Und so 500 Mark hatten wir zum Leben. So daß man sich eine 500er BMW kaufen konnte — naja, wenn man bescheiden gelebt hat.“

Beim Urlaub wurde es dann schon etwas knapp. Es reichte nur zum ,,Verwandtschaftsbesuch“.

,,Da hat es damals ja noch die Freßpakete gegeben im Kohlebergbau. Dann haben sie Kohle gekriegt, 20 Zentner — und das war alles, wo sie woanders nicht gekriegt haben.“ Frau Schon: ,,Es war eine harte Arbeit.“

Die Familie bleibt dort vier Jahre, von 1953 bis ’57 (Herr Schon ist also zwischen dem 22. und 26. Lebensjahr unter Tage). Auf Veranlassung eines Bruders der Frau, der in Wien ein Lebensmittelgeschäft hat, ziehen sie für einige Jahre nach Österreich, wo sie im neugebauten Haus des Bruders wohnen. Allerdings erhält die Frau in Österreich keine Arbeitserlaubnis.

Der Interviewer fragt Herrn Schon, ob er schon einmal Versuche in Richtung ,,aussteigen“ gemacht habe. Dieser wehrt ab: ,,Das kommt gar nicht in Frage, weil ich mich da nicht trauen würde.“ Frau Schon erinnert ihren Mann daran, daß er gar so ,,bieder und schön brav“, wie er sich darstelle, in den 50er Jahren doch nicht gewesen sei: ,,Du hast ihm jetzt verschwiegen, daß du in den 50er Jahren ,,ausgestiegen“ bist — nichts gesagt hast, wo du hin bist ... bist nach Bremen gefahren und wolltest auswandern.“ Darauf gesteht Herr Schon, daß er nach Kanada wollte, ,,damals haben sie Holzfäller gesucht in Kanada“. Als man ihm Australien als die bessere Chance bedeutet habe, habe er sich umorientiert. Man habe ,,schon die Papiere gehabt“. Die Frau habe ihn letztlich zurückgehalten. Sie wollte ihre Familienbindungen zum Elternhaus nicht aufgeben.

Wie steht es angesichts einer solchen Jugendbiografie in Kriegs- und Nachkriegszeit um jugendkulturelle Äußerungsformen? Herr Schon deutet an, daß sie als Jugendliche auf dem Dorf schon den einen oder anderen Streich ausgeführt hätten. Vor allem war es ihnen darum zu tun, etwas beweglicher zu werden:

“Wir haben schon Sachen gemacht, ja: Die Pferde g’holt, wo wir gar nicht durften, und sind dann da ausgeritten. Und dann haben wir so ein Moped genommen und sind spazieren gefahren.“

Als positive Jugendzeit verbucht er das Gruppenleben bei der HJ — seine erste und letzte Organisation, der er angehörte.

An den Errungenschaften des Kulturkonsums und der Motorisierung der 50er Jahre nahmen Herr und Frau Schon jedoch nicht mehr als Jugendliche, sondern als junge Erwachsene und Eltern teil. Entsprechend modifiziert verläuft die Rezeption der neuen Alltagsgegenstände.

,,Also die 50er Jahre waren keine rosigen Jahre, sie waren aber trotzdem schön. Wir haben uns das erste Radio gekauft, den ersten Radioschrank mit Plattenspieler, das war ja ganz modern; Platten jede Menge."

,,Jede Woche sind wir ins Kino gegangen. Da war Zorro große Mode. Zorro haben wir uns anschauen müssen. Da hat das Kino 50 Pfennig gekostet."

,,Zum Nürburgrennen sind wir gefahren, 40 Mark Eintritt."

Solche Aktivitäten waren Bestandteil des Familienlebens, nicht jugendkulturelle Ausdrucksmittel.

Eintritt in die Jugendkultur

Kulturindustrielle Aktivierung und Kontrolle von Jugend?

In den 50er Jahren deutet sich ein Wechsel des Aktivierungs- und Kontroll-Paradigmas von Jugend an. Es geht um die Frage, wer organisiert — aktiviert und steuert — Jugendliche im großen Maßstab? In den vorangegangenen fünf und mehr Jahrzehnten hatten dies staatliche, politische und pädagogische Institutionen getan. Wir können dabei an die staatliche Totalinanspruchnahme von Jugendlichen für Militär- und Kriegszwecke denken (Kreutz 1974); an die Organisierung von Jugend durch Großverbände, seien diese nun in kirchlicher, staatlicher oder Partei-Trägerschaft. Im Rahmen solcher Groß-Organisation und Groß-Ereignisse fanden öffentliche Aufmärsche, überregionale Zusammenkünfte, nationale Wettkämpfe u.ä. statt, die der Selbstdarstellung der Organisatoren wie der Herstellung herausgehobener Selbst-Zustände bei den jugendlichen Teilnehmern dienlich waren.

Mitte der 50er Jahre setzen sich in westlichen Industriegesellschaften neue Organisatoren von Jugend in Szene. Beim historischen Übergang vom produktionsorientierten Industriekapitalismus zur kapitalistischen Konsum- und Dienstleistungsgesellschaft übernimmt eine neue Gruppe von Großorganisatoren die Leitfunktion. Jugend wird im institutionellen Kontext von Freizeit- und Kulturindustrie organisiert.

Ein Indiz: Für die „Halbstarken" Mitte der 50er Jahre war insbesondere die Ausbreitung der Medien Film, Rundfunk und Schallplatten von Bedeutung. Ein weiteres Indiz: In den 50er Jahren erhalten zwei Typen von Großveranstaltungen Leitfunktion bei der Organisierung von Jugendlichen. Es sind dies die in dieser Zeit sich ausbreitenden Kinopaläste der Nachkriegszeit und die ersten Großkonzerte einer eigens für Jugend konzipierten Musikszene.

Um historische Kontinuität und auch Wandel öffentlich inszenierten Konsums kulturindustrieller Produktionen zu verstehen, muß man sich vergegenwärtigen, welche Orte und Ereignisse jeweils Leitfunktionen übernehmen. In den 50er Jahren gehörte dazu mit Sicherheit der Versammlungsort Kino-Palast, der mehrere hundert bis über 1000 Plätze anzubieten hatte. Das Kino entwickelte sich in dem historischen Moment zum Organisator jugendlicher Randale und Straßengewalt, als die Älteren begannen, den Ort zugunsten des

,,Familienkinos" TV zu verlassen und ihn den Jüngeren allein zur Verfügung stellten. Die Alters-Segregierung drückte sich in jenen Jahren durch die Umstellung auf ein Kinoprogramm aus, das vermehrt den jugendlichen Ansprüchen entgegenkam. In jenen Jahren boten sich die Kinos z.B. als Orte für den Konsum jugendspezifischer Musikfilme (Serie der Rock'n Roll-Filme) an. (Vgl. Zinnecker 1985)

Bericht über die Erstaufführung des Films ,,Außer Rand und Band", Teil I, in Bremen am 2. November 1956

,,Im Theater herrschte Hochstimmung. Beim Erscheinen einer ,,Rock'n-Roll-Szene" auf der Leinwand setzte ein tumultartiges Getöse ein. Einzelne junge Leute pfiffen auf den Fingern, andere bedienten Trillerpfeifen, Autohupen und andere Lärminstrumente. Einzelne Personen sprangen während der Vorstellung von ihren Sitzen hoch, entledigten sich der Oberbekleidung, gestikulierten mit den Armen in der Luft herum und schrien vor Begeisterung." (Bondy u.a. 1957, 41)

,,Am 4. 12. 1956 kam es in Mannheim zu einem Rock'n' Roll-Krawall. Nach dem Besuch des Films ,,Außer Rand und Band" (Rock around the clock) verließen zahlreiche Halbwüchsige in einer Atmosphäre der Unternehmungslust das Kino." (Kaiser 1959, 30)

,,In Bielefeld randalierten am 11. Januar 1957 ungefähr 300-400 Halbwüchsige im Anschluß an den Besuch des Filmes ,,Außer Rand und Band" (2. Teil — Don't knock the rock). Schon während des Filmes hatten die Halbwüchsigen von ungefähr 50 Sesseln die Armlehnen abgerissen, obwohl der Inhaber des Lichtspieltheaters neben einem Beteiligten im Kino gesessen und gesagt hatte, sie sollten ruhig lärmen, aber kein Inventar beschädigen. Das Gestühl war hauptsächlich deshalb beschädigt worden, weil die Musik nicht immer ,,heiß" genug war, und daher der Film zuweilen als langweilig empfunden wurde. Die Halbwüchsigen verließen das Kino in der Erwartung, daß nun etwas passieren müsse." (Kaiser 1959, 31)

,,2 Mitglieder einer Clique von 14 Halbwüchsigen, die zum Bielefelder Rock'n Roll-Krawall am 11. Juli 1957 durch auffällige Kleidung und lärmendes Verhalten erheblich beigetragen hatten, beschrieben ihre Gruppe wie folgt:

,,Zu meinem Freundeskreis gehören noch 13 andere Jugendliche ... Unsere Verbindung war nur lose. Kennengelernt haben wir uns vor den einzelnen Kinos. Wir sprachen uns gegenseitig an und erkannten dabei, daß wir alle die heiße Musik gern hatten." (Kaiser 1959, 60, aufgrund von Gerichtsakten).

Jugendliche Kinogänger 1953

,,Zwei Drittel aller Jugendlichen (d.h. 15-24jährige) gehen mindestens alle 14 Tage einmal ins Kino. Die Jugendlichen beiderlei Geschlechts zwischen 17 und 20 Jahren, besonders aber die männlichen Jugendlichen dieser Altersgruppe, sind am ‚kinowütigsten' ... Es ist eine allgemeine Erfahrung, daß Kinobesuch und Tanz zu den Freizeitbeschäftigungen gehöre, die von jungen Paaren — vom Stadium des Flirts an bis zu dem gewichtigeren der Verlobung — besonders bevorzugt werden; daneben aber ist auch der gruppenweise Kinobesuch junger Leute eine Beobachtung, die aus dem vorliegenden Erhebungsmaterial bis zu einem gewissen Grade bestätigt wird ... Wer häufiger ins Kino geht, geht auch häufiger zum Tanzen bzw. sucht häufiger ein Lokal auf." (Jugendliche heute, 1955, 41ff.)

Ein zweiter Kristallisationspunkt war in jenen Jahren die sich in Westeuropa — durch kulturindustriellen Import aus den USA — entwickelnde jugendspezifische Musikszene. Teil dieser Musikszene war die Organisierung von Großkonzerten, die tausenden von Fans die Möglichkeit gab, ihre Idole life auf der Musik-Bühne zu erleben. Dieser organisierende Schlüssel für Jugendkrawalle ist seinerzeit — bis heute — eingehender als etwa das Kino gewürdigt worden. Das lag schon deshalb nahe, weil der Charakter eines Großkrawalls bei solchen Veranstaltungen sich leichter herstellte als im Fall von Kinovorführungen, die eher lokal begrenzt waren.

Bericht über ein Rock'n'Roll-Turnier in Westberlin am 1. Dezember 1956

„Johlend und pfeifend stiebt es in den Saal. Hier findet man sich in einzelnen Blocks zu Cliquen zusammen und überbietet sich gegenseitig in der Entfesselung von Lärmorgien ... Inzwischen hat die Veranstaltung begonnen. Zeitweise geht die Musik in dem hektischen Geschrei der Massen völlig unter, wenn die Publikumslieblinge besonders exzentrische Tanzfiguren vorführen oder unbeliebte Paare niedergebrüllt werden ... Ganze Gruppen von Fans stehen auf den Holzbänken und zucken im Rythmus der Musik. Einige mit entblößtem Oberkörper. ... Der Auszug aus dem Saal, dem noch einige Holzschranken und Banklehnen zum Opfer fallen, gleicht dem Bild der heimkehrenden Krieger nach der Schlacht. Völlig abgekämpft, durchnäßt und mit wirren Haaren verlassen die „Helden" ihr Kampffeld." (Bondy u.a. 1957, 38)

In den Anfangsjahren jugendspezifischer Musik aus dem Kulturimport der USA war es für die Jugendlichen nicht leicht, sich Zugang dazu zu verschaffen. Wer Platten (Singles) besaß oder gar eines der ersten Transistorradios, wurde zum wichtigen Übermittler für die Clique.

„Wir hatten aber andere Jungs, die richtig Platten zuhause hatten. Die hatten Bill Haley und die Platten dagehabt ... Wir hatten da einen, der hatte ein Transistorradio. Das war ja Gold wert ..." (Erinnerung eines Dortmunder Cliquenmitglieds, Jahrgang 1940) (Krüger / Wensierski 1948)

1953 beispielsweise ist der Besitz eines eigenen „Rundfunkgerätes" keineswegs selbstverständlich,. Etwa ein Drittel der 15-24jährigen ist auf das Gerät der Eltern angewiesen, teilweise greift man auf das Gerät von Verwandten, Bekannten oder Mit-Mietern zurück. Gerade für die Jüngeren, unter 20jährigen, ist der Eigenbesitz eines Radios selten. Die Befragung jugendlicher Hörer im Bereich des Nordwestdeutschen Rundfunks ergibt für 1953 folgende Zahlen:

Es besitzen ein eigenes Radio
15-18jährige Hörer 6%
19-20jährige Hörer 14%
21-22jährige Hörer 31%
23-35jährige Hörer 50%
(Jugend heute 1955, 16f)

Über eine Beschränkung der Auswahlmöglichkeiten berichten 30% aller jugendlichen Rundfunkhörer, wobei die Zahlen bei den 15-17jährigen erheblich höher liegen.

Ein dritter Kristallisationspunkt jener Jahre war die beginnende Motorisierung der Jugend-Gesellschaft und die damit einsetzende Stil-Bastelei bzw. der damit einhergehende Kult. Die Motorisierung spielte für die Straßen-Randale in doppeltem Sinn eine Rolle. Positiv — sofern man selbst motorisiert war — ging es darum, die dadurch neu hinzugewonnene Straßenmacht zu demonstrieren und in kleinere und größere action-Münze umzuwechseln. Man konnte die Umgebung, die schwächeren Passanten beispielsweise, mithilfe der Maschinen tyrannisieren; man konnte die hinzugewonnene räumliche Unabhängigkeit für seine Zwecke ausbeuten usw. Der negative Pol zeigte sich darin, daß die jugendliche Straßenrandale sich in aggressiver Weise gegen fremde Motorisierung wandte, beispielsweise gegen andere Jugendliche, die ein Moped oder einen Motorroller fuhren. Insbesondere richtete sich die action gegen Erwachsene, die — nun ihrerseits übermächtig — in Autos vor- bzw. vorbeifuhren. Dabei müssen wir uns vor Augen halten, daß der Besitz solcher Fahrzeuge — am Beginn der Massenmobilisierung des Individualverkehrs — noch seltener als heute war, der Kampf auf der Straße gegen die PKW's noch nicht in gleicher Weise hoffnungslos erschien wie heute. Symbolcharakter hat es z.B., wenn Jugendliche Straßensperren errichten — mithilfe der eigenen Fahrräder.

Die neue Technik der Verkehrsmitel erregte seit ihren Anfängen das stärkste Interesse der Kinder und Jugendlichen. In den Anfängen des Automobils, als die Verfügungsgewalt über die neue Technik noch jenseits jugendlicher Möglichkeiten lag, äußert sich das Interesse der „Straßen-Kinder" dezidiert negativ. Man wirft Steine nach den Herrschaften in den Automobilen, errichtet Straßensperren, läßt die Automobilisten bei bestimmten Orts- oder Quartiersdurchfahrten gleichsam Spießruten laufen. Die Klagen der Behörden über entsprechende Belästigungen — etwa auch von Militärfahrzeugen oder von Bussen — nehmen zu Beginn des Jahrhunderts bis in die 30er Jahre hinein nicht ab. Die Kontinuität dieser negativ gerichteten Aufmerksamkeit der Jüngeren gegenüber den technischen Wunderwerken der Bewegungsenergie reicht ersichtlich bis in die 50er Jahre hinein. Mit dem Eintritt in die Massenmotorisierung beginnt auch eine neue Form der Jugendkriminalität, die die Aufmerksamkeit der Medien und Kriminologen der 50er Jahre findet. Jugendliche verschaffen sich die begehrten Objekte illegitimerweise, nutzen sie für nächtliche Ausfahrten u.a. und lassen die Fahrzeuge mehr oder weniger demoliert wieder zurück. Dort, wo dies nicht machbar ist, lassen sie ihre Aggressionen an den unerreichbar für sie auf den Straßen herumstehenden Besitztümern aus: Sie reißen Antennen ab, zerstechen Reifen, montieren Teile ab usw. Von dieser negativ gerichteten Qualität sind viele der jugendlichen Straßenaktivitäten in den 50er Jahren.

Vielfach haben die Gerichte sich mit „abendlichen Streifzügen" zu beschäftigen, „die fast ausschließlich der Zerstörung und Beschädigung von Autoantennen, Rückspiegeln, Scheibenwischern, Winkern und Stoßstangen parkender Fahrzeuge dienen" (Kaiser 1959, 45).

„In der Nacht zum 23. März 1958 wurde ein 22jähriger Fahrer in einer Straße Berlin-Kreuzbergs von Jugendlichen am Steuer seines Mietwagens angegriffen. Der Fahrer hatte sich vorher mit einem Mädchen im Wagen unterhalten. Deshalb stellte ihn einer der Angreifer zur Rede, zerrte ihn an der Krawatte und forderte ihn auf, sich mit ihm zu schlagen. Als der Fahrer darauf nicht einging, nahmen ungefähr fünfzehn Jugendliche gegen ihn Stellung, begannen, den Wagen zu schaukeln, öffneten die Fahrzeugtür, zogen den Zündschlüssel ab, und einer von ihnen verlangte vom Fahrer, ihn eine „Biege" fahren zu lassen, obwohl er keinen Führerschein besaß. Dann drängten sie den Fahrer gewaltsam vom Fahrersitz, setzten das Fahrzeug in Gang und fuhren etwa 300m, wobei einer der Jugendlichen das Fahrzeug führte, zwei auf den hinteren Sitzen des Kraftfahrzeugs sowie ein anderer auf dem Verdeck saßen und zwei weitere Halbwüchsige auf der hinteren Stoßstange standen." (Kaiser, 1959, 45, aufgrund von Gerichtsakten)

Wendejahr 1955: Jugend- und Freizeitkultur als öffentliches Ereignis

,,...ein neues Getto"

,,Eine riesige Jugend-Industrie mit Zeitschriften, Filmen, Moden, Diskotheken, Eisbars, später auch Drogen und Rauschgifthöllen installierte sich und schuf ein neues Getto, ganz nach überliefertem Modell. Nach Farbigen und Juden nun das Jugend-Getto." (Brauer 1982, 179)

Amerikanismen

,,... der enge Kontakt mit den Vertretern der Neuen Welt und ihren teilweise eigenwilligen Modeanschauungen hat vor allem die Jugend empfänglich gemacht für gewisse Torheiten, die in ihrem Ursprungslande Berechtigung haben mögen, keinesfalls aber zu uns und unserer Mentalität passen." (Graudenz / Pappritz: Das Buch der Etikette 1956, 172)

,,Die Amis bringen uns den Segen. Ihre Musik. Ihre Lässigkeit. Mutter sagt, Benehmen wie die Axt im Walde, Füße auf den Tisch, Kaugummikauen in der U-Bahn, diese fürchterlichen Hosen mit den Nieten dran. Alles neu, man glaubt es kaum, daß es so schnell geht. Macht um Himmelswillen diese Negermusik aus." (Karin Reschke (1980, 96)

Das historische Einsetzen einer kommerziellen Jugendkultur Mitte der 50er Jahre läßt sich anhand verschiedener Indikatoren feststellen. Die öffentliche Thematisierung von Jugendkultur setzt nahezu schlagartig 1955/1956 ein. Ein knappes Jahr vor den ersten ,,Halbstarkenkrawallen" mehren sich die Anzeichen dafür, daß Öffentlichkeit, Jugendverbände und Jugendarbeiter, Jugendforscher sich für das kulturelle Eigenleben Jugendlicher im Bereich freier Zeit zu interessieren beginnen.

Die öffentliche Thematisierung von Jugend läßt sich vielleicht in folgende Abschnitte zerlegen. Im ersten Jahrfünft nach dem Krieg, 1945 bis 1950, stehen Fragen der existentiellen ,,Jugendnot" und Fragen der sozialen wie politischen Integration der Nachkriegsjugend im Vordergrund des Interesses. Man sorgt sich um die vielen Jugendlichen, die in keinem festen Familienzusammenhalt stehen; um die ,,Berufsnot" der arbeitslosen Jugendlichen; sowie um latente Sympathien für das vergangene und Destinteresse gegenüber dem neuen politischen System.

In der ersten Hälfte der 50er Jahre, 1950 bis 1955, richtet sich das Interesse auf die Restaurierung der sozialen und pädagogischen Institutionen, die eine gesellschaftliche Integration von Jugend gewährleisten sollen. Es ist die Hochphase der Propagierung von Jugendschutz, traditionellen Jugendverbänden, der Erneuerung von Jugendgesetzgebung und Jugendpolitik, der Vorbereitung des künftigen Wehrdienstes u.ä.

Die Periodisierung läßt sich u.a. anhand der Presseausschnitte über Jugend plausibel belegen, die in der Pressedokumentation des Deutschen Bundestages seit 1951 gesammelt worden sind. Eine grobe Auszählung der pro Jahr zu den auf Jugend bezogenen neun Stichworten anfallenden Zeitungsartikeln haben Rüther/Plum (1983) vorgelegt. Aus den Verlaufsgrafiken (vgl. Grafik 2 und 3) geht hervor, daß Jugendorganisationen zahlenmäßig zwischen 1951 und 1955 am häufigsten vertreten sind. Die Jugendschutzdebatte erlebte ihre Blütezeit in der Presse zwischen 1952 und 1957. Die Grafik zur allgemeinen Jugendberichterstattung belegt, daß 1956 eine erste Jugenddebatte in den Medien stattfand — die durch die ,,Halbstarkenkrawalle" ausgelöst worden war. In dieser Debatte steht die kommerzielle Jugendkultur im Mittelpunkt des Interesses. (Dioe Grafik belegt darüber hinaus, daß die erste Jugenddebatte 1956 nicht mit der Flut an Presseartikeln zu vergleichen ist, die die jugendlichen Protestaktionen Ende der 70er Jahre auszulösen vermochten. Ferner: Die 68er-Bewegung wurde im Pressearchiv des Bundestages unter ,,Studenten" rubriziert, nicht unter Jugend.)

Die Stationen einer allmählichen Thematisierung von Jugendkultur im Verlauf der 50er Jahre spiegeln sich in den Aufsätzen der

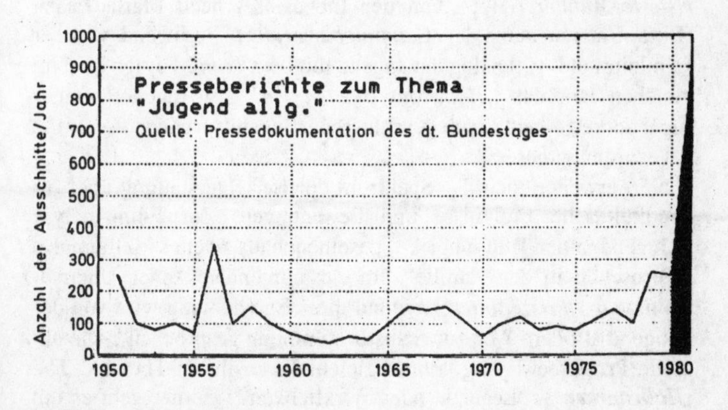

Rüther/Plum(1983, 172f)

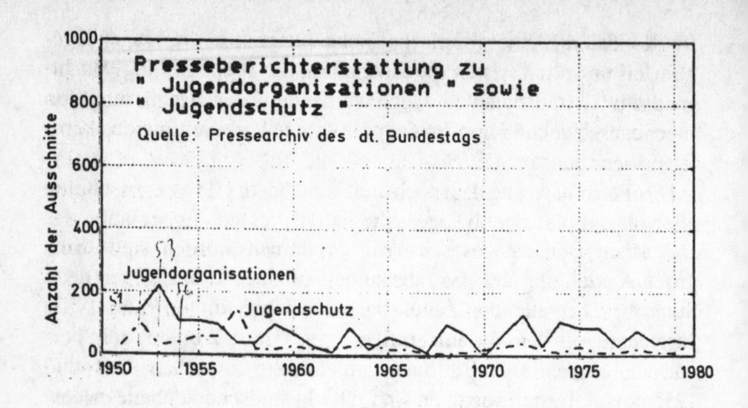

Rüther/Plum (1983, 172f)

und verstand sich als ein Diskussionsforum zur Jugendarbeit in Westdeutschland (Faltermaier 1983). In den beiden ersten Jahrgängen, 1953 und 1954, finden wir keine Hinweise auf eine neue Jugendkultur. Die Stichworte zur Kultur, die in diesen Jahren in den Überschriften auftauchen, entstammen der Tradition von Jugendbewegung und pädagogischer Reformbewegung. Von guter ,,Jugendliteratur" ist die Rede, von ,,Wanderungen", vom ,,Laienspiel" u.ä. Das Bild ändert sich schlagartig mit dem dritten Jahrgang 1955. Die kommerzielle Jugendkultur meldet sich mit zwei zentralen Themen zu Wort: Film und Reisen. Entsprechende Titel lauten: ,,Der *motorisierte Wanderer*(!)"; ,,Von der Liebesinsel nach Maria Laach (Eine Untersuchung der *Campingbewegung*)"; ,,Jugend vor der Filmleinwand"; ,,Dialog der Jugend mit dem *Film*". Ferner wird im gleichen Jahr das *,,Heim der offenen Tür"* als Angebot offener Jugendarbeit —außerhalb geschlossener Jugendverbände — auf die Tagesordnung gesetzt.

1956 erweitert sich das Spektrum der Berichterstattung über jugendkulturelle Ereignisse und Bewegungen. Zur Film-Analyse (,,Jugend in der Traumfabrik") gesellt sich als zweites Medium das ,,Fernsehen in der Familie". Im Zusammenhang einer Untersuchung der ,,*Freizeitinteressen* und ihrer Entwicklung wird von der ,,Jugend auf dem Weg zur Selbstbestimmung gesprochen". Die aktuelle Protestbewegung kommt gleichfalls zu ihrem Thema: ,,*Die ,Halbstarken'* — Legende oder Wirklichkeit?" Ferner geht es um das Problem: ,,*Rowdies* ruinieren den Sport".

Mit einigem Abstand erst tauchen weitere neue Stichworte auf. 1959: „Ein neuer Typ wird produziert, der *Teenager*"; „Der freie Jugendklub als Integrationsfaktor". 1960: „Die *Musikbox* als aktuelles Freizeitangebot der Jugendpflege?" Im gleichen Jahr: „Die Sprache der jungen Leute" und zum ersten Mal der Begriff „*Twen*". 1961 finden wir dann Artikel über den „*Jazz Saloon*" und über „Erfahrungen mit *Schlager-Fans*". 1962 thematisiert die „deutsche jugend" erstmals den „*Jugendtourismus*" und das Problem der „*Jugendzeitschriften*". An dieser Stelle brechen wir die Panorama-Sicht auf die ersten 10 Jahre der „deutschen Jugend" ab (vgl. Faltermaier 1983, 533 ff.).

Ein anderer Test bezieht sich auf das Zeitungsarchiv der Frankfurter Rundschau, das neben den Artikeln, die im eigenen Blatt über Jugend erschienen, auch ausgewählte überregionale Tageszeitungen mit verschlagwortete. Zwischen 1950 und 1954 sind keinerlei Artikel zu finden, die sich für das kulturelle Freizeitleben der Jugendlichen interessieren. Ende 1954 finden wir erste Anzeichen. So fragt ein Artikel vom 20.11.'54 besorgt: „Was machen Jugendliche mit ihrem Geld?" Im Aufmacher werden Szenen aus der Welt kommerzieller Vergnügung — und zugleich des Jugendschutzes beschworen:

„Ein grelles Plakat wirbt für einen Gangsterfilm. Es ist gegen neun Uhr abends. Halbwüchsige beherrschen den Eingang zum Kino. Die Hände haben sie bis zu den Ellenbogen in den Taschen vergraben, die Zigarette hängt zwischen den Lippen, oder ein Kaugummi hält ihren Mund in Bewegung. Ihr Gesprächston ist von rauher Großspurigkeit ... In einer Kneipe dröhnt es aus einem Plattenspielautomaten zum xten Male, daß der Cowboy Joe die Mary liebt. Die gleichen Gestalten sind es wieder, die diese Apparate mit Groschen füttern, die Knöpfe drücken und einen Schnulzentenor von der Südsee träumen lassen: Haben diese Halbstarken, und auch die Mädchen, die man in ihrer Begleitung sieht, nichts anderes, nichts „Besseres" zu tun?" (Der Artikelschreiber findet im Verlauf seiner weiteren Reportage eine beruhigende Antwort: „Nicht alles wird verplempert. Sie besuchen Theater, kaufen gute Bücher und sparen.")

1955 setzt ein konzentriertes Interesse der Presse für jugendkulturelles Freizeitleben ein. Einige Beispiele mögen die Stoßrichtung der beginnenden Berichterstattung über Jugendkultur verdeutlichen.

Da handelt es sich (FR vom 13.4.1955) zum Beispiel um eine neue „Rekordsucht" und „Mutprobe" unter den Jüngeren. Der Inhalt: Es geht darum, wer am billigsten am weitesten fahren kann. „Trampen" heißt „das Zauberwort für viele". Als Story wird dem Leser die Begegnung mit Peter aus Frankfurt erzählt. Die Mutter ist überzeugt:

,,Unser Peter ... wandert in den Ferien mit drei Freunden im Odenwald! Am nächsten Morgen lief mir besagter Peter über den Weg. In kurzer Lederhose, mit dem Rucksack auf dem Buckel. ,,Na, denn viel Spaß im Odenwald!" wünschte ich ihm. — ,,Odenwald?" fragte er. Dann lachte er vertrauensvoll: ,,Das habe ich doch nur zu Mutti gesagt, damit sie keine Angst hat. Wo ich wirklich lande, weiß ich noch nicht. Am liebsten wäre mir die Südschweiz oder die Riviera. Da muß es jetzt prima sein. Halten Sie mir die Daumen, daß ich immer das richtige Auto erwische." ...

Freunde haben sich diesem ,,Sport" zugewandt und zeigen Bilder von Neapel, Madrid und von der Bretagne .."

In der Süddeutschen Zeitung erscheint am 9.4.1955 eine Reportage von Gerda Bödefeld, die sich mit ,,mehr als fünfzig 16-18jährigen Münchnern unterhalten" hat. Darin finden sich — neben Berichten über Jugendliche, die sich um ihren beruflichen Aufstieg sorgen — Szenen wie die folgenden:

,,Die Mehrheit der jungen Leute, die wir befragten, glich in ihren Gewohnheiten und Ansichten dem 17jährigen Bäckergesellen Fritz und der 19jährigen Kellnerin Ria. Fritz verschlingt 30-Pfennig-Romanheftl. ,,Was sollt i denn sonst lesn?" Zweimal wöchentlich geht er ins Kino, ,,am liabstn in Fuim, wo für Jugend verboten san".

,,Das Schwabinger Stammlokal der ,,Ile de Jazz", eines 27köpfigen Klubs der Freunde heißer Musik, ist die Welt der Modeschülerin Ulli S.: ein düsterer Raum, wo Kerzen, auf Sektflaschen gepfropft, flackern; wo Mädchen in schmalen Juliette-Greco-Hosen und losen Pullis zusammen mit Stiftenkopf-Jünglingen (auch Buhl- und Hassbärte sind Mode) ihre Verachtung für Tradition und Bürgertum in Tanzschritten ausdrücken. Sobald Ulli selbst Geld verdient, will sie von daheim weg, wo sie sich unterdrückt fühlt. ,,Ernsthafte Gespräche kann ich mit den Eltern leider nicht führen." Sie will sich nach niemandem richten müssen; das geht so weit, daß sie nicht einmal einen Freund ,,verträgt". Heiraten will Ulli — ,,wenn überhaupt" — frühestens mit 35 bis 40. ,,Man muß doch erst wissen, was unabhängig sein heißt."

Die Kette der jugendkulturellen Berichterstattung bricht von da an nicht mehr ab. Am 10. 12. 1955 sorgt sich H. Metzler in der Frankfurter Rundschau — im Anschluß an H. Schelsky u.a. —, daß die ,,konfektionellen Freizeitformen der ‚Kulturindustrie' " die ,,schöpferischen und konstruktiven Freizeitbeschäftigungen" sowie den ,,Freizeitidealismus" zum Erliegen brächten. 1956 folgen Berichte über Diskussionen (allerorten) zum Problem der ,,Halbstarken". So heißt es am 15. 3. über eine Diskussion im Volksbildungsheim:

,,Das Thema scheint in der Luft zu liegen; viele Erwachsene und einige junge Menschen waren der Einladung gefolgt ..."

1954 und 1955 hat sich noch keine altersspezifische Musikkultur und Musikszene ausdifferenziert. Das zeigt ein Blick auf die damaligen Emnid-Studien. Jugendliche und ihre Eltern besuchen ähnliche Typen von Veranstaltungen: Je nach sozialer Herkunft und musikalischer Bildung mehr Konzerte mit klassischem Musikrepertoire, geistliche und Chormusik oder eher Operetten und volkstümliche Unterhaltungs-Musik (sogenannte bunte Veranstaltungen, Märsche und Blasmusik).

1984 hat sich das Bild verschoben. Der Typus der besuchten Veranstaltungen hat sich für die Jugendlichen erheblich gewandelt — nicht jedoch für die Erwachsenengeneration '84. Diese besucht weiterhin ähnliche Konzert- und Musikertypen wie seinerzeit in den 50er Jahren. Die Jugendlichen zeigen sich dafür von einer ganz anderen Musik als in den 50er Jahren beeindruckt. (Vgl. unten Kapitel „Musikalische Veranstaltungen".)

Zwanzig Zeitzeugen Jahrgang 1930 bis 1940

Die ausführlichen biografischen Gespräche mit zwanzig Angehörigen der Jugendgenerationen zwischen 40er und 50er Jahren erlauben uns, die verallgemeinernden Aussagen mit der einzelnen Lebensgeschichte zu konfrontieren. In Tabelle 5 sind die auf Kindheit und Jugend bezogenen Lebensdaten in einer Synopse zusammengefaßt. Biografische Monografien — die entsprechenden Personennamen sind gekennzeichnet — finden sich an zwei Stellen. Fünf Jugend-Skizzen der Jahrgänge um 1930 sind im Kapitel „Erinnerungen heute Erwachsener an Kindheit und Jugend" dargestellt. Kurzbiografien der Jahrgänge um 1940 finden sich im Folge-Kapitel „6 x Jugendkultur in biografischen Porträts". Welche Hinweise über das Einsetzen einer freizeit- und konsumorientierten Jugendkultur lassen sich aus der Synopse gewinnen?

Tab. 5: Jugendkultur und Biografie — Zwanzig Erwachsene, Jahrgänge 1930-1940, Interviews im Herbst 1983

Name; Jahrgang; Alter '83; Geschlecht	Wohnort in der Kindheit und Jugend	Familiensituation	Ausbildungs- und Berufsstationen in der Jugend	Jugendkultur
Frau Wilt; 1930; 53; w;	Städtische Kindheit bis '45 in Breslau; '45-'46 Flucht und Lager in der Tschechoslowakei; '46-'51 Kleinstadt in Süd-Hessen; ab '51 Rheingau/Auszug aus der Familie	Vater Polizeibeamter, von '41-'46 von der Familie getrennt, nach dem Krieg Leiter der städtischen Polizeiabteilung	Volksschule; Flucht und Lageraufenthalt; Aussiedlung; Handelsschule; Lehre Bürokaufmann '48-51	
Herr Kurt; 1930; 52; m;	Kindheit und Jugend in einer Kleinstadt bei Stuttgart	Vater Pfarrer, später Dekan; eine Schwester	Oberschule; zweijährige Lehre Zimmermann; Studium Architektur in Stuttgart	
Frau Lang; 1931; 52; w;	Kindheit und Jugend in einem Dorf im Schwarzwald	Angesehene Familie am Ort; großzügige Eltern; Vater im Gemeinderat; Holzgeschäft/ Schwarzwaldschnitzereien	Volksschule; höhere Handelsschule; Verwaltungsfachschule; Verwaltungsangestellte im Rathaus	Jugendmode u.a.: Hosen; Café; Schlager; attraktive Dorfschönheit; Tanzen; Clique am Ort
HerrSchon; 1931; 52; m;	Kindheit und Jugend in einem Dorf in Süddeutschland	Vom 8.-15. Lebensjahr allein mit Mutter und vier Brüdern; Vater von '39-'46 im Krieg und in Gefangenschaft	Volksschule; Metzgerlehre; Gelegenheitsarbeit (Bahnarbeiter); arbeitslos; ab 21. Lebensjahr Bergbau im Ruhrgebiet	

Name; Jahrgang; Alter '83; Geschlecht	Wohnort in der Kindheit und Jugend	Familiensituation	Ausbildungs- und Berufsstationen in der Jugend	Jugendkultur
Frau Sehr; 1932; 51; w;	Nordrhein-westfalen	Flüchtlingskind; Mutter sieben Jahre in Nervenklinik (1946-53), lebte mit Vater allein während der Jugend	Volksschulabschluß, Schulabbruch aus familiären Gründen; Arbeit als Haus- und Küchenmädchen; Ausbildung zur Krankenschwester	
Herr Huber; 1932; 51; m;	Während des Krieges Evakuierung ins Allgäu zu Verwandten; nach '46 zurück in südhessische Großstadt	Uneheliches Kind; Stiefvater trennt sich nach dem Krieg von der Mutter; Mutter ohne Berufsausbildung, sucht durch Gelegenheitsarbeit Geld zu verdienen; eine jüngere Schwester	Mittlere Reife an der Oberschule; Volontariat bei Tageszeitung; Bildjournalist	
Herr Uhl; 1933; 49; m;	Kindheit und Jugend in einem Dorf in Nordhessen	Einzelkind; Vater im Krieg gefallen; mit Mutter allein aufgewachsen, die von Rente lebte	Volksschule; Maurerlehre im Nachbardorf; als Geselle in der Großstadt bei Verwandten (18-19 Jahre); Handwerkerfachschule (20-22 Jahre)	
Frau Baer; 1934; 49; w;	?	Einzelkind; Eltern geschieden; mit Mutter allein aufgewachsen	Volksschule; zunächst Verkäuferin; dann mit 17 Jahren nach einjähriger Handelsschule im Büro	
FrauSieber; 1935; 48; w;	Villen-Vorort in Berlin	Gutbürgerliches Elternhaus; zwei Geschwister	Mittlere Reife an der Oberschule; zwei Jahre Höhere Handelsschule	

Name; Jahrgang; Alter '83; Geschlecht;	Wohnort in der Kindheit und Jugend	Familiensituation	Ausbildungs- und Berufsstationen in der Jugend	Jugendkultur
Herr Möhn; 1937; 46; m;	Kindheit und Jugend in einem Dorf in Baden-Württemberg	Haus der Eltern im Krieg zerstört; glückliche, harmonische Kindheit	Jungenoberschule (Fahrschüler); Lehrerausbildung	
Frau Mut; 1938; 45; w;	Großstadt in Südhessen	Einzelkind; Vater (Schauspieler) „davongerannt"; mit Mutter allein aufgewachsen	Mit Mittlerer Reife „reine Mädchenschule" (Gymnasium) erzwungener Schulabgang; mit 18 Jahren Lehre als Fotografin	
Herr Diel; 1938; 45; m;	Arbeitervorort einer Großstadt in Südhessen	Vater Bahnarbeiter; kinderreiche Familie	Volksschule; Jungarbeiter (ohne Lehre)	Rockn' Roll; Elvis Frisur; Western Filme; Turner und Ringer; Schul- und Nachbarschafts-Clique; nach 20: Jugendmode
Herr Döll; 1939; 44; m;	Pendler-Vorort einer Großstadt in Südhessen (Arbeiter- und Kleinbürger-Gemeinde)	Flüchtlingsfamilie; Mutter Kriegerwitwe; ein Bruder	Volksschule; vier Jahre krank (gehbehindert, aus dem Krieg); Internats-Lehre Orthopädienmechanik (Lehrlingsheim); ab '61 Abendschule	Motorradclique Großstadt; Dorfjugendclique; amerikanischer Jugendclub; BMW-Horrex
Frau Gros; 1939; 44; w;	Kleine Kreisstadt im Oberbergischen	Vater Beamter im gehobenen Dienst, Direktor der Landwirtschaftsschule; Mutter Hausfrau; zwei Geschwister	Humanistisches Gymnasium neusprachlicher Zweig; Ausbildung zur Berufsschullehrerin	Exikultur in Kleinstadt, Frisur und Mode; Schlagerfan; Café-Kultur; Tanzstunden-Clique

Name; Jahrgang Alter '83; Geschlecht	Wohnort in der Kindheit und Jugend	Familiensituation	Ausbildungs- und Berufsstationen in der Jugend	Jugendkultur
Herr Zedler; 1939; 44; m;	Kindheit und Jugend in einer Großstadt in Südhessen	Vater bis Anfang der 50er Jahre in Kriegsgefangenschaft; Mutter berufstätig; Einzelkind	Volksschule; Goldschmiedelehre; Facharbeiter	„Vespa-Rockers", Kontakte zu Amis; Rock Musik; Straßentreff; Randale
Frau Wahl; 1939; 44; w;	Kindheit in einem Dorf im Taunus; Jugend in einer Großstadt in Nordrhein-Westfalen	Vater Leiter eines Jugendheimes; „damalige Mittelklasse mit Auto, Chauffeur, Köchin"	Volksschule; Lehre im Hotel, abgebrochen; Heirat mit 18, durch Schwangerschaft den Eltern abgetrotzt	Kinofan; Rockn' Roll; Motorrad-Fan ohne Führerschein; politische Jugendgruppe
Herr Jung; 1940; 43; m;	1947 aus der DDR gekommen; ein Jahr bei Verwandten in Nordrhein-Westfalen; ab '49 in Nordhessen	Vater im Krieg gefallen; ein Bruder	Volksschule; Ausbildung bei der Post	CVJM; Kino; Sportjugend; Kirmes; Posaunenchor — wenig kommerzielle Jugendkultur
Frau Elar; 1940; 43; w;	Kindheit und Jugend in einem Dorf in Bayern; ab 15. Lebensjahr in einem Internat in einer Großstadt	Vater im Krieg gefallen; ein jüngerer Bruder; eine Schwester	Volksschule; danach ein Jahr zu Hause; Mittlere Reife an einer Oberschule (Klosterschule Internat); Lehre als Bankkaufmann; Heirat mit 19 Jahren	Kinofan; J. Dean; Vespa; Tanzclique; Schlager
Frau Arndt; 1940; 43; w;	Kindheit und Jugend in einer Kleinstadt in Baden-Württemberg	Vater Fabrikarbeiter, ab '59 Frühinvalide; Mutter berufstätig; ein jüngerer Bruder	Volksschule; ein Jahr Hauswirtschaftsschule; ab dem 15. Lebensjahr Arbeiterin in der Fabrik; Ausbildung zur Arzthelferin (19 Jahre)	Mode: Ringelsöckchen, Ballerina und Hosen; „Negermusik", Rock-Musik; Rocker Dorf

Name: Jahrgang Alter ’83 Geschlecht	Wohnort in der Kindheit und Jugend	Familiensituation	Ausbildungs- und Berufssituation in der Jugend	Jugendkultur
Herr Hai; 1940; 43; m;	Kindheit und Jugend in einem Dorf im Siegerland	Vater Schneidermeister im elterlichen Betrieb; Mutter wegen Herkunft aus dem Rheinland „Ortsfremde“; älterer Bruder	Mittelschule; kaufmännische Lehre; mit 21 Jahren Angestellter im Geschäft des Onkels, Auszug aus dem Elternhaus	Religiöse Sekte; CVJM — wenig kommerzielle Jugendkultur

Fettdruck bedeutet: Biografisches Porträt im Text.

Erwachsene, die den Jahrgängen 1938 bis 1940 angehören, berichten nahezu ohne Ausnahme von jugendkulturellem Engagement in den 50er Jahren. Dies sind vier Frauen und fünf Männer. Erwachsene, die den Jahrgängen 1930 bis 1937 angehören, erwähnen in ihren biografischen Rückblicken an die Jugend ein solches jugendkulturelles Engagement nicht. Zu dieser Gruppe gehören fünf männliche und vier weibliche Gesprächspartner. Eine Ausnahme bildet eine 1931 geborene Frau (Frau Lang).

Als ein Schlüsseljahr können wir das Jahr 1956 nehmen. In diesem Jahr war die erstgenannte Gruppe (Geburtsjahr ’38-’40) zwischen 16 und 18 Jahre alt. Das Alter der anderen Gruppe (Geburtsjahre ’30-’37) läßt sich mit 19 bis 26 Jahre bestimmen. Mit anderen Worten: Während die ersteren prägende Jugendjahre durchlebten, befanden sich die letzteren bereits auf dem Weg ins Erwachsenenalter. Jugend für die — um die Gruppe noch etwas enger zu fassen — zwischen 1930 und 1933 Geborenen fand unter den Bedingungen des Kriegsendes und der ersten Nachkriegsjahre statt.

Ob die Erwachsenen sich auf jugendkulturelle Themen in ihren Erinnerungen an die 50er Jahre beziehen, hängt vom Geburtsjahrgang, nicht aber vom Geschlecht ab. Die später, seit 1938 Geborenen, erinnern sich durchgehend an Ereignisse, Ausdrucksweisen und eigene Beteiligung. Allerdings unterscheiden sich Frauen und Männer in den kulturellen Inhalten, die sie thematisieren. Bei den sechs jugendkulturell ausgerichteten Frauen stehen Fragen der Jugendmode, des Musikkonsums, des Kinobesuchs im Vordergrund. Die fünf Männer, deren Jugend jugendkulturell geprägt war, verweisen mehr auf Zugehörigkeit zu Gruppen, auf jugendliches (männliches) Straßenleben und auf spezifische Interessen, die mit jugendkulturellen Aktivitäten einhergingen, beispielsweise Sport oder Motorrad-Kultur.

Für die Jahrgänge, die gegen Ende der 30er Jahre geboren sind, füllt sich die Jugendphase mit den verschiedensten Hinweisen auf jugendkulturelle Themen. Entsprechende Erzählungen und Erinnerungen sind gelegentlich mit dem ausdrücklichen Hinweis verknüpft, es habe sich um einen unbeschwerten sorgenfreien Lebensabschnitt gehandelt. Solche Hinweise fehlen — von vereinzelten Hinweisen abgesehen — bei der Generation, die unmittelbar nach 1930 geboren ist. Statt dessen werden bedrückende Erlebnisse, beengte Lebensverhältnisse, ja der Ausfall einer Jugend im „eigentlichen Sinn" in den Vordergrund der Erinnerungen gerückt. Im zeitgeschichtlichen Rahmen einer solchen Jugend kann weder jugendliches Eigenleben noch gar Jugendkultur im heutigen Verständnis Platz beanspruchen.

Bei den Jüngeren, den 40er Jahrgängen, finden wir gelegentlich ein Muster der Nachsozialisation. Mitte der 50er Jahre, als 15-19-jähriger, war man zu Hause noch zu gut bewacht und auch finanziell nicht in der Lage, sich an einer expressiven Konsumkultur der Jugend zu beteiligen. Dies holte man dann Anfang der 60er Jahre nach, als der Kulturkonsum sich verbilligt hatte, als man selbst zwischen 20 und 25 Jahre alt war und mehr verdiente, und als man unabhängiger vom Elternhaus geworden war. (Beispiel: Herr Diel, Jahrgang 1938)

6 x Jugendkultur in biografischen Porträts

Herr Diel (Jahrgang 1938)

Fuzzis, Elvis und Ringen

Herr Diel ist 1938 in einem Arbeiter-Vorort in Mainz geboren und dort aufgewachsen. Der Vater war bei der Bahn Arbeiter, es gab viele Geschwister, die finanzielle Situation war eng. An Urlaubsreisen war nicht zu denken. Einen Fernseher konnte sich die Familie auch Ende der 50er Jahre nicht kaufen, man benutzte ein Münzgerät, „die wo man ne Marke reinschmeißt, die sind dann eine Stunde gelaufen." Als Junge trug er im Sommer ,,kurze Hosen, schwarze Hemdche druf — heut sagt mer T-Shirt, den Namen hat's ja gar net geben — und mit barfuß. Es hat ja keine Schlappe geben, wie heut. Barfuß." Herr Diel war als Schüler und in der ersten Zeit nach Schulabgang sehr sportbegeistert.

,,Vor allen Dingen habe ich in der Jugend viel Sport getrieben. Wo ich überhaupt keine Zeit hatte, zu Freizeit zu kommen. Das war sehr wenig dann bei mir. Ich hab früher mal geturnt, dann hab ich gewechselt und mal gerungen, Schwerathlet und so ... bis knapp 15 Jahre."

Als Herr Diel mit 14 Jahren zu arbeiten anfing, nahm er zugleich Abschied von der Straße, ,,da hat sich das gar net mehr so ergeben, mit Streichen und so, das hat nachgelassen." Dazu kam, daß er mit dem Sport zeitlich voll ausgelastet war. ,,Also beschäftigt war ich immer". Zu eigenem Training und Wettkampf in verschiedenen Vereinen kam noch das Zuschauen:

,,Ja, ich bin fast jeden Samstag zum Boxen gegangen, zum Ringen, weil ich hab selbst gerunge — wenn ich emal krank war und konnt' net, bin ich trotzdem hin."
Während der Volksschulzeit war dies anders. ,,Freizeit hat' ich auch sehr viel." Die Kinder aus der Nachbarschaft haben ,,sehr viel gespielt. Räuber und Gendarm und so. Das war ja früher Mode. ... Oder man hat im Sommer viel geschwomme, wir war'n auch viel Obst klaue, weil ja grad gegenüber vom Rhein ... wir sind immer hinüber geschwomme."

Die Schülerclique aus Volksschulklassen ,,war sehr groß, war über die 60 Personen. Mit denen warn mer sehr viel zusammen. Auch Mädchen wie Jungs. Grad vom Jahrgang '38." Herr Diel betont wiederholt als Grunderlebnis mit den Altersgleichen: ,,Also Spaß hat' mer immer gehabt." Das setzte sich später nach der Schulzeit fort. Im Alter von 17 bis 19 Jahren war die Clique auf einen Kern von ,,10 Mann" zusammengeschmolzen: ,,Schulkollegen, die warn vom Jahrgang '38". Man traf sich in dieser Zeit regelmäßig freitags ,,in de Gaststätten mit em Cola und Würfeln." Das abendliche Ausgehen, besonders in der Winterzeit, war mit Straßenrandale in der Nachbarschaft verbunden:

,,Hat mer auch mal einen Streich gespielt: bei die Leut' an' Fensterladen gekloppt, hat auch mal 'nen Fensterladen ausgehängt und so. Oder die Gartentürchen ausgehängt. Dann hat mer geschellt, dann sind die Leut rauskomme, hawwe die Gartentürchen gefehlt."

Mit 18 Jahren ,,durfte ich's erste mal ins Kino". Daraus entwickelte sich eine ausgesprochene Kinoleidenschaft. ,,Kann mer sagen jeden zwoten Tag, jeden Abend." Das Stammkino war ,,vielleicht 500 Meter von uns weg." Das Kino befand sich in einer langgezogenen Baracke, in der zuvor ein Lager gewesen war. ,,Des hawwe die ausgebaut als Kino". Herr Diel erinnert sich noch genau an die Entwicklung der Eintrittspreise. ,,So 30, 35 Pfennig. Nachher hat's einmal aufgeschlagen, 50 Pfennig. Dann mal 80 Pfennig und dann ist es zwo, drei Jahr' gebliwwe bis auf 'ne Mark-Fufzich." Welche Filme? ,,Was mir gesehn haben in den Kinos, des war'n immer die Cowboy-Filme. Fuzzy-Filme, Buffalo-Bill-Filme. Und Tarzan-Filme. Des war'n ja die meisten Erfolge von Filmen."

Zwischen 1955 und 1958 sammelte Herr Diel ,,massenweise" Singles der neuen Rock'n Roll Musik. ,,Gradso die amerikanischen Titel, die hatt' ich alle miteinander." Elvis Presley, Bill Hailey zum Beispiel. Und Peter Kraus. Einen eigenen Plattenspieler hatte er sich auch angeschafft. Nachträglich bedauert er es, daß er die vielen Platten irgendwann einmal weggeschmissen hat. Die positive Neubewertung der 50er Jahre Kultur hätte auch seine eigene Jugendsammlung aufgewertet, und dies nicht nur in geldlicher Hinsicht.

Kino und Schallplatten waren für Herrn Diel die einzigen Möglichkeiten, Mitte der 50er Jahre an der kommerziellen Jugendkultur teilzunehmen. Zwischen 1954 und 1960, also zwischen dem 16. und 22. Lebensjahr, fehlte zu mehr schlicht das Geld. Als er seine erste ungelernte Stelle antrat, verdiente er 16 DM pro Woche, 15 DM mußte er davon zu Hause abgeben. Blieben 4 DM im Monat.

Er streitet entschieden ab, jemals zu den ,,Halbstarken" der 50er Jahre gehört zu haben. Er weiß natürlich um die ,,Halbstarken mit den Lederjacken ... des hat's ja auch schon damals gegeben mit dem Elvis Presley und seiner Zeit. Wo se auch schon alles kurz und klein geschlagen haben. Ich kann mich noch dran erinnern, wie manche Leut' geguckt haben, wenn da einer mit Lederjacke rumlief." Für ihn selbst kam dies allerdings nicht in Frage: ,,Des war dann zu wild, ne."

An dieser Stelle sei angemerkt, daß Herr Diel nur sehr zögernd über seine jugendkulturelle Tätigkeit in den 50er Jahren berichtet. Er hebt wiederholt den ,harmlosen" Charakter damaliger Streiche und Aktivitäten hervor. Er befindet sich zum Zeitpunkt des Interviews als Vater in einer schwierigen Lage gegenüber seinem 15jährigen Sohn, der zu sehr zu einer Punk-Clique neigt. Während des Interviews übt er mit einem Schulkollegen im Nebenzimmer Break-dance.

,,Gute Zeiten ..., wie ich praktisch so Geld auf der Hand hatte", kamen für Herrn Diel erst in den 60er Jahren, Mitte des 20. Lebensjahres. ,,Da hatt' ich schon ein bißchen mehr Taschengeld. Da konnt ich mir auch schon was selbst leisten, so zum Anziehen und so. Mein Moped'chen gefahren." Erst in dieser Zeit erlebt Herr Diel eine am modischen Konsum orientierte — man kann sagen — zweite Jugend. (Er selbst definiert sich ab dem 20. Lebensjahr als erwachsen). Die Heirat folgt erst mit 28 Jahren.

Es begann damit, daß er die ,,Haar'n immer schon so hinne 'naus,, hatte, aber ,,net so wie Elvis Presley, den blöde' Schnitt net." Mitte der 60er Jahre ,,hatt' ich ein' Ami als Freund", was ihm die Möglichkeit eröffnete, modisch und preiswert im PX-Laden der US-Streitkräfte einzukaufen.

> ,,15 Mark für so echte Bluejeans. Hat'mer dann auch ein' rote Pullover dazu angezogen; und die dünne Jäckchen, die Blüschen. Hat schon gut ausgesehe'. Hatte auch schon'n Auto damals gehabt, Erbenheim, Wiesbaden, Mainz — überall rumgefahren."

Frau Wahl (Jahrgang 1939)

,,Ich war Motorrad-Fan, aber ich war kein Rocker"

> ,,Ich hab mit 16 schon die 400er BSA von meinem Bruder gefahren, ohne Führerschein. Nur, ich hatte das Glück, die Polizisten, die in unserem Bezirk Dienst gemacht haben, die kannte ich alle, die haben mich dann immer gewarnt, wenn sie in Urlaub waren. Ich hab an sich alles gefahren, was motorisiert war, von der Vespa angefangen. Das kam wahrscheinlich dadurch, daß mein Vater Motorrad fuhr. Ich bin als Kind schon immer mitgefahren und hab auf dem Tank gesessen, so sind wir in Urlaub gefahren. Mein Vater war schon leidenschaftlicher Motorradfahrer — und ich heute noch. Ich beknie ja andauernd meinen Mann, daß ich gern den Führerschein Klasse I machen möchte. Aber er sagt, das käme gar nicht in Frage."

Frau Wahl, Jahrgang 1939, sah sich in ihrer Jugend mit einer Vielzahl von Zeiteinflüssen konfrontiert. Die Eltern lebten in gesicherten finanziellen Verhältnissen, ,,damalige Mittelklasse mit Auto, Chauffeur, Köchin." Der Vater leitete in einer Großstadt in Nordrhein-Westfalen ein Jugendheim. Über ihn wuchs sie in die SPD-Kultur der 50er Jahre hinein, war in einer politischen Jugendgruppe Mitglied. Die Eltern, insbesondere der Vater, waren sehr mobil. Sie verreiste zeitweilig zweimal im Jahr — einmal mit der Mutter, einmal mit dem Vater, und lernte so schon in den 50er Jahren ,,ganz Europa" kennen. Dazu kamen DDR-Reisen zur Leipziger Messe mit dem Vater.

Zu ihrer Jugendwelt gehört eine ausgiebige Mediennutzung. ,,Radio, Zeitung — ich hab schon immer gern Zeitung gelesen, schon mit fünf Jahren. ... Wir hatten gleich Fernsehen." Sie erinnert sich an auffallend viele medienvermittelte Ereignisse jener Jahre. Und vor allen Dingen war sie begeisterte Kinogängerin. Über das Kino vermittelte sich ihr die aktuelle jugendkulturelle Musik.

,,Ich bin viel ins Kino. Das hat ja 50 Pfennig gekostet. Besonders die Sonntagsvorstellung, die hat 50 Pfennig gekostet. Wie dann die Rock and Roll-Zeit anfing, da waren wir ja alle ganz wahnsinnig, gell? Und da lief der Film ,,Rock around the Clock", den hab ich mir dann dreimal angeguckt, und abends mußte ich dann meinem Vater beichten, daß ich die 15 DM für die Ballettschule nochmal brauch, weil ich im Kino war."

Von Elvis Presley meint sie: ,,Den hab ich gehört und fast alle Filme von ihm hab ich gesehen." Besonders beeindruckt hätten sie die Sachen von Bill Hailey.

Frau Wahl betont bei verschiedenen Gelegenheiten, daß sie ,,in der Hinsicht wie ein Junge" gewesen sei. So habe sie manche Streiche in der Schulklasse organisiert, andere Kinder verprügelt — und dann die Motorradleidenschaft. Nimmt man noch den Vater als ihr Vorbild hinzu, so erweist sich ihre Jugendzeit als offen für männliche Persönlichkeitsanteile. Die weiblichen Anteile äußern sich in Szenen, in denen es um weibliche Jugendmode der 50er Jahre geht. Beispielsweise Petticoats.

(Welche Kleidervorlieben entsprachen nicht so dem elterlichen Geschmack?)

,,Da hatte ich solche Petticoats, so dick (zeigt), die waren dann aus Leinen, die hab ich stundenlang gebügelt, daß die so dick blieben.

Und dann kams (erg. ,,zu Auseinandersetzungen") mit meinem Konfirmationskleid. Das war die Hauptzeit mit den Petticoats und Taft. Und ich war ja so ein bißchen individuell erzogen, ich hab schon drei Monate vor der Konfirmation geschrien: Taftkleid, unmöglich, will ich nicht. Jeder Hinz und Kunz rennt in Taft rum, ich will kein Taftkleid. Ich hatte eine Cousine, die ist Modeschneiderin, hat zwei Jahre in Paris gearbeitet, die hat mir dann meine Konfirmationskleidung gemacht.

... als Konfirmationskleid hatte ich ein Wollkleid, und das fiel ja ganz aus der Rolle, so ein ganz leichter Wollstoff, war so aus Faden eingearbeitet. Wenn die Sonne darauf fiel, hat es dann geglänzt wie ein Regenbogen. Jetzt die Mutter: Das Kleid hatte einen weiten Rock, und ich wollte einen Petticoat darunter ziehen: ,,Unmöglich — Du kannst doch nicht im Petticoat — ." ,,Ja", hab ich gesagt, ,,dann gehn wir halt 'nen schwarzen kaufen." Da haben wir aber nur einen gekriegt, der hatte rote Schleifen, unten war er schwarz, aber in der Mitte waren rote Schleifen. Meine Mutter hat immer noch getobt: ,,Unmöglich, unmöglich!" Und dann, meiner Mutter ist ja bald der Hut hochgegangen —, während der Konfirmation haben die schwarzen Kleider am Altar gekniet, und rote, grüne und gelbe Petticoats haben unten rausgeguckt."

Die Rebellion gegen das Elternhaus äußert sich in spezifischer Weise: Frau Wahl will mit 17 Jahren heiraten. Als die Eltern sich sträuben, ergreift sie die Initiative und erzwingt durch ein Kind die Heirat mit 18 Jahren (1957). Wobei auf das erste bald ein zweites Kind folgt. Das führt u.a. dazu, daß die begonnene Motorrad-Laufbahn unabgeschlossen bleibt. Sie fährt nicht weiter und erwirbt auch keinen Führerschein. Genauso wie sie eine begonnene Lehre im Hotelfach nicht beendet. Jugendkulturelle „Flips" bleiben als biografischer Traum jedoch erhalten, wie das Eingangszitat belegt.

In den Anfangsjahren der Ehe ist das junge Paar fest entschlossen auszuwandern. „Als unser zweites Kind schon unterwegs war, da hatten wir schon unsere ganzen Papiere für Kanada, und dann haben unsere Verwandten und Freunde uns so bekniet, daß wir nicht gegangen sind." Später träumt man von einer Auswanderung in die USA. Schließlich wandern die beiden einmal im Jahr ersatzweise nach Griechenland aus, wo sie in einem versteckten Dorf persönliche Bekannte haben. Trotz sechs Kindern gestatten sich Herr und Frau Wahl auch alltägliche „Flips": nächtliche Autotouren aufs Land; Mitternachtsspaziergänge im Stadtwald; nächtliche Besuche bei Freunden, verbunden mit einem Umtrunk.

Einer der Söhne geriet in eine „harte" Jugendszene der Stadt, was er durch eine Jugendstrafe büßte. Frau Wahl sah sich, unfreiwillig und schockiert, also auch in der Folgezeit mit jugendlicher Rebellion konfrontiert. Einen Punker in der Familie möchte sie jedoch auf keinen Fall dulden.

Herr Döll (Jahrgang 1939)

„Das war ja damals diese Rockerzeit"

Herr Döll ist 1939 in der Tschechoslowakei, im damaligen Sudetenland, geboren. Der Vater fiel im Krieg, mit der Mutter und einem Bruder zusammen mußte er fliehen und kam 1946 in einem Arbeiter-Vorort einer größeren Stadt in Südhessen unter. Er repräsentiert also ein typisches „Flüchtlingskind". Aus dem Krieg brachte Herr Döll eine Verletzung mit, die ihn gehbehindert machte und während der Volksschulzeit jahrelang ans Bett fesselte. In dieser

Zeit las er viel. Seine weitere Jugendbiografie ist von dieser Behinderung mitbestimmt. Beispielsweise war für ihn ausgeschlossen, sich an Tanzveranstaltungen zu beteiligen.

Herr Döll hat sich als Jugendlicher „viel an der Clique orientiert". Als Erwachsener gehe man dann seine eigenen Wege und suche sich seine Orientierungen allein. Er berichtet von seinen Gruppenerfahrungen als Jugendlicher jedoch keinesfalls distanzierend oder mit ironischem Unterton. Herr Döll steht zu den damaligen Erfahrungen.

Die Cliquen-Biografie beginnt mit den Gleichaltrigen in der Vorortgemeinde. Im Sommer habe die Jugend des Vororts ihre Freizeit viel zusammen verbracht. Und zwar sei man „da hinten in die Erle gangen". Man habe sich „also nicht im Dorf direkt, sondern im Umfeld des Dorfes" getroffen. Diese „Erlen-Clique" habe dann immer ihre „großen Kämpfe ausgetragen", und zwar mit entsprechenden Cliquen zweier benachbarter Vororte. Der Kampf ging z.B. „um einen ganz bestimmten Hügel, der da war."

Ein zweiter Treff der Vorort-Jugend, den er als Schüler viel benutzt habe, wurde von der amerikanischen Garnison zur Verfügung gestellt, die in der Nähe des Vororts untergebracht war. (Offensichtlich im Rahmen der German Youth Activities der US-Army. Wir schreiben die Jahre 1949-51.) Der „amerikanische Club" hatte den Vorteil, daß der Besuch nichts kostete. Im Gegensatz etwa zum Kino. „Ich bin sehr wenig ins Kino gegangen, weil meine Mutter ja Witwe war, und wir hatten sehr wenig Geld. Da hat man sich schon von allein eingeschränkt." Im amerikanischen Jugendclub konnte man nachmittags z.B. Tischtennis spielen.

„Das war so ein Wirtschaftssaal, ein großer, der wurde dann geheizt mit so'nem Kanonenofen, und dann konnte man da Schach spielen, Mensch Ärgere dich nicht und so Sachen. Spiele wurden bereitgestellt und auch so Tischtennisplatten. Das lief also von ganz alleine, das wurde aufgeschlossen und dann haben sich die Jugendlichen von E. da unten getroffen."

Nach der Volksschulzeit benötigte Herr Döll über ein Jahr Wartezeit, „um in so ein Lehrlingsheim von der evangelischen Kirche zu kommen". Damals „gab's ja auch keine Lehrstellen, da war ja auch dieses Problem wie heute". Die Internatsausbildung war nötig, da er eine handwerkliche Lehre als Orthopädiemechaniker machen wollte. Am dortigen Ort gründete er mit anderen zusammen eine Zweigstelle der „Europa Union". „Und zwar war damals die Vorstellung, so Vereinigte Staaten von Europa zu gründen und zu schaffen." Diese Gründung geschah auch, „um ein Freizeitangebot wahrzunehmen, das außerhalb dieses Heimes" lag.

Die dritte und biografisch bedeutsamste Cliquen-Phase begann nach der Rückkehr. 1959 bis 1961, also zwischen dem 20. und 22. Lebensjahr, schloß sich Herr Döll einer Gruppe von Motorradfans in der Stadt an.

„Das war ja damals diese Rockerzeit. (Haben Sie sich damals als Rocker begriffen?) Ja, wir haben gemeint, wir wären das.

Und dann war man ja auch James Dean-Fan, den Lederhandschuh hinten drin.

Wir waren so Leute, die Motorrad gefahren sind. Damals war das ja so, Motorrad fahren, die große Freiheit. Nachts auf dem Nürburgring… Wir waren von B. aus so 20, 25 Leute zusammen. Wir haben uns in der City getroffen. In der …burg sind wir immer verkehrt, im …Eck und im …Eck. (Haben Sie damals eigentlich auch so Auseinandersetzungen gehabt?)

Ja, mit anderen, mit Horrexfahrern. Wir waren so'n BMW-Club, und das waren die Horrex.

(Und mit Erwachsenen?)

Natürlich, wenn jemand kam und aggressiv wurde. Obwohl, normal mit Erwachsenen haben wir eigentlich wenig mitgekriegt. Weil: wir hatten so viel zu tun, uns mit unseren eigenen Banden rumzuklopfen, und wegen Mädchen, so daß sich die Hauptsache nicht gegen Erwachsene gerichtet hat. Das gab natürlich schon Zwischenfälle, genauso, wie's die heute gibt. Es gibt ja Leute, die sind provokativ, wenn da so'ne Gruppe ist. Aber die Aggressionen, die man hatte, die ist man in den Gruppen losgeworden. Entweder gegen eine andere Gruppe, oder dadurch, daß man irgendwo hingerast ist. Und stolz war zum Beispiel (lacht), daß wir da zum Nürburgring im Winter hingepest sind und — steifgefroren — am Elefantentreffen mitten im Winter teilgenommen hat. Oder die Renntage, die man so mitgemacht hat, die Vorrennen. Ist man freitags hingefahren, Sonntag war's Rennen. Da war man zweieinhalb Tage blau."

Die Zeit in der Motorradclique endete für Herrn Döll mit dem Eintritt in eine Abendschule.

Herr Döll ist heute kommunalpolitisch im Rahmen der SPD engagiert. Er ist Stadtverordneter, im Ortsbeirat, im Elternbeirat einer Gesamtschule. Zudem hat er sich in der Friedensbewegung engagiert und ist maßgeblich an einer örtlichen Initiative gegen einen Militärflughafen beteiligt. Er hat eine Reihe von Anknüpfungspunkten für aktuelle jugendkulturelle Ausdrucksformen. Seine jüngste Tochter, 14 Jahre, versucht seit einiger Zeit, ihn „grün" zu überholen und zum „verkalkten alten SPD-Mann" zu stempeln. Er berichtet dies nicht verbittert, eher stolz. Manche der Wandsprüche, die in den letzten Jahren in den Städten zu lesen waren, findet Herr Döll gut. Aus seiner Arbeit im Ortsbeirat kennt er eine ganze Reihe von Vorort-Gruppen Jugendlicher und deren Probleme.

Frau Lang (Jahrgang 1931)

„Ich bin in einer Clique großgeworden"

Frau Lang, Jahrgang 1931, bildet eine Ausnahme in der Generation derer, die um 1930 geboren sind. Sie spricht von ihrer „unbekümmerten" Jugend, erzählt ausgiebig über eine jugendkulturelle Clique, der sie angehörte, und sie hatte Berührung mit der damaligen Freizeit- und Kulturindustrie, und zwar noch als Jugendliche. Die Ausnahme muß unser besonderes Interesse wachrufen. Welche Momente der Familien- und Jugendgeschichte begünstigen eine solche Abweichung von der Generations-Regel?

Frau Lang durchlebte Kindheit und Jugend in einer Gemeinde mit knapp 5000 Einwohnern im Schwarzwald. Sie war die Tochter einer angesehenen Familie am Ort, der Vater war in der Holzbranche tätig. Man stellte z.B. Schwarzwaldschnitzereien her nach dem Krieg. Der Vater gehörte zu den Honoratioren im Ort. Frau Lang erwähnt seine Position im Gemeinderat. Sie spricht von einem großzügigen Elternhaus. Die Kriegszeit und die unmittelbaren Notjahre darauf konnten aufgrund der mannigfaltigen Geschäftskontakte von der Familie gut gemeistert werden. Die Geschäftspartner halfen sich gegenseitig mit Rohstoffen und handwerklichen Arbeiten — im direkten Tausch — aus. Die Gemeinde blieb von direkten Einwirkungen des Kriegsgeschehens weitgehend verschont. Frau Lang erinnert sich an einzelne Tiefflieger gegen Ende des Krieges. Aber damit hatte es auch sein Bewenden.

Wir halten fest: Die Kriegs- und Nachkriegsphase griff nicht zerstörerisch in das Familien- und Verwandtschaftsgefüge ein; die ökonomische Notlage dieser Jahre konnte durch die privilegierte Geschäfts- und Soziallage der Familie einigermaßen „abgefedert" werden.

„Wir haben vom Krieg wenig mitgekriegt. Man war soweit ab. Für die Städter waren sicherlich die 40er Jahre schwerer wie bei uns, wir sind so richtig unbekümmert aufgewachsen.

Als der Krieg fertig war, ging das eigentlich dann schnell, daß es besser wurde. Ich kann mich also schon entsinnen, daß wir nichts hatten, von wegen anzuziehen. Ich kann mich auch entsinnen — da war ich noch ein junges Mädchen —, daß man noch mit den Eltern gegangen ist, wo so die Schroddelzeit war. Wo wir los sind, und von daheim alles umgesetzt haben, um Butter und Kartoffeln und Fleisch, um das alles zu kriegen. Da mußten wir schon, was man daheim an Wertsachen hatte, Teppich und so, die haben wir also schon weggetragen.

Nachher, da hat man Bekannte gehabt, mit Geschäften, da kam man schon eher ans Zeug, aber durch Austausch, Warenaustausch."

Von einer gewissen Bedeutung ist, daß Frau Lang die Volksschule am Ort besuchte, nicht als Fahrschülerin oder Internatsschülerin auf eine höhere Schule geschickt wurde. Sie bleibt mit der Gemeinde während der Schulzeit stärker verbunden. Sie besucht nach der Volksschule die Höhere Handelsschule, dann die Verwaltungsfachschule und kehrt nach dieser Ausbildung zur „Verwaltungsangestellten" um das 20. Lebensjahr herum in die Heimatgemeinde zurück. Der Vater verhilft ihr zu einer angemessenen Stellung im Rathaus. Sie wird die erste dort eingestellte Frau. Als „Mädchen für alles" kommt sie mit den verschiedensten Bevölkerungsgruppen am Ort in Berührung und wird so zur „gemeindebekannten" Persönlichkeit. Symbol dieser ihrer Funktion ist, daß sie jahrelang auf einem Prospekt mit ihrer Jugendlichkeit für die Gemeinde als Urlaubsort wirbt.

Aus dieser Konstellation können wir einen zweiten Hinweis entnehmen. Frau Lang entfremdet sich während ihrer Jugend nicht dem sozialen Bezugsrahmen der Gemeinde, sondern gewinnt eine exponierte Stellung innerhalb des Ortes.

Im Turnverein gehörte sie als junges Mädchen zu den besten Turnerinnen. „Da war ich ein paarmal die Erste beim Landesturnfest." Erfolge feierte sie später, ab 18, beim Tanzen, wo sie sich „bestätigt" fühlte. „Wenn man so merkt, man kommt an. Man kam sich schön vor und gut."

Frau Lang gelingt es offensichtlich, die günstige soziokulturelle Ausgangslage des Elternhauses in eine begünstigte Position innerhalb der jugendlichen Ausdruckswelt umzumünzen.

Die Jugendphase endet für sie relativ spät. Sie setzt ihre Jugendjahre zwischen dem 18. und 23/24. Lebensjahr an. Das entspricht den Jahren 1949 bis 1954. Die vergleichsweise lange Dauer „unbekümmerter" Jugend ermöglicht ihr, obwohl zur Generation der Kriegs- und unmittelbarer Nachkriegsjugend gehörend, an den jugendkulturellen Entwicklungen Anfang der 50er Jahre zu partizipieren.

„(Das jugendliche Ausgehen) fing eigentlich erst so an mit 18 und ging bis 23, 24 Jahre. Das waren so die Jahre, wo ich eigentlich die Jugend genießen konnte."

In der Gemeinde gab es seinerzeit „auch schon die Cliquen" Jugendlicher. „Ich bin in einer Clique groß geworden." Mit diesen Worten kennzeichnet Frau Lang die soziale Einbindung ihrer Jugendzeit. Es handelte sich um eine freizeitbezogene Gruppe von

,,Kameraden, jungen Burschen, Mädchen und jungen Damen" aus der Gemeinde. Den Stamm der Clique bildeten ,,Paare, die zusammengehört haben". Da man einander als Bezugsgruppe nahm, an der man sich maß und orientierte, gab es auch eine ,,gewisse Konkurrenz" untereinander und ,,als mal Ärger und Neid". Durch welche Aktivitäten zeichnete sich die Gruppe aus?

,,Im Sommer, da sind wir viel radgefahren und gewandert. Jedes Wochenende war Tanz. Im Winter waren wir viel skifahren. Dann haben wir Tischtennis gespielt. Geturnt. Ich war im Turnverein — und das war alles auch so mit der Clique verbunden. Und da haben wir uns auch oft sonntags getroffen."

Die Clique hate ihre eigenen Treffpunkte.

,,Da hatten wir so ein kleines Cafe, da ist jetzt erst die Frau gestorben, die war so nett, die hat also die Jugend sehr geliebt. Und da konnten wir uns immer treffen. Wir hatten ja wenig Geld. Da gab's immer so Götterspeise. Und 'ne Flasche Selters, ein paar Gläser. Also wir waren sehr bescheiden. Aber wir konnten da tanzen, wir konnten Spiele machen, die Räumlichkeiten waren da.

Ein anderer Ort wird durch das Elternhaus zur Verfügung gestellt.

,,Ich durfte die jungen Leute mit heimbringen. Wir hatten ein altes Grammophon. Da haben wir uns das Tanzen mehr oder weniger selbst beigebracht. So Tango, mit ganz langen Schritten durchs Wohnzimmer. Fox, Rumba und Samba.

Wir haben ja wild getanzt. Wir hatten alle keinen Tanzkurs mitgemacht. Das war eigentlich keine Sache des Geldes, sondern weil's einfach auf dem Land nicht üblich war.

Wir haben das nach'm Takt gemacht. Was wir angenommen haben, das wär der Schritt. Na, der Tango wird wohl gestimmt haben, und der Fox auch. Aber Rumba, wenn ich den heute C. (d.i. die Tochter) vortanz', dann lacht die, weil das eigentlich ein anderer Schritt ist.

Bei dieser Schilderung fällt auf, daß die Clique einen Bereich in Selbstsozialisation übernahm, der heute qua Tanzschule fest institutionalisiert — man kann auch sagen verschult — ist.

Frau Lang weiß von einigem ,,Unfug" zu berichten, den man seinerzeit ,,ganz schön betrieben" habe, beispielsweise nach der Turnstunde.

,,Da haben wir die älteren Leute geärgert. Wir haben an die Klingeln gedrückt, an die Fenster geklopft und am Stecken so die Kürbisse aufgestellt. Dann haben die auch rausgekeift: Habt ihr nix anderes zu tun! Wart nur, ich sag's deinem Vater! Und wir haben dann gelacht. Irgendwo haben wir mal jemandem die ganzen Blumen an den Fenstern abgeschnitten. Das war schon eine größere Sache, das hat Ärger gegeben. Wir haben's dann im Nachhinein auch eingesehen, daß das zu weit geht."

Der „Unfug" bezieht sich ersichtlich auf die frühen Jugendjahre.
Die einschlägigen Angebote der Schlager- und Filmindustrie werden von Frau Lang während ihrer Jugendjahre angenommen, allerdings entwickelt sich keine Obsession daraus.

Frau Lang erinnert sich an bestimmte Sänger und Lieder aus der damaligen Schlagerszene. Vico Torriani, Capri Fischer, die braune Manuela...

„Einmal in der Woche sind wir ins Kino. Da war für uns die Zarah Leander, die Ilse Werner, Brigitte Horney — die hab ich verehrt. Gisela Uhlen. Dann auch viele Bergfilme."

Hosen, Petticoat und Pferdeschwanz wurden seinerzeit von den Mädchen der Clique adaptiert. Dazu kam ein kurz gebundenes Tuch um den Hals.

„Unheimlich gut war, als die Mädchen anfingen, Hosen zu tragen. Meine erste Hose hab' ich mir von 'ner Freundin geliehen, die schon eine hatte. Und damit bin ich dann mal zum Tanzen gegangen. Ich fand mich unheimlich doll!
Die Hose war ähnlich wie die Bundfaltenhosen heute. Am Bein war die ja ein bißchen weit und unten schmal. Bis über'n Knöchel und mit Umschlag.
Das fing damals an, daß die Mädchen mit den Hosen zum Tanzen gingen. Ne weiße Bluse dazu. Da fand man sich ja umwerfend."

Wirklich narzißtisch besetzt sind für Frau Lang die in der Jugend getragenen Kleidungsstücke und die sonstigen modischen Accessoires. Die modischen Gegenstände aus ihrer Jugendzeit hat Frau Lang als biografische Erinnerungsstücke bis heute aufgehoben. Der Speicher des elterlichen Hauses bot dazu gute Gelegenheit. Die eigene Jugendzeit hat also keine nachträgliche Entwertung erfahren, sondern ist als Kultgegenstand bewahrt worden.

„Ich hab' alle Fotos von damals noch. Die hab' ich alle schön geordnet. Da häng' ich auch sehr dran. Ich hab' auch ein ganzes Sortiment von Handtaschen. Das ist ein bißchen ein Hobby von mir. Von meiner Jungmädchenzeit bis jetzt habe ich mir die ganzen Handtaschen aufgehoben. Und da hab' ich gute Taschen drunter ...
Ich hab auch noch die Hüte von damals. Vielleicht war das damals nur bei uns auf dem Land so. Am Sonntag beim Kirchgang haben die jungen Mädchen überwiegend Hüte getragen. Aber nicht nur zum Kirchgang. Das war Anfang der 50er Jahre. Damals waren das richtige Filzhüte mit Feder oder Blumen dran. Da hab ich noch ein paar Exemplare. Und Pelz ist getragen worden. Da hab' ich sogar von meiner Mutter noch einen übernommen."

Ferner gehören zur Sammlung noch die Schuhe von damals, Ballerina Schuhe, Pfennigabsätze, Stiefeletten; die schönsten Kleider aus der Jugendzeit — kurzum alle modischen Accessoires, die —

wie die Fotografien — an die attraktive junge Schwarzwälderin von damals und an die intensiven Erlebnisse der Jugendjahre erinnern. Die eigene Tochter ist, für eigene Verkleidungsszenen, in höchster Weise an den Modegegenständen der 50er Jahre interessiert, die Mutter gibt aber nur einen Teil für heutigen jugendkulturellen Gebrauch frei.

Jetzt, mit 51 Jahren, will Frau Lang zum Typus der ,,jugendlichen Mutter" gerechnet werden. Sie sei stolz darauf, wenn die männlichen Freunde ihrer Tochter andeuten, daß sie die Mutter attraktiv finden. Frau Lang hat ein ausgesprochen positives Verhältnis zur heutigen Jugendgeneration. ,,Also ich find die Jugend gut." Unter den heutigen Musikgruppen, bei denen sie sich recht gut auskennt, entspricht ihrem eigenen Lebensgefühl am besten die Spider Murphie Gang und deren musikalische Lebensfreude. Während sie also mit Teilen der ,,Neuen deutschen Welle" gut auskommt, hat sie Reserve gegenüber hartem Punktstil und auch gegenüber den Grün-Alternativen.

Frau Gros (Jahrgang 1939)

Schwarze Hosen, Ballerinaschuhe und schwarzer Rollkragenpullover

Frau Gros — 1939 geboren — ist in einer ,,kleinen Kreisstadt" im Oberbergischen Land groß geworden. Ihre Jugend ist durch die herausgehobene soziale Position des Elternhauses gekennzeichnet. Der Vater Beamter im gehobenen Dienst, und zwar Direktor der ortsansässigen Landwirtschaftsschule. Die Mutter kümmerte sich um Repräsentation und um ihre Ausbildung. Sie sei ,,behütet" aufgewachsen, hebt Frau Gros hervor. Sie besuchte, standesgemäß, das Humanistische Gymnasium, allerdings den neusprachlichen Zweig. Sie hatte noch zwei Geschwister.

Zu Hause herrscht preußische Sparsamkeit des Beamtenhaushalts. Man habe ,,sehr bescheiden" gelebt, so ,,daß es sensationell war, wenn wir mal Geld kriegten, um uns ein Teilchen zu kaufen, das hat 10 oder 20 Pfennig gekostet." Am Essen wurde gespart. ,,Wenn ich für meine Mutter beim Metzger einkaufen mußte, dann hab ich für 6 Personen also ein halbes Pfund Gehacktes gekauft." ,,Luxuriös war, wenn jeder ein Stück Fleischwurst kriegte. Und wenn Leute zu Besuch kamen, brachten die oft eine Tafel Schokolade mit und die mußten wir durch drei teilen."

Die Mutter „hat alles selbst gestrickt und uns benäht von oben bis unten. Friseur wäre unmöglich gewesen, also hat sie meinem Bruder die Haare geschnitten. Also Sparsamkeit bis zum geht nicht mehr. Ein großer Topf Kartoffeln, der kam also auf den Tisch, ein Riesentopf und viele, viele Kartoffeln, und ich seh die immer noch Kartoffeln schälen."

Zugleich war die Familie mehrfach an erster Stelle, wenn es um neuartige, prestigeträchtige Konsumgegenstände ging. So fuhr der Vater sehr früh einen VW; Mutter erhielt als erste Frau am Ort eine elektrische Waschmaschine. Das war zwischen '53 und '55.

Die Tochter ist von dem Gefühl umgetrieben, daß dieser Ort zu eng und engstirnig für sie sei. Ihre jugendkulturellen Bestrebungen weisen in diese Richtung: Orientierung an Mode und intellektueller Kultur der Metropolen. Ihre Bemühung, sich gegenüber dem Milieu der Kleinstadt abzuheben, hat eine Parallele in dem elterlichen Bemühen, das mit VW und Waschmaschine symbolisiert ist.

Als wichtige Erinnerung, die Grau Gros als erstes zur Zeit 1953-5 einfällt:

„Also, als Mädchen ist man ja modisch interessiert. Und da kann ich mich besinnen, daß da die Dreiviertel-Hosen anfingen. Ich wohnte ja in einer kleinen Stadt, hatte aber einen Hang zur Großstadt, und so ein Ohr dorthin. Und so hatte ich die ersten Dreiviertel-Hosen in diesem Ort. Das war eine Sensation für die Leute. Die sind also stehen geblieben."

Als zweite, diesmal beschämende Erinnerung fällt ihr ein:

„Jetzt zur Schule. Wir hatten, meine ich, ziemlich beknackte Lehrer, um in der heutigen Sprache zu sprechen. Alles so halb abgebrochen, die mit Schäden halt aus dem Krieg kamen oder die wahnsinnig autoritär waren. Es war schon schlimm.

Ich hatte damals einen Hang zu Schlagern und hab mir also — es gab ja noch keine Kassetten —, wenn einer im Radio war, der mich interessiert hat, den hab ich dann mitgeschrieben. Ich hab extra Steno gelernt, damit ich das schnell schreiben konnte. Ich hab das nie mitgekriegt. Ich mußte das zigmal hören. Das hatte ich mir in ein kleines Büchelchen geschrieben.

Irgendwann während des Unterrichts habe ich darin geblättert. Das hat also ein Lehrer mir abgenommen, hat sich das angeguckt und mir also einen Eintrag ins Klassenbuch gegeben. Einfach weil ich das Heftchen hatte und weil ich es mir im Unterricht angeguckt hatte. Und hat mich also dermaßen lächerlich gemacht vor der Klasse wegen dieser Schlager, das hab ich noch in Erinnerung."

Zur Tanzstundenzeit bildeten die höheren Schüler eine „Tanzstundenclique". Das war mit 15 Jahren.

,,Wir hatten eine gemischte Klasse und wir sind mit den Jungens aus unserer Klasse gegangen. Da haben wir also den größten Mist gemacht, so mit einem Bein auf der Straße immer rauf und runter und in Schlangen rüber und nüber über die Straße. Da waren wir Stadtgespräch."

Die wichtigste Absetzbewegung der höheren Schüler(innen) am Ort wurde durch die Orientierung am französischen Existentialismus eingeleitet. Man habe sich in ihrem Freundinnenkreis ,,frankophil" ausgerichtet. Wer eigentlich den Anstoß dazu gegeben habe, könne sie nachträglich nicht mehr sagen.

,,Ich hatte damals schon angefangen, Sartre zu lesen. Wir haben die Bücher verschlungen. ,,Das Spiel ist aus" oder ,,Die geschlossene Gesellschaft". Oder Camus. Obwohl ich es damals gar nicht so verstanden hatte. Juliette Greco hab' ich immer gehört und hab' mich auch schwarz angezogen, weil das dann Mode war. War das '56, '57? Existentialismus fanden wir toll, ohne überhaupt zu wissen, was das bedeutet. Das war in und wir haben die Theaterstücke gelesen."

,,... Wir wollten auffallen, wir wollten anders sein als die anderen. ... Unser Einheitslook waren schwarze Hosen und so Ballerinaschuhe und schwarzer Rollkragenpullover. Wer lange Haare hatte von den Mädchen, hatte einen Pferdeschwanz und einen Pony oder einen Zopf auf einer Seite.
Im Musikunterricht wurden mal Referate verteilt. Und das war revolutionär, als eine sich gemeldet hat, um über Jazz ein Referat zu halten."

Eine beliebte Kulisse für die Mädchenclique bildete die Aura der Cafèhaus-Kultur.

,,Wir sind gerne zusammen in Cafès gegangen, haben Bienenstich und eine Tasse Kaffee getrunken und haben alle Illustrierten gelesen — und kamen uns mords vor."

,,Das war alles eine Protesthaltung zu diesem Kreisstädtchen. Aber ich kann nicht sagen, daß wir eine Protesthaltung zu den Eltern hatten."

Frau Gros wundert sich überhaupt nachträglich darüber, wie großzügig die Eltern die Existentialistische Phase der Tochter und die damit verbundenen öffentlichen Provokationen am Ort tolerierten. Man hatte durch das Elternhaus ,,eine gewisse lange Leine", so daß man gewisse ,,Sachen machen durfte, z.B. sich einen schwarzen Rollkragenpullover kaufen." Daß dies die Eltern ,,nicht angefochten" habe, sei um so verwunderlicher, als der Vater Direktor der Landwirtschaftsschule gewesen sei und deswegen seitens der ,,Hautevolee des Dorfes ... auch immer auf uns geguckt" wurde. ,,Wahrscheinlich ist das alles noch so im Rahmen geblieben, daß man sagen konnte, das gehört ein bißchen dazu."

Inzwischen wohnt Frau Gros, als Mutter eines 15jährigen Gymnasiasten, auch wirklich in der Großstadt. Nichts zieht sie zurück in die Provinz, auch keine ökologische Bewegung. Ihr damaliges Engagement in Sachen Existentialismus hat keine biografische Fortsetzung im späteren Leben gefunden. Vielleicht neigt sie deshalb zu einer entwicklungspsychologischen Deutung. Die jugendkulturellen Äußerungen gehörten danach wohl zu einer notwendigen „Übergangsphase", in der man sich von zu Hause und von seiner Nahumwelt ablöse. Bei dieser Deutung dürfen wir nicht vergessen, daß Frau Gros — bei ihrer Ausbildung zur Berufsschullehrerin — einmal Pädagogik studiert hat.

Frau Mut (Jahrgang 1938)

„Mit 15, glaube ich, habe ich noch mit Puppen gespielt"

Frau Mut hat die „Halbstarkenkrawalle" Mitte der 50er Jahre regelrecht verschlafen. Sie ist 1938 geboren, war 1955 also 17 Jahre alt. Ihre Jugendzeit fing ihrem Empfinden nach aber erst mit 18 an, als sie wegen schlechter Schulleistung das städtische Mädchengymnasium mit Mittlerer Reife verlassen mußte und eine fotografische Lehre begann.

„Da fing ich eigentlich erst an, mich zu entwickeln. So lange war ich noch Kind. Mit 15, glaube ich, hab ich noch mit Puppen gespielt. Als ich in die Tanzstunde kam, habe ich die erst weggepackt. Mit fünfzehneinhalb Jahren. Da hab ich mir überlegt, ich kann nicht mehr mit Puppen spielen, jetzt muß ich mit Jungs tanzen gehen."

Sie zeichnet von den Jahren der „Halbstarkenkrawalle" der 50er denn auch ein ganz anderes Bild:

„Es war eine ruhige Stimmung, man freute sich über den Neuanfang; über das, was es plötzlich alles gab. Die Neuentwicklung, was so auf den Markt kam, das war also interessant. Und es war friedlich. Also zu meiner Zeit war es friedlich. Wir sind Fahrrad gefahren. Wir haben uns gefreut. Wir wären gar nicht auf die Idee gekommen, uns gegen was aufzulehnen, da war nichts zum Auflehnen. Also für uns Jugendliche."

Wie kommt das so gänzlich andere Zeit-Empfinden von Frau Mut zustande? Ein wichtiger Erklärungsschlüssel ist, daß sie in ihrer Mädchenzeit nur von Frauen umgeben ist. Sie lebt mit ihrer Mutter allein als Einzelkind, nachdem der Vater „davongelaufen" ist; und dies unter beengten Verhältnissen. Sie habe „ein fröhliches Jungmädchendasein" geführt. Gedanken, die heutige Jugendliche sich in dem Alter machen, seien ihr und ihren Freundinnen ferngelegen.

Sie habe sich mit ihren damaligen Freundinnen schon wiederholt darüber verständigt, ,,daß wir in dem Alter wesentlich weniger gedacht haben, als die Jugend heute." Nach der Mutter bildete eine Gruppe von Mitschülerinnen die zentrale Kontaktquelle. Alle besuchten gemeinsam ein ,,reines Mädchengymnasium". Kontakte zu Jungen begannen erst mit der Tanzstunde, die man klassenweise absolvierte — hier die Klasse vom Mädchengymnasium, dort die Klasse vom Jungengymnasium. Unter den sechs bis sieben Mädchen herrschte ,,dicke Freundschaft", die im übrigen bis zur Gegenwart angehalten habe — ,,wir kennen uns heute alle noch". Mit der Clique und den Freundinnen besprach man alle die Dinge, die man zu Hause mit der Mutter nicht besprechen konnte.

,,Man konnte miteinander plaudern und sein Herz ausschütten. Mit den Eltern konnte man ja damals nicht über so Dinge reden. ... So die ersten Lieben und so das erste Herzeleid und überhaupt über die ganze Sexualität."

Ein zweites Bestimmungsmoment für die Jugend von Frau Mut ist, daß sie über keine nennenswerten Kontakte zur Medienwelt verfügte.

,,Wir hatten kein Fernsehen und auch kein Radio, es gab keine Einflüsse, bis auf die Tageszeitung, die man mit 15 nicht gelesen hat. Ins Kino durfte man auch nicht. Wir hatten noch nicht mal ne Zeitung. Meine Mutti und ich waren so furchtbar arm, daß wir noch nicht mal eine Zeitung hatten ... Da lebte man praktisch nur in seinem kleinen Wiesbaden und in seiner kleinen Umgebung."

So erinnert sich Frau Mut nur an Spurenelemente jener frühen jugendkulturellen Bewegung. Zum Beispiel ,,an diese Frisuren, als Elvis Presley plötzlich auftauchte, daß man die Haare hinten so zusammenklappte. Entenschwanzfrisuren nannte sich das dann. Das waren dann eben auch die ganz Starken, die so herumliefen. Aber sonst in der Art — nein."

Sie selbst war an der Petticoat-Mode beteiligt. ,,Als der aufkam, den hatte jedes Mädchen." Und: ,,Wir gingen in die Milchbar, um einen Milchshake für 50 Pfennig zu trinken, und dann fanden wir das schon unheimlich interessant, uns auf einen Barhocker in den Milchshakeladen zu setzen." Zu mehr hätte es schon finanziell gar nicht gereicht.

Die große Ferne zur jugendkulturellen Ausdrucksweise hat sich für Frau Mut lebensgeschichtlich bis in die 80er Jahre hinein fortgesetzt. Sie hat lediglich Sehkontakt zu einigen Punks gehabt, ,,die hier aus der Schule kommen, wenn ich an der Schule stehe und meine Tochter abgeholt habe." (Die Familie wohnt in einer Pendlergemeinde mit Gesamtschule in der Nähe der Großstadt, in der Frau Mut aufgewachsen ist.) Über ihre Tochter lernt sie heutige Jugendkultur nicht kennen.

,,Ich habe hier lauter nette Kinder. Ich kenne also, muß ich ehrlich sagen, solche rebellischen Kinder nicht, von denen höre ich nur so aus der Schule."

Halbstarke, Rocker, Teenager, Exis und andere — Historische Entwicklungslinien kultureller Stile

Halbstark
— Deutungen der 50er und der 80er Jahre

… in zwei Gruppen einteilen

„Zunächst einmal muß festgestellt werden, daß sich die Halbstarken … in zwei Gruppen einteilen lassen: in die der Minderheit der ausgesprochenen Asozialen und die der Mehrheit der Schwererziehbaren. …

Diese Faktoren sind teils anlagebedingt, teils durch das Milieu geschaffen. …

Was wir brauchen, ist vor allem ein für die Bundesrepublik und West-Berlin erlassenes Bewahrungsgesetz für Jugendliche. Wir müssen in der Lage sein, diese jungen Rechtsbrecher in geeigneten Heimen unterzubringen …“ (Walter Sagitz, „Lehrer an einer Heim-Berufsschule für anlagegeschädigte, schwererziehbare und größtenteils kriminelle Jugendliche“ [1959])

Möchten doch diese ihr Leben lang Halbstarke bleiben!

„Je weiter die Viertelstarken über die Halbstarken aufrücken, desto rücksichtsloser wird ihre Brutalität. Die Ganzstarken greifen zur Atombombe und entrüsten sich über die fast ungerüsteten Halbstarken. Möchten doch diese ihr Leben lang Halbstarke bleiben! Dann wäre uns geholfen. Aber leider werden sie zu gewöhnlichen Menschen mit einer sehr gewöhnlichen Vernunft, die nicht ihre eigene ist.“ (Hans Henny Jahnn in: Italiaander [1958])

„Rückfall in die Wildform — De-Zivilisation“

„Bei drei Gruppen von Menschen — so glaube ich zu erkennen — liegt diese Bereitschaft zum Rückschlag ins Un-Zivilisierte, in die Barbarei, besonders nahe unter der Oberfläche: Bei den Primitiven, bei den erziehungsmäßig „Frustrierten“ und bei den Nihilisten. Sie bilden denn auch die Masse, den Kern und die Führerschaft der Halbstarken.“ (Hans Heinrich Muchow 1956, 446)

„Die böse Macht der Halbstarken“

„Die Zukunft hat schon begonnen — der Terror einer ebenso labilen wie brutalen Generation von Halbwüchsigen leitet sie ein. Die Motive: Lebensgier, Hemmungslosigkeit und frühe Geschlechtsreife.“ (Das Wochenend 1956 (Nr. 13)

Familiengespräche

„Über die Halbstarken“ unterhalten sich besonders männliche Jugendliche mit ihren Eltern. 1957 geben 35 Prozent der männlichen und 23 Prozent der weiblichen Jugendlichen und jungen Erwachsenen unter 25 Jahren an, in den vergangenen Jahren eingehend mit Vater oder Mutter über das Thema gesprochen zu haben. (Noelle 1957, 70)

Mädchen 1959 zur Frage, wie Erwachsene den Begriff ,,Halbstarke" verwenden

Läuft ein Junge oder ein Mädel etwas modern angezogen herum, heißt es meistens: ,,Die sieht aus wie eine Halbstarke." (Mittelschülerin, 14 Jahre)

,,Wenn sie über Halbstarke sprechen, so tun sie das, als würden sie über Aussätzige reden." (Berufsschülerin, 18 Jahre)

,,Gehe ich einmal mit einem Jungen weg, der Jeans anhat, ist er gleich ein ,,Halbstarker". (Mittelschülerin, 15 Jahre)

,,Ich habe mir oft Gedanken über das ,,Halbstarkenproblem" gemacht. Es gab eine Zeit, in der alle Zeitungen und Illustrierten die Jugendlichen, die sogenannten Halbstarken, in riesigen Artikeln verschrien haben: ,,So ist die Jugend von heute! — Jugendliche Diebesbande gefaßt! — Wieder einmal die Halbstarken! — Mit derartigen Überschriften wurden die Leute zum Kauf angezogen. ..." (Oberschülerin, 16 Jahre)
(Göbel 1964, 315 ff)

Die Wiederentdeckung der ,,Halbstarken" der 50er Jahre durch die Jugendforscher der 80er Jahre folgt aktuellen Mustern des Interesses. Die ,,Halbstarken" erweisen sich im Nachinein als eines der exotisch anmutenden Glanzlichter jener Jahre. Sie dürfen deshalb in keiner der Darstellungen über die Kultur der Adenauer-Ära übergangen werden (Dorner 1980; Bauer 1981). Aus heutiger Sicht möchte man fragen: Was ist aus den ehemaligen ,,Halbstarken" inzwischen geworden? Die Bilanzierung ihres Lebens interessiert Angehörige der Generation selbst (Hyde 1983; Wenske / Ortwein 1984); heutige Journalisten (z.B. Seeland 1983); und eine Generation von Sozialisationsforschern, die sich an der biografischen Methode bzw. an mündlich überlieferter Alltagsgeschichte (oral history) orientiert (Krüger 1983, 1985; Krüger / Wensierski 1984).

Den gewichtigsten Hintergrund für das neuerweckte Interesse an der Jugendkultur der 50er Jahre dürften die heutigen Jugendlichen liefern. Im Verlauf der 70er Jahre bildete sich eine Vielzahl jugendkultureller Ausdrucksweisen und expressiver Protestformen heraus, die in enger Verbindung sowohl zu sozialen Bewegungen wie zu Medien und Kulturindustrie standen. Einige dieser Stilrichtungen zitierten den kulturellen Habitus von Stilen der 50er Jahre. So stellte sich die Frage nach den historischen Ursprüngen expressiver Stilbildung unter den Jüngeren neu. In bezug auf musikalische Stile war der Diskurs mit der Vergangenheit ohnehin nicht abgebrochen. Es gab eine entwickelte Geschichtsschreibung zu Jazz, Rock-Musik u.ä. Woran es mangelte, war eine jugendtheoretische Verknüpfung von kulturellem Stil und Lebenslage bzw. Sozialisationsgeschichte. Geburtshilfe für die westdeutsche Jugendforschung leistete hier die empirische und theoretische Subkulturanalyse, die in der zweiten Hälfte der 70er Jahre in Großbritannien (CCCS, Birmingham) entstanden war, und die in rascher Folge auf dem westdeutschen Büchermarkt Fuß faßte (vgl. Clarke 1979; Willis 1979; 1981; Brake 1981; bibliogr. Zinnecker 1981; Prondczynsky 1985). Die englischen Subkulturforscher legten — aus der Neuen Linken in Großbritannien stammend — eine Spur vor, wie Analyse von Alltagskultur (Politik des Alltags) mit überlieferter Klassentheorie zu verknüpfen sei. Das eröffnete die Möglichkeit, vormals getrennte Sparten wie Geschichte der Arbeiterjugend, soziologische Jugendtheorie und Subkultur-Analyse miteinander zu verknüpfen. Im Brennpunkt der hierdurch ermöglichten Forschung standen historische Vorläufer aktueller Stilrichtungen: Die Wilden Cliquen (Lessing / Liebel 1981) der 20er Jahre; die Edelweißpiraten, Meuten und die Swing-Jugend aus der Zeit des Faschismus (Peukert 1980; 1980); und eben die Halbstarken der 50er Jahre.

Bei der Durchsicht der Literatur über ,,Halbstarke" aus damaliger und aus heutiger Sicht hat man den Eindruck, daß die Jugendforscher der 80er Jahre fasziniert, was die zeitgenössischen Analytiker ängstigte oder ihnen Sorge bereitete: daß die ,,Halbstarken" sich nicht organisieren lassen wollten. Aus heutiger Sicht wird der ,,wilde" Charakter der Aktionen als Kriterium der Authentizität gewertet. Die ,,Halbstarken" ließen sich nicht integrieren — weder vom Jugendschutz noch vom Jugendverband. Auch politisch ließen sie sich nicht vor irgendeinen Karren — auch nicht den der etablierten Arbeiterbewegung — spannen. Für die zeitgenössischen Forscher, auch und gerade wenn es sich um engagierte Jugendpädagogen und Jugendrichter handelte (Bondy 1957; Kaiser 1959), stand der defizitäre Charakter der geringen soziokulturellen Vernetzung der ,,Halbstarken" im Vordergrund. Sie betonten die negative Seite der industriekulturell bedingten ,,Freisetzung" dieser Gruppe von Jugendlichen.

In den Analysen der 50er Jahre waltet kriminologischer und pädagogischer Ernst vor. Daß es sich um Äußerungen einer jugendlichen Spielkultur ,,von unten" handelte, vermochten nur einige wenige zeitgenössische Beobachter zu sehen. So bemerkt z.B. G. Kaiser (1959, 38f.), es gehe den ,,Halbstarken" bei ihren ,,Krawallen"

,,nicht um die Verwirklichung von konkreten Aufgaben oder Zielen ... sondern um die Befriedigung, die mit den auffälligen Verhaltensweisen verknüpft ist ... wird hier die Befriedigung um ihrer selbst, um des gesteigerten Lebensgefühls willen gesucht. ... Gemessen an der zweckrationalen Ordnung entbehren sie ebenso des Nutzen wie Spiel, Sport Tanz und überhaupt alle Äußerungen des Tätigkeitsdranges, der sich durch den Mangel an ,,Sinnwert" essentiell von Arbeit und Leistung unterscheidet." (Kaiser 1959, 36, 38f.)

Eine deutliche Ausnahme stellen insbesondere die Analysen von K. Hartmann (1958; 1959) dar, die dieser ausgerechnet ,,aus der Psychiatrischen und Neurologischen Klinik der Freien Universität Berlin" heraus in der Zeitschrift für Psychotherapie und medizinische Psychologie veröffentlicht. Sieht man von dieser irreführenden Plazierung einmal ab, so arbeitet der Autor — im Anschluß an die Spieltheorien von K. Groos und J. Huizinga — objektive wie subjektive Elemente des Spielerischen in der Straßen-Randale der Jugendlichen heraus. Neben Bewegungslust, dem Charakter des ,,Neckens" (Fortsetzung der Jungenstreiche), den ,,Mutproben" und der subjektiven Spielfreude (als Voraussetzung) geht er z.B. auch auf den darstellenden Charakter des Spieles ein:

> ,,In den Verhaltensweisen Jugendlicher im allgemeinen äußert sich das spielerische Darstellen in der Mystifikation ... Auch in den Krawallen Jugendlicher hat das spielerische Darstellen, also die Mystifikation, die Pose, die ,,Angabe", eine wesentliche Bedeutung. Sie äußert sich vor allem in der Verkleidung ..." (S. 119)

Das legt folgenden Gedanken nahe. Die halb spielerisch, halb aufsässig gemeinte Straßen-Randale der ,,Halbstarken" steht in einer langen Tradition jugendlicher ,,Sitte". K. Hartmann verweist in erster Linie auf die Spielkultur von (höheren) Schülern und Studenten und deren Vorgeschichte. Genausogut läßt sich jedoch auf Spieltraditionen von Jugendlichen der unteren Schichten, bäuerlicher, handwerklicher und — noch näher an die Gegenwart heranführend — proletarisch-städtischer Jugend hinweisen — eine Überlieferung, die vor allem P. Gillis (1980) in seiner Geschichte der europäischen Jugend überzeugend herausarbeitete.

Soweit zur historischen Kontinuität der Halbstarkenkrawalle. Die beteiligten männlichen Jugendlichen waren jedoch auch stilschöpferisch tätig. Das Spielmaterial entnahmen sie der aktuellen Möblierung des Straßenraumes — die spielerische Umwandlung des verfügbaren Nahraumes besitzt Tradition. Nur daß die aktuellen Objekte die Automobile, die Beschilderung des Staßenraumes, die

Verursachung von Störungen des Verkehrsflusses usw. darstellten. Die andere Seite des Spielmaterials lieferte die sich etablierende jugendspezifische Kulturindustrie. Deren Objekte wurden als Spielgegenstand in die jugendlichen Straßenaktivitäten einbezogen und darauf abgeklopft, was diese neuartige industrietechnisch produzierte Umwelt „hergab". Was ließ sich aus der Qualität der Rock'n-Roll Musik machen, wie konnte man die neuartigen Formen von Massenveranstaltungen nutzen, wie ließ sich mit Medien spielen, was gab die Kraftmaschine Moped und später Motorrad her usw.? Mit anderen Worten: Während die Erwachsenengesellschaft noch voll in der Arbeitsaskese des Industriekapitalismus älterer Prägung befangen war, und dies besonders in Westdeutschland unter den Bedingungen des beschleunigten Wiederaufbaus, probten Teile der Jüngeren bereits die neuartige Qualität des Dienstleistungs- und Freizeitkapitalismus. Interessanterweise waren es nicht die bürgerlichen Kinder, die dieser „Alternative" zuerst nachgingen, sondern gerade die von sozialer Deklassierung bedrohten Teile der Arbeiterschaft. Deren ethische Verpflichtung auf die alten Werte war geringer; deren Entfremdung gegenüber unqualifizierter Lohnarbeit entschieden höher. Diese Gruppen gingen zuerst ein Bündnis — wenn man dies so bezeichnen will — mit einer Kulturindustrie ein, die bestrebt war, die sich mehrenden Anzeichen für die Umstrukturierung des die Arbeit betonenden in einen Konsum und die Dienstleistung in den Vordergrund stellenden Kapitalismus für die eigene Marktexpansion zu nutzen.

Im Berichtszeitraum zwischen 1955 und 1985 hat das Bürgertum die ursprüngliche Reserve gegenüber den neuen Werten der Spiel- und Freizeitkultur aufgegeben, den seinerzeit verlorenen Boden mehr als wettgemacht. Hedonistische Subkulturen unter den Jugendlichen, zumeist bürgerlicher Herkunft, haben in den 60er Jahren den Boden hierfür bereitet. Gleichwohl bleibt festzuhalten, daß an einem frühen Wendepunkt industriekapitalistischer Entwicklung, Mitte des Jahrhunderts, zunächst Jugendliche aus bestimmten Schichten der Arbeiterklasse Mitträger dieser neuen Werte waren.

Randalierende Jugend — Kurze historische Reorientierung

Um welche Ereignisse und Phänomene geht es? Mitte der 50er Jahre werden die meisten westeuropäischen, aber auch einige osteuropäische Gesellschaften durch eine auffällige Zunahme öffentlicher Randale auf den Straßen größerer Städte in eine gewisse Aufregung versetzt. Mediale Glanzlichter der jugendlichen Straßenrandale sind Wellen von „Großkrawallen“ in den Jahren 1956 bis 1958. Für die Bundesrepublik sieht die Statistik solcher Großereignisse, die hunderte, gelegentlich tausende von Jugendlichen auf die Beine brachten, wie folgt aus:

Zwischen 1956 und 1958 werden 93 „Großkrawalle“ — d.h. mit mehr als 50 Teilnehmern — in der Bundesrepublik gezählt. Die „Krawalle“ finden in 25 Großstädten (und zwei Mittelstädten) statt. Das bedeutet: jede zweite Großstadt hat in dieser Zeit „ihren Krawall“. Fast die Hälfte der Krawalle, 41 nämlich, finden in Westberlin (vereinzelt in Ostberlin) statt. (Kaiser 1959, 105ff.)

Die „Großkrawalle“ sind zumeist mit aufsehenerregenden Veranstaltungen der Kulturindustrie verknüpft, die — aus den USA kommend — das Selbstverständnis europäischer Erwachsenengesellschaft ebenso in Frage stellen, wie sie erhebliche Teile der Jugendgeneration zu faszinieren vermögen: Rock'n'Roll Konzerte, auf ein jugendliches Publikum gemünzte Filme, aggressiver Motorradkult.

Die Großkrawalle erscheinen jedoch nur als Spitze eines Eisberges. Darunter werden Wandlungen im alltäglichen Habitus der Jugendlichen sichtbar: neue Formen des sich Kleidens und sich Gebens, des Gebrauchs von Gegenständen der Alltagskultur, neue Arten des sich Vergnügens. Neben dem Kulturkonsum fällt die massierte Inbesitznahme des (städtischen) Straßenraumes durch jugendliche Cliquen auf, die zudem durch Motorisierung ihren Aktionsradius gegenüber früheren Jugendgenerationen erheblich erweitert haben.

Diese Lage der Dinge löst eine erste allgemeine Jugenddebatte im Nachkriegsdeutschland aus. Diese Generaldebatte um Jugend ist — was den Umfang der Beteiligung angeht — mit der Debatte um die 68er Generation vergleichbar; allerdings erreicht sie nicht die Intensität der dritten Jugenddebatte nach dem Krieg, die Anfang der 80er Jahre geführt wurde.

Die Losung, unter der die Jugenddebatte Mitte der 50er Jahre geführt wurde, war die Rebellion („Randalieren“) der „Halbstarken“.

Die Spuren des Begriffes „halbstark“ weisen bis vor die Jahrhundertwende (1900) zurück (vgl. zur Wortgeschichte Muchow 1957; Kaiser 1959, 13ff). Nachgewiesen ist der Gebrauch insbesondere in Hamburg und Berlin. In der Berliner Version verstand man darunter so etwas wie „halbwüchsig“, das heißt den Jugendlichen in der Pubertät. In der Hamburger Wortversion Anfang des Jahrhunderts ist damit ein vom „rechten Weg“ abgekommener Proletarierjunge gemeint, der im Begriffe steht, eine Karriere jenseits der Lohnarbeit zu ergreifen (z.B. als Zuhälter oder Zocker).

In den 50er Jahren erlebt das zwischenzeitlich in Vergessenheit geratene Wort eine Renaissance. Beide Wortbedeutungen leben dabei wieder auf. Im einen Fall wird das Etikett die Bezeichnung für eine ganze Jugendgeneration und deren Sozialisationsproblematik.

„Eine weitere Auffassung begreift die ‚Halbstarken‘ als eine bestimmte Spielart des Rowdytums: die randalierende Jugend. Sie kennzeichnet mit dem Wort ‚halbstark‘ das auffällige Randalieren von Halbwüchsigen-Gruppen in der Öffentlichkeit. Diese Ansicht hat sich insbesondere im Hinblick auf die Erscheinung der Großkrawalle durchgesetzt und kann im Schrifttum als herrschend bezeichnet werden.“ (Kaiser 1959, 13)

Die — wie immer, möchte man sagen — leicht überraschte Jugendforschung hängt sich an den fahrenden Zug an. So erhält, um das in unserem Fall naheliegende Beispiel zu nennen, die dritte Emnid-Jugendumfrage, die gerade durchgeführt worden war, einen aktualisierten Titel: „Wie stark sind die Halbstarken?“ (Fröhner 1956) Darum ging es bei der Planung der Studie jedoch nicht, denn die folgte noch dem Muster der vorangegangenen Jahre: „Beruf und Berufsnot, politische, kulturelle und seelische Probleme der deutschen Jugend“ — das war der Gesichtskreis jugendpolitischer und sozialpädagogischer Perspektive auf Jugend, wie er sich in der Nachkriegszeit herausgebildet hatte. Nicht viel besser erging es H. Schelsky, der während der Hochphase jugendlicher Straßenrebellion und Rock'n'Roll-Begeisterung gerade das Manuskript zu Ende schrieb, das die Summe der Jugendforschung seit 1945 ziehen sollte, betitelt: „Die skeptische Generation“ (1957). Ersichtlich, daß das Werk zum Erscheinungszeitpunkt bereits historisch ist, was der Autor im Nachwort halbwegs eingesteht:

„Auch in der gegenwärtigen Jugend, besonders ihren jüngeren Jahrgängen, sind Ansätze von Erlebens- und Verhaltensformen zu beobachten, die nicht in das gezeichnete Bild hineinpassen ... Überhaupt zeigen die unter dem Namen der „Halbstarken“ begriffenen Erscheinungen der letzten Zeit einige Züge jugendlichen Verhaltens, die wir als Möglichkeiten einer neuen generationshaften Verhaltensgestalt der Jugend zu deuten willens sind. ... Ich erwarte eine ‚sezessionistische‘ Jugendgeneration ...“ (Schelsky 1957, 493ff.)

Wie bei den späteren Jugendebatten der 60er und 80er Jahre geht es bei der Diskussion um die „Halbstarken“ nur begrenzt um die Jugendlichen selbst. Die öffentlichen Provokationen der Jüngeren veranlassen eine Generalauseinandersetzung unter den Älteren über

Industriegesellschaft und Zivilisation. Dabei tun sich kulturkritische und kulturpessimistische Konservative auf der einen und liberale ,,Modernisierer" auf der anderen Seite hervor. Die drohende Kommerzialisierung (Kapitalisierung) weiterer kultureller Lebensbereiche bildet die Folie für die Kontroverse, die mit Stichworten wie Vermassung, Dämon Stadt, Verrohung und Überfremdung, Regressionstendenzen in erreichten zivilisatorischen Standards u.ä. geführt wird. Derweil haben liberal gesonnene Publizisten, Politiker und Jugendpädagogen alle Hände voll zu tun, den deutlich vernehmbaren Ruf nach der autoritären Hand in Pädagogik und Recht von sich und den Jugendlichen abzuwehren. Die Neuerungen auf diesem Gebiet halten sich, soweit zu sehen, auch in Grenzen. (Berlins Polizisten erhalten einen elastischen Gummiknüppel anstelle des alten hölzernen, beispielsweise.) Als wirkungsvoller könnte sich, sozialisationsgeschichtlich, die Durchführung der allgemeinen Wehrpflicht erwiesen haben, die derweil — wie geplant — anläuft. Anstöße im Bereich der Jugendpolitik bzw. Jugendhilfe sind dem Verfasser nicht bekannt — mit einer Ausnahme vielleicht: Die Analyse der Mentalität breiter Gruppen großstädtischer Arbeiterjugendlicher machte überdeutlich, daß die Lehrlinge und Jungarbeiter Verbands- und Vereinsbindungen ablehnend gegenüberstanden. Das konsolidierte die bereits Anfang der 50er Jahre vorgetragenen Forderungen nach einer ,,offenen" Clubarbeit mit diesen Jugendlichen (,,Heime der offenen Tür"). Es ist übrigens auch nicht erkennbar, daß die Jugenddebatte der 50er Jahre eine breite Palette von Jugendforschung angeregt hätte — ganz im Gegensatz zu 68 und insbesondere der Debatte Anfang der 80er Jahre, die einen Rattenschwanz von Jugendforschung nach sich zog (und weiter zieht).

Welche Strategien und Taktiken der öffentlichen Straßenrandale waren es im Einzelnen, mit deren Hilfe die weithin männlichen Jugendcliquen und die ,,gleichgestimmte Menge" (Wurzbacher) der ,,Großkrawalle" die Gesellschaft der 50er Jahre provozierten? Der Kriminologe G. Kaiser, der 1959 die präziseste Untersuchung jugendlicher Straßenrandale vorlegte und dabei zugleich vorangegangene Untersuchungen (z.B. Bondy u.a. 1957) zusammenfaßte, zeichnete das Bild eines ,,Gesamt-Halbstarken", der alle Verhaltensweisen der Jahre 1956 — 1958, die gerichts- oder medienkundig geworden waren, in sich vereinte:

> ,,Die Halbarken" treten überwiegend in Kleingruppen — Rudeln, Horden, Blasen, Platten und Cliquen — auf und ziehen durch ihr randalierendes Verhalten

die Aufmerksamkeit der Öffentlichkeit auf sich. Dieses „Randalieren“ soll nunmehr anhand von typischen Geschehnissen der letzten drei Jahre beschrieben und konkretisiert werden.

Vornehmlich finden die „Halbstarken“ Gefallen daran, Fußgänger zu belästigen. Sie rempeln diese an, „um sich Respekt“ zu verschaffen, stoßen sie vom Gehweg, gegen Häusermauern oder gegen andere Halbwüchsige und zwingen sie, vom Bürgersteig auf die Fahrbahn zu gehen. Grölend, pfeifend und zum Teil mit Lattenstücken bewaffnet ziehen sie durch die Straßen oder stehen an den Ecken und behindern den Fußgängerverkehr. Sie überschreiten im Gänsemarsch bei großer Zahl die Fahrbahn und blockieren so zeitweilig den Fahrzeugverkehr. Besonders gern versperren sie verkehrsreiche Kreuzungen. Trotz der Hupsignale von ankommenden und wartenden Kraftfahrzeugen geben sie die Fahrbahn nicht oder nur zögernd frei. Sie schieben parkende Wagen in die Fahrbahnmitte oder auf den Bürgersteig und stellen ihre Fahrräder und Mopeds quer über die Fahrbahn, um dadurch den Verkehr lahmzulegen. Sie empfangen die Omnibusse mit Geheul, stürzen Verkehrsschilder, werfen Mülltonnen um und an Baustellen lagernde Ziegelsteine auf die Straße. Bei alledem schießen sie gern mit Schreckschußpistolen und lieben es, Knallkörper abzubrennen oder Stinkbomben zu werfen. Nach Bürgern, die an Fenstern oder Balkons lehnen und sich den Krach verbitten, werfen sie mit Steinen oder schießen mit Katapulten. Sie bespritzen Vorübergehende aus wassergefüllten Fahrradpumpen, schlagen ihnen das Speiseeis aus der Hand, versuchen, sie in eine Prügelei zu verwickeln, verdrängen Rentner durch Pöbeleien und Drohungen vom Ruheplatz und fordern sie schließlich zum „Verschwinden“ auf. Auf den Rummelplätzen und Straßen pöbeln sie gern Mädchen, aber auch Ehepaare an. Sie bedrohen diese mit Zaunlatten oder mit Luftdruck- und Gaspistolen. Auch reißen sie zum Trocknen aufgehängte Wäsche herunter, klingeln an Wohnungstüren in der Art, wie man Klavier spielt, und bedrohen die darüber entrüsteten Mieter.

In dicht aufgeschlossener Kolonne und laut knatternd fahren sie mit ihren Mopeds oder Motorrädern durch die Hauptstraßen. Daß deshalb einige von ihnen zwangsgestellt werden, hindert die anderen nicht immer, unter Vollgas unverdrossen weiterzufahren. Gelegentlich befahren sie jeweils zu zweit auf ihren Mopeds die Fußwege. Mit Vollgas starten sie und rasen infolge willkürlich verursachter Fehlzündungen mit Getöse durch die Straßen. Sie drehen 4 oder 5, doch nicht selten auch 20 mal ihre Runden. Nebeneinander gestaffelt und in stark nach vorn gebeugter Haltung brausen die Mopedfahrer bei einer Geschwindigkeit von 40-70 km/Std. durch die Hauptverkehrsstraßen und trainieren dort auf Mopedrennen. Natürlich nehmen sie die gesamte Fahrbahnbreite, zumindest in Fahrtrichtung, in Anspruch, so daß Personenwagen kaum überholen können. In großer Zahl stellen sie sich mit ihrem Mopeds auf der Fahrbahn oder einer Rasenfläche auf, lassen die Motoren ihrer Fahrzeuge im Stand laufen und verursachen durch ständiges Zu- und Wegnehmen von Gas beträchtlichen Lärm. „Nicht zur Erreichung eines Verkehrszieles“ rasen sie mit ihren Fahrzeugen durch die Gassen, weshalb sich die Gemeindeväter veranlaßt sehen, durch ortspolizeiliche Verordnung „das unnötige Hin- und Herfahren mit Mopeds, Rädern und sonstigen Kleinkrafträdern ohne bestimmten Zweck ab sofort“ zu verbieten. Um die Geschwindigkeit zu erhöhen, „frisieren“ sie ihre Mopeds durch Aufbohren der

Luftfilter, Einsetzen größerer Düsen und Zündkerzen sowie durch Abbauen von Schalldämpfern, Kettenschutz und Schlußlichtern. Gelegentlich improvosieren sie mit Mietfahrzeugen private Autorennen.

Auch in den Gaststätten benehmen sie sich auffällig, indem sie (weiblichen) Gästen gegen deren Willen die Gläser austrinken oder deren Getränke vom Tisch nehmen und in die Wandlampen gießen. Sie verlangen lärmend nach Bier, prosten sich laut zu, werfen Stühle um, reißen die Blüten der Blumentopfstauden ab oder zerschlagen gar die Einrichtungsgegenstände. Aus Lokalen mit nur wenigen Gästen ziehen sie manchmals unverrichteter Dinge wieder ab, da es ihnen ,,keinen Spaß macht, dort etwas anzustellen". Bei Volksfesten versuchen sie gelegentlich, auf den Tischen Rock'n'Roll zu tanzen. In Lichtspieltheatern stören sie die Vorstellungen durch unflätige Erläuterungen zum Film. Wagen es Wirt oder Gäste, die ,,Halbstarken" wegen des störenden Gebarens zu ermahnen oder sich gar dagegen zu wehren, so beginnen diese aufzubegehren und nicht selten tätlich gegen den Wirt, Gäste und Polizei vorzugehen.

Rock'n'Roll-Veranstaltungen, aber nicht nur diese, versetzen sie regelmäßig in Hochstimmung. ,,Gekonnte" Rock'n'Roll-Szenen auf Bühne und Leinwand lösen bei ihnen ein tumultuarisches Getöse aus. Einige pfeifen auf den Fingern, bedienen Trillerpfeifen, Autohupen, Almenhörner, Wecker, Fahrradklingeln und andere Lärminstrumente. Andere wieder springen von ihren Sitzen, gestikulieren mit erhobenen und ekstatisch zuckenden Armen, entledigen sich ihrer Oberkleidung und schreien wirr durcheinander. Sie beanstanden jede ihnen nicht ,,angemessene" Darbietung laut und auch handgreiflich, falls die Veranstaltung nicht ihren Erwartungen, dem erwünschten Verlauf, oder der Veranstalter nicht ihren Forderungen entspricht. Als unangemessen gilt ihnen vorzugsweise die rock'n'roll-fremde Schlagermusik (,,Schnulzen"), der Calypso und der Cool-Jazz. Nach Schluß der Vorstellungen bemühen sie sich krampfhaft um Fortsetzung und Erhaltung ihrer ,,glücklichen" Stimmung. Also pfeifen und grölen sie wild. Beliebt sind Sprechchöre von Rhythmen wie: ,,Rock and Roll! Mambo-Rock-He, Mambo! Hau-ruck!" und ,,Pfui — Polizei!". Wie trunken tanzen einige auf der Straße, von einer sich rhythmisch bewegenden Menge umgeben. Schließlich rotten sie sich zuammen und beantworten Räumungsaufforderungen der Polizei mit lautem Johlen und Pfeifen, so daß es regelmäßig zu den erwünschten Auseinandersetzungen mit der Polizei kommt. Halten sich die Polizeibeamten zurück, so versucht man, sie herauszufordern oder unter einem Vorwand die Funkwagenstreife zu alarmieren, um diese sodann pfeifend, johlend und mit Schmährufen zu empfangen.

Die ,,Halbstarken" können aber die öffentliche Sicherheit und Ordnung auch intensiver und nachhaltiger stören.

Mit besonderer Vorliebe bereiten sie auf den Hauptverkehrsstraßen Hindernisse; so errichten sie Straßensperren durch Reisigbündel, Obstkisten, Schleusendeckel, Leitern, Lichtmasten, Trümmersteinen und gefährden dadurch Kraftfahrzeuge. Sie zwingen auch Züge zum Anhalten, indem sie beispielsweise starke Holzlatten auf die Straßenbahnschienen legen, Teerfässer auf die Schienenanlagen werfen oder die Straßenbahnen anspringen. Aus Katapulten zerschießen sie mit Kieselsteinen die Fensterscheiben fahrender Schienenfahrzeuge.

In den Zügen montieren sie die Aschenbecher ab und zerschneiden die Ledergurte an den Fenstern. In den Parks stürzen sie Bänke um, zerstören Anpflanzungen und beschädigen Denkmäler. Sie demolieren Kinderspielplätze, beschädigen Straßenlaternen und öffentliche Fernsprechzellen, schlagen die Glasscheiben von Feuermeldern ein, stürzen Parkuhren um und tragen herausgerissene Verkehrszeichen als Banner vor sich her.

Mit großer Freude und dem hartnäckigen Drang zur Wiederholung beschädigen sie Fahrräder und Mopeds, reißen Antennen, Rückspiegel, Scheibenwischer und Kühlerfiguren von parkenden Kraftfahrzeugen ab und durchstechen die Reifen mit Schusterahlen und Messern. Sie steigen auf die Dächer der abgestellten Personenkraftwagen, trommeln mit den Fäusten auf Dächer oder Kühlerhauben und verbeulen sie. Sie schlagen die Scheiben der Autos ein und versuchen, die Wagen umzustürzen. Vor die Reifen der Polizeifahrzeuge werfen sie sog. Krähenfüße und auf die Funkstreifenwagen Steine. Die Zapfsäulen der Tankstellen werden von ihnen umgestürzt, Zeitungskioske zerstört, Schrebergärten verwüstet, Bauzäune umgeworfen, Warnlampen von Baustellen zertrümmert, Schaukästen, Automaten und Firmenschilder abgerissen und Schaufensterscheiben zerkratzt oder eingeschlagen. Auch Schilder wie ,,Annahmestelle Offiziere" und ,,Der Polizeipräsident" werden gewaltsam entfernt und auf der Straße zertreten. Zu Dekorationszwecken aufgestellte Weihnachtsbäume werden angezündet und Adventskränze heruntergerissen. Sie zertrümmern Türen und Fenster von Mädchenheimen, Gaststätten und auch Polizeirevieren, falls ihnen nicht der erstrebte Einlaß gewährt wird, zerschlagen bei mißlungenen oder abgebrochenen Jazz-, Rock'n'Roll- und Johnnie-Ray-Veranstaltungen Bänke, Stühle und Geländer, zerstören Kabelleitungen und stürmen schließlich mit Bierflaschen und Brettern bewaffnet die Bühne.

Den Passanten entreißen sie Handtaschen und ähnliche Gegenstände, ohne sich jedoch die Sache zueignen zu wollen, und werfen diese oder den Inhalt später wieder weg. Jungen Mädchen ziehen sie wider deren Willen die Schuhe aus. Sie halten Mopedfahrer an und versuchen, diese von den Rädern herunterzuziehen. Zum Halten gebrachte Kraftfahrzeuge werden angehoben, geschaukelt und den Kraftfahrern die Kopfbedeckung abgenommen. Gewaltsam öffnen sie die Autotüren und bedrohen oder schlagen die Fahrzeugführer. Dabei verlangen sie gelegentlich Geld und drohen für den Fall der Weigerung die Reifen zu zerschneiden. Auch nehmen sie den Fahrern unter Drohungen den Zündschlüssel weg, worauf einige der Halbwüchsigen mit dem Auto wegfahren. Besondere Genugtuung und Schadenfreude bereitet es ihnen, fremde Fahrzeuge einige hundert Meter zum Rückwärtsfahren zu veranlassen. Auch fordern sie andere unter Drohungen auf, etwas für sie auszugeben, andernfalls jene zusammengeschlagen würden. Schließlich zwingen sie Anzeigeerstatter zur Bezahlung der ihnen von jenen ,,eingebrockten" Strafverfügungen.

Gemeinschaftlich greifen sie Polizisten, Soldaten, Bahnbeamte, Busschaffner, Erzieher, Bademeister, Gastwirte und jene ,,schulmeisterlichen" Erwachsenen tätlich an, die sich Anpöbeleien und Anrempeln energisch verbitten. Mit leeren Bier- oder Coca-Cola-Flaschen und Gaspistolen fallen sie über ihre Opfer her und bearbeiten sie mit Fausthieben und Fußtritten. Auch finden sie sich zusammen, um angeblich im Park befindliche ,,dunkle Elemente" (Homosexuelle!) zu verprügeln, fallen aber dabei unbedenklich über harmlose und erholungssuchende Spaziergänger her.

Streiten sich einige von ihnen und sieht sich die Polizei zum Eingreifen veranlaßt, so stürzen zuweilen andere Halbwüchsige aus einem Versteck auf die schlichtenden Polizeibeamten, gehen gemeinschaftlich gegen diese vor und greifen sie mit Steinen, Flaschen und Latten an. Auch versuchen sie, Funkwagen umzuwerfen oder die darin sitzenden Polizeibeamten am Verlassen des Streifenwagens zu hindern, indem sie gegen den Wagen drängen. Bei Ansammlungen versuchen einzelne von ihnen, durch Hetzrufe wie: „Nieder! Schlagt ihn tot!" die Menge aufzuwiegeln. Ist jemand von ihnen festgenommen, so folgt die Menge lärmend den Beamten und dem Festgenommenen, leistet der wiederholten Aufforderungen, wegzugehen, keine Folge und verlangt lärmend nach der Freilassung. Man schubst sich an die Beamten heran, stellt ihnen Beine, schlägt ihnen die Mützen vom Kopf und stürzt sich nicht selten auf die Polizisten, um sie mit Fausthieben niederzuschlagen. Manchmal wird dabei auch versucht, das Polizeirevier zu stürmen." (Kaiser 1959, 24-27)

Der soziale und historische Ort der Halbstarken

Kaiser (1959, 54) gelangt aufgrund begründeter Schätzungen zu dem Schluß, daß Mitte der 50er Jahre „je nach Gegend und Ort" der Anteil der männlichen Jugendlichen zwischen 14 und 21 Jahren, die aktuell an Straßen-Randale beteiligt seien, „in der Größenordnung von 1-5% und die Zahl der „potentiellen Halbstarken" mit maximal 10% zu veranschlagen sei.

Die Zusammensetzung der Teilnehmer von Straßen-Krawallen in der Zeit von 1956 bis 1958: Rund die Hälfte ist zwischen 16 und 17 Jahre alt, dazu kommt noch ein Drittel 18-19jähriger. (Das bedeutet, in Geburtsjahrgänge umgerechnet, daß die Halbstarken-Krawalle eine Erfahrung sind, die ein männlicher Teil der Kohorten 1937 — 1943 machte.) Überdurchschnittlich oft sind Arbeiter und Lehrlinge (Handwerk) vertreten — zu 90% etwa. Dabei ist zu bedenken, daß der Anteil dieser Gruppen seinerzeit bedeutend höher als heutzutage lag. (Höhere) Schüler haben mit den Halbstarken-Krawallen überhaupt nichts zutun; wenn überhaupt, so eher als Zuschauer. Je mehr man zu den Aktivisten der Straßen-Randale kommt, um so deutlicher fällt die klassenspezifische Zusammensetzung ins Auge. Bei der „Avantgarde" (diese Bezeichnung wählte Bondy seinerzeit für die Aktivisten, was von Kaiser übernommen wurde) handelt es sich zur Hälfte um Jugendliche, die als ungelernte Arbeiter tätig sind. Unter diesen finden sich auffällig viele Jugendliche (wiederum die Hälfte), die eine abgebrochene Lehre aufweisen. Es handelt sich folglich nicht lediglich um Jugendliche aus dem Arbeitermilieu. Schon die Väter, sofern vorhanden, sind vielfach als ungelernte Arbeiter tätig. Diejenigen, die als Angestellte arbeiten, tun dies in untergeordneten Positionen. Die ,,Halbstarken-Krawalle" werden in erster Linie also von Arbeiter-Jugendlichen inszeniert und getragen, die von sozialer Deklassierung bedroht sind. Facharbeiter z.B. sind bei der Straßen-Randale ausgesprochen unterrepräsentiert. In West-Berlin, wo im Gegensatz zum Bundesgebiet Mitte der 50er Jahre noch eine hohe Quote von Jugendarbeitslosigkeit zu beobachten ist, äußert sich dies in dem hohen Anteil von jugendlichen Arbeitslosen aus Arbeiterquartieren, die sich an der Straßen-Rebellion beteiligen.

Wir können bei den Aktivisten der Halbstarken-Rebellion auch von Jugendlichen ohne Väter sprechen. Die Hälfte von ihnen lebt zum Zeitpunkt der Randale bei der Mutter, und zwar ohne Vater. Dabei verstärken sich generationsspezifische und klassenspezifische Einflüsse gegenseitig.

Bei einem Viertel der Jugendlichen ist der Vater — zumeist im Krieg — gestorben; bei dem anderen Viertel fand die Ehebeziehung der Eltern ein vorzeitiges Ende, wenn es sich nicht ohnehin um alleinerziehende Mütter von Anbeginn an handelte. Dabei ist zusätzlich zu berücksichtigen, daß die Chance, als Frontsoldat zu sterben, klassenspezifisch verteilt war. Aus der Darmstädter Jugendstudie des Jahres 1950 geht beispielsweise hervor, daß in den Jahrgängen der 1935-37 Geborenen die Väter in folgender klassenspezifischer Rangfolge fielen:

Ungelernte Arbeiter .... 18 %
Gelernte Arbeiter .... 10 %
Angestellte .... 9 %
Selbständige .... 7 %
Beamte .... 5 %

(,,...mit dem Besitz ,,wichtiger" Positionen war der persönliche Einfluß stark genug, auch gegen Ende des Krieges eine Zurückstellung vom Wehrdienst zu erreichen." (Baumert 1952, 35, 39)) Aus der gleichen Untersuchung geht hervor, daß 1951 der Anteil der Volks- und Berufsschüler, die ohne Vater aufwachsen, doppelt so hoch wie bei Höheren Schülern ausfällt (42f).

Der präzise bestimmbare Ort der ,,randalierenden Jugend" sollte es verbieten, diese zu einer sozialen Bewegung von epochemachender Bedeutung emporzustilisieren, wozu beispielsweise M. Fischer-Kowalski (1983) unter den heutigen Interpreten neigt.

Die ,,Halbstarken" der 50er Jahre waren, wie neuerdings zu

Recht betont wird, territorial vergleichsweise eng an städtische Arbeiter- und Kleinbürger-Quartiere gebunden (Krüger 1983, 1985; Krüger / Wensierski 1985). Die Träger von Straßen-Randale waren Gruppen, die aus lokalen Straßencliquen von Kindern hervorgegangen waren. Das verbindende Element solcher jugendlicher Cliquen ist die kollektive Wohnbiografie in Kindheit und Jugend und die gemeinsame Aneignung und Verteidigung der Territorialität des Wohnquartiers (vgl. Cohen 1979; Brake 1981, 37ff; Willmott 1966 / 1975).

Für die historischen Sozialisationsbedingungen müssen wir einige Faktoren in Rechnung stellen, die Kindheit und Jugend dieser männlichen Jugendlichen in spezifischer Weise prägten. Zum einen ist zu bedenken, daß es sich um Geburtsjahrgänge handelte, deren Mütter — nach der Überwindung der Weltwirtschaftskrise und gesellschaftlich dazu ermuntert — relativ viele Kinder zur Welt brachten. Es handelt sich, demografiegeschichtlich gesprochen, um geburtenstarke Kohorten. Entsprechend groß fiel die Kinderzahl — die damals ja noch schichtspezifischer als in der Gegenwart geprägt war — in Arbeiterfamilien aus. Zum zweiten ist ein sozialökologischer Aspekt in Rechnung zu stellen. Nach 1945 füllten sich die wiederaufgebauten bzw. die nicht zerstörten Mietshäuser der Innen- und Altstadt-Quartiere mit einer Überzahl von Bewohnern, eine Wohndichte, die sich erst ab Ende der 50er Jahre allmählich durch den Neubau von Trabantenstädten und die Umzüge in Pedler-Vororte verringerte. In bestimmten städtischen Wohn-,,Brennpunkten" überstieg damit die Zahl der Kinder und Jugendlichen bei weitem die kritische Masse, die zur Ausbildung einer ausgeprägten quartiersbezogenen Straßenkindheit notwendig ist (Zinnecker 1979). In den 50er Jahren erlebten somit viele städtische Quartiere, von einer Mischbevölkerung von Arbeitern und Kleinbürgertum bewohnt, eine Renaissance als ,,Sammelplatz lokaler Kinder- und Jugendkultur".

,,...bis Anfang der 1960er Jahre .... boten die .... städtischen Viertel .... eine günstige sozialräumliche Umwelt für die Herausbildung solcher Straßenkulturen. Die Kinder und Jugendlichen waren noch nicht ganz von den Straßen vertrieben — selbst von den Fahrbahnen noch nicht. Viele Wohnstraßen lagen im Windschatten des im Vergleich zu heute wenig entfalteten motorisierten Straßenverkehrs. Aus den überfüllten Wohnungen und Mietsblöcken kommend, drängten zahlreiche Arbeiter- und Kleinbürgerkinder in die Hinterhöfe, auf das — in Relation zur Fahrbahn breiter angelegte — Trottoir .... und zu den verwilderten, unbebauten Grundstücken in der Wohnumgebung (738)

Ähnlich die Einschätzung von Fischer-Kowalski (1983):

,,In der zweiten Hälfte der 50er Jahre bevölkerten jugendliche Straßenbanden nahezu jedes dafür geeignete Straßeneck, und dies sicherlich nicht nur in den Arbeiterbezirken der Städte ..." (56)

(Aus der Urteilsbegründung über die Naunyn-Clique Berlin-Kreuzberg)

,,Die Angeklagten ... kennen sich seit längerer Zeit und sind miteinander befreundet. Sie sind in derselben Wohngegend in der Umgebung der Naunynstraße aufgewachsen und haben zum Teil gemeinsam die Berufsschule besucht. In ihrer Freizeit sind sie häufig zusammen auf der Straße gewesen. Besondere Interessen haben sie nicht, allen gemeinsam ist aber die Neigung zum Alkohol ...

(Sie) kehrten im angetrunkenen Zustand nach Hause zurück, randalierten dabei auf den Straßen ihres Wohnbezirks, belästigten Passanten und störten und beunruhigten durch ihr Verhalten die Bewohner der Gegend ...

Da die Angeklagten häufig gemeinsam in Erscheinung traten und die Einwohner des Bezirkes belästigten und beunruhigten, wurden sie dort bald unter der Bezeichnung ,Naunyn-Clique' bekannt." (Kaiser 1959, 58)

(Verabredungen in den Frankfurter Industrievororten des Westens)

,,Eine Gruppe von 14 Halbwüchsigen traf sich im Sommer 1956 oft in den Abendstunden auf den Straßen oder in den Anlagen des Frankfurter Stadtteils Griesheim. Manchmal besuchten sie auch gemeinschaftlich Lokale. Am Abend des 2. September 1956 begaben sich 13 von ihnen in die Anlagen, wo einer über die ,,Halbstarken"-Ausschreitungen vom Vortage in Frankfurt-Höchst berichtete. Die Gruppe beschloß daraufhin, in Frankfurt-Griesheim etwas Ähnliches zu veranstalten, und zwar sollte am 8. Septgember 1956 im Anschluß an ein ,,Treffen der Halbstarken" das 16. Polizeirevier gestürmt, Lokale in Griesheim ,,ausgeräumt", Gäste, die sich widersetzten, zusammengeschlagen, Kraftfahrzeuge umgeworfen und der Verkehr gestört werden. Einer von ihnen zeigte einen selbstgefertigten Gummiknüppel und riet den übrigen, sich auch eine solche Waffe anzufertigen. In der Gastwirtschaft L. wurde in geheimer Zettelwahl ein Rädelsführer und dessen Stellvertreter gewählt; der Rädelsführer erhielt von 9 Stimmen drei und damit die relative Mehrheit. Am nächsten Abend traf man sich wieder in dem Garten des Lokal L., schrieb ungefähr 30 Plakate und hängte diese in einigen Frankfurter Stadtteilen aus. Auf den Plakaten stand unter anderem: ,,Halbstarke! Kommt am Samstag, den 8. September 1956, in die Griesheimer Anlage um 20 Uhr zum Halbstarkentreffen. Die Halbstarken."
Dieser *Krawall*versuch scheiterte." (Kaiser 1959, 28f)

In den Berichten über Halbstarken-Cliquen und deren Straßen-Randale erscheinen wiederholt die Namen großstädtischer Arbeiterquartiere, deren Ruf aus der ersten Hälfte des Jahrhunderts als „rotes Viertel", als Ort der Rebellion und der organisierten Arbeiterbewegung stammt. Wir lesen von Cliquen aus Frankfurt-Höchst oder -Griesheim, Frankfurt-Bornheim, von „Groß-Krawallen" in den Berliner Stadtteilen Kreuzberg, Wedding, Neukölln (vgl. Kaiser 1959).

Die These von H.-H. Krüger ist plausibel, „daß es sich bei den ‚Halbstarken' der fünfziger Jahre um eine Subkultur handelt, die ihre Ursprünge in den traditionellen Gesellungsformen, den ‚street-corner-societies', der Arbeiterjugend hatte." (1983, 79) Die Kontinuität zu den 30er und 40er Jahren wird durch die Geschichte bestimmter traditioneller Arbeiterquartiere gestiftet, in denen sich Überlieferungen jugendlichen — und kindlichen — Straßenlebens über die Jahrzehnte hinweg hielten. (Wir sollten allerdings das Ausmaß der Wanderungsbewegung in Rechnung stellen, die nach dem Krieg auch diese Quartiere betraf, ebenso wie die vorangegangene Zerstörung vieler dieser Viertel im Bombenkrieg gegen die Zivilbevölkerung.)

Charakteristisch für die Berichte über Straßen-Randale in den 50er Jahren ist, daß zwei Typen von Gruppen nebeneinander genannt werden. Auf der einen Seite finden wir die besprochenen, traditionalistisch im Wohnquartier verhafteten Arbeiterjugendlichen. Ihre Schlüsselorte sind die Wohnstraßen, die Stammkneipe, in der Nähe liegende Parkanlagen. Es wird hervorgehoben, daß nicht besondere Interessen, sondern die gemeinsame sozialräumliche Biografie das verbindende Element darstelle. Ferner sind sie organisationsfeindlich eingestellt. Der Leiter des Münchener Stadtjugendamtes, Seelmann, schreibt dazu (zit. Kaiser 1959, 62):

> „Die Jugendlichen, die sich in den sehr lockeren Verbänden der einzelnen Blasen zusammengefunden haben, (leben) in einer etwas unverbindlichen Form zusammen und haben doch ein ausgesprochenes Zusammengehörigkeitsgefühl. Man liebt innerhalb der Blasen keine übertriebene Organisation. ‚Dann könnte man ja gleich in die katholische oder sozialistische Jugend gehen', und das wollen sie nicht. Sie wollen sich nicht gebunden fühlen und sich keiner Satzung beugen ... Deshalb geht man auch nicht in den Turn- oder Schwimmverein oder eine Jugendgruppe." (Seelmann 1957)

Ein zweiter Typus jugendlicher Gruppierung, der als Teilnehmer von Straßen-Randale in den 50er Jahren gerichtskundig wird, bezieht sich auf gemeinsame kulturindustrielle Interessen. Kristallisationskern sind die Musik (Rock'n' Roll oder Jazz) und das Fahrzeug (Fahrrad, Moped, Motorrad). Die Versammlungsorte sind über das

Wohnquartier hinausgehend. Man trifft sich an zentralerem Ort, an eigenen Kultstätten, wo den kulturindustriellen Gegenständen gehuldigt wird. In Musik-Cafés, in Konzerthallen, an den Kinopalästen u.ä.

Eine Erweiterung des verfügbaren öffentlichen Jugendraumes deutet sich an. Allerdings spielt dies alles noch am Wohnort, besonders wenn es sich um eine der städtischen Metropolen Berlin, München, Frankfurt, Dortmund, Hamburg, Bremen usw. handelt. Das fällt aus der Sicht der 80er Jahre auf, wo sich der Aktionsradius jugendkultureller Gruppierungen auf die überörtliche Ebene verlagert hat. Kultveranstaltungen, wo Jugendliche ihren kulturindustriellen Schlüsselobjektiven huldigen — seien dies der Sport, die Musik, das Fahrzeug, die Tanzhalle usw. —, sind zunehmend überregional organisiert. Gleiches läßt sich von politisch motivierten Großveranstaltungen sagen.

„Als Ausgangsort der Ausschreitungen haben sich insbesondere die Bahnhofsplätze und Bahnhofsstraßen, Hauptgeschäftsstraßen sowie die Örtlichkeiten in der Nähe von Spielhallen (Automatenhallen), Eisdielen, gewissen Gaststätten mit „heißer Musik", Lichtspieltheatern und Straßenkreuzungen erwiesen. In einigen Krawallstädten dienten bestimmte Lokale als Treffpunkte der „halbstarken" Avantgardisten, so namentlich in Berlin und Mannheim, aber auch in Braunschweig, Duisburg, Lübeck, Osnabrück und Bremen. Derartige Verkehrslokale waren insbesondere für die Exzesse von Kleingruppen bedeutsam." (Kaiser 1959, 109)

Als Ausgangspunkt für Halbstarken-Cliquen oder auch für Straßen-Randale werden wiederholt die Kirmes-Wochen erwähnt. Dabei übernahm diese Einrichtung in den ersten Jahren vor dem Durchbruch jugendeigener Musikempfänger und individuellen Plattenbesitzes die Funktion, die aktuelle kommerzielle Musik an die Jugendlichen weiterzuvermitteln.

„Die Kirmes waren immer wichtig für uns. Da gab's immer neue Musik, und da fanden auch die Rock'n' Roll-Wettbewerbe statt." (Dortmund, Jahrgang 40, Angehöriger einer „Halbstarken"-Clique. (Krüger / Wensierski 1984)

„Rock'n' Roll konnte man anfangs nur im AFN oder auf'm Rummel bei der Schiffschaukel und an der Raupenbahn hörn. Da hatten sie schon mal was von Little Richard, Bill Haley und von Elvis, und alle halbe Stunde legte die Oma an der Kasse so'ne heiße Nummer für uns auf: ‚See You Later Alligator', ‚Long Tall Sally', ‚Tutti Frutti', ‚Rock-A-Beatin' — Boogie', ‚Shake Rattle & Roll' und wie die Fetzer alle hießen. Im Radio liefen damals ja nur diese Pißnelkenarien, dieser Lieschen-Müller-Tränendrüsenschrott." (Hyde 1983, 9)

Jugend und Medien — eine Komplizenschaft

Die FAZ spricht 1957 vom „Gift der Öffentlichkeit" (5.11., G. Sieburg)
„Der „Halbstarke" sucht die Publizität und ist ohne Öffentlichkeit nicht denkbar." (Kaiser 1959, 44)

Die „Großkrawalle" der Jahre 1956 bis 1958 sind durch eine Reihe von jugendkulturellen Neuerungen gekennzeichnet, die es herauszustellen und gebührend zu würdigen gilt. Als eine solche Neuerung ist das Zusammenspiel mit den öffentlichen Medien zu verstehen. Jugendliche lernten in den 50er Jahren zum erstenmal, daß sie gewisse medienträchtige Ereignisse zu inszenieren vermochten. Das Zusammenspiel zwischen jugendlicher Inszenierung und Medien-Inszenierung wurde in den 50er Jahren geprobt und erfuhr in diesen Jahren eine bleibende Prägung. Jugendliche lernten auf diese Weise rasch, daß sich die Wirksamkeit von Straßen-Action über Medien vervielfachen läßt. Erreicht man auf diesem Weg doch über das begrenzte, mehr oder weniger zufällig anwesende Straßen-Publikum hinaus ein in die Hunderttausende und Millionen gehendes Medien-Publikum.

Über die Berichterstattung in den Medien läßt sich die Propagierung bestimmter Aktions-Muster betreiben — man kann gewiß sein, daß andere Jugendliche andernorts zwischen den Zeilen zu lesen vermögen und die für sie wichtigen Handlungsanregungen den Medienberichten entnehmen.

Für die beteiligten Jugendlichen selbst ergibt sich gleichfalls eine Verdoppelung des Vergnügens. Man kann am nächsten Tag in der Zeitung — und neuerdings noch am selben Abend in der Tagesschau — genußvoll ein weiteres Mal, vielleicht sogar mehrere Male, nacherleben, was man zuvor selbst mit in die Wege geleitet hat.

Das Zusammenspiel läßt sich als eine Mischung aus Komplizenschaft und Widerpart begreifen. Die professionellen Journalisten und Reporter stehen einerseits für die Erwachsenengesellschaft und deren Kontrolleure. Sie tragen das ihre zur moralischen Verurteilung und verzerrten Wahrnehmung der — aus Jugend- und Teilnehmer-Sicht — wirklichen Geschehnisse bei. Denn die Medien liefern ihrem Publikum nicht nur den Nervenkitzel der stattgefundenen Aktionen mit, sie sorgen im gleichen Atemzug auch dafür, daß die moralische Abqualifizierung in der Botschaft enthalten ist. (Sie betätigen sich auf diese Weise als Kontrolleure und Mitorganisatoren der moralischen Entrüstung — wohlweislich von der eigenen symbolischen Mittäterschaft ablenkend.) Die Komplizenschaft wird am deutlichsten immer dann, wenn die jugendlichen Akteure zeitweise in Passivität verfallen — in diesem Stadium sorgen nicht selten die Medien-Akteure durch Schmiergelder und kaum verhohlene Provokation dafür, daß die jugendlichen Inszenierungen auch tatsächlich als Medienereignisse stattfinden können.

Gewiß wäre es falsch, die Rolle der Massenkommunikationsmittel als Verursacher der Rebellion der ,,Halbstarken" zu postulieren, wozu einige der zeitgenössischen Beobachter in kulturkritischer Schuldzuschreibung neigten. Die FAZ sprach z.B. am 7.9.1956 von der ,,Erfindung der Halbstarken" durch die Medien. Wir dürfen das retardierende Moment nicht aus den Augen verlieren, das manche der öffentlichen Medien Anfang der 50er Jahre darstellten. Sie versuchten zunächst, den Einfluß der jugendkulturellen Musik und der entsprechenden Filme zu bremsen. ,,Wie aus der Geschichte der Popmusik hervorgeht, verbannten die meisten Radiosender die provokante, sexuelle, unkultivierte Musik für viele Jahre aus ihren Programmen; europäische Jugendliche mußten Radio Luxemburg einschalten, um überhaupt Rockmusik zu hören, und wurden durch rigide Altersbeschränkungen und restriktive Programmplanung davon abgehalten, James Dean- oder Marlon Brando-Filme zu sehen. In Zeitungen wurde immer wieder die Politik verfolgt, keine Berichte über Jugendkrawalle bei Konzerten oder über Straßenkämpfe zwischen Jugendlichen zu veröffentlichen, damit nicht die anderen Jugendlichen von solchen schlechten Beispielen angesteckt würden." (Fischer-Kowalski 1983, 55)

Der Geschäftssinn der Kulturindustrie — genauer: die Zwänge kapitalistischer Konkurrenz — halfen schließlich über anfängliche Bedenken hinweg, als die Nachfrag auf Jugendseite unübersehbar wurde. M. Fischer-Kowalski gelangt sogar zu der Schlußfolgerung, ,,daß die Halbstarken die Medien in höherem Maße prägten als die Medien die Halbstarken." (55)

(Zur Rolle der lokalen Tagespresse bei Vorbereitung auf Berichterstattung über und ,,Nachbereitung" von Groß-Randale vgl. die auf Dortmund bezogene Presse-Analyse bei Wensierski (1985).)

Die präziseste Recherche über den Einfluß, den die Publizität der Straßen-Randale auf die Jugendlichen nahm, findet sich wiederum bei G. Kaiser (1959).

,,Die Ausschreitungen der randalierenden Jugend erfreuten sich im Sommer und Herbst 1956 wachsender Beliebtheit bei Presse und Rundfunk. Selbst Fernsehen und Film suchten sich des ,,dankbaren" Themas zu bemächtigen. Filme aus der Serie ,,verwilderte Jugend" wurden gewaltsam auf ,,halbstark" ,,frisiert", z.B. der französische Film ,,Engel der Halbstarken". Vor allem aber fiel die hektische Berichterstattung der Presse auf, wobei die Meldungen nicht selten aufgebauscht wurden. Daran hatte die seriöse Presse genauso Anteil wie die Boulevardpresse, nur daß die Massenpresse die Meldungen sensationeller herausstellte und sich auch eines größeren jugendlichen Leserkreises erfreuen konnte. Aber schon Anfang September 1956 begannen einige Tageszeitunge, angesichts der gefährlich-verhängnisvollen Publizität die Berichterstattung über die Jugendausschreitungen zu beschränken oder einzustellen." (172)

G. Kaiser möchte die subkulturelle Basis der Straßen-Randale von der aktuellen ,,Welle der Großkrawalle" und deren internationaler Ausdehnung unterscheiden. Das Interesse an der Straßen-Randale sieht er unabhängig von aktueller Berichterstattung in den Medien. Es sei Teil einer säkularen ,,biosozialen Entstabilisierung" in bestimmten Gruppen von Jugend, die mit dem Voranschreiten der Industriezivilisation verknüpft sei. Das heißt, Entwicklungskrisen im Sinne von Busemann oder H.-H. Muchow stoßen mit bestimmten soziokulturellen ,,Freisetzungen" (um den Begriff von T. Ziehe zu verwenden, den dieser in marxistischer Tradition formuliert hat) zusammen und verstärken einander. Die Bedeutung der Medien liegt nach den empirisch, Mitte der 50er Jahre gewonnenen Einsichten G. Kaisers in der erfolgreichen Aktualisierung der lokalen Handlungsbereitschaft auf großstädtischer, nationaler und schließlich internationaler Ebene. Die Entstehung einer ,,Welle der Großkrawalle", also die erfolgreiche Dramatisierung der Straßen-Randale im Zusammenhang bestimmter Ereignisse und ihre Bündelung in einem abgegrenzten Zeitrahmen, sei allerdings eine Medien-Inszenierung (in Kooperation mit den Interessen der Kulturindustrie) (172 f.).

Diese Fähigkeit der Medien zur Internationalisierung von Jugendkultur sollte sich in den Folgejahrzehnten noch mehrfach erweisen. Über Medien sind in den 70er und 80er Jahren nicht mehr nur einzelne Großereignisse und ,,Modewellen" vermittelt. Medien treten zunehmend als Mitschöpfer von neuen Stilrichtungen (einmal mit Erfolg, einmal ohne solchen) hervor; und sie tragen Verantwortung, daß die historisch seit den 50er Jahren ,,abgelagerten" jugendkulturellen Stile tradiert und ab und an die Chance zu einem spektakulären Revival erhalten. Medien sind der zentrale Fundort für stilistische Zitate aus der Requisitenkammer der historischen Stile geworden.

G. Kaiser weiß einige Beispiele für den frühen Umgang der 50er Jahre Jugendlichen mit den Medien zu berichten, die auf instruktive

Weise belegen, wie rasch Angehörige dieser Generation die Lektion der gezielten Medienarbeit seinerzeit lernten.

,,In Bielefeld bat einer der Hauptschreier in seiner polizeilichen Vernehmung den Vernehmungsbeamten, die von ihm gefertigten Lichtbilder — welche ihn in einer auffälligen Kleidung zeigten — in der Zeitung zu veröffentlichen."

,,Mitte September 1956 versuchten Stuttgarter Oberschüler einen Krawall eigens zu dem Zweck zu inszenieren, um festzustellen: Was sind eigentlich ,,Halbstarke"? Wie spielt sich ein solcher Krawall ab? Was macht die Presse daraus? Wie reagiert die Öffentlichkeit? In diesem Fall schwieg allerdings die Presse (im Einvernehmen mit der Polizei)." (S. 173)

Fußball-Fans — die auf Dauer gestellten ,,Halbstarken"?

Die ,,Halbstarken" und ihre ,,Krawalle" gehören der Jugendgeschichte der 50er Jahre an. Wenn dem so ist, sind wir berechtigt, die Straßen-Randale von damals als ein generationspezifisches Ereignis zu interpretieren. Der proletarische Teil der Nachkriegs-Generation geht rebellisch auf die Straße. Eine entsprechende Deutung trägt dem Umstand Rechnung, daß die ,,Halbstarken" zweifelsohne keine direkten Nachfolger in den 60er und 70er Jahren gefunden haben. Aber ist diese Beobachtung korrekt? Können wir nicht ein Weiterleben der ,,Halbstarken" unter verändertem Wort-Etikett und in veränderter soziokultureller Gestalt für die Folgezeit nachweisen?

Die erste Generation der Jugend-Diagnostiker, die sich mit den ,,Halbstarken" und ihrer straßen- und medienwirksamen Randale beschäftigte, hatte den festen Eindruck, daß es sich dabei um eine Ausdrucksweise Jugendlicher handelt, die mit Gegenwart und Zukunft der ,,Industriegesellschaften" dauerhaft verknüpft bleiben werde (Kaiser 1959). Dreißig Jahre später stellt sich die Frage, ob diese Prognose eingetroffen ist und welche Abkömmlinge und Weiterentwicklungen die ,,randalierende Jugend" heute, in den 80er Jahren, möglicherweise erfahren hat. Soweit mir berkannt, ist keiner der Jugendhistoriker, die sich mit den Halbstarken der 50er Jahre aus heutiger Sicht beschäftigt haben, auf die naheliegende Idee verfallen, die Fußball-Fans der 70er und 80er Jahre als die legitimen Nachfolger der ,,randalierenden Halbstarken" Mitte der 50er Jahre zu würdigen. Einige der Kontinuitäten liegen auf der Hand. So fällt die soziodemografische Beschreibung heutiger Fußballfans recht ähnlich aus. Wie bei den ,,Halbstarken" seinerzeit handelt es sich mehrheitlich um männliche Jugendliche aus dem Arbeitermilieu, die von sozialer Deklassierung bedroht sind. Entsprechend der Lokalisierung der Profi-Vereine konzentrieren sich die Fans auf die großen Städte. Es geht den Fans um eine öffentlichkeitswirksame Straßen-Randale, mit Spiel- und Kampfcharakter. Die Randale beruht auf einem engen Zusammenwirken mit Polizei und Medien. Ausgangspunkt der Straßenrandale sind Großveranstaltungen der Freizeit- und Kulturindustrie, auf denen sich die beteiligten Jugendlichen den notwendigen Stimmungs- und Spannungsstoff holen, und durch die eine große Zahl Gleichgestimmter zusammengeführt wird (vgl. z.B.: Lindner 1980; Hopf 1979; Pramann 1980; Friebel 1979; Pilz 1982; 1984).

In der Literatur über die Halbstarken waren kriminologische Begriffe prominent — nicht viel geringer ist der Beitrag dieser Disziplin zum Fanproblem. Insbesondere der „Vandalismus“ von Halbstarken und Fußball-Fans stellt ein verbindendes Gemeinsames dar. Beide Gruppen liebten bzw. lieben es, ein Schlachtfeld beschädigten Straßenmobiliars zurückzulassen. Symtomatisch ist die sprachgeschichtliche Kontinuität. Die Kriminologie der 50er Jahre handelte die „Halbstarken“ z.T. unter dem Etikett „Rowdytum“ ab, ein Begriff, der auch in die Medienberichterstattung Eingang fand. Der entsprechende Begriff der 80er Jahre lautet: „Fußballrowdytum“ oder „Fußballrowdys“ (Weis 1982; 1983).

Auch einige der kulturellen Begleitpraktiken sind recht ähnlich geblieben. Beispielsweise spielte bei der Straßen-Randale das Trinken bei den „Aktivisten“ eine Rolle als Teil der Vorbereitung auf das Ereignis. Bei „Großkrawallen“ standen rund 10%, bei „Kleinkrawallen“ rund 25% der aktenkundig gewordenen Aktivisten „unter Alkoholeinfluß“ (Kaiser 1959, 180f). Nicht viel anders verhält es sich beim Randale-Kern der Fans (Brunner 1984).

Eine Kontinuität weist übrigens auch das sportliche Interesse auf. Zwischen 40% und 50% der an Straßen-Randale Beteiligten gaben an, selbst sprotlich aktiv zu sein. Darunter nannten 21% Fußball, 5% Boxen. Die Hälfte der im Sport Aktiven ging dieser Neigung privat, in informellen Gruppen nach (Kaiser 1959, 54). Das Interesse für Fußball entspricht etwa dem in der gesamten männlichen Jugend dieser Jahre verbreiteten (siehe das Kapitel Sport). Das Engagement in den überlieferten Kraftsportarten Ringen und Boxen ist entschieden höher als bei den übrigen Jungen. Ähnliches läßt sich für den außerhalb eines Vereins betriebenen Fußball sagen.

Ungeachtet der Vielzahl von Gemeinsamkeiten drängt sich die skeptische Frage auf: Läßt sich die Begeisterung für Rock'n'Roll-Konzerte oder -Filme wirklich mit der Begeisterung für Fußball-

Spiele in eins setzen? Um hier eine Antwort zu geben, müssen wir uns bestimmte Entwicklungen der Kultur- und Freizeitindustrie vergegenwärtigen, die im Berichtzeitraum zu beobachten sind. Im Berichtzeitraum, zwischen den 50er und 80er Jahren, wurden wachsende Teile des Sportbetriebes nach den Mustern der Vergnügungs- und Freizeitindustrie reorganisiert. Als folgenreichste der kulturindustriellen Überformungen erwies sich — in Westeuropa — die des Fußballspiels. Die Fußballarenen traten die Nachfolge der musikalischen Großveranstaltungen der 50er Jahre an, was die jugendliche Organisierung von Straßenrandale betrifft. Die Umwandlung des Spitzensports Fußball in eine Sparte des Show-Business erfolgte im Zuge der Professionalisierung dieser Sportart. In der Bundesrepublik geschah dies mit der Einrichtung der Bundesliga. Ab Mitte der 70er Jahre, also bereits einige Jahre später, wird die Randale der Fußball-Fans im Stadion und — nachdem die Vereine dort Ruhe herzustellen versuchten — beim An- und Abmarsch zu den Spielen zum gesellschaftlichen Problem. Die Publizität dieser Randale ist keineswegs geringer als die der ,,Halbstarken" der 50er Jahre. Allerdings — dies wohl ein Unterschied — neigt die Mediendebatte, die sich hieran anschließt, heute weniger als damals dazu, Generalisierungen auf die gesamte Jugendgeneration der Zeit vorzunehmen. Dazu stehen die Fußball-Fans zu stark unter Konkurrenz anderer öffentlicher Gruppenstile wie z.B. die Punks, die Friedensbewegten, die Alternativen, die mehr Chancen beanspruchen können, sich als symbolische Stellvertreter heutiger Jugendgeneration zu präsentieren.

Gegenüber den 50er Jahren kann man wohl von einer Spezialisierung sprechen. Während die Straßen-Randale der ,,Halbstarken" seinerzeit für die Öffentlichkeit nicht ganz so eindeutig zu verorten war, ihr Auftreten überraschte und man nie genau wußte, wann und wo die nächste Randale zu erwarten war, handelt es sich bei der Randale der Fußball-Fans um ein relativ fest institutionalisiertes Aktionsfeld. Ein Kern der Aktivisten ist in Fan-Clubs organisiert, wenngleich die Mehrheit der Fans weiterhin die informelle Teilhabe bevorzugt. Die Polizei der Großstädte mit Bundesliga-Vereinen ist darauf eingespielt. Es hat sich eine wöchentliche Polizeiberichterstattung über Fußball-Randale etabliert. Zu dieser Regelmäßigkeit trägt die Eigenart einer Versportung der Vergnügungsindustrie nicht unwesentlich bei. Die entsprechende Spannung und Begeisterung ist durch den Rhythmus der Punktespiele relativ gesichert. Im Fall der musikalischen Großveranstaltungen stehen dem periodische

Geschmacks-Wandlungen der Fans entgegen. Wöchentliche Musik-Großveranstaltungen an einem Ort erscheinen derzeit ausgeschlossen.

Für die jugendlichen Fans sind Freund- und Feindbilder klarer entwickelt. Man kann von einer Geschichte der Beziehungen zwischen verschiedenen Vereinen und deren Fans sprechen. In den 50er Jahren waren die Feindbilder ausgesprochen situationsabhängig. Gelegentlich waren dies die ,,Bullen" — so wie heute auch noch —, gelegentlich zufällig vorbeigehende Passanten, häufig schlicht die Objekte des konkreten Straßenortes. In jedem Krawall ergaben sich situationsspezifisch neuartige Angriffsobjekte. So nimmt es nicht wunder, daß wir von vielen fehlgeschlagenen Versuchen lesen, eine Randale zu inszenieren. Das Aktionsfeld der Randale ist für heutige Fußball-Fans klarer bestimmt, was die Erfolgschancen für die Aktivisten erhöht. Die Sinngebung der Randale kann an ältere Traditionen straßenbezogener Kämpfe männlicher Jugendlicher anknüpfen. So wie früher Dorfjugend gegen Dorfjugend, Straße gegen Straße stand, wird heute eine neuartige Form des Territoriums verteidigt und umkämpft, das Stadion und die Ehre des Vereins und seiner Spieler. Auch hier handelt es sich um territoriale Kämpfe, diese beziehen sich allerdings nicht mehr wie ehedem auf nachbarschaftsbezogene Reviere, sondern auf kommerziell produzierte Orte und Gegner (Stadion, Verein) die — losgelöst von Quartiers-Gemeinden — sich auf den großstädtischen Raum als ganzen beziehen. Die Fans werden aus einem weiten räumlichen Umfeld der Metropolen rekrutiert; gelegentlich finden wir Fan-Clubs von außerhalb, deren Zugehörigkeitsgefühl auf einer rein symbolischen Verortung beruht, in keiner Verbindung mehr zum realen Wohnort steht. (Ganz ähnlich, wie viele Spieler keine Ortsverbundenheit mehr kennen.) Die Randale wird dadurch mobiler. Die Halbstarken organisierten den Straßenkrawall in ,,ihrer" Stadt. Die Fußball-Fans reisen von z.T. weither an, um in einer fremden Stadt Randale zu inszenieren. Es ist konsequent, daß ein Teil der Action sich in die Bahnhöfe und Sonderzüge, also die Zeit der An- und Abreise, verlegt hat.

Die Halbstarken der 50er Jahre waren nicht durchweg als solche zu erkennen. Nur einigen gelang es seinerzeit, in US-amerikanische Jeans und Lederjacken zu schlüpfen. Auf Fotos von Krawallen seinerzeit finden wir durchaus noch Jugendliche mit kurzen Lederhosen. Die Fans der 80er Jahre sind durchweg ,,eingekleidet", das heißt sie geben sich durch ihre Montur zu erkennen. Die Markierung der Identität qua Kleidung verweist auf den stärkeren Grad der

Institutionalisierung der Fußball-Fan-Szene. Die Erkennungszeichen (kulturelle Accessoires) sind aber auch notwendig, wenn die Bindung an lokale Territorien durch symbolisch-kulturelle Aktionsfelder abgelöst wird. Die uniforme Spezial-Kleidung der Fans markiert einen historisch erreichten Stand der Individualisierung. Jeder einzelne Fan verteidigt u.a. sein eigenes Territorium, das er am Körper mobil mit sich herumträgt.

Mit der Modernisierung des Freizeit- und Vergnügungssektors modernisierte sich die Randale der Jugendlichen, die sich an die entsprechenden Sektoren des Freizeitsystems psychisch und kulturell binden.

Eric Godol

Rocker der 50er Jahre — die Geburtsstunde einer Stilrichtung der 80er Jahre

Während die Großveranstaltungen der Rock'n'Roll-Tourneen amerikanischer Stargruppen und die sich daran anschließenden ,,Groß-Krawalle" weithin Beachtung finden, vollzieht sich die Geburtsstunde einer bis heute bedeutsamen Stilrichtung männlicher Jugendkultur nahezu im Verborgenen. In den 50er Jahren ist der Beginn der Rocker-Kultur in Westdeutschland anzusiedeln. In den Medien und den Gerichtsakten ist wiederholt von der Beteiligung motorisierter Gruppen an Klein- und Groß-Krawallen die Rede. Unter Kriminologen findet der ,,Motorkoller" der damaligen männlichen Jugendgeneration Beachtung. Gleichwohl ist für die Zeitgenossen die relative Eigenständigkeit dieser alltagskulturellen Stilrichtung noch nicht recht einsehbar. Erst in der historischen Retrospektive wird das Besondere dieser jugendkulturellen Stilrichtung sichtbar und hat seither die eine oder andere sozialwissenschaftliche Analyse provoziert (z.B. Willis 1978 / 81).

Der Wilde mit Marlon Brando

Filmbeschreibung über die ,,Blauen Rebellen", eine motorisierte Clique von Jugendlichen in Nietenhosen und Lederjacken (Illustrierte Filmbühne Nr. 2673): ,,Wie ein Heuschreckenschwarm fallen die ,,Blauen Rebellen" über die kleine Stadt her ... Sie sind der Schrecken der friedliebenden Bürger. Sie stiften Unruhe und Panik, wo immer sie nur Gelegenheit finden."

Diebe

,,Unter den 334 Jugendlichen, die im Jahre 1954 die Zugangsabteilung der Jugendstrafanstalt Rockenberg durchliefen, finden sich unter 209 Diebstahls-Delinquenten 111 ,,Kraftfahrzeugdiebe", von denen 53 wegen ,,Motorrad"- und 58 wegen ,,Autodiebstahls" verurteilt worden sind." (Munkwitz / Neulandt 1957, 567).

Horden um ein blinkendes Motorrad

,,... in der ländlichen Kleinstadt ... rotten sich oft und allerorts Gruppen Jugendlicher zusammen, um laut und ‚halbstark' zu demonstrieren, daß sie sich erhaben wissen über die langweilige, träge Geschlossenheit des bürgerlichen Daseins. Stundenlang können diese Burschen in Horden um ein blinkendes Motorrad stehen, um das Wunder zu bestaunen und sich an seiner Beherrschung zu berauschen ... In jenen Gemeinwesen aber, die nicht mehr Dorf und noch nicht ‚Stadt' sind, randaliert und rebelliert eine Jugend, deren Erscheinungsbild gern verallgemeinert wird." (Heigert 1955, 16)

Victoria Avanti

,,Die Victoria Avanti war das begehrteste Moped, da es eine durchgehende Sitzbank hatte und überhaupt den sportlichsten Eindruck machte. Besonders beliebt war es, den Lenker auf eine Breite von nur etwas mehr als zwei Handbreit zu verkürzen." (Dorner 1980, 226)

Landpartie der Rocker anno 1958

,,Einmal jährlich rollte die ganze Korona auf die Teufelsmühle. Das war am ersten Mai, und achtundfuffzig warn weit über hundert Leute dabei. Schon auf der Fahrt hatte die Sauferei angefangen, und als wir unterwegs in so'nem Hinterwäldlernest anhielten und uns die Futterluke stopften, war's ganz aus. Die meisten hauten ab, ohne in der Wirtschaft die Rechnung zu bezahlen, und am Ortsausgang flogen den Inzuchtdotteln die Bierflaschen an die Hauswand. Ich hatte auch kräftig getankt und kam wenige Kilometer vor der Teufelsmühle ins Schleudern, schoß in 'ner Kurve aus'm Sattel und knallte mir am Telegrafenmast die Eier an. Um den Schmerz zu betäuben, hab ich auf der Teufelsmühle gleich weitergeschluckt." (Hyde 1983, 21)

Sorgen eines Benimm-Lehrers 1955

,,Es gibt Millionen disziplinierter Menschen, denen das Stahlroß nicht nur eine Erleichterung auf dem Weg zur Arbeitsstätte, sondern auch ein bewährtes Mittel zur Erhaltung von Kraft und Gesundheit ist. ... Es ist, leider macht man immer wieder die Erfahrung, zumeist die überschäumende Jugend, die Straßen und Rennbahn verwechselt und in halsbrecherischem Tempo dahinsaust." (Oheim 1955, 317)

Sinnfälliger Vergleich zwischen Kriegs- und Nachkriegsjugend

„Der Motor ist, wie einmal gesagt wurde, die ‚Braut des Halbstarken' geworden, so wie das Gewehr die ‚Braut des Soldaten'. In der Beziehung des Jugendlichen zum Motor findet sich jedenfalls die besondere Intimität, die in der Beziehung des Soldaten zu seiner Waffe gefordert wurde." (Hartmann 1959, 111)

Mecklenburg 1956: „Krach durch Freude beim ... Radfahren"

„Das Gegenstück zu den bundesrepublikanischen und Westberliner Motorradhorden sind in der Zone die Fahrradklubs. Die Radfahrer haben ihre Räder (Motorfahrzeuge sind zu knapp und zu teuer) mit erschreckenden Geräuschanlagen ausgestattet. Bersonders sinnreich konstruierte Sirenen und Klingeln verursachen bei den gemeinsamen Fahrten einen Höllenlärm." (Die Zeit vom 18.10.1956)

Mopedmeute

„Und wenn wir dann zusammen losgefahren sind und wir sind schon mit 30/40 Mopeds hochgefahren und die kamen dann noch mit 20 dabei, dann waren das 50 Mopeds! Das mußt du dir mal vorstellen, was das für ein Rausch war, wenn diese Meute zusammen war. Und wir haben dann auch unseren Spaß gehabt. An Ampeln sind wir bei ‚grün' stehengeblieben, und wenn ‚rot' war, sind wir alle losgerauscht, mit 'nem Mordstheater. Wenn fünfzig Karren Gas geben, und wir haben ja auch noch rumgejohlt und rumgeschrien, wir fühlten uns ja unheimlich, dann ist das schlimmer als ein Rausch. Man gibt da selber Gas, Vollgas, und hört gar nichts, weil die anderen dasselbe machen. Das ist ein Gefühl, das mußt du mal erleben, das ist unheimlich. Das hat mich damals unheimlich beeindruckt. Wenn wir an der Ampel standen, und da kam der Moment, wo wir losgefahren sind, egal ob bei ‚grün' oder ‚rot', und die drehten dann alle auf, ehrlich, das war 'ne Bombe." (Angehöriger einer „Halbstarken-Clique" aus Dortmund, Jahrgang 40/41, in der Rückerinnerung) (Wensierski 1985)

„Jugend und Motorkoller. Bemerkenswerte Fälle aus der jugendrichterlichen Praxis (Dritte Folge)"

„Im Jahre 1951 machten einige Jugendliche, die in W. oder der näheren Umgebung wohnten, die Stadt unsicher. Sie hatten es nur auf Motorräder abgesehen, mit denen sie zumeist während der Nacht weite Ausflüge unternahmen. Der Schaden, den sie anrichteten, war sehr groß; die Jugendlichen waren nämlich auf die Idee gekommen, die Motorräder nach Gebrauch jeweils in den Fluß zu versenken, um die Spuren ihres Tuns zu verwischen." (Müller 1956, 43)

Auf die Frage der Meinungsforscher vom Nordwestdeutschen Rundfunk: „Welches ist Ihr größter Wunsch?", 1953 gestellt, antworten 37% der männlichen Jugendlichen mit „gute Stellung, mehr Verdienst". Gleich an zweiter Stelle jedoch rangiert das Motorrad. Dies geben 21% der männlichen und nur 5% der weiblichen Jugendlichen an (Jugendliche heute 1955, 112). (Vgl. eine entsprechende Frage von Emnid '55 (1954) mit gleichem Resultat (338f)). Dem Motorrad kam in den 50er Jahren eine ähnliche Bedeutung für Jugendliche zu wie heute der eigene PKW — möglichst mit 18 Jahren (vgl. Tabelle 6). Nach 1954 erlebte das Motorrad — nach der Hochblüte in den 20er und 30er Jahren — als Verkehrsmittel des Wiederaufbaus eine zweite Renaissance; war es für „den kleinen Mann" doch erschwinglicher als das eigene Auto. Der Motorradboom dauerte bis 1957. In der zweiten Hälfte der 50er Jahre war der Lebensstandard so weit entwickelt, daß auch die westdeutsche Bevölkerung — Jahrzehnte verspätet gegenüber dem führenden kapitalistischen Konsumland, den USA — auf das eigene Auto umsteigen konnte (vgl. Würzberg 1985, 51ff). Das Motorrad, besonders die schwere Maschine, war damit zur Selbstdarstellung und Selbst-Profilierung freigegeben. Das schuf eine wesentliche Voraussetzung für die Tradierung einer stilistisch konservativen Richtung, wie die Motorrad-Rocker dies repräsentieren, die neben dem Motorrad weitere jugendkulturelle Bräuche der 50er Jahre festhielten, insbesondere die Vorliebe für die Frühphase Rock'n'Roll-Musik (Willis 1978/81).

Tab. 6: Bis zu welchem Alter wurde das erste eigene Auto gefahren? Vergleiche Erwachsene '84 und Jugend '84 (21-24jährige) (kumulative Prozentzahlen)

Alter Geburtsjahrgänge	Erwachsene '84 (45-54 Jahre) (1930-1939)			Jugend '84 (21-24 Jahre) (1960-1963)		
	Alle (729) %	Männer (358) %	Frauen (371) %	Alle (577) %	Männer (312) %	Frauen (265) %
bis 18 Jahre	4	7	1	30	43	18
bis 20 Jahre	9	17	2	42	55	29
Es haben noch kein eigenes Auto gefahren	26	9	43	26	12	43

Quelle: Fischer, Fuchs, Zinnecker 1985: Frage J18, E23 (Bd. 5, 170, 271)

In den 50er Jahren ist das Moped das zentrale Mittel der Motorisierung für Lehrlinge, eine Stellung, die es auch in den 60er Jahren behaupten kann (Scharmann 1965). Für Schüler ist das Moped in den 50er Jahren sowohl zu teuer als auch als kulturelles Objekt verpönt. Bis Mitte der 60er Jahre war das Moped nahezu konkurrenzlos für Fahrer unter 18 Jahren. Seit 1965 ist das Mofa — nach einer Änderung der Führerschein-Bestimmungen — auf dem Markt und hat die Anzahl der produzierten Mopeds nahezu halbiert (Ege / Kunze 1974, 219ff). Mofas (bis 25 km/h) avancierten rasch zum Liebling der Schüler. Mopeds sind bis zu einer Höchstgeschwindigkeit von 40 km/h zugelassen — aber sie lassen sich frisieren, was zu einem langanhaltenden Kontrollkampf zwischen Lehrlingen und Polizei führte. In den 50er Jahren ist das Moped ein notwendiges Verkehrsmittel für Lehrlinge und Jungarbeiter beim Weg zur Arbeit und Berufsschule (Schimetschke 1958). Für viele Moped-Jugendliche der 50er Jahre spielt eine Rolle, daß die kleine Maschine einen gewissen Lärmpegel zu entfalten vermag, daß andere Jugendliche aus dem Bekanntenkreis gleichfalls eine solche Maschine fahren und schließlich, daß man das Modell über die 40 km/h hinaus zu „beschleunigen" weiß. Ein Drittel der Mitte der 50er Jahre befragten Lehrlinge und Jungarbeiter haben deshalb durch Eingriffe in Motor und Vergaser Leistung und Geschwindigkeit des Mofas vergrößert („frisiert"). Dazu kommen Basteleien am Styling der Mopeds, die die Modelle schweren Modellen ähnlicher machen.

Der Haupttypus des jugendlichen Motorradfahrers (Mopedfahrers) der 50er Jahre ist nach Schimetschke (1958, 64f) der „lässig rasante".

> „Der lässig Rasante braucht das Moped, um seinen Antrieben, Strebungen und Bedürfnissen Ausdruck zu geben. Er ist derjenige, der mit Geknatter und waghalsigem Tempo durch die Straßen fährt, meist in rasantem Rennfahrerstil und halb liegend ... Die Eigenart dieses Typs ist aber nicht nur gekennzeichnet durch ein Übermaß an Können, an Darstellung, akrobatischer Geschicklichkeit, sondern wir finden als Kennzeichen dieses Typs ebenso die lässig bequeme, halb in sich zusammengesunkene Haltung, die aber ebenso wie die Darstellung der Kraft und Geschicklichkeit, Darstellung der Überlegenheit sein sollten."

H. Schelsky (1957, 345) weist darauf hin, „daß von den Jugendlichen, die Motorsport treiben, 90% Volksschüler, dem Beruf nach vor allem Handwerker, landwirtschaftlich tätige Jugend und Arbeiter sind", daß also „die handarbeitenden Berufe eine klare Affinität zu dieser Sportart haben". Er hebt ferner den Zusammenhang dieser Freizeittätigkeit mit der Struktur der Arbeitsteilung hervor. Man müsse davon ausgehen, daß:

,,... die Freizeitbeschäftigung oft eine starke Anlehnung und Fundierung in der jeweiligen Berufstätigkeit hat; das Motorradfahren ist auf der einen Seite Ausgleich, Entspannung und Gegenpol gegen die disziplinierte und unemotionell-sachliche Handarbeit des Berufs, insofern es Freiheitsgrade des eigenen Willens, emotionelle Erlebnisse und Selbstbewertungsbestätigung usw. zuläßt, die die Arbeit verbietet, andererseits aber bietet es diese Erfüllung von Freizeitinteressen in einem der Berufsarbeit adäquaten Gebiet der Beherrschung der modernen Technik und ruht in seinen Wurzeln auf der Lust und Freude und dem Können, die die Handarbeit als Beruf entwickelt hat."

,,Motorradfahren als symbolische Flucht" (Ege / Kunze 1974, 234) ist seit den 50er Jahren zum festen Bestand männlicher Arbeiterjugend-Kultur geworden. Ege / Kunze sehen darin eine Form der institutionell abgesicherten und gebilligten Devianz für Lehrlinge und junge Arbeiter. Wir können auch sagen, daß über dieses technische Medium ein geschlechts- und klassenspezifisches Jugend-Moratorium realisiert wurde. Die enge Verknüpfung mit klassengebundener Lebensperspektive zeigte sich z.B. in der Jugendstudie '81. Den Traum, ,,auf einem Motorrad durch die ganze Welt (zu) fahren", träumten ,,sehr gerne" 41% der Jugendlichen mit Hauptschulbildung im Vergleich zu 24% der Jugendlichen mit gymnasialer Bildung. (Zinnecker 1982, Die Gesellschaft der Altersgleichen, 597).

,,Der zivilisatorische Abenteuerraum ... ist der Traum der männlich geprägten Vergnügungs- und Spannungskultur, der vor allem in der ... Arbeiterklasse tradiert wird." (597)

1953 läuft der Marlon-Brando-Film ,,Der Wilde" (the wild one) in den Kinos an. Er handelt von einer jugendlichen Motorradclique, die mit ihrem Treiben eine amerikanische Kleinstadt tyrannisiert. Die ersten Motorradgruppen, die sich vom US-amerikanischen Kino-Vorbild inspirieren lassen, werden aus Berlin gemeldet. Bundesweit berühmt-berüchtigt wurden die ,,Wilden vom Großen Fenster" und die ,,Totenkopfbande". Bondy und seine Mitarbeiter vom Hamburger Institut für Psychologie berichten über diese beiden Gruppen u.a. (1957, 9, 47):

(Die Wilden vom Großen Fenster)

,,Es fing im Frühjahr 1955 in Berlin-Lichterfelde an. Eine Gruppe von etwa 20 Söhnen angesehener Eltern, 17-22 Jahre alt, traf sich jeden Freitag in einer bestimmten Gaststätte. Von dort fuhren sie dann auf schweren Motorrädern über die Havelchaussee, oft bis zu einer Bucht an der Havel, die ,,Großes Fenster" heißt und in der eine schwimmende Gaststätte liegt. In dieser Gegend haben die Burschen dann im Juni 1955, anscheinend eng nach dem Vorbild einer Bande mit schweren Motorrädern in dem Film „Der Wilde", unter dem Namen „Die Wilden vom Großen Fenster" aus Übermut allerlei groben Unfug getrieben."

(Die Totenkopfbande)

„Bereits seit etwa 2 Jahren (seit 1954) trafen sich in den Sommermonaten in dem Cafè Punkt, Berlin-Wedding, Afrikanische Straße, jeden Donnerstagabend jugendliche Motorradfahrer aus den umliegenden Stadtvierteln mit ihren Freunden und Freundinnen. Ihre weitgehend gemeinsame Aufmachunmg mit Lederjacken, weißem Sturzhelm und einem Totenkopf-Anhänger brachte ihnen bald den Namen „Togenkopfbande" ein. Zeitweilig fuhren donnerstagsabends bis zu 150 Krafträder zu dem Treffpunkt. Durch das geschlossene An- und Abfahren sowie durch unnötiges Aufheulenlassen der Motoren wurden die Anwohner erheblich in ihrer Nachtruhe gestört."

Nachrichten über die Frühphase der Motorrad-Rocker in der Bundesrepublik und in Westberlin erhalten wir aus Gerichtsakten. Zum Beispiel:

„Im Sommer 1956 traf sich in Berlin-Wilmersdorf auf einem Rummel des öfteren in den Abendstunden eine große Menge Jugendlicher. Die meisten kannten sich nur vom Sehen oder mit dem Vor- oder Spitznamen. Im ganzen waren es etwa 50-70 Jugendliche und Heranwachsende, manche erschienen neu, manche blieben wieder fort. Fast alle Jugendlichen hatten Fahrräder oder Mopeds bei sich. Sie fuhren zunächst gemeinsam spazieren oder zum Baden in den Grunewald oder nach Lankwitz. Als dieser Rummel aufgelöst wurde, traf man sich am Hohenzollernplatz. Einer der Jungen trug eine kleine Eidechse als Abzeichen, und so kam X auf den Gedanken, alle möchten so ein Abzeichen tragen, und man nannte sich „Eidechsen". Eine geschlossene Bande bildete sich jedoch nicht. ... Da einige von den Jungen schlechte Erfahrungen mit Homosexuellen gemacht hatten, wurde beschlossen, die Homosexuellen, die sich am Hohenzollernplatz häufig aufhielten, dort zu vertreiben ... Etwa am 20. Juli verlegten die Jugendlichen ihr Tätigkeitsfeld in den Preußenpark, von dem sie gehört hatten, daß sich auch hier ein Treffpunkt Homosexueller befinde. ... Der Preußenpark war nun fast täglich in den Abendstunden und vor Mitternacht von Jugendlichen, nach Zahl und Beteiligung völlig unbestimmt, belagert. Die Gesamtzahl betrug immer etwa 12-20, jedoch stießen auch hier wieder Neue, die unbekannt blieben, dazu. ..." (Kaiser 1959 (59), aufgrund von Gerichtsakten.)

„Nach Anklage und Urteil über die Exzesse der Berliner „Totenkopfclique" waren die Beteiligten zwar 'sämtlich miteinander bekannt. Die meisten von ihnen sind leidenschaftliche Motorradfahrer ... Bei ihren Fahrten waren sie meist mit Lederwesten bekleidet ... Sie gehören damit zu der Gruppe der Motorradfahrer, die im Jahre 1956 in der Afrikanischen Straße die Bevölkerung störten. Alle Angeklagten trafen sich des öfteren in dem Lokal X in Tegel. Einige von ihnen trugen als ‚Talisman' ein Totenkopfabzeichen. Ein fester Zusammenschluß bestand zwischen ihnen jedoch nicht." (Kaiser 1959 (63), aufgrund von Gerichtsakten)

Zweifelsohne liegen also die Anfänge der Motorrad-Rocker-Bewegung in den frühen 50er Jahren. Schwieriger ist zu bestimmen, wie es zu einer Verfestigung dieser Stilrichtung in den folgenden Jahrzehnten kam, welche stabilisierenden Elemente (z.B. Interessen der Motorradindustrie) dabei eine Rolle spielten, welche Wandlungsprozesse auch im Rahmen dieser traditionalistischen Stilrichtung in den 60er und 70er Jahren zu konstatieren sind. U.W. ist die Sozial- und Kulturgeschichte der „Motorrad-Rocker" noch nicht geschrieben worden. (Anregungen finden sich bei Würzberg 1984; „Durststrecke. Die sechziger Jahre", 51f.)

H. Lüderitz (1984) betont in seiner Darstellung über „Rocker in der Bundesrepublik" den sozialpsychologischen Gesichtspunkt der frühen Rocker-Geschichte. Mit dem Umsteigen der meisten Erwachsenen auf das sichere Familienauto habe sich der Eindruck von Gefährlichkeit, Unbürgerlichkeit in bezug auf die verbleibenden — zumeist jugendlichen — Motorradfahrer verstärkt. Dazu trage beispielsweise auch die Spezialkleidung, die Ledermontur, bei, die sich vom zivilen Straßenanzug erheblich unterscheide. Die negative Stigmatisierung der Motorradfahrer in der (Medien-)Öffentlichkeit habe diesen zugleich eine vermehrte Chance zur bewußten Selbstdefinition als outcast geliefert. „Das Motorrad wurde in der Öffentlichkeit fortan in zunehmendem Maße als Symbol für eine eingeschworene Gruppe wildentschlossener, „schlagfertiger Rowdies" assoziiert. Der Halbstarke, Teddyboy, ‚blouson noir" wurde zum Rocker." (S. 51)

Dortmunder Halbstarken-Forscher vermuten, daß manche Gruppen-Biografien ehemaliger Halbstarken- und Moped-Cliquen in Richtung Motorrad-Rocker der 60er Jahre führten. „Einigen Clubs gelingt der Übergang in die 60er Jahre. Aus ihren Mopeds werden Motorräder und aus den Lederjacken mit James Dean Abzeichen werden regelrechte „Uniformen": Sie finden als „Rocker" eine neue Identität in ihrer Subkultur." (Wensierski 1985) Dabei spielt die Medienvermittlung der neuen Stilrichtung eine entscheidende Rolle. So erinnert sich ein im Rahmen des Projektes befragter „Halbstarker" über den Übergang von der Straßen-Gang der frühen Jugendjahre zum „Club" in der späten Adoleszenz:

> „Also ehrlich muß man sagen, dazu geführt hat eigentlich dieses Freizeitverhalten oder irgendwie durch Filme und so'n Krimskrams. Wie man das gesehen hat und in Zeitschriften, die auch schon damals aufkamen. Da war schon mal ein „Wilder Engel" aus Amerika drin. Und da hat man gesehen, die halten zusammen und hatten Abzeichen und so. Daher ist das hauptsächlich auf einen zugekommen. Das ist von außen."

Die Stilrichtung der „Rocker" läßt sich nach zwei Seiten hin definieren (vgl. für den angelsächsischen Bereich Brake 1981, 89f). Auf der einen Seite umfaßt sie die Motorrad-Fans im engeren Sinn, die sich z.T. zu MC-Clubs zusammenschließen, besonders wenn es sich um Ältere handelt, die im Besitz schwerer Maschinen sind und den Kult des „Bockes" lebensgeschichtlich auf Dauer gestellt haben (Baumann 1981; Lüderitz 1984). Auf der anderen Seite sind „Rocker" eine Stilrichtung männlicher Arbeiterjugendlicher, die — auf territorialer Basis des Wohnquartiers — einen engen Zusammenschluß suchen (vgl. z.B. Weißbach 1971; Kraußlach 1976). Dabei handelt es sich in erster Linie um Jüngere, die in den letzten Jahren des Schulbesuchs (Gesamtschulen, zumeist Hauptschulzweig; Haupt- und Sonderschulen) stehen oder gerade eine Lehre absolvieren. Mit der Krise auf dem Ausbildungs- und Arbeitsmarkt für Jugendliche befinden sich unter ihnen auch viele, die arbeitslos sind bzw. in einer der staatlichen und kommunalen schulischen Auffangeinrichtungen landen. Ihnen fehlt häufig noch das Geld, bzw. sie sind noch nicht alt genug, um sich selbst zu motorisieren, obwohl die „Böcke" auf viele bereits eine erhebliche Anziehungskraft ausüben. (Ethnographische Fallstudien z.B. Lutz u.a. 1983; Kleinschmidt/Winter 1981; Adam 1981, 177 ff) Die MC-Clubs der 80er Jahre (bikers) haben inzwischen einige qualifizierte journalistische Vermittler gefunden, die der Umwelt — z.B. der pädagogischen — die Besonderheiten ihres Lebens erklären (vgl. z.B. Baumann 1983; Lüderitz 1983; Würzberg 1985).

Über dem Blick auf die Motorradclubs mit schweren Maschinen darf nicht vergessen werden, daß die jüngeren Lehrlinge und Berufsschüler nach wie vor in Mopedcliquen durch die Gegend fahren. Die MC-Clubs sind ja in erster Linie eine Angelegenheit von 20-30jährigen. „Moped-Jungs" heute sind häufiger in Trabantensiedlungen am Rande der Großstädte zu finden, wohin sich ein Schwerpunkt des Arbeiter-Wohnens mit der Sanierung der Altstadtquartiere in den 60er Jahren verlagert hat (Becker u.a. 1984, 69ff; Zulauf 1981). Besonders in dieser großstädtischen Wohnsituation erweist sich die individuelle Motorisierung als überlebensnotwendig für die Jugendlichen. Zugleich finden sich in diesen Siedlungen genügend Gleichaltrige, so daß die kritische Masse zur Gruppenbildung leicht überschritten werden kann.

Nicht zu vergessen ist, daß die neue Führerschein-Regelung von 1980 eine vielstufige Ausdifferenzierung der Kategorien „motorisierter Zweiräder" voraussetzt, zu denen Jugendliche je nach Alter und Führerscheinbesitz einen relativ tief gestaffelten Zugang erhalten. Neben dem Mofa (bis 50 ccm, 25 km/h Höchstgeschwindigkeit) ab dem 15. Lebensjahr finden wir Moped/Mokick (bis 50 ccm, 40 km/h) ab dem 16. Lebensjahr, Leichtkraftrad (bis 80 ccm, 80 km/h) oder Kleinkraftrad (bis 50 ccm, ohne Geschwindigkeitsbegrenzung) ab 16 Jahren, aber Führerschein Klasse I.

In den 70er Jahren belebt sich der Motorradmarkt — nach dem Tief der 60er Jahre — erneut. Parallel hierzu finden wir eine soziokulturelle Ausdifferenzierung der ,,Szenen" und ,,Stile", die sich mit dem Motorradfahren verbinden. Beispielsweise entdecken junge Frauen die identitätsvermittelnden Möglichkeiten der Maschine: ,,Motorradfahren hilft, das Frau-Sein zu definieren" (Würzberg 1985, 162). Selbsthilfeorganisationen von Motorradfaherinnen bilden sich, die sich als Teil der Frauenbewegung verrstehen (,,Hexenring"). Vereinzelt gründen Mädchen/junge Frauen Motorradclubs, mehr oder minder nah am tradierten ,,Rocker"-Image (vgl. Mary und Doris, 1978, über die ,,Dark Ladies" aus Westberlin). Mädchen ist die Szene der Rocker — mit oder ohne Motorrad — damit nicht mehr nur im nachgeordneten Status von ,,Rockerbräuten" zugänglich (Savier / Wildt 1978, 130 ff.). Obgleich auch hier festzuhalten ist, daß Mädchen in männerdominierten Subkulturen keineswegs einen machtlosen Status einnehmen, sondern die männlichen Gruppenmitglieder zu einer Reihe von Arrangements und Zugeständnissen zu bringen wissen (vgl. die Fallstudie zu ,,kulturellen Praxen von Mädchen in einer männlich geprägten Jugendsubkultur" bei Engler / Friebertshäuser 1985).

Eine andere Entwicklung, die zur Differenzierung der jugendlichen Motorrad-Szene heute beiträgt, ist unter dem Stichwort der Politisierung zu rubrizieren. Neben Gruppen wie ,,Kuhle Wampe", die traditionellen politischen Jugendorganisationen nahestehen — im Falle von Kuhle Wampe ist dies der SDAJ —, finden sich auch Alternativ - Biker. Würzberg (1985) porträtiert z.B. die ,,Motorrad-Leidenschaft der Öko-Freaks". Die Motorrad-Szene der Gegenwart bemüht sich, wie andere subkulturelle Gruppen in ähnlicher Weise, um öffentliche Anerkennung und um philosophisch-religiöse Vertiefung ihres spezifischen Technik-Kultes. Stellvertretend für letztere Bemühung sei auf das Buch von Robert M. Pirsig (1974 / 1978) verwiesen: ,,Zen und die Kunst ein Motorrad zu warten. Ein Versuch über Werte". (Der Autor stammt aus den USA, Jahrgang 1928, und studierte laut Klappentext des Verlages ,,Chemie, Philosophie an der Hindu-Universität in Benres ... Dieser erste Roman wurde in den USA zu einem Bestseller.")

Schließlich sei nicht vergessen, daß der orthodoxe Stil der

Starke Rockerbraut der 50er Jahre

„*Von da an gingen wir zusammen, und ich paßte höllisch auf und hätte jedem den Schädel eingeschlagen, der mir jetzt noch in die Quere gekommen wär.* Okay, bei Jeanny hatte es mich voll erwischt. So verschossen war ich noch in keine Frau. Aber die Jeanny war wirklich 'n Klasseweib und 'n echter Kumpel. Mit der konnte man Pferde stehlen. Gar kein Vergleich mit den Gänsen, die gewöhnlich im Main-Pott rumflogen, oder den aufgetakelten Flittchen in den Bars. Die ließ sich auch nicht von den alten Böcken mit den dicken Wagen anmachen. Denen hat sie was vorn Koffer geschissen. Ihre Angeberschlitten konnten sich die Freier in den Mastdarm schieben und die Brieftasche mit den gebündelten Dollarscheinen gleich dazu. Jeanny war nicht käuflich. Die hatt ihren eignen Kopf und ihren Stolz, und ich fand's gut so. *Mit 'ner anderen Frau, die zu allem, was ich tat, ja und amen sagte, wär ich nie zusammengeblieben, egal wie gut die ausgesehn hätt.* Jeanny stand auch wahnsinnig auf Rock'n'Roll und hatte während der Lehrzeit fast ihr ganzes Taschengeld in Platten angelegt in Fünfundvierziger von Elvis, Haley und dem schwarzen Schreihals aus Georgia. Mann, die hatte wirklich die Hits von Little Richard in ihrer Sammlung. Das haute mich glatt aus den Socken. Damals gab's ja kaum Mädchen, die diese Musik mochten, und Little Richard schon garnicht. Das war für die einfach Krach, Chaos, was weiß ich. Aber *Jeanny war besessen von dem Rhythmus. Schon beim ersten Takt begann sie mit 'm Arsch zu wackeln, dem Becken zu kreisen und den Knien zu schlottern. Solo hatte die die ganze Elvis-Show drauf, bis zum rotzig-verächtlichen Gesichtsausdruck* bei ‚Trouble'. Ich denk noch heut dran, wie wir auf'm Deutsch Amerikanischen Freundschaftsfest im Zelt rockten, als uns zwei farbige GI's auf'm Tanzboden vor die Flossen rollten und sich wegen 'ner Fotze die Fresse polierten. Da sprang Jeanny einfach drüber und wir haben neben den beiden weitergetanzt. Eine andere wär da hysterisch davongaloppiert oder hätt sich vor Angst in die Hosen gemacht. *Jeanny war schon 'ne starke Rockerbraut. Die machte noch nicht mal schlapp, als Hermann in Belluzzie's Bar 'nem Yank mit 'm Rasiermesser den Bauch aufschlitzte.*" (Hyde 1983, 60f.)

Motorrad-Rocker Anfang der 80er Jahre einige bemerkenswerte Modernisierungs-Tendenzen aufweist. Seit 1981 erscheint eine eigenständige Szene-Zeitschrift, die „Bikers News". Vom gleichen Herausgeber (G. Brecht) und im gleichen Verlag (Bikers news & Kübler Verlag M. Akselrad) wurden „Jahrbücher" des Rockerlebens („Rocker in Deutschland" '81 und '82) publiziert. Die Jahrbücher, reich illustriert, legen Zeugnis ab von der inzwischen entwickelten Folklore und den beachtlichen Organisationsleistungen der zahlreichen überregionalen Wochenend-Treffen (Rally). Die spezifische Ästhetik der organisierten Motorrad-Szene wird dabei eingehend gewürdigt, insbesondere die Themen: „Typen, Colours,

Bikes, Taufen, Tanks und Titten“ (Brecht 1984, 147). Der Stil der Selbstdarstellung eines Verbandes herrscht dabei vor, mit hohem Erinnerungswert für die an den Rallys Beteiligten. Die Sezession der Biker-Gesellschaft drückt sich in den Orten aus, die für die Treffen vorherrschen. Sie liegen mehrheitlich weitab von den Gemeinden, die Gastrecht gewähren, „auf dem freien Feld“. Das deutet darauf hin, daß nicht die Auseinandersetzung mit der bürgerlichen Normalkultur im Vordergrund des Interesses steht, sondern die ungestörte Zelebrierung der soziokulturellen Eigeninteressen. Bemerkenswert erscheint, daß eine Szene wie die Biker-Gemeinde sich überhaupt des Mediums Zeitschrift und Buch bedient. Wenn eine subkulturelle Gemeinschaft bislang dem kulturellen Objekt Buch und Lesen fernstand, dann doch wohl die der Motorrad-Rocker. Damit einher geht eine gestiegene Sensibilität einzelner Protagonisten (und Mittelsmänner) für Fragen kultureller Diskriminierung und Anerkennung. So beschwert sich im Vorwort zum zweiten Jahrbuch H.D. Baumann, vorgestellt mit dem Titel des Doktors, daß den Autoren der Jugendstudie ’81 zu Rockern nicht sehr viel einfalle. Damit wird ein Anspruch der Betroffenen (oder in diesem Fall: eines ihrer Vermittler) angemeldet, als bedeutungsvolle subkulturelle Szene angemessen gewürdigt zu werden. Unabhängig einmal davon, wie erfolgreich ein solcher Anspruch gegenwärtig einzulösen ist, bleibt das Faktum als solches erstaunlich. Wir können daran ermessen, was den Stil der Motorrad-Rocker in den 80er Jahren von seinen Vorgängern in den 50er Jahren trennt, denen eine entsprechende Idee nach allem, was wir wissen, nicht im Traum eingefallen wäre.

Besagter Rocker-Anwalt H.D. Baumann macht sich übrigens einige mitteilenswerte Gedanken über die aktuelle Definition eines Motorrad- Rockers und über die zahlenmäßige Größe der die Szene tragenden Personen.

> „Wer zählt sich nicht alles zu den „Rockern“? Der Nachwuchs, der auf 80ern und Mofas die Straßen unsicher macht, Kuttenträger, die zu Fuß oder per Auto durch die Gegend ziehen, und natürlich die „richtigen“. Aber auch die sind sich nicht immer ganz sicher: Rocker, Biker, oder schlicht Motorradfahrer?“ (Brecht 1984, 8)

Das Rechenexempel ergibt: Erfolgreiche Rallys versammeln rund 8 000 Leute, 25 bis 30 000 zähle wohl die Gemeinde. „…auf die kann man zählen.“

Exis, Teenager und Pfadfinder — Sympathie für Gruppenstile der 50er Jahre bei Erwachsenen heute

In der Vorerhebung Februar 1984 wurden die Erwachsenen nach neun expressiven Stilrichtungen der 50er Jahre gefragt. Die Vorfrage ging dahin, ob man die entsprechenden Gruppen bzw. Moden seinerzeit gekannt habe. Es stellte sich heraus, daß alle Gruppen oder Stile mehr als 80% der Befragten bekannt waren — mit zwei Ausnahmen: ,,Exis" oder ,,Existentialisten" kannten nur 26%, ,,Rocker" nur 42%.

Was den Bekanntheitsgrad dieser Begriffe für damalige Stilrichtungen angeht, ergeben sich keine Unterschiede nach Geschlecht oder nach Geburtsjahrgängen.

Tab. 7: Bekanntheitsgrade expressiver Gruppenstile. Rückerinnerung an die 50er Jahre

	gekannt
Teenager	82 %
,,Halbstarke	80 %
,,Exis"/,,Existentialisten"	26 %
Rockn' Roll Anhänger	89 %
Jazz Anhänger	73 %
,,Rocker"	42 %
Pfadfinder	91 %
Pferdeschwanz-Mode	86 %
Petticoat	88 %

Quelle: Vorerhebung Erwachsene, (Febr. 1984) (n = 239)

Fragetext: ,,In den 50er Jahren gab es einige Gruppen oder Moden bei jungen Leuten, die von sich reden gemacht haben. (Liste) Haben sie damals folgende Gruppen / Moden gekannt?"

Die Ergebnisse für die Gruppen Teenager, ,,Halbstarke", Rock'n' Roll Anhänger, Jazz Anhänger sind in der Übersicht (Tabelle 8) nicht mit enthalten. Es handelt sich um die Gruppen, die aus der Vorerhebung in die Haupterhebung übernommen wurden (Tabelle 9). Die Prozentzahlen von Vor- und Haupterhebung stimmen weitgehend überein, was diese vier Gruppenstile angeht.

,,Rocker" und ,,Exis" erweisen sich als die Stilrichtungen, die nicht nur — zumindest als Begriff — vielen der Erwachsenen unbe-

Tab. 8: Vorerhebung (Februar 1984). Orientierung an expressiven Stilen der 50er Jahre. Erwachsene '84 nach Geschlecht — Angaben in Prozenten —

	„Exis"/ „Existentialisten"			„Rocker"		
(Nur Befragte, die einen Stil damals gekannt haben)	Alle n=89	männlich n=47	weiblich n=42	Alle n=125	männlich n=62	weiblich n=63
ich habe mich selbst dazu gerechnet/habe so ähnlich gelebt	(2)	(2)	(2)	2	(5)	—
habe nicht dazu gehört, habe solche Leute aber ganz gut gefunden	(9)	(9)	(10)	2	(5)	—
die Gruppe ist mir ziemlich egal gewesen/konnte ich tolerieren	(45)	(49)	(41)	24	(31)	(18)
die Gruppe konnte ich nicht so gut leiden	**(34)**	(34)	(33)	**52**	(44)	(60)
das sind Gegner von mir gewesen/Feinde von mir/ich habe sie bekämpft	(10)	(6)	(14)	19	(16)	(22)
	100	100	100	99	101	100

( ) = Basis für Prozentuierung unter 100
Quelle: Vorerhebung Erwachsene, Frage 33
Fragetext: *Und wie standen Sie zu solchen Gruppen. Geben Sie dies bitte für die Gruppen, die Sie kannten, anhand dieser Liste an.*

kannt waren, sondern die auch ausgesprochen negative Assoziationen auslösen. Die überwiegende Mehrheit derer, die „Rocker" und „Exis" damals gekannt haben, stufen die Angehörigen dieser Stile als Gegner ein, mindestens konnte man sie „nicht so gut leiden".

Es ist gut möglich, daß die befragten Erwachsenen die Begriffe mit späteren Negativ-Assoziationen versehen haben. Möglicherweise dürfen wir das Ergebnis aber auch als Beleg für die frühe Existenz einer jugendkulturellen Stilpolarisierung ansehen, die sich in der Erinnerung über drei Jahrzehnte gehalten hat. Allerdings erfahren wir nichts über die Beziehung zwischen den beiden Stilrichtungen, sondern werden darüber belehrt, daß die Mehrheit der Jugendlichen beide sichtbaren Stilrichtungen als Negativpole für die eigene Jugendgeneration nimmt. Ähnlich wie „Rocker" heute spielte diese Gruppe bereits in den 50er Jahren — wenn wir die Erinnerungen der

Tab. 8: Fortsetzung

Pfadfinder			Pferdeschwanz-Mode			Petticoat-Mode		
Alle n=217	männlich n=109	weiblich n=108	Alle n=210	männlich n=101	weiblich n=109	Alle n=216	männlich n=106	weiblich n=110
12	**20**	3	21	2	**38**	35	2	**66**
54	48	59	51	56	47	42	61	24
30	28	33	27	**39**	16	20	33	8
5	5	5	1	3	-	3	4	2
—	—	—	—	—	—	—	—	—
101	101	100	100	100	101	100	100	100

Erwachsenen wörtlich nehmen dürfen — die Rolle einer stigmatisierten Jugend, von der man sich abgrenzte und über die man sich empörte. Während die ,,Rocker" als ,,zeitlose" Stilrichtung bis heute aktuell geblieben sind, veraltete der Stil der ,,Exis" im Laufe der 60er Jahre.

Pfadfinder sind in den 50er Jahren eine Angelegenheit (jüngerer) männlicher Jugendlicher. Jeder fünfte männliche Erwachsene gibt an, in seiner Jugend selbst dazu gerechnet zu haben. Die Pfadfinder erhalten in der Rückerinnerung viele Sympathien. Weit über die Hälfte der Erwachsenen rechnet sie zu den Gruppen, die sie ,,ganz gut gefunden" haben.

Pferdeschwanz-Mode und Petticoat-Mode sind, natürlich, eine Angelegenheit weiblicher Jugendlicher. Zum Pferdeschwanz bekennen sich nachträglich 38% der weiblichen Erwachsenen, die Petticoat-Mode erlangte weitere Verbreitung unter den jungen Mäd-

Tab. 9: Haupterhebung April/Mai 1984. Orientierung an expressiven Stilen der 50er Jahre. Erwachsene '84 nach Geschlecht — Angaben in Prozenten —

	Teenager			„Halbstarke"		
	Alle	männlich	weiblich	Alle	männlich	weiblich
ich habe mich selbst dazu gerechnet/habe so ähnlich gelebt	34	20	**47**	6	**10**	2
habe nicht dazu gehört, habe solche Leute aber ganz gut gefunden	31	35	27	15	18	12
die Gruppe ist mir ziemlich egal gewesen/konnte ich tolerieren	25	**33**	18	32	31	33
die Gruppe konnte ich nicht so gut leiden	3	3	3	35	30	**40**
das sind Gegner von mir gewesen/Feinde von mir/ich habe sie bekämpft	1	1	1	4	5	4
kannte ich nicht/konnte mir nichts darunter vorstellen	5	7	4	8	6	9
(alle/n = 729) (männlich/ n = 358) (weiblich/ n = 371)	99	99	100	100	100	100

Quelle: Erwachsene, Frage 20 (Bd. 5, S. 265ff.)
Fragetext: In den 50er Jahren gab es einige Gruppen oder Moden bei jungen Leuten, die von sich reden gemacht haben. Wie standen Sie zu solchen Gruppen?

Zwei Drittel (66%) rechnen sich nachträglich zu den Anhängerinnen dieser Moderichtung. Je jünger die Befragten, um so häufiger beziehen die weiblichen Erwachsenen sich auf Pferdeschwanz und Petticoat. Bei den 45- bis 47jährigen (Jahrgänge 1937-39, die 1954 also zwischen 15 und 17 Jahre alt waren) wird die Teilnahme an dieser Moderichtung nahezu allgemein. Frauen, die seinerzeit der Pferdeschwanz-Mode anhingen, trugen — laut eigenen Angaben — auch alle einen Petticoat. Der Kreis der Petticoat-Trägerinnen war demgegenüber weiter gefaßt. Nicht alle Petticoat-Mädchen favorisierten auch einen Pferdeschwanz. 56% der 50er Jahre Mädchen trugen den Petticoat mit einer entsprechenden Frisur, 44% ohne Pferdeschwanz.

Tab. 9: (Fortsetzung)

Rockn' Roll Anhänger			Jazz Anhänger			Pferdeschwanz Mode/Petticoat		
Alle	männlich	weiblich	Alle	männlich	weiblich	Alle	männlich	weiblich
19	21	18	10	11	8	31	6	54
31	29	33	24	23	25	37	46	28
33	32	33	43	43	42	24	36	12
9	10	8	13	13	12	3	4	2
2	3	1	1	2	1	1	1	1
6	6	6	10	8	1	5	6	3
101	101	99	101	100	99	101	99	100

Erwachsene, die sich fest zu den Anhängern von Rock'n' Roll oder von Jazz damals rechnen, gehen eine enge Liaison ein. Das verbindende Element war offensichtlich eine von Klassik, Volks- oder Schlagermusik sich abhebende eigene Musikkultur. Die kleinere Gruppe der festen Jazz-Anhänger zählt sich zur Hälfte auch zu den festen Rock'n' Roll-Fans, zur Hälfte fühlen die ,,Jazzer" sich zwar nicht zur Rock'n Roll Gruppe zugehörig, äußern aber Sympathie für sie. Die doppelt so große Gemeinde der festen Rock'n' Roll Anhänger sieht sich immerhin noch zu 23% als Jazz-Fans; 46% äußern ihre Sympathie für den Jazz (Vorherhebung).

Tab. 10: Identifikation mit expressiven Stilen der 50er Jahre. Erwachsene '84 nach Geburtsjahrgängen — Angaben in Prozenten —

Kriterium: Habe mich selbst dazu gerechnet/habe so ähnlich gelebt	Teenager		„Halbstarke"		Rockn' Roll Anhänger		Jazz Anhänger		Pferdeschwanz Mode/ Petticoat	
	männlich	weiblich	männlich	weiblich	männlich	weiblich	männlich	weiblich	männlich	weiblich
Jahrgänge 1937-39 Alter '54: 15-17 J.	24 (n = 149)	58 (n = 156)	14	3	28	22	10	13	7	66
Jahrgänge 1934-36 Alter '54: 18-20 J.	21 (n = 99)	42 (n = 94)	9	—	13	21	12	3	5	57
Jahrgänge 1930-33 Alter '54: 21-24 J.	15 (n = 110)	39 (n = 121)	6	3	18	11	11	7	6	37

Quelle: Erwachsene Frage 20

Die Sympathien zu den verschiedenen Stilrichtungen der 50er Jahre verteilen sich ungleichmäßig auf die Altersjahrgänge (Tabelle 10).

Das Ergebnis beleuchtet die Sonderstellung der Jahrgänge um 1930, die als „Jugend ohne Jugend(Kultur)" bezeichnet wurden (siehe oben). Sie identifizieren sich deutlich seltener mit Teenagern der Pferdeschwanz- oder Petticoatmode und den Rockn' Roll Anhängern, als die um 1940 Geborenen (Jahrgänge 1937 - 1939).

Jazz Anhänger bilden die Stilrichtung, die am stärksten mit privilegierten Bildungsschichten verbunden sind. Es identifizieren sich mit diesem Stil

8 % der damaligen Jugendlichen mit Volksschulbildung
12 % mit Realschulbildung
23 % mit höherer Schuldbildung.

Eine Aufteilung nach Geschlecht macht deutlich, daß dieser Unterschied ausschließlich auf männliche Jugendliche zurückzuführen ist. Sich als Jazz Anhänger zu profilieren, war demzufolge eine Angelegenheit einer bestimmten Gruppe von männlichen Jugendlichen, die eine höhere Schule oder zumindest die Mittelschule besuchten. Das gleiche Ergebnis erhalten wir, wenn wir den Bildungsstatus des Elternhauses betrachten. Männliche Jugendliche, die aus bildungsbürgerlichen Familien stammen, sind zu 26% Jazz Anhänger (7% männliche Jugendliche, bei denen die Eltern Volksschulbildung haben.)

Bei Mädchen gibt es eine Stilrichtung, die gleichfalls eine gewisse Tendenz in Richtung Bildungsbürgertum und Höhere Schüler ausweist: der Teenager. Allerdings ist die Identifikation mit diesem Stil bei Mädchen allgemein sehr hoch, was die Unterscheidungskraft des Stils abschwächt (rund 10% Differenz).

Die übrigen Stilrichtungen erweisen sich als bildungsunspezifisch, sowohl was den Bildungshintergrund des Elternhauses als auch, was die Schullaufbahn des Jugendlichen angeht.

Anders als bei den aktuellen Gruppenstilen der 80er Jahre spielt die Gegnerschaft der verschiedenen Stilrichtungen der 50er Jahre keine große Rolle. So ist der Prozentsatz der Erwachsenen relativ gering, der Ablehnung oder Gegnerschaft zum Ausdruck bringt. Eine Ausnahme bezieht sich auf die ,,Halbstarken", die rund ein Drittel ,,nicht so gut leiden" konnte. Es ist schwer zu entscheiden, worin der Unterschied gründet. Es mag durchaus sein, daß die Erinnerung die ehedem vorhandene Gegnerschaft annuliert hat. Es ist jedoch auch denkbar, daß die Stilpolarisierung der Jugendkultur in den 50er Jahren noch nicht in gleicher Weise wie in der heutigen Jugendkultur ausgeprägt war. Die Vertreter damaliger expressiver Stile standen noch mehr für die Kultur einer ganzen Jugendgeneration ein, als daß sie eine ausdrückliche Polarität innerhalb dieser Generation repräsentierten. Das Bild verschiebt sich allerdings, wenn wir — wie in der Vorerhebung geschehen — ,,Rocker" oder ,,Exis" in das Spektrum mit einbeziehen.

Die Polarität der damaligen jugendkulturellen Stile entwickelte sich am klarsten entlang der geschlechtsspezifischen Achse. ,,Teenager" oder ,,Pferdeschwanz / Petticoat" standen für die weibliche Jugendkultur, während das Etikett ,,Halbstarker" eher für die männlichen Jugendlichen reserviert war. Beiden Geschlechtern gemeinsam gehörte der Rock'n' Roll und der Jazz.

In Tabelle 11 sind die Zusammenhänge (Korrelationen) zwischen den Orientierungen an Gruppenstilen der 50er Jahre in einer Matrix dargestellt. Dabei haben wir nur die jüngeren Geburtsjahrgänge (1935 bis 1939) genommen, die stärker in den Umkreis von Jugendkultur der 50er Jahre einbezogen waren als die vorangegangenen Jahrgänge 1930 bis 1934. In der rechten oberen Hälfte sind die Korrelationen für die Männer, in der linken unteren Hälfte die Korrelationen für die Frauen abgebildet.

Eine enge Beziehung ergibt sich bei Frauen zwischen Teenager und Pferdeschwanz Mode / Petticoat. Frauen, die mit dem einen sympathisieren, sympathisieren mit hoher Wahrscheinlichkeit auch mit dem anderen Stil. Mit dem Teenager verbindet sich die Vorliebe für Rock'n Roll und für Jazz. Zwischen den Orientierungen Richtung Teenager / Pferdeschwanz / Petticoat und der Einstellung zu den „Halbstarken" ergibt sich für Frauen nahezu kein Zusammenhang.

Bei den Männern stellt sich dies etwas anders dar. Hier finden wir durchaus eine gewisse Korrelation zwischen den Stil-Etiketten Halbstark und Teenager.

Die Matrix bestätigt den hohen Zusammenhang zwischen Jazz Anhänger und Rock'n' Roll Anhänger. Bei Männern und bei Frauen liegt die Korrelation um +0,4. Dabei müssen wir daran denken, daß unter „Jazz-Musik" ein weites Spektrum musikalischer Stile gefaßt wurde, einschließlich Tanzmusik. „Jazz" wurde in den 50er Jahren als Sammelbegriff ähnlich gefaßt wie gegenwärtig das Label „Pop(ular)"-Musik.

Die Assoziation von Jazz und Tanzmusik mag erklären, warum sowohl von Männern wie von Frauen Teenager und Jazz Anhänger zusammen gesehen werden.

Wie stellen sich Erwachsene, die im Rückblick einzelne Jugendstile der 50er Jahre positiv sehen, zu heutigen jugendkulturellen Ausdrucksweisen? Um dieser Frage nachzugehen, haben wir uns erneut auf die 45- bis 49jährigen beschränkt und nach Geschlecht getrennt. Es zeigt sich, daß eine positive Orientierung an den „Halbstarken" der 50er Jahre mit einer positiven Einstellung zu heutigen Punks, Rockern, Disco-Fans einhergeht. Das gilt für Männer wie für Frauen. (Korrelationen zwischen +0,2 und +0,3.)

Bei „Teenagern" der 50er Jahre stellt sich der Sachverhalt geschlechtsspezifisch dar. Bei Männern ergibt sich keinerlei Zusammenhang zu heutigen Gruppenstilen. Bei Frauen, die sich positiv an Teenager der 50er Jahre erinnern, finden wir eine Vielzahl von leicht positiven Korrelationen zu heutigen Stilrichtungen (um +0,2). Neben Fußball, Disco, Motorrad, Jogging, FKK, Body Building zählen auch kirchliche Initiativgruppen, Dritte-Welt-Initiativen, Friedensbewegung und Biodynamische Ernährung hierzu. Man erhält den Eindruck, daß Frauen mit positiver Teenager-Erinnerung vermehrt jugendliches Bewegtsein, Etwas-für-den-eigenen-Körper-tun sowie ein soziales Engagement (nicht zu hart, eher caritativ) schätzen. Dies im Sinne von Jung sein gleich modern und beweglich sein, etwas für sich und andere tun.

Ein spezifisches Profil haben auch männliche Jazz-Anhänger der 50er Jahre als Erwachsene. Hierbei kommt der spezifische Bil-

Tabelle 11: Erwachsene '84 (Jahrgänge 1935 - 1939), Orientierung an Gruppenstilen der 50er Jahre nach Geschlecht

45-49jährige männlich (n = 219) / 45-49jährige weibl. (n = 224)	Teenager	„Halbstarke"	Rock'n Roll Anhänger	Jazz Anhänger	Pferdeschwanz Mode/Petticoat
Teenager		(0,28)	(0,32)	(0,22)	(0,39)
„Halbstarke"	0,13		(0,30)	0,10	0,09
Rock'n Roll Anhänger	(0,38)	(0,27)		(0,40)	(0,31)
Jazz Anhänger	(0,31)	(0,28)	(0,42)		0,16
Pferdeschwanz Mode/Petticoat	(0,54)	0,07	(0,25)	0,16	

Quelle: Frage 20 Haupterhebung Erwachsene (Ohne Kategorie 6 = Stil nicht bekannt)
( ) = Statistisch abgesicherte Korrelation

dungshintergrund dieser Gruppe zum Tragen. Wer dem Jazz von damals heute positiv gegenübersteht, der gehört zu den 45- bis 49-jährigen Männern. Jazz Anhänger favorisieren unter heutigen Bewegungen und Stilen: Alternative Lebensweise, biodynamische Ernährung, kirchliche Initiativgruppen, Dritte-Welt-Initiativen, Friedensbewegung — aber auch Aufkleber- / Button-Träger und Computer-Fans (Korrelationen zwischen +0,2 und +0,3).

Szenen und Bewegungen. Kulturelle Stile 1984

Aus den überschaubaren Anfängen der 50er Jahre hat sich in den 80er Jahren eine breite Palette von Stilrichtungen ausdifferenziert. Jugendliche heute finden vielfältige expressive Ausdruckskulturen oder soziokulturelle Bewegungen vor. Sie können sich zum Beispiel an subkulturellen Gruppenstilen orientieren: Punk, Popper, Rocker, Skinheads, Teddy Boys u.ä. Mit der letzten Stilrichtung ist bereits angedeutet, daß der heutigen Jugendgeneration die Möglichkeit offensteht, sich für einen „historischen" subkulturellen Stil zu entscheiden und ihn — als ästhetisches Zitat — in den 80ern zu leben. So mag der eine oder andere sich zum „Rock'n'Roll-Fan erklären und sich in seinem Stil an dem Lebensgefühl und dem Jugenddesign der 50er Jahre ausrichten. Jugendliche können sich aber auch an allerhand Szenen und Aktionsfeldern beteiligen, die sich um den Sport-Körper und dessen Inszenierung drehen: Surfen, Body Building, Aerobic, Jogging u.ä. In vielen Fällen nehmen sie damit an kulturindustriell inszenierten ,,ästhetischen Neuerungen" teil, an Bewegungen, in denen Körperprogramme zusammengefaßt sind. Beispielsweise am ,,Trimming 130". Oder Jugendliche schließen sich einem der prominenten Orte der Vergnügungsindustrie an, beispielsweise der Disco-Kultur. Auch technologische Neuerungen eignen sich zur Stilbildung, etwa der Computer oder der Video-Recorder. Schließlich eröffnet sich auch die Möglichkeit, sich in gesellschaftlichen Bewegungen zu engagieren: Umweltschutz, Kernkraftgegner, Friedensbewegung, Frauenbewegung, Grüne / Bunte Alternative.

Weitere Typen von Gruppen und soziokulturellen Szenen lassen sich leicht ermitteln. Uns kommt es an dieser Stelle nur darauf an, etwas von dem Differenzierungsgrad sichtbar werden zu lassen, der nach dreißig Jahren Kultur- und Freizeitindustrie — und Auseinandersetzung damit — historisch erreicht ist. So unterschiedlich die soziokulturellen Szenen und Ausdrucksmittel beurteilt werden können — und auf diesen Unterschied kommt es jedem Anhänger einer der genannten Richtungen ja gerade an —, so haben sie doch eines gemeinsam: In diesem Medium findet jugendliche Sozialisation statt; die Stile und Bewegungen fungieren als Vermittler persönlicher Identität, stellen je spezifische Moratorien bereit, sind unverzichtbarer Bestandteil biografischer Lebensplanung heutiger Jugendgeneration.

In der Jugendstudie '81 konnten wir den Nachweis erbringen, daß die verschiedenen expressiven Stile und soziokulturellen Bewegungen von Jugendlichen als Orientierungsmarken im persönlichen und gesellschaftlichen Bereich genutzt werden. Dabei spielt der ,,harte Kern" derer, die sich als Punker, Disco-Fan, Motorrad-Fan, Popper usw. begreifen und ,,dazurechnen", nicht die entscheidende Rolle. Eine solche ,,Mitgliedschaft" — sofern man in diesem informell geregelten Bereich davon sprechen darf — ist jeweils nur für einen geringen Prozentsatz der Jüngeren bedeutsam. Viele der Jugendstudien, die unsere 1981 vorgelegte Frage nach Gruppen-Orientierungen kopierten (z.B. Seidenspinner 1982; Sinus-Studie 1983), folgten dabei dem Mißverständnis, als ginge es hierbei in erster Linie um zurechenbare Mitgliedschaften — nach dem Muster traditioneller Jugendverbände oder politischer Vereinigungen gedacht. Politiker und Jugendforscher taten dann jeweils ganz erleichtert, wenn sich herausstellte, daß nur wenige Prozente der Jugendlichen sich als Punker usw. definierten. Das Wesentliche an expressiven Gruppenstilen oder auch an manchen soziokulturellen Bewegungen ist jedoch, daß sie ein eigenständiges Orientierungssystem für die Jüngeren bilden. An der zustimmenden oder ablehnenden Stellungnahme zu bestimmten Stilen und Bewegungen kristallisiert sich die zeitgenössische Jugend-Identität heraus. Deshalb werden Diskotheken, Popper oder Aufkleber unter den Jüngeren genauso ernsthaft ausdiskutiert, wie auf der anderen Seite Friedensbewegung, Umwelt-Fragen oder Anti-Atomkraft-Bewegung. Es geht dabei um eine ,,Politik der Identität". Nur so ist zu erklären, daß wir in der Jugendstudie '81 anhand der positiven wie negativen Orientierung an bestimmten Stil- und Bewegungsrichtungen die subkulturelle Differenziertheit heutiger Jugendgeneration besser zu bestimmen vermochten, als dies aufgrund traditioneller jugendsoziologischer Fragen möglich gewesen wäre.

In der Jugendstudie '85 wagten wir uns noch einen Schritt weiter vor. Wir stellten die Frage nach der Orientierung gegenüber Stilen und Bewegungen auch den Erwachsenen der Elterngeneration. Summarisches Ergebnis der Vorherhebung, in der eine Liste von 41 Begriffen zur Stellungnahme vorgelegt wurde: Die Fragerichtung wird von den Erwachsenen akzeptiert. Nur in spezifischen subkulturellen Feinheiten (z.B. Teddy boys, bei Skinheads, oder auf der anderen Seite bei Antipädagogik oder ,,Single"-Bewegung) fand sich ein größerer Prozentsatz, der sich ,,nichts darunter vorstellen" konnte. Ansonsten ergaben sich — etwa anhand einer Clusteranalyse — gut zu interpretierende Einstellungsmuster auch bei den Erwachsenen. Diese Muster wichen allerdings inhaltich von denen ab, die sich bei den jugendlichen Befragten abbildeten. Sieht man von dieser Differenz einmal ab, so bleibt als Eindruck festzuhalten, daß offenbar auch Erwachsene sich inzwischen an expressiven Stilen und soziokulturellen Bewegungen in ihrer Alltags- und biografischen Orientierung ausrichten.

In der Haupterhebung wurde eine reduzierte Auswahl von 24 Stilrichtungen und öffentlichen Bewegungen sowohl den Jugendlichen wie den Erwachsenen vorgelegt. Dabei konzentrierten wir uns auf Richtungen, mit denen sowohl Erwachsene als auch Jugendliche in der Vorerhebung etwas anzufangen wußten. Tabelle 12 enthält die Grundauszählung zu dieser Frage. Wir können der Doppel-Tabelle zunächst entnehmen, daß Erwachsene '84 über die von uns ausgewählten Stile und Bewegungen informiert sind. (Wie gesagt: Sub-

Tab. 12: **Jugend '84: Orientierung gegenüber aktuellen Stilen und Bewegungen — Angaben in Prozenten —**

	Rechne mich dazu	Ganz gut	Egal	Nicht gut leiden	Gegner/ Feinde	Nie gehört/ keine Vorstellung	
1. Punks	1	11	42	40	6	1	= 101
2. Popper	3	9	45	36	6	0	
3. Fußball-Fan	14	12	43	27	4	0	
4. Disco-Fans	19	16	47	17	2	—	
5. Bundeswehr-Anhänger	5	12	39	33	9	1	
6. Rocker	1	5	27	58	8	0	
7. neue religiöse Bewegungen (Bhagwan, Kinder Gottes, Transzendent. Meditation)	1	5	30	47	13	3	
8. Kernkraftgegner/Anti-Atomkraft-Bewegung	15	36	28	16	3	1	
9. Gruppen mit altern. Lebensw.	9	42	36	10	1	1	
10. kirchliche Initiativgruppen	6	26	50	14	2	2	
11. Dritte Welt-Initiativen	5	62	26	4	1	2	
12. Friedensbewegung	16	57	21	4	9	2	
13. Frauenbeweg./Feministinnen	3	27	42	22	4	2	
14. FKK-Bewegung (Freikörper-Kultur)	12	27	51	8	1	1	
15. Bürgerinitiativen	6	51	37	4	1	1	
16. Aerobic	8	22	52	15	3	1	
17. Body-Building/Fitness-Training	11	25	46	16	2	0	
18. Jogging	25	35	36	4	0	0	
19. Biodynamische Ernährung/natürlicher Anbau	6	44	40	6	1	3	
20. Vegetarier/fleischl. Ernährung	3	22	62	11	1	1	
21. Computer-Fans	7	18	46	24	4	1	
22. Aufkleber-/Button-Träger	10	12	61	12	1	3	
23. Fans von Videospielen	10	10	46	27	6	0	
24. Motorrad-Fans	23	30	40	7	0	0	

Quelle: Jugendliche Frage 33 (Bd. 5, S. 192ff.)

Fragetext: Manche Gruppen von Leuten sind bekannt geworden, weil sie etwas besonderes machen oder einen besonderen Stil pflegen. Ich habe hier Kärtchen mit solchen Gruppen, die seit einiger Zeit von sich reden machen. Wie stehst Du zu den einzelnen Gruppen/Aktivitäten?
Antwortmöglichkeiten:

1 = ich rechne mich selbst dazu/lebe so ähnlich
2 = gehöre nicht dazu, finde solche Leute aber ganz gut
3 = die Gruppe ist mir ziemlich egal/kann ich tolerieren
4 = die Gruppe kann ich nicht so gut leiden
5 = das sind Gegner/Feinde von mir/ich bekämpfe sie
6 = noch nie gehört/kann mir nichts darunter vorstellen

Tab. 12: Erwachsene '84: Orientierung gegenüber aktuellen Stilen und Bewegungen — Angaben in Prozenten —

	Rechne mich dazu	Ganz gut	Egal	Nicht gut leiden	Gegner/ Freinde	Nie gehört/ keine Vorstellung	
1. Punks	1	2	23	56	11	7	= 100
2. Popper	5	38	39	7	12		
3. Fußball-Fans	13	23	51	13	1	1	
4. Disco-Fans	3	20	63	13	1	1	
5. Bundeswehr-Anhänger	2	26	53	16	3	1	
6. Rocker	0	1	15	65	18	1	
7. neue religiöse Bewegungen (Bhagwan, Kinder Gottes, Transzendent. Meditation)	1	4	21	52	18	5	
8. Kernkraftgegner/Anti-Atomkraft-Bewegung	4	28	35	27	6	1	
9. Gruppen mit altern. Lebensw.	4	34	48	12	1	2	
10. kirchliche Initiativgruppen	7	38	45	9	0	1	
11. Dritte Welt-Initiativen	6	49	35	7	1	2	
12. Friedensbewegung	7	49	33	11	1	0	
13. Frauenbew./Feministinnen	2	19	46	28	3	3	
14. FKK-Bewegung (Freikörper-Kultur)	6	28	49	14	3	0	
15. Bürgerinitiativen	6	47	40	7	0	—	
16. Aerobic	6	39	48	6	0	1	
17. Body-Building/Fitness-Training	4	32	52	11	0	1	
18. Jogging	13	45	38	3	1	1	
19. Biodynamische Ernährung/natürlicher Anbau	8	42	41	6	1	3	
20. Vegetarier/fleischlose Ernährung	1	23	63	11	1	1	
21. Computer-Fans	1	20	61	14	1	3	
22. Aufkleber-/Button-Träger	1	6	59	22	2	9	
23. Fans von Videospielen	2	11	57	27	2	2	
24. Motorrad-Fans	4	18	54	23	2	1	

Quelle: Erwachsene Frage 35 (Bd. 5, S. 294ff.)

kulturelle „Spezialismen“ wie Teddy boys oder Skinheads waren von uns eliminiert worden.) Sodann bleibt für einzelne Stilrichtungen festzuhalten, daß die Minderheit derer, die sich „dazurechnet“ oder die „so ähnlich lebt“, bei bestimmten Gruppierungen bei den Jugendlichen prozentual etwas höher ausfällt. Solche Unterschiede ergeben sich beispielsweise bei Kernkraftgegnern, Gruppen mit alternativer Lebensweise, Friedensbewegung, Body-Building, Jogging, Computer-Fans, Aufkleber- / Button-Träger, Fans von Videospielen, Motorrad-Fans. Aber auch hier gibt es vereinzelt Richtungen, die von Erwachsenen stärker favorisiert werden als von den Jugendlichen. Man sehe zum Beispiel unter Fußball-Fans nach. Oder Aerobic.

Der Schwerpunkt der Ablehnung liegt bei Erwachsenen dort, wo sie den Eindruck haben, daß es sich um jugendspezifische aggressive Ausdrucksformen handelt. Dort greift bei ihnen Reserve, Ressentiment, Jugendfeindlichkeit. Beispielsweise bei Punkern oder Rockern. Allerdings: Auch unter Jugendlichen finden diese exponierten Ausdrucksstile mehr Ablehnung als Zustimmung. Wie aus einer Clusteranalyse hervorgeht, sehen Jugendliche auch diese scheinbar unpolitischen Stile wie Disco-Fans, Fußball-Fans, Punker und Rocker unter politischen Kriterien. Für Jugendliche sind solche Ausdrucksformen implizit politisch (Politik des Alltags). Bei Erwachsenen ergibt sich eine Entpolitisierung des Urteils. Sie sortierten jugendliche Stilrichtungen entlang einer von ihnen wahrgenommenen Feindseligkeits-Achse. Stilrichtungen, die das Bild jugendlicher Straßenrandale oder allgemeiner Gewalttätigkeit beschwören, werden auf die eine Seite gestellt — gleichsam die böse, abzulehnende Seite des heutigen Jugendbildes. Alle anderen Stile, die Erneuerung und Bewegung (ohne Aggression und Provokation) bedeuten, die dem Körper dienen, der Erneuerung der Politik, werden auf die andere Seite gestellt. Dies letztere reicht von Aerobic, Jogging bis hin zu Dritter-Welt-Initiative und Alternativer Lebensweise. Hier wurzelt das positive Jugend-Image der Erwachsenengeneration.

Zweiter Teil

Freizeitkonsum und soziales Beziehungsgefüge

Entwicklungslinien 1954 - 1984

Freizeitkultureller Lebensstil

Theoretische Vergegenwärtigung

Die Partizipation Jugendlicher am Freizeit- und Konsumsektor ist in langfristige Entwicklungstrends seit der Jahrhundertmitte eingebunden, die gesamtgesellschaftliche Geltung beanspruchen (vgl. z.B. Uttitz 1984; 1985). Zu solchen Rahmenbedingungen gehören die Erweiterung des verfügbaren zeitlichen Freizeitbudgets auf Tages-, Wochen-, Jahres- und Lebenszeitniveau; die Verallgemeinerung der ökonomischen Mittel, die zur Teilnahme am kommerziellen Freizeitmarkt befähigen, auf nahezu alle Bevölkerungsgruppen; die Ablösung der freien Zeit von der Bindung an tradierte soziokulturelle Milieus und Nahwelten sowie deren Reorganisation als industriell produziertes Markt- und Konsumangebot; schließlich die Ausdifferenzierung der kulturellen Vielfalt der Tätigkeiten, Orte und sozialen Gruppierungsweisen im Feld von Freizeit und Konsum.

Ungeachtet dieser globalen Einbindung jugendlicher Freizeitkultur in die historischen Transformationsprozesse postindustriellen Kapitalismus bleiben Besonderheiten des sozialstrukturellen Wandels zu beachten, die sich auf die Jugendphase und deren Ausgestaltung beziehen. So ist die Bedeutung des Freizeitsektors für Jugendliche mit der historischen Umwandlung der Jugendphase von einer Zeit der Berufsausbildung und Berufsausübung in eine Zeit der Bildungslaufbahn (für die Gruppe der 15- bis 19jährigen) seit den 60er Jahren (Hurrelmann / Rosewitz / Wolf 1985) verknüpft. Die Partizipation an Freizeitkonsum geschieht seither mehrheitlich aus der Position, dem Handlungsinteresse und dem privilegierten Freizeitbudget von jugendlichen Schülern heraus. Das Zeitbudget von Schülern erweist sich dabei nicht nur als quantitativ ausgedehnter im Vergleich zu berufstätigen oder in der Ausbildung befindlichen Jugendlichen (Hornstein u.a. 1975), sondern weist auch qualitative Besonderheiten auf. So impliziert die Teilhabe an Bildungslaufbahnen eine gewisse Einübung in das Modell der Zeitsouveränität — ein klassenspezifisch durch die sozialen Oberschichten besetztes Konzept. Eine Unterwanderung und Auflösung traditioneller soziokultureller Milieus und Nahräume durch die neuartigen Angebote und Strukturen der Freizeit- und Dienstleistungsgesellschaft heißt, auf Jugend übertragen, daß die soziokulturelle Einbindung der nachfolgenden Generation in die überlieferten pädagogischen Einrichtungen — Familie, Nachbarschaft usw. — in Frage steht. Mit anderen Worten: Je weiter die Partizipation Jugendlicher an der industriekapitalistisch durchgestalteten Welt des Freizeitkonsums voranschreitet, um so eindringlicher stellt sich die Frage nach der möglichen Auflösung pädagogisch geschützter Jugend — eines Modells, das mittlerweile ja bereits für die Hochphase der Kindheit ernsthaft zur Disposition steht.

Ein dritter Aspekt, der hervorgehoben zu werden verdient, bezieht sich auf mögliche Konsequenzen des skizzierten Wandels für Jugend als lebensgeschichtlicher Ort der sozialen Reproduktion von Klassen und Klassengesellschaft. Als Schlüsselkonzept für die Beschreibung der gewandelten Funktion von Jugend mag dienen: Individualisierung des Erwerbs von kulturellem Kapital (Beck 1983; Fuchs 1983, Zinnecker 1986). Klassenspezifische Kapitalressourcen werden entsprechend diesem theoretischen Konzept zunehmend durch das Nadelöhr langzeitlich angelegter, personspezifischer Akkulturationsprozesse an die Folgegeneration sozial vererbt (Bourdieu 1982). Die bevorzugte und sich verallgemeinernde institutionelle Form, in der dies geschieht, sind Bildungslaufbahnen, deren Abschlüsse und Titel die Weitergabe klassenspezifischer Kultur legtitimieren. Im Rahmen dieser Reorganisierung sozialer Reproduktion kommt der Jugendphase — und voraussehbar bald auch der Nach-Jugendphase — eine besondere Bedeutung zu. Nur sollten wir die neue Funktion dieser Lebensphase nicht ausschließlich an den Bildungslaufbahnen festmachen. Auch der relativ autonom gewordene Freizeitsektor — gerade in seiner altersbezogenen Segregierung — ist ein hervorragendes Feld für den Erwerb und die Verausgabung kulturellen Kapitals.

„*Was soll Inge in ihrer Freizeit tun?*“

Die siebzehnjährige Inge kommt abends eilig nach Hause, wo sie von Vater und Mutter schon lange erwartet wird:

‚Oh, es war wieder mal herrlich im Kino! Elegante Kleider, tolle Musik — na, und diese Schauspieler! Die beiden passen großartig als Liebespaar zusammen...‘

Der Vater macht ein ernstes Gesicht: ‚Mußt du eigentlich so oft ins Kino laufen?‘...

‚Nun höre aber bitte auf, Vater! Schließlich ist das ja die einzige Abwechslung, die ich im täglichen Einerlei habe. Ich tue ja den ganzen Tag über im Büro meine Pflicht, nicht wahr!‘

…

Da schaltet sich der ältere Bruder Günter ein. Er ist Soldat gewesen, war in der Kriegsgefangenschaft und ist seitdem schweigsam und von ernster Lebensauffassung:

‚Ich will dir mal etwas sagen, liebe Schwester: der ganze Freizeitrummel von heute hat erschreckende Ausmaße angenommen…Damit meine ich die ganze heutige Vergnügungsindustrie, vom Kino bis zur Kirmes und zur Eisrevue. Immer und überall ist irgend etwas los; die Menschen laufen hin, um ja nichts zu verpassen…‘

…sagt der Vater…

‚Ich habe neulich eine Statistik über die Leistungen der heutigen kaufmännischen Lehrlinge gelesen. Man hat festgestellt, daß die Gedächtnisstärke des einzelnen um fünfundzwanzig Prozent schlechter ist als vor zwanzig Jahren. Das ist auch eine Folge des wilden Vergnügungsrummels von heute.‘

Inge wehrt sich immer noch: ‚Soll ich mir vielleicht für mein bißchen Gehalt auch noch Bücher kaufen und jeden Abend lernen?‘

…

‚Ich glaube, es ist noch wertvoller, sich in der Freizeit mit solchen Dinge zu beschäftigen, bei denen man mit anderen zusammen ist‘, meint die Mutter… ‚Und das ist ja wohl am schönsten im Kreise der Familie.‘

Inge lächelt etwas abfällig: ‚Sollen wir uns hier also im Kreise zusammensetzen, Blockflöte blasen und uns schön in die Augen sehen?‘

…

‚Warum soll es denn kitschig sein, wenn alte Familientraditionen wieder aufleben? Schließlich waren all' die Jahre der Unruhe, die hinter uns liegen, keine normale Zeit. Die Familie ist heute der einzige feste Halt in all der Oberflächlichkeit und Unsicherheit, in der wir leben. Wie wäre es, wenn wir uns vornähmen, am Abend öfter beieinander zu bleiben, um den Feierabend gemeinsam zu verbringen‘…

‚Was meinst du dazu, Inge?‘“

(W. Hemsing: Das Fräulein Tochter 1958, 26ff.)

Wandel in bevorzugten Freizeittätigkeiten

In allen drei Emnid-Jugendstudien 1953-55 war nach bevorzugten Freizeittätigkeiten in offener Form gefragt worden — wobei Fragetexte und Verschlüsselungen der Antworten jeweils leicht variierten. Wir entschieden uns dafür, der Untersuchung von 1954 zu folgen, deren Fragetext lautete: „Womit befassen Sie sich in Ihrer Freizeit am liebsten?“ (Tabelle 13)

Die Freizeit-Fragen von Emnid sind seinerzeit bereits kritisiert worden (z.B. Schelsky 1957, 340ff). So unterstellt die Thematisierung von Lieblingsbeschäftigungen, daß Jugendliche vollgültig am

Tab. 13: „Womit befassen Sie sich in Ihrer Freizeit am liebsten?" (Offene Frage, Mehrfachantworten) Vergleich Jugend '54 — Jugend '84 — Angaben in Prozenten —

		Jugend '54 (15-24 J.) (n = 1493) %	Jugend '84 (15-24 J.) (n = 1472) %
(A)	1. Lesen	35	30
	2. Praktische Liebhabereien	29	30
	3. Zeichnen, Malen, Musizieren	9	17
	4. Fortbildende Beschäftigungen	3	8
(B)	5. Sport, Wandern	32	48
	6. Erzählen, Unterhalten, Spiele	10	40
	7. Tanz, Flirt, Vergnügen	5	40
	8. Reisen, Fahren	1	17
(C)	9. Rundfunk, Fernsehen, Musikkonsum	7	24
	10. Kinobesuch	6	3
	11. Konzert-, Theaterbesuch	1	2
(D)	12. Schlaf, Ruhe, Erholung	3	13
(E)	Sonstiges	2	4
(F)	Keine Angabe	1	0
	Summe aller Nennungen	143	276

Quelle: Emnid 1954, S. 139f

Fortsetzung Tabelle 13
Erläuterungen zu einzelnen Antwortgruppen

Kategorie	Jugend'54	Jugend'84
1. Lesen	lesen	lesen
2. Praktische Liebhabereien	häusliche und Gartenarbeit; Dressur des Schäferhundes/ Brieftaubenzucht; basteln; Modelle bauen;	weibliche Handarbeit (12%); sich mit Tieren beschäftigen (5%); basteln und reparieren, einschl. Auto, Mofa, Motorrad (5%); Kochen/backen; sammeln; Wohnung einrichten, Computer
3. Zeichnen, Malen, Musizieren	Zeichnen; Malen, Klavierspielen; Blockflöte; Akkordeon; Gesang	Musik machen (Instrument/singen) (10%); Zeichnen; Malen; Schreiben; Theaterspielen; Fotografieren; Filmen

4. Fortbildende Beschäftigung	Berufsfortbildung; soziale Probleme; Fremdsprachen; Elektrotechnik	Sprachen lernen; Schulabschluß nachholen; Umschulung; Berufsfortbildung; Volkshochschule; sich mit Wissenschaft beschäftigen; sich mit Politik beschäftigen
5. Sport; Wandern	Fußballspiel; Radfahren; Motorradfahren; Schießen; Fechten, Jagd; Waldausflug; Spaziergänge	Sport treiben (39%); Fitnesstrainig, z. B. Jogging, Aerobic, Gymnastik; Spazierengehen, wandern, kleinere Ausflüge machen
6. Erzählen; Unterhalten; Spiele	Geselligkeit; Freundin; Spiele mit Kindern; Kartenspiel; Schach	Erzählen, Diskutieren, Gruppengespräch (9%); mit Freunden/ Freundinnen (27%); Familie, Kind, Spielen (Karten, Gesellschaftsspiel)
7. Tanz; Flirt; Vergnügen	Tanz; Flirt; Vergnügen	mit Freund/Freundin/festem (Ehe-)partner zusammen (15%); ausgehen, trinken, Kneipe (15%); Tanzen (6%); Feste feiern; essen gehen; Flirten; Spielhalle/ Automaten; Stadtbummel/ Schaufenster ansehen
8. Reisen; Fahren	auf Fahrt gehen; fortfahren; Radtouren machen; Autorfahrten mit Freund	mit Motorrad, Mofa, Auto fahren (15%); reisen
9. Rundfunk; Fernsehen; Musikkonsum	Rundfunkhören; Fernsehen; Quiz hören	Musik hören (auch Musikkassetten) (19%); Radio hören; Fernsehen; Video
10. Kinobesuche	Kinobesuche	Kinobesuche
11. Konzert-, Theaterbesuch	Konzertbesuche; Theaterbesuche	Konzertbesuch; Theaterbesuch (auch Festival)
12. Schlaf, Ruhe, Erholung	Schlaf; Ruhe; Erholung	Schlafen, Erholfen, Faulenzen, Sonnen (11%); mit sich selbst beschäftigen; Träumen; Meditieren

Prozentangaben für Jugend '84 bei 5% und mehr Nennungen; keine Prozente für Unterkategorien bei EMNID (Jugend '54) überliefert.

Modell einer individualisierten Freizeit- und Konsumsphäre partizipieren — eine Voraussetzung, die vorab — und zwar empirisch — erst als gegeben nachzuweisen gewesen wäre. Wie verhält es sich z.B. mit traditionsgebundenen, sozial erzwungenen Tätigkeiten Jugendlicher in der arbeitsfreien Zeit? Problematisch erscheint ferner, daß die

Emnid-Studien '53 bis '55 den Freizeit-Komplex mit einer solchen — durch keine Begleitfragen abgestützten — Einzelfrage in Angriff nehmen. So werden weder die zur Verfügung stehenden zeitlichen oder finanziellen Freizeitbudgets einbezogen; noch die soziale Form, in der Freizeit stattfindet; noch wird der Grad der Bewußtseinsfähigkeit dieses Alltagshandelns thematisiert. Die Emnid-Studien stehen mit anderen Worten vor der Schwelle differenzierter jugendsoziologischer Freizeitforschung in Westdeutschland (Blücher 1956). Erst Anfang der 60er Jahre wird die (Emnid-)Jugendforschung sich im Detail und auf professioneller Basis der Vermessung jugendlicher Freizeitkultur zuwenden. Ungeachtet der angedeuteten Grenzen, die unserem Vergleich in dieser Frage gesteckt sind, lassen sich Entwicklungstendenzen jugendlichen Freizeithandelns aus den „Lieblingsbeschäftigungen" ablesen. Wir werden zur Absicherung jedoch weitere Vergleichsfragen hinzuziehen müssen.

Der Vergleich der Freizeitpräferenzen '54 und '84 wird durch folgende Umstände behindert. Zum einen sind die Kriterien, die die Emnid-Forscher seinerzeit zugrundelegten, um die Antworten zu codieren, unzureichend überliefert. Zum anderen fällt es schwer, sich heute den inhaltlichen Gesichtspunkten anzuschließen, die damals für die Gruppierung der Antworten maßgeblich waren. Im Bereich der freizeitbezogenen Aktivitäten haben sich semantischer Code wie inhaltliches Schwergewicht erheblich gewandelt. Die Schwierigkeit, die Antworten der Jugendlichen miteinander zu vergleichen, hat folglich nicht nur methodische Gründe, sondern ist als inhaltliches Ergebnis zu werten.

Welcher Wandel läßt sich hinsichtlich der bevorzugten Freizeittätigkeiten ausmachen? Man könnte auf den einfachen Umstand hinweisen, daß heutige Jugendliche mehr Lieblingsaktivitäten angeben als Jugendliche seinerzeit. (2,8 Angaben geg. 1,4 im Schnitt.) Das deutet auf eine Ausdifferenzierung des Freizeitfeldes hin. Wir müssen allerdings vorsichtig sein. Wahrscheinlich handelt es sich um ein methodisches Kunstprodukt. Jugendliche heute sind auskunftfreudiger als Jugendliche der 50er Jahre. Die Regieanweisungen, die die Interviewer unseres Umfrageinstituts (psydata) erhielten, begünstigten eine solche Offenheit zusätzlich. Wir tun gut daran, uns auf die Antwortkategorien zu beschränken, in denen überproportional viele Jugendliche der 80er Jahre vertreten sind. Überdurchschnittlich gewachsen sind die Antworten in den Kategorien 6 bis 9 und 12. Beachten sollten wir noch die vermehrten Prozente, die auf die Kategorien 3 und 5 fallen (s. Tab. 13). Was verbirgt sich hinter diesem Anstieg?

(7. Tanz, Flirt, Vergnügen)

Aktivitäten dieser Kategorie, die sich von 5% auf 40% hinentwickelt hat, beziehen sich auf zweierlei. Zum einen handelt es sich um Freizeitmöglichkeiten, die die *kommerzielle Freizeitindustrie* bereithält: Gaststätten, Restaurants, Discotheken, Spielhallen, Kaufhäuser und Boutiquen. Jugendliche der 80er Jahre sind darauf eingestellt, sich die ausdifferenzierten Angebote des Unterhaltungssektors zunutze zu machen. Der zweite Aspekt: Es geht *um persönliche und erotische Kontakte* zwischen *männlichen und weiblichen Jugendlichen*. Darauf weisen das Zusammensein mit Freund/Freundin, das Flirten und Tanzen hin. Jugendliche der 80er Jahre genießen gegenüber der 50er-Jahre-Jugend das Privileg, recht früh und vergleichsweise wenig gehindert an den menschlichen Erfahrungen und Genüssen teilzuhaben, die Erotik, Sexualität und Liebesbeziehungen zwischen den Geschlechtern bedeuten können.

Vergleicht man die Altersentwicklung in dieser Frage, so wird der unterschiedliche Entwicklungsrhythmus '54 und '84 sichtbar. In den 50er Jahren nimmt der Anteil derer, die sich an Tanz, Flirt und Vergnügen in der Freizeit erfreuen, vom 15. bis zum 24. Lebensjahr allmählich zu. In den 80er Jahren finden wir einen gewissen Höhepunkt zwischen dem 18. und 20. Lebensjahr. Ansonsten sind die Jüngsten ebenso häufig beteiligt wie die Ältesten. (Wir konstatieren eine kurvilineare Beziehung mit Aktualisierung des Themas in den mittleren Jahren der Adoleszenz.)

(6. Erzählen, unterhalten, spielen)

Auch bei dieser Antwort, die '54 und '84 um 30 Prozentpunkte auseinandergeht, sind zwei Tendenzen miteinander verschränkt. Zum einen geht es um das *gesellige Leben in Gleichaltrigen-Gruppen*. Jugendliche heute beziehen sich in ihrer freien Zeit häufiger auf die Altersklassen-Gesellschaft. Weiter unten werden wir Belege dafür finden, daß die Jugendlichen der 50er Jahre häufiger als Einzelgänger zu bezeichnen sind. Das Leben unter den Gleichaltrigen ist nicht nur an der Unterhaltungsindustrie orientiert, sondern beinhaltet auch die Teilhabe an einem entwickelten *Diskurs-System*. Sich zu unterhalten, einander zu beraten, miteinander zu diskutieren steht im Zentrum vieler Gruppenaktivitäten (wie natürlich auch vieler Zweierbeziehungen in diesen Jahren). Der deutliche Hinweis auf das Redebedürfnis der Jüngeren mit ihresgleichen verweist auf die gestiegene Bedeutung der Gleichaltrigen als Bezugsgruppe.

An dieser Stelle sei ein kurzer Rückblick auf die Jugendstudie '81 gestattet (Jugendwerk 1982), in der 15- bis 24jährige nach Tätigkeiten gefragt wurden, die im Vordergrund ihres Gruppenlebens stehen. (Vgl. Kapitel „Konfigurationen jugendlicher Gruppen" unten.) Dabei stellte sich heraus, welch herausragende Rolle geselliges Beisammensein und miteinander Reden bzw. Diskutieren spielen. Tabelle 41 gibt die am häufigsten genannten Gruppenaktivitäten wieder. Neben dem Sport bildet die informelle Kommunikation das zweite zentrale Betätigungsfeld jugendlicher Gruppen. Erst an dritter Stelle folgen Tätigkeitsmuster, die sich auf den Vergnügungssektor bzw. auf erotisch-sexuelle Bedürfnisse beziehen. Die Gruppenformen, in denen Jugendliche am häufigsten sind, zeichnen sich durch intensive jugendspezifische Diskurse aus. So wird im engeren wie im weiteren Freundeskreis (Clique) besonders häufig geredet und diskutiert. Ernsthafte Diskussionen bestimmen laut Einschätzung der Befragten das Zusammensein in schul- und arbeitsbezogenen Gruppen.

(8. Reisen, Fahren)
Hinter dieser historisch neuen Freizeiterfahrung (1954: 1%; 1984: 17%) steckt teilweise die im Zuge des Jugendtourismus leichter zu befriedigende Reiselust der Jüngeren. Das Hauptgewicht der Antworten bezieht sich jedoch auf die individuelle Motorisierung. Es geht um die Fahrt mit Mofa, Motorrad, Auto, ein Vergnügen insbesondere für den männlichen Teil.

(9. Rundfunk, Fernsehen, Musikkonsum)
Die gestiegene Bedeutung dieser Kategorie mag dazu verleiten, darin einen Beleg für die gewachsene Medienlust der Jüngeren zu suchen. Tatsächlich beziehen sich 1984 nur wenige Jugendliche aufs Fernsehen oder auf Video als liebste Freizeitobjekte. (Ganz ähnlich ergeht es dem Computer, den ganze 2% der Befragten anführen.) Worum es heutigen Jugendlichen in der Mehrheit zu tun ist, ist eine spezifische Mediennutzung: nämlich die, die *Musikkonsum* ermöglicht. Rechnet man die erhebliche Zunahme *aktiven Musikmachens* oder den gesamten Tanzbereich mit hinzu, so erscheint die Aussage gerechtfertigt, daß sich die Freizeitpräferenzen heutiger Jugendgeneration maßgeblich um musikalische Ereignisse und Erfahrungen gruppieren. Rundfunk, Kassettenrecorder, Video (Clips) werden in erster Linie in den Dienst der Musikkultur gestellt. Jugendliche '54, an der Schwelle einer jugendspezifischen Musikkultur und Musikindustrie stehend, hatten noch keine entsprechende Präferenz.

(3. Zeichnen, malen, musizieren)
Die angewachsene Bedeutung des Ästhetischen und Künstlerischen für die gegenwärtige Jugendgeneration ist gleichfalls Resultat der neuartigen produktiven und konsumtiven Bedeutung von Musik. Daneben hat sich das Spektrum ästhetisch-literarischer Produktion, das Jugendlichen zugänglich ist, gegenüber den 50er Jahren um einiges erweitert. (Wir haben diesen Sachverhalt im Detail in Bd. 2 von Jugend '85 erörtert.)

(12. Schlaf, Ruhe, Erholung)
Die steigende Bedeutung dieser Tätigkeit (von 3% auf 13%) belehrt uns über eine *Entspannungskultur*, an der Jugend heute teilhat. Dabei geht es nicht nur darum, sich zum schlafen, erholen, faulenzen oder sonnen zu bekennen, sondern auch — wenn auch in geringerem Maße — zur meditativen Selbst-Beschäftigung.

Die Schwerpunkte der bei männlichen und weiblichen Jugendlichen beliebten Freizeitbeschäftigungen blieben zwischen 1954 und 1984 recht konstant. Zwei Ausnahmen verdienen hervorgehoben zu werden (Tabelle 14): Bei Mädchen ist in den 80er Jahren Sport gleich beliebt wie bei Jungen. 1954 sind sportliche Aktivitäten noch eine Domäne der männlichen Jugend. Auf der anderen Seite haben Jungen die Motorisierung, die bis Mitte der 50er Jahre eine geringe Rolle für Jugendliche spielte, als männliches Betätigungsfeld hinzugewonnen. Gewisse Tendenzen — keinesfalls Umorientierungen — sind im Fall von Lesen und Fortbildenden Beschäftigungen zu notieren. Lesen stellt sich mehr noch als damals als eine weibliche Beschäftigung dar (vgl. Zinnecker 1985, Bd. 2). Auf der anderen Seite steht heute die berufliche Fortbildung als Teil von Freizeit Mädchen etwas deutlicher vor Augen als seinerzeit.

Tab. 14: Ausgewählte Lieblingsbeschäftigungen Jugend '54 — '84 nach Geschlecht — in % —

	Jugend '54		Jugend '84	
	männlich	weiblich	männlich	weiblich
Lesen	27	42	19	41
Fortbildende Beschäftigungen	5	1	10	6
Sport, einschl. Wandern	45	19	49	48
Reisen, Fahren	2	1	27	8

(Vgl. Fischer/Fuchs/Zinnecker 1985, Bd. 5, S. 199)

Neuer Kult der Geselligkeit?

Die Antworten der Jugendlichen auf die liebste Freizeitbeschäftigung wurden '54 grob nach „Einzelbeschäftigungen" (Gruppe A) und „Gesellige Beschäftigungen" (Gruppe B) unterteilt. Die Auswertung '84 folgt diesem Schätzverfahren — ungeachtet der Einwände, die sich angesichts dieser holzschnittartigen Zuordnung aufdrängen. Im Ergebnis zeigt sich eine klare Gewichtsverlagerung zwischen '54 und '84:

	Jugend'54	Jugend'84
(A) „Einzelbeschäftigungen"	51 %	62 %
(B) „Gesellige Beschäftigungen"	44 %	85 %

Der Stellenwert von Einzelbeschäftigungen und geselligen Freizeittätigkeiten hat sich ausgetauscht. In den 80er Jahren nehmen die geselligen Aktivitäten den ersten Rang ein; in den 50er Jahren waren die Einzelbeschäftigungen unter den Jugendlichen favorisiert.

Um den Befund abzusichern, ziehen wir weitere Fragen heran, in denen direkt nach den sozialen Bezugspersonen Jugendlicher in der freien Zeit gefragt wird. Tabelle 15 faßt den Vergleich einer Hörerbefragung des damaligen NWDR im Jahr 1953 mit der Sinus/Infratest-Studie zusammen, die Anfang der 80er Jahre seitens des Jugend- und Familienministeriums (BMJFG) veranlaßt wurde. Auch hier zeigt sich, daß ein nicht unerheblicher Teil der Jugendlichen '53 sich in der Freizeit vorwiegend als Einzelgänger sieht. Knapp 20% verbringen nach eigener Einschätzung ihre Freizeit „meistens allein". Unter heutigen Jugendlichen ist eine solche Selbsteinschätzung praktisch kaum noch vorhanden (3%). Der Zugewinn geht zugunsten sozialer Gruppenbeziehungen, die um knapp 20 Prozentpunkte häufiger genannt werden. Die Anteile von Paarbeziehungen bzw. familiärer Kontakte (Herkunftfamilie) sind 1953 und 1982 gleich hoch.

Gleichgeblieben sind zwischen damals und heute die Anteile der Geschlechter an den jeweiligen Sozialkategorien. Männliche Jugendliche verbrachten und verbringen ihre Freizeit häufiger in informellen Gruppen Gleichaltriger, weibliche Jugendliche dafür häufiger innerhalb von Zweierbeziehungen bzw. im sozialen Umkreis von Herkunfts- und selbstgegründeter Familie. (Für 1982 stehen uns nur die Angaben für die Altersgruppe der 15-30jährigen zur Verfügung, weshalb auf eine Wiedergabe der Prozentzahlen in der Tabelle verzichtet wird.)

**Tab. 15: Bezugspersonen in der Freizeit.
Vergleich Jugend '53-Jugend ' (BRD) — Angaben in % —**

		Jugend 1953[1] 15-24 Jahre (n = 959)			Jugend 1982 15-25 Jahre (n = 1459)
		Alle	männl.	weibl.	Alle
Allein		**19**	18	20	3
Zu zweit/ Paar	Partner/Ehepartner/ feste(r) Freund/Freundin	36	30	**44**	34
Mehrere/ Gruppe	Freunde, Bekannte/ Clique/Kollegen/Mitschüler(innen)	36	**46**	24	**55**
(Mehrere/ Gruppe)	Eltern/Verwandte	9	6	**12**	8
Sonstige Angaben		—	—	—	1
		100	100	100	101

Quellen: Berechnet nach Blücher (1956, 93ff.) und Sinus (1985; Materialienband, 602)

Fragetexte: **(1956)** „Verbringen Sie Ihre Freizeit meistens allein, zu zweit oder mit mehreren zusammen?"
— wenn „meistens zu zweit" oder „meistens mit mehreren zusammen":
„Mit wem verbringen Sie meistens Ihre Freizeit?"
(1982) „Mit wem verbringen Sie überwiegend Ihre Freizeit?" (Vorgaben)

1 Repräsentativ für Nordwestdeutschland (Sendegebiet NWDR)

Wiederholt fragten Meinungsforscher nach der Beliebtheit einzelner Bezugspersonen oder -gruppen als Urlaubsgesellschaft. Einen ersten — stark vereinfachenden — Versuch unternahmen die Emnid-Forscher bereits in der Jugendstudie von 1953. Da Vergleichsdaten für 1975 zur Verfügung stehen, seien die Ergebnisse in einer Tabelle (16) demonstriert.

Alleinreisende Jugendliche finden wir '53 wie '75 unter den Befragten. Nur ist in den 50er Jahren die Zahl derer, die solches tun oder zu tun wünschen, um einiges höher. Die Unterschiede wachsen mit dem Alter. Während 1953 der Anteil der Alleinreisenden zwischen dem 15. und 24. Lebensjahr von 9 auf 19% ansteigt, bleiben 1975 die Anteile konstant. Offenbar spielt hier eine Rolle, daß in den 50er Jahren die Jüngeren (15-17jährige) in ihrer Urlaubsgestaltung an die Familie gebunden sind — eine Bindung, die Mitte der 70er Jahre zurückgegangen ist (von 20% auf 8%). Die hohe Bedeutung von Familienangehörigen, wie wir sie bei den älteren Jugendlichen '75 finden, müssen wir auf das Konto der selbstgegründeten Familie gutschreiben. (Bedauerlicherweise hielten die Emnid-Forscher Herkunft- und zukünftige Familie nicht auseinander.)

Werfen wir abschließend noch einen Blick auf die angewachsene Bedeutung der Gleichaltrigen („Freunde/Kameraden“) als Urlaubspartner. Wir sehen, daß sie vor allem für die jüngeren Altersgruppen an Bedeutung zugelegt haben. Alles in allem also liefert uns der Vergleich eine gewisse Bestätigung für die Behauptung, daß sich Jugendliche im Rahmen des entwickelten Jugendtourismus heute früher verselbständigen als in den 50er Jahren und zwar in erster Linie mithilfe der befreundeten Altersgenossen.

Tab. 16: Gewünschte Bezugspersonen für Urlaub Vergleich Jugend '53 — '75 nach Altersgruppen — Angaben in % —

	Jugend '53 (n = 1498)				Jugend '75 (n = 1154)			
Alter in Jahren	Alle (15-24)	Altersgruppen (15-17)	(18-20)	(21-24)	Alle (13-24)	Altersgruppen (16-17)	(18-21)	(22-24)
Mit Familienangehörigen	23	20	22	25	30	8	22	41
Mit Freunden/Kameraden	62	70	63	55	63	85	72	49
Allein	14	9	14	19	5	6	5	8
K.A./Sonst.	1	1	1	1	3	2	1	3
	100	100	100	100	101	101	100	101

Quellen: Emnid (1954, 146); Emnid (1975, Bd. 2, S. 72; Bd. 3, S. 64)

(Beim Vergleich der Befragungen ist zu bedenken, daß die Altersgruppen etwas unterschiedlich definiert wurden.)

Fragetext: „Wie verbringen Sie am liebsten bzw. wie würden Sie am liebsten Ihre Ferien verbringen: mit Familienangehörigen, mit Freunden(innen) bzw. Kamerad(innen)en oder allein?“

Die präzisesten Unterlagen zum Rückgang des Einzelgängertums zwischen Nachkriegszeit und Gegenwart legte das Institut für Demoskopie (Allensbach) vor. Die Allensbacher Vergleichsuntersuchungen sind nicht zuletzt deshalb von Bedeutung, weil sie den Nachweis erlauben, daß es sich bei der wachsenden sozialen Vernetzung zwischen 50er und 80er Jahren um einen Wandel des westdeutschen Alltagslebens handelt, der die gesamte erwachsene Bevölkerung, nicht nur Jugendliche betrifft. Hauptbeleg hierfür ist die Wiederholung einer UNESCO-Studie von 1953 (Reigrotzki 1956) im Jahr 1979. Unter der Überschrift ,,Keine einsame Masse — starke Zunahme der Geselligkeit" heißt es für den repräsentativen Bevölkerungs-Querschnitt (18-79jährige): ,,Die Umfrage von 1979 zeigt gegenüber 1953 eine in allen menschlichen Beziehungen vielfältiger engagierte, eine im weitesten Sinne viel geselligere Bevölkerung. Die Familienkontakte scheinen vielfältiger, die Kontakte zu den Nachbarn sind zahlreicher, die Bekannten und Freunde spielen eine größere Rolle, die Mitgliedschaft in den Vereinen hat sich ausgebreitet." (Noelle-Neumann/Piel 1983, 92; vgl. 163ff)

Eine Sonderauswertung bei Jugendlichen und jungen Erwachsenen (18-24jährige) wirft ein bezeichnendes Licht auf die veränderte Bedeutung des Alleinseins unter den Jüngeren, insbesondere bei jungen Männern (Noelle-Neumann/Piel 1983 — Jahrbuch — S. 104). Die Schlüsselfrage lautete: "Gibt es etwas, was Ihnen wirklich Freude macht, was Sie besonders gern tun, wenn Sie allein sind?" (Es folgte die Vorlage einer Liste mit zwölf Freizeitaktivitäten.) Ein Vergleich der Antworten 1953 und 1979 zeigt, daß das Bild des Mannes, der allein etwas mit sich und der Welt anfangen kann, im Rückgang begriffen ist. Junge Männer heute antworten genauso häufig wie junge Frauen mit: Nein, es gibt nichts, was mir — allein — wirklich Freude macht:

,,Nein"	Junge Männer	Junge Frauen
1953	10 %	31 %
1979	27 %	30 %

Bestimmte ichbezogene Tätigkeiten sind — damals wie heute — männlich oder weiblich besetzt. Wenn junge Männer etwas allein unternehmen, dann widmeten und widmen sie sich dem Sport oder einem Hobby. Bei jungen Frauen entspricht dem der Rückzug ins Lesen, in eine Handarbeit oder allgemein Haus- und Gartenarbeit. Diese geschlechtsbezogene Segregierung hat Tradition. Eine Neubewertung hat dagegen die Musik als ichbezogene Beschäftigung erfahren — für männliche wie für weibliche Jugendliche. 1953 nennen 9%, 1979 20% der Befragten Musikhören oder Musikmachen als befriedigende Alleinbeschäftigung.

Welche Unterschiede jugendlicher Musikkultur lassen sich aus den Jugendstudien Mitte der 50er und Mitte der 80er Jahre ablesen? Mit direkten Vergleichsfragen ist es nicht zum besten gestellt — nicht zufällig. Im Grunde werden Dinge miteinander verglichen, die nicht vergleichbar sind. In den Jahren 1953 bis 1955 ist die musikalische Kultur der Jüngeren weithin noch in die Gesamtkultur eingebunden. Die westdeutsche Musikkultur ist strikt klassenspezifisch — nach dem Anteil an kulturellem und Bildungskapital — aufgeteilt, nicht aber nach sozialen Altersklassen. Sieht man von subkulturellen Minderheiten wie Jazz-Anhängern einmal ab, so hatten die Jüngeren im Grunde die gleichen Geschmacksvorlieben wie die Älteren, sie musizierten in ähnlicher Weise, die Zugangswege zur Musik waren die gleichen. Was an Differenz blieb, war eine Sache der Sozialisation. Die Jüngeren mußten musikdidaktisch in gewisse kulturelle Traditionen — insbesondere die der sog. ernsten Musik — eingewiesen werden.

Unmittelbar nach Abschluß der Emnid-Jugendstudien setzte allerdings eine musikalische Segregationsbewegung der Jugendlichen ein, die die beschriebene Sachlage im Verlauf eines knappen Jahrzehnts grundlegend revidierte (Brunhöber 1983). Die musikalische Kultur hörte auf, eine wechselseitige Bestätigung des Gemeinsamen zwischen Altersgruppen zu sein. Musikgeschmack und musikalische Praxis der Jüngeren werden maßgebliche Ausdrucksmittel für Anderssein und Trennendes zwischen Jung und Alt.

„Jetzt wird aus Pop und Rock eine Musik für Jugendliche, die sich hierüber (!) als eine besondere Altersklasse im Lebenszyklus konstitutieren und sich gegenüber Erwachsenen zunehmend abgrenzen. ... Rock und Pop hat, wenn nicht zu ihrer Etablierung beigetragen, so doch dazu verholfen, die neuen Jugendbewegungen seit den 50er Jahren in spätkapitalistischen Gesellschaften deutlicher zu markieren.“ (Baacke 1985, 155, 157)

Selbst wenn man den historischen Beitrag jugendkultureller Musik zur Konstituierung dieser sozialen Altersklasse weniger stark gewichtet, bleibt doch als emprischer Sachverhalt festzuhalten, daß es wenige Bereiche der Alltagskultur gibt, in denen Jugendliche sich als Gruppe so eindeutig von anderen Altersgruppen unterscheiden.

Eine Probe aufs Exempel ist leicht möglich. Man nehme nur eine der repräsentativen Bevölkerungsumfragen aus den letzten Jahren, die eine breite Aufschlüsselung musikalischen Geschmacks nach Altersgruppen ermöglichen. Eine solche detaillierte Deskription bietet beispielsweise eine Allensbach-Studie aus dem Jahr 1980 (Tabelle 17). Dem Leser sei empfohlen, sich an der Spalte, die die 14-20jährigen umfaßt, zu orientieren, und die einzelnen Musikgattungen durchzugehen — immer mit einem Blick nach links zu den Kindern (10-13 J.) und nach rechts zu den Postadoleszenten/jungen Erwachsenen (21-29 J.), den erwachsenen Altersgruppen zwischen 30 und 59 sowie der Gruppe der älteren Bevölkerung (60 J. u. älter). Die Tabelle besitzt allerdings eine methodische Fußangel, die beachtet werden sollte: Sie gibt nicht von sich aus preis, welche Unterschiede kohorten- oder generationsspezifisch und welche altersspezifisch zu interpretieren sind. (Beispielsweise reicht der Einfluß von Pop- bzw. Rockmusik bis zu den 44jährigen. Es liegt auf der Hand, daß die älteren Befragten in ihrer Jugend nicht mehr in Kontakt zu dieser musikalischen Bewegung kamen, es sich folglich wohl um ein generationsspezifisches Phänomen handeln sollte.)

Was haben die Jugendstudien der 50er Jahre überliefert?

Hinweise auf eine musikalische Kultur unter den Jüngeren sind in den repräsentativen Jugendstudien Mitte der 50er Jahre spärlich. Suchen wir die einschlägigen Fragen und Befunde an den verschiedenen Stellen zusammen, so ergibt sich folgendes Bild, was den Blickwinkel und die Fragehaltung der Jugendforscher dieser Zeit betrifft:

Sie sind nahezu ausschließlich an der Rezeption des Musikangebots, das durch musikalische Veranstaltungen oder via Rundfunk vermittelt wird, seitens der jugendlichen Konsumenten interessiert. Die Fragen nach möglichen aktiven, selbsttätigen Aneignungsweisen musikalischer Kultur — beispielsweise das Spielen eines Instrumentes — bleiben ausgeklammert.

Man spürt — aus dem zeitlichen Abstand — die besorgte Frage heraus, ob die nachwachsende Generation das überlieferte Erbe musikalischer Kultur annimmt. Dabei handelt es sich zunächst nur darum, ob und wieweit Jugendliche sich rezipierend daran beteiligen. Die Frage nach einer eigenständigen jugendkulturellen Musik stellt sich den Jugendforschern nicht bzw. nur als Angelegenheit einer (elitären) Minderheit unter den Jüngeren.

Was erfahren wir im Einzelnen über die jugendliche Musikkultur in den Jahren unmittelbar vor Etablierung jugendspezifischer Musik?

Tab. 17: Musikalischer Geschmack in verschiedenen sozialen Altersgruppen (BRD 1980)

Frage: „Auf diesen Karten stehen verschiedene Musikarten. Könnten Sie die Karten bitte auf die Liste hier verteilen, je nachdem, wie gut Ihnen die Musik gefällt: in die Mitte legen Sie die Karten mit Musik, die Sie auch noch gern hören, und in die unterste Spalte kommen die Karten mit Musik, die Ihnen weniger gut gefällt, die Sie nicht gern hören. Karten, wo Sie sich nicht entscheiden können, legen Sie einfach beiseite."

Besonders gut gefällt	Bevölkerung ab 14 Jahre insgesamt	September 1980 Altersgruppen					
		10-13	14-20	21-29	30-44	45-59	60 u. älter
	%	%	%	%	%	%	%
Deutsche Unterhaltungsmusik							
Deutsche Volksmusik	42	17	7	15	35	59	70
Deutsche Schlager	36	34	19	28	39	48	38
Blasmusik, Marschmusik	32	13	4	12	26	46	55
Traditionelle Tanzmusik	29	6	8	20	28	43	33
Musik der 60er/70er Jahre							
Beat- und Popmusik	25	42	50	58	32	7	2
Rockmusik	22	44	61	47	20	5	1
Dixieland-Jazz, Swing	14	11	15	20	21	13	3
Modern Jazz	8	17	18	14	8	4	1
Operetten, Musicals							
Operetten	29	1	2	11	27	38	49
Musicals	20	6	13	19	25	21	17
Klassische Musik							
Chormusik	18	5	4	7	15	21	33
Klassische Konzertmusik	18	11	8	15	19	21	24
Oper	14	2	1	6	13	19	22
Geistliche Musik	9	5	4	5	7	11	15
Musik von heute							
Disco-Musik	22	65	59	44	22	7	1
Reggae	11	13	32	24	10	2	x
New Wave	5	9	22	10	3	x	1
Punk	4	9	18	6	2	2	x
Lieder, Folklore							
Musik deutschsprachiger Liedermacher	24	16	27	37	28	20	12
Ausländische Folklore	15	8	10	19	22	15	8
Französische Chansons	14	5	11	18	21	12	8

Quelle: Noelle-Neumann/Piel (1983 — Jahrbuch — S. 34)

Der Königsweg, um an Musik zu gelangen, ist das Rundfunkgerät. Das Radio ist allerdings Teil des Familienbesitzes. Ungefähr zwei Drittel der Jugendlichen müssen das Gerät der Eltern (mit-)benutzen. Nur 23% besitzen einen eigenen Apprat, die übrigen hören ,,am Gerät von Verwandten, Bekannten oder Hauptmietern" mit (Jugendliche heute 1955, 16). Der Besitz eines eigenen Empfängers ist eng mit dem Alter gekoppelt. Die Jüngsten haben die Möglichkeit dazu kaum, erst mit dem Alter bessert sich die Lage. Ein eigenes Radio besitzen die Hörer (S.17)

mit 15-18 Jahren	6 %
mit 19-20 Jahren	14 %
mit 21-22 Jahren	31 %
mit mehr als 22 Jahren	50 %

Wir dürfen die Situation mit dem Fernsehempfang in den 70er Jahren vergleichen. Das Fernsehgerät ist Teil des Familienlebens, die Jugendlichen verfügen zum geringeren Teil über einen eigenen Zweitapparat — die Abkoppelung über Video-Recorder ist noch nicht durchgesetzt. Eine solche Mediensituation begrenzt die unabhängige Entfaltung jugendlichen Musikgeschmacks. Die ist erst mit der Verbreitung von Transistorradios, Musikkasetten und Musikanlagen unter den Jüngeren gegeben. Wir können die historische Abfolge des Medienkonsums in der Familie auch so formulieren: Das Fernsehen löst das Radio als bevorzugtes Familienmedium ab. Als dies gegen Ende der 50er Jahre geschieht, wird der Hörfunk für jugendliche Rezipienten — vom Programm bis zu den Gefühlen — freigesetzt.

Wie viele Jugendliche empfinden Mitte der 50er Jahre eine Beschränkung ihrer Auswahl — insbesondere von Musikprogrammen? Die Jugendforscher (Jugendliche heute 1955, 19) berichten von 30% jugendlicher Rundfunkhörer, für die es ,,so etwas wie eine 'verbotene Radiolektüre' gibt". Am stärksten fällt die Kontrolle für die 15-17jährigen aus. ,,Bei diesen jüngsten Befragten ist es der Vater (30%) und dann die Mutter (10%), die hier noch ein gewichtiges Wort zu sprechen haben." Was aus heutiger Perspektive als klare Beschränkung jugendlichen Medienkonsums erscheinen mag, stellen die Jugendforscher damals übrigens als geringes Ausmaß von Kontrolle heraus.

Wogegen richtet sich die elterliche Kontrolltätigkeit? Dankenswerterweise stellten die Jugendforscher vom NWDR auch diese Frage. ,,An der Spitze derjenigen Sendungen, die von den Jugendlichen nicht eingeschaltet werden dürfen, steht der Jazz mit 50% aller Nennungen." (19)

Unter Jazz wird in den 50er Jahren ein breites Spektrum musikalischer Stile eingeordnet, die nach der Modernisierung der Popularmusik zum Teil unter ,,Pop" eingeordnet würden. Gleichwohl ist der Anteil der Jugendlichen, die Jazz in diesem Sinn "besonders gern" im Rundfunk hören, sehr bescheiden. Es handelt sich um eine Minderheit von 7%. Das relativiert die elterlichen Verbote in ihrer Bedeutung etwas.

Welche Musik bevorzugt die Mehrheit der Jüngeren? Mit über 50% Nennungen steht die ,,leichte Unterhaltungsmusik" an der Spitze aller Musik- und Wortsendungen im Rundfunk zusammen. Das dürfte bei den Erwachsenen nicht viel anders gewesen sein. Es gibt allerdings eine strenge Trennlinie zwischen Massen- und Elitekultur. ,,Leichte Musik" bevorzugen in erster Linie die ,,Ungebildeten". Wer sich Bildung am Gymnasium aneignen und auf kulturelles Kapital des Elternhauses zurückgreifen kann, ist mehrheitlich Anhänger ,,Ernster Musik".

- ,,Leichte Musik hören 63% Jugendliche mit Volksschul- gegenüber 31% mit Gymnasialbildung;
- ,,Ernste Musik" ist bei 46% der Jugendlichen mit Gymnasialbildung gegenüber 20% Volksschulabgängern beliebt.

Einen zweiten Medienzugang zur Musik besorgt das Kino der 50er Jahre. Musik- und Revuefilme gehören zu einer bei Jugendlichen besonders beliebten Gattung (,,Land des Lächelns"; ,,Maske in Blau"; ,,Die größte Schau der Welt"). In der ersten Emnid-Studie von 1953 z.B. belegt die Gattung der Revue-, Operetten- und Austattungsfilme Platz drei in der Beliebtheitsskala, direkt hinter Heimatfilmen bzw. Lustspielen (Emnid 1954, 248).

Eine andere zeittypische Rezeptionssituation von Musik liefert der Theaterbesuch. Jugendliche der Jahre '53 und '54 zeigen sich in erster Linie vom Musiktheater beeindruckt. Jeweils rund 10% verweisen auf Operetten und auf Opern (Emnid 1955, S. 297).

Wir erkennen daran, daß sich — für die Mehrheit der Jugendlichen — noch keine altersspezifischen Situationen und Institutionen musikalischer Rezeption ausmachen lassen. Ältere und Jüngere beziehen sich auf die gleichen Quellen und Anlässe für musikalische Vergnügen.

Mit zwei Emnid-Fragen wollen wir das Bild einer weitgehend erwachsenenkonformen Beteiligung Juendlicher am Musikleben abrunden. 1953 fragten die Emnid-Forscher: ,,Können Sie mir bitte eine Melodie nennen, die Sie besonders gerne mögen?" Die Verschlüsselung der genannten Melodien ergibt folgende Rangreihe musikalischer Gattungen (Emnid 1954, 254):

1. lustige Schlager	19 %
2. sentimentale Schlager	13 %
3. Konzertstücke	11 %
4. Volkslieder	10 %
5. Operettenmelodien	9 %
6. Opernmelodien	4 %

(Es folgen 11 weitere Kategorien mit 3 und weniger %.)

Schlagend ist das Ergebnis der Frage nach bekannten Musikern, die Jugendlichen 1955 vorgelegt wird (Fröhner 1956, 370). 59% der Befragten nennen Vertreter der offiziellen musikalischen Hochkultur (europäisches Musikerbe vom Barock bis zur Moderne; Oper und Operette). Nur 16% beziehen sich auf ,,Schlager- und Jazzkomponisten, ferner Schlager- und Jazzsänger, Dirigenten von Unterhaltungsorchestern, Jazzmusiker (und 25% können keine Angaben machen).

Die Einfügung der jüngeren in die musikalische (Hoch-)Kultur der Erwachsenen geschieht weitgehend sprachlos. So resümiert der pädagogische Jugendforscher Roessler (1957, 343 f.), der zwischen 1948 und 1956 Tausende von schriftlichen Selbstzeugnissen jugendlicher Schüler sammelte:

,,Die Stellungnahme zum musikalischen Bereich fällt der Jugend offensichtlich am schwersten, weil auch den Wortgewandteren das entsprechende Vokabular fehlt."

Es ist kaum vorstellbar, daß ein Jugendforscher der 80er Jahre eine entsprechende Feststellung für die heutige Jugendgeneration treffen könnte.

Aus dem Blickwinkel der Studien Jugend '81 und Jugend '85

Wie thematisieren Jugendstudien der 80er Jahre die musikalische Kultur der Jüngeren? Nehmen wir als ein repräsentatives Beispiel die eigenen Studien "Jugend '81" und "Jugend '85". Um das Ergebnis der (Selbst-)Prüfung vorwegzunehmen: Vor allem drei Fragefelder fallen auf, die gegenüber den Jugendstudien der 50er Jahre Unterschiede setzen:

- Die eigene musikalische Tätigkeit der Jugendlichen, insbesondere der Umgang mit Musikinstrumenten, ist ins Blickfeld des Interesses gerückt;
- Musikkonsum in seinen verschiedenen Ausdrucksformen wird als Teil jugendspezifischer Alltagskultur verstanden;
- Jugendliche Musikinteressen werden auf ihr Konfliktpotential mit der Erwachsenengeneration hin untersucht. Es wird gefragt, ob und wieweit Musik Chiffre für jugendliche Verweigerung und politische Sezession ist.

Welche Fragen stehen im Einzelnen für einen solchen Wechsel der Perspektive? Wir greifen charakteristische Beispiele heraus, wobei wir den Umgang mit Musikinstrumenten, dem ein eigenes Kapitel gewidmet ist, hier ausklammern.

Jugendlichen der 80er Jahre bieten sich verschiedene kulturelle Institutionen als Ausdrucksmittel unverwechselbarer Persönlichkeit an. Musik konkurriert mit Sport, politischer Bewegung, Mode, Motorisierung, Neuer Technologie usw. Um die entsprechenden kulturellen Tätigkeitsfelder scharen sich Gruppen von "Fans", die aus ihrer Anhängerschaft Kapital für die Herausbildung persönlicher Identität schlagen. Die Fan-Kultur und deren medienöffentliche Inszenierung ist alterssegregierend, bezogen in erster Linie auf die jugendlichen Altersgruppen. Allerdings zeigen sich Tendenzen, daß zunehmend Kinder, aber auch Angehörige der Erwachsenengeneration sich als „Fans" zu verstehen lernen.

Musikkultur der 80er Jahre erweist sich als allgemeinstes Mittel jugendlicher Selbstdarstellung. In der Studie „Jugend '81" beziehen sich 15-24jährige weitaus am häufigsten auf Musik als stilbildendes Medium. (Zwei Dutzend kulturelle Felder und Stile standen zur Auswahl.) So rechnen sich 36% selbst zu den "Fans" bestimmter Musikgruppen (Jugendwerk 1982, Bd. 3, 79).

Die Jugendstudie '84 belegt, daß es sich bei den Musik-Fans um eine Äußerung von Jugendkultur handelt. Während sich 30 % der Jugendlichen als Anhänger von Stilen und Gruppen der Musikszene bekennen, spielt eine solche Zuordnung bei den 45-54jährigen keine Rolle (5 %). Der Hälfte der Erwachsenen sind solche Äußerungsformen musikalischen Geschmacks „ziemlich egal". (Die Frage wurde nur in der Vorerhebung gestellt.)

Parteibildungen, die sich auf Fragen des Geschmacks in der Populärmusik gründen, beginnen in den 80er Jahren lebensgeschichtlich früh. Die Fankultur ist unter den Jüngeren am stärksten verbreitet.

So rechnen sich zu den Anhängern von Musikgruppen ...

46 %	15-17jährige
33 %	18-20jährige
29 %	21-24jährige

Der Höhepunkt musikalischer Fankultur liegt Anfang/Mitte der 80er Jahre sogar noch weit vor dem 15. Lebensjahr. Die charakteristische (modale) Zeit bilden die Jahre zwischen 12 und 13 (Zinnecker 1983, 195 ff., 158 f.), wir haben es hier also mit einem Ausdrucksmittel der "Teeny-Kultur" zu tun (vgl. Breyvogel/Helsper 1980 a,b), wie gelegentlich abfällig die Jahre der Statuspassage zwischen Kindheit und Jugend betitelt werden.

Ein zweites Beispiel für den Horizont der heutigen Jugendforscher: 1981 und 1984 wurden Jugendliche danach gefragt, wie häufig sie dem ,,Alltagsflip" fröhnen, ,,Musik irrsinnig laut (zu) hören". Auch hier stellt sich heraus, daß die Praxis - was ihre Verbreitung betrifft - an der Spitze vergleichbarer Techniken liegt, sich von der Last der Alltagsroutine zu lösen (Zinnecker 1982, S. 556 ff.; Fuchs 1985, S. 27 ff.).

Es hören Musik irrsinnig laut (in %)

	Jugend '81 (15-24 J.)				Jugend '84 (15-24 J.)	Erwachsene '84 (45-54 J.)
	Alle	15-17	18-20	21-24	(Vorerhebung)	(Vorerhebung)
öfters	34	49	29	24	38	3
gelegentlich	44	38	47	48	46	18
nie	22	13	24	28	15	79
	100	100	100	100	99	100

Es sind vor allem die Jüngeren, die musikalisch vermittelte Körpererfahrung suchen. Schon ab dem 18. Lebensjahr geht die Bedeutung zurück; bei Erwachsenen spielt eine solche Erfahrung praktisch keine Rolle mehr (3%).

,,Musik irrsinnig laut hören" hängt mit anderen Flip-Praxen eng zusammen. Verwandte Praktiken von Jugendlichen sind insbesondere: eine Nacht durchmachen (+ 0,4), viel Alkohol trinken (+ 0,3), seinen Körper bis zum letzten verausgaben (+ 0,3). Man ersieht aus dieser Nähe, worum es sich beim Musik-Flip in erster Linie handelt: Es geht um eine Verstärkung der Körpererfahrung in Psychoräumen jenseits des alltäglichen Handlungsgefüges. Überdimensionierte musikalische Lautstärke läßt ,,Bässe körperlich hören" und

vermag auf akustischem Weg ,,Intensitätserlebnisse" herzustellen. ,,Wer Musik so laut hört, daß sie Reize auf der Haut erzeugt, will sich damit selber spüren...
derjenige, der Musik so laut hört versichert sich praktisch, daß es seinen Körper gibt. Deshalb ist es eigentlich eine Körpermusik, eine Musik, die unmittelbar in den Körper geht." (Liede/Ziehe 1983, 56 f.)

,,Musik irrsinnig laut hören" erweist sich als Teil eines jugendkulturellen Lebensstils. Die jungen Anhänger dieses Flips besitzen ein ausgewiesenes Profil. Sie zählen soziodemografisch zu jüngeren großstädtischen Hauptschülern und Lehrlingen, deren Elternhaus deutlich in der Arbeiterklasse verankert ist. ,,Bevorzugtes Terrain ist die großstädtische Lebenswelt, deren kommerzieller Vergnügungsraum. Ausgehen, gemeinsam einen trinken, Kneipen- und Discobesuche, viel Trubel und Quatsch bestimmen das Bild dieser Altersgesellschaft. ... Sie genießen die neue Teilhabe an der Vergnügungskultur der Erwachsenen, die ihnen bis vor kurzem noch versperrt war, die sie sich in diesen Jahren Zug um Zug erobern: Die Riten des Alkoholgenusses, die neuen erotischen Freiheiten, das eigene Fahrzeug. ... Man wohnt zu Hause, steht der politischen Welt der Erwachsenen fern, macht sich um die Zukunft als Erwachsener noch keine besonderen Gedanken. Das einzige, was man weiß, ist, daß man nicht zu häuslich und zu wohlgesittet leben möchte. Man probt ja gerade den Ausbruch aus dieser häuslichen Welt, stellt sich die Zukunft vielleicht als Linienverlängerung dieses Zustandes vor." (Zinnecker, 1982, 573 f.)

Jugendliche nutzen Musik häufiger als Erwachsene auch zu meditativen Zwecken — als eine ,,Möglichkeit, sich mit seinem Leben zu beschäftigen." Der musikalischen Unterstützung versichern sich hierbei (Frauen etwas häufiger als Männer):

	Jugend '84 (Vorerhebung)	Erwachsene '84 (Vorerhebung)
öfters	82 %	60 %
gelegentlich	17 %	37 %
nie	1 %	3 %

Notierenswert erscheint die geringe Beliebtheit des Faches Musik in der Schule, vor allen Dingen bei Jungen, wo es ganz am Ende der Rangfolge der Schulfächer landet. (Nur 19% der männlichen im Vergleich zu 33% der weiblichen Jugendlichen zählen den Musikunterricht zu ihren Lieblingsfächern (Fischer u.a. 1985, Bd. 5, 168).) Angesichts der Bedeutung von Musik im Lebenszusammenhang heutiger Jugend deutet dieser Befund auf ein starkes Spannungsfeld zwischen Musikdidaktik und jugendlichem Musikerleben hin (z.B. Wiechell 1977).

Ein drittes Merkmal: Musikalische Sozialisation wird ganz selbstverständlich als Konfliktfeld im Elternhaus angesehen. So richtet sich eine der rückerinnernden Fragen — Erwachsenen wie Jugendlichen gestellt — auf die Auseinandersetzungen zu Hause ,,wegen der Musik, die (man) hören wollte" (Zinnecker 1985, Bd. 3, 101 ff.). Empirisch stellt sich dabei allerdings heraus, daß Musik hören weder in den 50er noch in den 80er Jahren zu zentralen Konfliktanlässen im Elternhaus gehört. Nach der Häufigkeit der Nennungen rangieren entsprechende Auseinandersetzungen bei der Eltern- wie bei der Jugendgeneration im letzten Viertel einer längeren Liste möglicher Konflikte. 19% der 15-24jährigen erinnern sich, daß sie sehr häufig/bzw. häufig wegen der Musik, die sie hören wollten, Streit hatten, 31% geben ,,gelegentlich" an, 50% wissen von keinerlei Dissens in dieser Frage (S. 116). Musik führt genauso oft bei Jungen wie bei Mädchen zu Zwist, gehört also nicht zu den geschlechtstypischen Erziehungskonflikten. Beachtenswert ist eine Verlagerung des Konfliktalters zwischen 50er und 80er Jahren. In den 50er Jahren ist Musikkonsum ein Streitpunkt ab dem 15. Lebensjahr; in den 70er und 80er Jahren hat sich der Streit um die musikalische Selbstbestimmung der Jüngeren lebensgeschichtlich vorverlagert. Er wird jetzt in erster Linie während der Pubertät, etwa im Alter zwischen 13 und 14, ausgefochten (S. 112).

Musikalische Praxis im Alters- und Generationsvergleich

Die Jugendforscher der 80er Jahre interessieren sich ausdrücklich für die musikalische Eigentätigkeit der Jugendlichen. Auf diesen Sachverhalt zielt die Frage: ,,Spielst Du ein Musikinstrument?"

Zum Verständnis der Fragestellung sei angemerkt, daß hier nicht zwischen gegenwärtiger Musikpraxis und der einmal erworbenen Fähigkeit getrennt wird, ein Instrument zu spielen.

Musikalische Betätigung, Singen oder Instrumente spielen, ist in der gegenwärtigen Gesellschaft Teil einer pädagogisch betreuten und privilegierten Kindheit, ähnlich wie das freie Spielen in dieser Altersphase. In dem Maße, wie man aus diesem kulturellen Reser-

Tab. 18: „spielst Du (spielen Sie) ein Musikinstrument?"
— Angaben in % —

	Es spielen ein Musikinstrument...			
	Alter	Alle	männlich	weiblich
Kinder '80[1]	10-13	57	47	70
Jugend '84[2]	4-13[3]	56	46	66
	15-17	35	27	41
	18-20	30	23	38
	21-24	27	30	23
Erwachsene '84[2]	4-13[3]	37	38	36
	45-54	21	23	19

Quellen: 1 Noelle-Neumann/Piel (1983 — Jahrbuch —, S. 35) („Spielen Sie ein Instrument?")
2 Fischer/Fuchs/Zinnecker 1985, Bd. 5, S. 162, 256, 199, 300; Kirchner 1985, S. 128ff.
3 Erinnerung an die eigene Kindheit.

vat herauswächst, werden die schönen Künste zugunsten der Realien — einem wissenschaftlich rationalisierten Weltbild — zurückgedrängt bzw. zum beruflichen Merkmal der Künstler und Musiker, einer Spezialistengruppe unter den Erwachsenen deklariert. Im Sinne dieser Alters- und Gesellschaftsnorm sind die Ergebnisse von Tabelle zu werten. Mit dem Erlernen und Spielen von Musikinstrumenten sind in erster Linie Kinder beschäftigt. In der Jugendphase bereits geht die Bedeutung der Musikausübung zurück. Unter den Erwachsenen ist es nur noch eine Minderheit, die sich musikalisch betätigt. Genau die gleiche Alterspyramide erhalten wir übrigens, wenn wir das Schicksal literarischer und künstlerischer Praxen lebensgeschichtlich zurückverfolgen (Zinnecker 1985, Bd. 2).

Wir müssen jedoch auch generationsspezifische Effekte in Rechnung stellen. In eine solche Richtung weist beispielsweise die Rückerinnerung von Jugendlichen und Erwachsenen '84 an ihre Kinderzeit. Während 56% der 1960 bis 1969 Geborenen sich an Musikinstrumente in der Kindheit erinnern, tun dies von den zwischen 1930 und 1939 Geborenen nur 37%. (Einschränkung: Erwachsene erinnern generell weniger Tätigkeiten aus der Kindheit als Jugendliche.)

Ein Musikinstrument zu erlernen und zu spielen, hat für männliche und weibliche Jugendliche eine ganz unterschiedliche lebensgeschichtliche Bedeutung (vgl. Kirchner 1985). Bei Mädchen ist die musikalische Betätigung Teil geschlechtsspezifischer Familienerziehung. Das spiegelt sich in dem hohen Prozentsatz von Frauen wider, die als Kinder Instrumente spielen. In den beiden folgenden Statuspassagen — vom Kind zur Jugendlichen und von der Jugendlichen zur erwachsenen Frau — geht der Anteil von Frauen mit musikalischer Praxis drastisch zurück. Musikmachen ist Ausdrucksmittel einer konformen Mädchensozialisation während der Kindheit und zugleich Dokument des elterlichen Willens, kulturelles Kapital an die nächste Generation zu vererben: Musikausübung bei Mädchen ist — anders als bei den Jungen — eng an die Bildungsressourcen der Herkunftfamilie gebunden. Es handelt sich um die Bestätigung eines — modernisierten — Bildes der „höheren Tochter". Zu deren kultureller Grundausstattung gehört in jungen Jahren eine Blockflöte und — als Folgeinstrument — später dann ein Klavier.

Bei männlichen Jugendlichen dominiert ein anderer Typus. Die musikalische Praxis in der Kindheit ist bei Jungen seltener als bei Mädchen. Das „Blockflöten-Alter" wird bei ihnen gern ausgespart (Noelle-Neumann/Piel 1983, 35); jedenfalls gilt dies für Gegenwart und 70er Jahre. Bei der Kindheit in den 30er und 40er Jahren finden wir — wenn wir den Erinnerungen der Elterngeneration trauen dürfen — keine Unterschiede zwischen Jungen und Mädchen, was die musikalische Praxis angeht. Zwischen dem 15. und 24. Lebensjahr geht der Anteil der männlichen Jugendlichen, die ein Instrument spielen, keinesfalls wie im Fall der Mädchen zurück — eher im Gegenteil. Das dominierende Musikinstrument der männlichen Adoleszenz ist — in den 80er Jahren — die Gitarre. 48% spielen eine akustische Gitarre, 21% eine E-Gitarre.

Die Wahl der Gitarre verrät etwas über den Sinn der musikalischen Praxis, handelt es sich doch bei der Gitarre um das zentrale Instrument der Pop(ular)-Musik seit den Zeiten des Rock'n'Roll. Die Musikpraxis der männlichen Jugendlichen steht also im Verweiszusammenhang einer jugendkulturellen Betätigung. Ganz im Gegensatz zum dominanten Typus weiblichen Musizierens, wo es eher um die Bestätigung kulturellen Erbes — das des Elternhauses und das der weiblichen Sozialisation — geht, deutet der dominante Typus männlicher Musikpraxis auf den Kontext jugendlicher Identitätssuche und -krise hin. Männliche Jugendliche mit instrumentaler Praxis zeichnen sich denn auch durch Abgrenzungen im ideologisch-kulturellen Sektor aus. Sie zeigen im Vergleich zu „Nicht-Musikern" ausgeprägte Sympathie mit aktuellen sozialen Bewegungen, fühlen Grün-Alternativ, neigen zu eher pessimisti-

Jugendliche '84, Jugendliche '66 und Erwachsene '84. Art der Musikinstrumente. – in % –.

	Jugendliche '84			Jugendliche '66			Erwachsene '84		
	männl.	weibl.	Ges.	männl.	weibl.	Ges.	männl.	weibl.	Ges.
Gitarre	48	37	42	29	15	23	17	10	14
Blockflöte	14	58	39	12	47	28	15	34	23
Klavier	14	30	23	22	32	27	19	34	26
E-Gitarre	21	1	10	–	–	–	–	–	–
Mundharmonika	11	6	8	18	10	15	47	30	39
Geige	2	4	3	9	11	10	7	6	7
	197	188	192	138	145	143	172	162	170

scher Einschätzung der gesellschaftlichen Zukunft und sind häufiger in Konflikte mit dem Elternhaus verstrickt. Musikalische Praxis eröffnet die Möglichkeit — so können wir den Zusammenhang deuten —, jugendliches Moratorium an die kulturelle Tradition künstlerischer Existenzweise außerhalb des bürgerlichen Alltagslebens anzunähern. Die historische Entwicklung jugendkultureller Musikindustrie schuf und erweiterte eine geeignete Rahmung für das Durchleben jugendlicher Identitätskrise.

Für die Zeit der 50er Jahre liegen unseres Wissens keine direkten Vergleichsfragen vor. Eine relativ ähnliche Fragestellung verfolgt die Emnid-Jugendstudie von 1965, die 14-21jährige einbezog (Emnid 1966, 129, 132). Damals gaben 17% der Befragten ,,Musizieren, ein Instrument-Spielen" als ,,Interessengebiet" an. (Sie konnten aufgrund einer Liste von 10 musischen Interessengebieten auswählen.) 1984 sind es 30%, die ein Instrument spielen. Das Ergebnis berechtigt — mit Einschränkung — zur Aussage, daß der Anteil Jugendlicher mit aktiver Musikpraxis in den 80er Jahren höher als Mitte der 60er Jahre liegt. Beigefügte Grafik zeigt, um welche Instrumente es sich dabei in erster Linie handelt. Unverkennbar ist der Aufstieg der Gitarre, akustisch wie elektronisch. Außer Mode dagegen das volkstümliche und preiswerte Instrument der Nachkriegsjahre, die Mundharmonika. Kaum noch eine Rolle spielt Mitte der

80er Jahre die Geige, während das Klavier seine Stellung halten konnte. An Bedeutung eher gewonnen hat die Blockflöte — auf deren Bedeutung für die Mädchensozialisation während der Kindheit wir oben bereits hinwiesen.

Musikalische Praxis mit Instrumenten hat ihre Bedeutung als Ausdrucksform von Bildungskapital über die zwei Jahrzehnte hin beibehalten. 1965 wie 1984 sind es mehrheitlich Jugendliche mit privilegierter Bildung, die ein Instrument spielen. 1984 zum Beispiel sind die Absolventen verschiedener Schullaufbahnen wie folgt beteiligt:

Schulniveau	Anteil Instrumente
Hauptschule	24 %
Realschule	28 %
Gymnasium	41 %

Das Instrument, das bürgerliche Kultur und Bildung am stärksten symbolisiert, ist — damals wie heute — das Klavier. Noch stärker an das Bildungskapital geknüpft ist lediglich die Kunst des Geigespielens, die jedoch rein zahlenmäßig in den 80er Jahren kaum mehr ins Gewicht fällt. Bei Mädchen kommt auch noch der akustischen Gitarre eine gewisse klassenspezifische Bedeutung zu. Das in den 80er Jahren allseits beliebte Instrument ist bei Schülerinnen und Absolventinnen des Gymnasiums besonders häufig vertreten. (Gitarre spielen Mädchen mit Volksschulbildung: 26%, mit Mittelschulbildung: 39%, mit Gymnasialbildung: 43%.) Gibt es „volkstümliche" Instrumente für Jugendliche mit geringem kulturellen Kapital? Eine entsprechende Tendenz ist weniger ausgeprägt. Immerhin lassen sich hier verorten: (Blech-)Blasinstrumente; Ziehharmonika; Schlagzeuge aller Art.

Ähnlich konstant über die Zeit blieb auch die geschlechtsbezogene Polarisierung instrumentaler Praxis. Musikalische Ausdrucksmittel für Mädchen waren bzw. sind Blockflöten/Querflöten und Klavier. Bei Jungen sind dies E-Gitarren, z.T. auch akustische Gitarren sowie weitere Zupfinstrumente, Schlagzeuge aller Art, Blasinstrumente (Blech).

Musikalische Veranstaltungen

Eine der Vergleichsfragen zwischen 50er und 80er Jahren bezieht sich auf den Besuch musikalischer Veranstaltungen. Jugendliche der 50er Jahre wurden danach gefragt, ob sie im letzten halben Jahr eine solche Veranstaltung besucht haben; eine Folgefrage interessierte sich für die Eindrucksqualität dieses Erlebnisses. 1984 stellten wir die entsprechenden Fragen sowohl Jugendlichen als auch Erwachsenen (Tabellen 19 und 20).

1954 und 1955 hat sich noch keine altersspezifische Musikkultur und Musikszene ausdifferenziert. Jugendliche und ihre Eltern besuchen ähnliche Typen von Veranstaltungen: Je nach sozialer Herkunft und musikalischer Bildung mehr Konzerte mit klassischem Musikrepertoire, geistliche und Chormusik oder eher Operetten und volkstümliche Unterhaltungsmusik (sogenannte Bunte Veranstaltungen, Märsche und Blasmusik).

29% (1954) bzw. 30% (1955) der Jugendlichen haben seinerzeit „im letzten halben Jahr eine musikalische Veranstaltung" der beschriebenen Art besucht. Ein relativ hoher Prozentsatz derer, die schon einmal eine musikalische Veranstaltung besuchten, kann von sich angeben, daß „eine von den musikalischen Veranstaltungen" sie „besonders beeindruckt" habe (1954: 78%; 1955: 53%).

In den 50er Jahren macht sich bei dieser Frage das kulturelle Gefälle zwischen Stadt und Land deutlich bemerkbar. Musikveranstaltungen werden vor allem in den großen Städten angeboten. Deshalb berichten überwiegend Jugendliche aus den Metropolen über entsprechende Erfahrungen (an erster Stelle Berliner). Die Mehrheit der dörflichen Jugend gibt an, noch nie ein Konzert besucht zu haben.

Ansonsten konzentriert sich der Konzertbesuch auf die besser gebildeten Kreise unter den Jugendlichen.

1984 hat sich das Bild völlig verschoben, und dies in quantitativer wie in qualitativer Hinsicht. (Im Folgenden werden Ergebnisse berichtet, die nur in Vorerhebungen Februar 1984 bei einer kleineren Gruppe von Erwachsenen und Jugendlichen gewonnen wurden. Die Verteilungen fielen so eindeutig aus, daß die Projektgruppe sich entschloß, die beiden Wiederholungsfragen in der Haupterhebung — die ja um die Hälfte gekürzt werden mußte — einzusparen. Die Frage der Repräsentativität der Vorerhebungen ist mit gebotener Vorsicht zu beurteilen.) Was die quantitative Seite angeht, so ist festzustellen, daß 1984 mehr als doppelt so viele Jugendliche eine musikalische Veranstaltung besucht haben als Jugendliche der Jahre 1955/1956. Waren es damals 29% bzw. 30%, sind es diesmal 64%. Auch Erwachsene besuchen mehr Musikveranstaltungen, als sie dies im Jugendalter taten (50%).

In den Untersuchungen Mitte der 50er Jahre stoßen wir auf einen erheblichen Prozentsatz von Jugendlichen, die sich nicht erinnern

Tab. 19: „Hast Du (Sie) im letzten halben Jahr eine musikalische Veranstaltung besucht?“[1]

	Jugend '54 (November)				Jugend '55 (Dezember)				Jugend '84 (Februar)[2]				Erwachsene '84 (Februar)[3]
	Alle	Alter in Jahren			Alle	Alter in Jahren			Alle	Alter in Jahren			Alle
		15-17	18-20	21-24		15-17	18-20	21-24		15-17	18-20	21-24	
n =	1493	493	463	537	1464	527	439	498	261	76	85	100	239
	%	%	%	%	%	%	%	%	%	%	%	%	%
Ja	29	24	29	33	30	27	32	32	64	59	66	65	50
Nein	19	14	17	26	43	37	43	49	34	33	33	35	47
Noch nie besucht	52	62	54	41	26	35	24	18	3	8	1	—	3
Keine Angaben	—	—	—	—	1	1	1	1	—	—	—	—	—
	100	100	100	100	100	100	100	100	101	100	100	100	100

1 *Frage-Variante 1954:* „Haben Sie im letzten halben Jahr zufälligerweise eine musikalische Veranstaltung besucht?“
2/3 Vorerhebungen. Quoten-Stichprobe mit eingeschränkter Repräsentativität.
Keine mitteilenswerte Unterschiede nach Geschlecht 1954/1955/1984.

Tab. 20: „Hat Sie eine von den musikalischen Veranstaltungen, die Sie bisher besucht haben, besonders beeindruckt?" (Offene Frage)

		Jugend '54	Jugend '55	Jugend '84	Erwachsene '84
Teilges.	n =	(567)	(454)	(140)	(87)
		%	%	%	%
Symphonien und Solistenkonzerte		32	29	7	26
Opern, Operetten		16	26	6	17
Geistliche und Chormusik		24	16	4	14
Volksmusik, Märsche, Blasmusik		8	10	3	15
Tanz- und Unterhaltungsmusik / Jazz		8	6	1 } 4	20 } 22
„Bunte Veranstaltungen"		8	6	2	14
Hausmusik, Schulkonzerte		3	3	1	2
Popgruppen		—	—	69	3
Liedermacher		—	—	14	—
Sonstige Veranstaltungen		—	3	1	—
		99	99	111[1]	113[1]
Von allen Befragten waren beeindruckt von einer Veranstaltung:		78	53	57	45

Quellen: Emnid 1955, 299ff.; Fröhner 1956, 362ff.; Jugendliche und Erwachsene '84 (Vorerhebungen)

[1] Mehrfachantworten

können, jemals in ihrem Leben einer musikalischen Veranstaltung beigewohnt zu haben. Das Defizit ist bei den Jüngsten am stärksten ausgeprägt. 1954 sind 62% der 15-17jährigen ohne entsprechende Erfahrung, 1955 sind es in dieser Altersgruppe nur noch 35%.

Es ist im Nachhinein nicht mehr zu klären, warum die Ergebnisse der Emnid-Erhebungen 1954 und 1955 bei dieser Frage so stark abweichen. Denkbar ist ein Einfluß der sprachlich modifizierten Fragestellung; aber auch ein Ansteigen entsprechender Angebote in diesen Jahren ist nicht auszuschließen. Unbeschadet dieser Differenz bleibt der Abstand zu den Jugendlichen der 80er Jahre in jedem Fall erheblich. 1984 finden sich kaum Jugendliche, die noch keine Musikveranstaltung in ihrem Leben miterlebt haben. (15-17jährige = 8%) Die Differenz zwischen 50er und 80er Jahren bei den jüngeren Altersgruppen verweist darauf, daß auch in diesem Bereich kultureller Konsumtion Jugendliche heute durchschnittlich um Jahre früher einschlägige Erfahrungen machen.

Die Eindrucksqualität der besuchten Veranstaltungen verblieb auf dem Niveau von 1955, ließ aber im Vergleich zur Untersuchung von 1954 nach. 57% der Jugendlichen und 45% der Erwachsenen '84 waren laut eigenen Angaben von wenigstens einer der Veranstaltungen „besonders beeindruckt".

Das zweite trennende Moment zwischen Jugendlichen der 50er und 80er Jahre ist qualitativer Art. Während bis Mitte der 50er Jahre das Veranstaltungsangebot nicht weiter zwischen Jugendlichen und Erwachsenen trennt, hat sich dieser kulturelle Sektor inzwischen zweigeteilt. Die Generation der Erwachsenen zeigt sich 1984 noch vom gleichen Typus der Musikveranstaltung beeindruckt, dem sie bereits in ihrer Jugend in den 50er Jahren huldigte. Symphonien, Solistenkonzerte, Opern und Operetten haben anscheinend für diese Generation nichts an Attraktivität verloren. Eine gewisse Akzentverschiebung zeigt sich lediglich bei geistlicher und Chormusik. Deren Bedeutung ist für Erwachsene zugunsten säkularisierter Tanz- und Unterhaltungsmusik etwas zurückgegangen.

Für Jugendliche hat sich der Typus der besuchten Veranstaltungen erheblich gewandelt. Jugendliche der 80er Jahre zeigen sich von ganz anderen musikalischen Veranstaltungen angetan. Mit weitem Abstand werden Popgruppen genannt (69%), mit einigem Abstand Liedermacher (14%). Die überlieferte ernste Musik ebenso wie die traditionale Popularmusik erhalten nur wenig Voten bei den Jüngeren. Eine Gegenüberstellung der jugendlichen und erwachsenen Geschmacksvoten '84 mag die Ausdifferenzierung der Musikkultur deutlich machen:

Es waren beeindruckt durch …

	Jugend '84	Erwachsene '84
Tradierte E-Musik	14 %	54 %
Tradierte U-Musik	6 %	48 %
Konzerte Popgruppen	69 %	3 %
Liedermacher	14 %	—

> ,,Es ist gar nicht so, daß die modernen Tänze, wie manche älteren Menschen glauben, für Leute von Geschmack untragbar seien. Sie sind es, abgesehen von den ans Akrobatische reichenden Grenzfällen, die mit Geschmack nichts mehr zu tun haben, nur dann, wenn man sie geschmacklos tanzt und damit dem reizvollen Gesellschaftsspiel, das der Tanz ja ist, jeden Zauber nimmt. Ein taktvolles Tanzpaar wird für die exzentrische Schlenkrigkeit oder müde Saloppheit der Jünglinge und "Jünglinginnen" in den Existentialistenkellern nicht viel übrig haben, auch nicht für die undelikaten Klammertänze." (Oheim: Einmaleins des guten Tons. 1955, 273)

Teilnahme an der Tanzkultur gehört — ganz wie Partizipation an Musik auf der einen und Sport auf der anderen Seite — zu den herausragenden Merkmalen der sozialen Altersgruppe Jugend. Jede Umfrage, die nach Altersgruppen getrennt das Tableau aktueller Freizeitvorlieben oder -tätigkeiten anspricht, fördert erhebliche Unterschiede zutage. Nehmen wir das Beispiel einer repräsentativen Allensbach-Umfrage aus dem Jahr 1978 (Noelle-Neumann/Piel — Jahrbuch — 1983, 67). Danach gehen ,,häufiger zum Tanzen" mit ...

14 - 19 Jahren	56 %
20 - 29 Jahren	37 %
30 - 39 Jahren	18 %
40 - 49 Jahren	13 %
50 - 59 Jahren	8 %
60 Jahren u.ä.	5 %

Ganz ähnliche Prozentunterschiede stellen sich ein, wenn nach den bevorzugten oder auch den realisierten Urlaubstätigkeiten gefragt wird. Bei den Jugendlichen steht auch hier das Tanzengehen mit an erster Stelle der Urlaubsvergnügen, ganz anders als bei den erwachsenen Altersgruppen, wo es eher am Ende der Rangskala zu finden ist (z.B. Noelle-Neumann 1977, 239; Noelle-Neumann 1976, 47).

Es ist nicht möglich, an dieser Stelle die Geschichte von Tanzformen und Jugendkultur in den letzten drei Jahrzehnten zu rekapitulieren (vgl. hierzu Eichstedt/Polster 1985; C. Fischer 1985). Unser Vergleich jugendlicher Einstellungen zum Tanz zwischen 1954/55 und 1984 unterstellt stillschweigend ein ungefähres Wissen über diesen Zusammenhang. Die Umfrageforschung beleuchtet — als Panoramablick auf Jugend aus einer gewissen Entfernung — ohnehin weniger spektakuläre Stile und Subkulturen der Tanzszene als vielmehr die Gesamtlage einer Jugendgeneration in ihrer Zeit. Anhand der Umfragen können wir allerdings den Einfluß abschätzen, den öffentlich sichtbare Stilrichtungen auf die Mehrheit der Jüngeren und deren Geschmackskultur nehmen.

Früher lebensgeschichtlicher Beginn

Der Langzeitvergleich fördert zunächst einen überraschenden Befund zutage. Trotz erheblicher Wandlungen im Tanzbetrieb sind die Quoten jugendlicher Beteiligung konstant geblieben. Das gilt auch für das Mehrinteresse der Mädchen daran. (Ungewiß bleibt, wie es in den Jahren zwischen 1954/55 und 1984 mit der jugendlichen Teilnahme aussah.) Über der Kontinuität dürfen wir nicht vergessen, wie sich die lebensgeschichtliche Einlagerung des Tanzengehens für die Jüngeren gewandelt hat.

Im Einzelnen zeigt der Vergleich in Tabelle 21, daß das Interesse am Tanz 1954/55 und 1984 gleich hoch ausfällt.

Tab. 21: „Tanzt Du gerne?" (Geschlossene Frage)

	Jugend '54 (15-24 Jahre)	Jugend '55 (15-24 Jahre)	Jugend '84 (15-24 Jahre)	Erwachsene '84 (45-54 Jahre) (Vorerhebung)
n =	(1493) %	(1464) %	(1472) %	(239) %
ja	67	65	66	64
Nein	17	19	31	34
Noch nie getanzt	15	16	3	2
K.A.	1	—	—	—
	100	100	100	100

Quellen: Emnid 1955, 23f, 141; Fröhner 1956, 95f, 266f; Jugendliche und Erwachsene '84

Unabhängig vom Alter geben rund zwei Drittel der Jugendlichen an, gern zu tanzen. Der Kreis der Tanzinteressierten ist unter den Erwachsenen '84 gleich groß wie zur Jugendzeit dieser Generation 1954/1955.

Gleich geblieben ist auch das Mehrinteresse der Mädchen am Tanzen. Es tanzen und tanzten gern: Jeweils rund 80% der Mädchen und 50% der Jungen.

Tab. 22: Anteil der Jugendlichen, die noch nie getanzt haben, nach Alter und Geschlecht (in %)

		Jugend '54	Jugend '55	Jugend '84
Alter	15 - 17 Jahre	32	34	4
	18 - 20 Jahre	11	9	3
	21 - 24 Jahre	3	4	2
Geschlecht	männlich	22	24	5
	weiblich	8	7	1

Was hat sich demgegenüber verändert?

Deutlich verringert hat sich der Anteil der „Nichttänzer" — Jugendliche, die angeben, noch nie getanzt zu haben. 1954/55 sind dies 15% bzw. 16%, 1984 nur noch 3%. Eine Aufgliederung nach Lebensalter und Geschlecht zeigt, daß die vielen Nichttänzer der 50er Jahre vor allem in der jüngsten Altersgruppe der 15-17jährigen anzutreffen sind. Dabei handelt es sich vorwiegend um Jungen (Tabelle 22).

Ein solches Ergebnis läßt sich unter dem Gesichtspunkt der lebensgeschichtlichen Vorverlagerung bestimmter Jugenderfahrungen lesen. Jugendliche der 80er Jahre haben mit 15 Jahren durchweg Zutritt zu einem Aktivitätsbereich, der mit gewissen gegengeschlechtlichen erotischen Erfahrungen verknüpft ist. In den 50er Jahren war rund jeder dritte Jugendliche im Alter zwischen 15 und 17 Jahren hiervon ausgeschlossen. Was damalige von heutiger Jugendauffassung trennt, verdeutlicht der Kommentar der Emnid-Berichterstatter: „Naturgemäß (!) ist der Anteil der am Tanzen Interessierten bei den älteren Jugendlichen größer als bei den jüngeren." (Emnid 1955, 23) Über historische Abweichungen vom „Naturgemäßen" informiert die folgende Aufstellung:

Es tanzen gern im Alter von ...

	Jugend '54	Jugend '55	Jugend '84
15 - 17 Jahren	53 %	50 %	68 %
18 - 20 Jahren	73 %	70 %	66 %
21 - 24 Jahren	76 %	74 %	65 %

Vom Gesellschaftstanz zum Freien Stil

Der soziokulturelle Wandel der Tanzkultur wird erst bei der Frage nach den bevorzugten Tänzen sichtbar. Die Entwicklung verläuft parallel zur Musikkultur. Das liegt nahe, bilden Tanzveranstaltungen doch einen der bevorzugten Orte, wenn es um die Rezeption jugendspezifischer Musik geht. Wie im Fall der Musik ist die jugendliche Tanzkultur bis Mitte der 50er Jahre noch weitgehend in die vorgegebenen gesellschaftlichen Tanzformen und in die Tanzanlässe der örtlichen Erwachsenengesellschaft eingebunden. In den folgenden Jahrzehnten entwickelt sich die Tanzkultur der Jüngeren eigenständig. Im Rahmen einer Vergnügungsindustrie, die sich auf den jugendlichen Markt spezialisiert, entstehen eigene Rauminszenierungen wie die Diskotheken, separate Musikstile und Formen des Tanzens.

Sowohl 1954/1955 als auch 1984 schloß sich an die Interessenfrage eine offen gestellte Nachfrage nach bevorzugten Tänzen an. Aufgrund eines redaktionellen Versehens fragten wir 1984 in der Mehrzahl, ließen also mehrere Alternativen zu, während Emnid in den 50er Jahren die Jugendlichen dazu aufforderte, nur einen Lieblingstanz anzugeben. Wir dürfen in Tabelle 23 daher nicht die Prozentangaben direkt miteinander vergleichen, sondern müssen uns auf die Rangreihe der jeweils liebsten Tänze konzentrieren. (Siehe zum folgenden Fischer 1985).

Mitte der 50er Jahre bevorzugen die Jugendlichen in überwältigender Mehrheit den klassischen Gesellschaftstanz der Zeit, also die Tänze, die in den Tanzschulen Westeuropas gelehrt werden. Die Reihenfolge lautet: 1. Walzer, 2. Tango, 3. — schon mit Abstand — Foxtrott/Slow-Fox, 4. Langsamer Walzer. Lateinamerikanische Tänze wie Rumba, Samba, aber auch die altdeutsche Tanzmanier, repräsentiert im Rheinländer, in Polka oder Marsch, landen unter ferner liefen (5% und weniger Anhänger).
Dreißig Jahre später erhalten wir bei dieser Generation das gleiche Bild. Die damals Jugendlichen sind jetzt Erwachsene, zwischen 45 und 54 Jahre alt. Die Tanzvorlieben aus ihrer Jugendzeit haben sie — wohlgemerkt: als Generation, nicht individuell — beibehalten. In gleicher Reihenfolge führen Erwachsene '84 wie damals an: 1. Walzer, 2. Tango, 3. Foxtrott, 4. Langsamer Walzer, gefolgt von Lateinamerikanischen Tänzen sowie Altdeutschem. Die Modetänze der Jugend, die zwischen den 50er und 80er Jahren Furore machten, sind an dieser Generation nahezu spurlos vorübergegangen. Nur vereinzelt (zwischen 1% und 3%) bezieht man sich auf Cha Cha

Tab. 23: Bevorzugte Tänze
— offene Frage an alle, die tanzen — (Angaben in %)

n =	Jugend '54 (1000)	Jugend '55 (952)	Jugend '84 (970)	Erwachsene '84 (154) (Vorerhebung)
Walzer	29	29	15	59
Tango	26	27	5	46
Foxtrott, Slow-Fox	11	12	26	35
Langsamer Walzer	11	9	1	14
Rumba, Samba	5	5	4	8
Boogie-Woogie, Jitterbug	4	5	5	
Swing	1	3	2	6
Rheinländer, Polka, Schieber, Marsch	2	2	1	10
Cha Cha Cha	—	—	6	3
Blues, Soul	—	—	6	2
Rockn' Roll	—	—	12	3
Freier Stil, Solotänze	—	—	23	—
Discotanz	—	—	32	1
Standardtänze	—	—	5	9
Lateinamerikanische Tänze	—	—	2	5
Alle Tänze	5	5	8	12
Sonstige Tänze[1]	3	2	14	4
Rockn' Roll	—	—	12	3
Freier Stil, Solotänze	—	—	23	—
Discotanz	—	—	32	1
Standardtänze	—	—	5	9
Lateinamerikanische Tänze	—	—	2	5
Alle Tänze	5	5	8	12
Sonstige Tänze[1]	3	2	14	4
Keine Angaben	3	1	0	2
Summe der Nennungen	100	100	167	217

1954/55 war nur eine Angabe möglich; 1984 waren Mehrfachantworten zugelassen.

Fragetext: (1954/55: ,,Welchen Tanz tanzen Sie am liebsten?'')
(1984: ,,Welche Tänze tanzt Du am liebsten?'')

1 Sonstige Tänze 1954: Ländler, Volkstänze, Gesellschaftstänze, Francaise u.a.
1984: (Jugendliche): Flamenco 0 %; Beat 1 %; Twist 1 %; Jazz 2 %; Pogo/Punk 1 %; Breakdance 2 %; Stepdance 0 %; Volkstanz 1 %.

Cha, Blues oder Rock'n'Roll, um nur die zeitlich naheliegenden zu den 50er Jahren anzuführen.

Eine solche Kontinuität ist für diese Generation der zwischen 1929 und 1939 Geborenen keineswegs in allen Bereichen selbstverständlich. Eher im Gegenteil: Vielfach hat diese Generation im Laufe ihres Lebens „nachgelernt", sich aktuellen Wertvorstellungen und Alltagspraxen angeglichen. Eine Parallele finden wir im Bereich des musikalischen Geschmacks. Auch dort hohe Kontinuität des Generationenbildes zwischen 50er und 80er Jahren. Es liegt auf der Hand, daß zwischen musikalischen und tänzerischen Vorlieben ein direkter Zusammenhang bestehen muß.

Die Jugendgeneration Anfang/Mitte der 80er Jahre hat sich in ihren Tanzvorlieben vom Bild der klassischen Gesellschaftstänze weit entfernt. Zwar liegt der Anteil derer, die eine Tanzschule besuchen, Mitte der 80er so hoch wie Mitte der 50er Jahre — etwa jeder zweite Jugendliche besucht eine Tanzschule. Form und Inhalt dieser Tanzstunden haben sich in den letzten Jahrzehnten jedoch nicht unwesentlich gewandelt. Beispielsweise hat das Spektrum der angebotenen Tanzstile sich erweitert. Was aber wenigstens ebenso zählt: Es sind mit den Discotheken neuartige Tanzorte entstanden, in denen informelle Regeln vorherrschen, was den Tanzstil angeht. Das stilistische Spektrum der möglichen Tanzformen hat sich vergrößert und situativ gelockert. Das zeigt sich am Veralten des Begriffs „Nichttänzer". Wo die formalen Regeln des Gesellschaftstanzes nicht mehr gelten, kann jeder „irgendwie" und auf seine Weise am Tanz sich beteiligen.

Die Reihenfolge der bei der Jugendgeneration '84 beliebten Tänze lautet:

1. Discotanz	32 %
2. Foxtrott	26 %
3. Freier Stil/Solotänze	23 %
4. Walzer	15 %
5. Rock'n Roll	12 %

Von den klassischen Gesellschaftstänzen haben sich also nur Walzer und Foxtrott behaupten können, während z.B. Tango oder Langsamer Walzer ihre Bedeutung verloren haben. Der gegenwärtige Tango-Boom ist demzufolge keine Angelegenheit der jüngeren, sondern deutlich eine der älteren Generation. Dem Foxtrott kommt möglicherweise die Aufgabe zu, als Grundschritt in unterschiedlichen Tanzsituationen zu dienen.

Für das Lebensgefühl der gegenwärtigen Jugendgeneration sind der Discotanz und der Freie Tanzstil kennzeichnend. Ungeachtet der großen Verbreitung unter den Jüngeren verbinden sich mit diesen Tanzrichtungen ausweisbare Lebensstile. Die Porträts der drei Stilgruppen: Gesellschaftstänzer — Discotänzer — Tänzer Freier Stile sind an anderer Stelle gezeichnet worden (C. Fischer 1985).

Wir verweisen hier nur auf einen jugendtheoretisch bedeutsamen Aspekt dieser Stildifferenz. Wir fanden in den beiden Jugendstudien '81 und '84 keinen weiteren Fragebereich, der Jugendliche so eindeutig in unterschiedliche soziokulturelle Lebensorientierungen aufspaltet. Tanzstile sind in den 80er Jahren also alles andere als „unschuldige“ Accessoires der Alltagskultur. Die jugendliche Zuordnung zu Gesellschafts-, Disco- oder freiem Stil-Tanz besitzt die Qualität politischer und kultureller Zeichen. Jugendliche geben sich über eine solche Alltagspraxis in ihrer lebensgeschichtlichen, politischen Einstellung zu erkennen. In der Grafik ist eine Auswahl solcher Unterschiede zusammengestellt. Daraus wird ersichtlich, daß Geschmack am Gesellschaftstanz mit bestimmten Optionen verbunden ist: für einen eher konventionellen Lebensentwurf, für Festhalten an Erziehungstraditionen, für eine bestimmte Partei, für eine gewisse Anpassungsbereitschaft an die Umstände des Lebens usw. Die Anhänger freier Tanzstile dagegen sind am stilistischen Gegenpol anzusiedeln: sie verorten sich politisch-alternativ, halten (utopische) Träume und die Philosophie der Selbstbehauptung des Einzelnen hoch, sehen sich als Vertreter „neuer Werte“. Tanzformen sind ein eindrucksvoller Beleg für das von englischen Subkulturforschern entwickelte Theorem, daß sich unter Jugendlichen so etwas wie eine „Politik des Alltags“ entwickelt habe (Clarke/Cohen/Corrigan 1979).

Die Liste der Tanzstile, die von Jugendlichen '84 neu gegenüber 1954/1955 genannt werden, ist lang. Sie umfaßt fünfzehn Tänze, von Cha Cha Cha über Soul, Beat, Twist über Rock'n Roll bis hin zu Pogo und Breakdance. Umgekehrt ist keiner der ehedem genannten Tänze ganz aus der Liste verschwunden. Das verweist auf die größere Breite der Stilorientierungen, die heutigen Jugendlichen im Vergleich zu Jugendlichen der 50er Jahre zur Verfügung stehen. (Methodische Einschränkung: Jugendliche '54/'55 durften laut Interviewanweisung nur einen Tanz nennen.)

Bemerkenswert ist der hohe Rangplatz, den der wiederentdeckte Rock'n Roll unter den Tanzvorlieben der Jüngeren einnimmt. Das illustriert eine Besonderheit heutiger Tanzkultur: Industriell produzierte Jugendkultur besitzt inzwischen eine Geschichte, die in modischen Revivals erinnert und erneuert wird. In bezug auf Tanzstile heißt das, daß den späteren Jugendgenerationen Stile aus dem Arsenal historischer Jugendkultur zuwachsen. Der erweiterte historische Raum ist eine Basis für die Ausdifferenzierung von Stilen im Gegenwartsraum. So finden wir Jugendliche '84, die sich auf Swing, Jitterbug und Boogie-Woogie, auf Blues, Soul, Flamenco, Twist, Beat rückbeziehen. Solche Bezugnahmen fallen allerdings zahlenmäßig genauso wenig ins Gewicht wie beispielsweise die Orientierung an aktuellen Modetänzen wie Pogo oder Breakdance. Es sind Angelegenheiten für kleine Minderheiten, in Panoramastudien wie der vorliegenden nur mit einigen wenigen Prozenten ausgewiesen (vgl. C. Fischer 1985, 84 ff.).

Bei modischen Tanzformen wie dem Breakdance oder dem Pogo handelt es sich um Spzeialstile, nicht um Modetänze im eigentlichen Sinn. (Die Wiederbelebung des Rock'n Roll mag eher für letzteren Typus stehen.) Breakdance beispielsweise fasziniert unter den '84 Befragten nur die Gruppe der 15-17jährigen Jungen. Dort steigt der Anteil der Interessierten auf 14 %. Pogo, um das andere modische Beispiel zu nennen, ist mit der Punker-Szene und der dort produzierten Musik unlösbar verknüpft.

Eine entsprechende Fehleinschätzung finden wir unter den Emnid-Jugendforschern Mitte der 50er Jahre. Sie geben sich überrascht: „Nicht die modernen Tänze wie Boogie-Woogie und Jitterbug ... stehen am höchsten in der Gunst der Jugend, sondern ganz eindeutig der klassische Walzer und der Tango." (Emnid 1955, 23) Offenkundig handelt es sich hier um Spezial-Stile, gebunden an eine besondere subkulturelle Musikszene (Jazzkeller, "Exikultur"). Aus den soziodemografischen Zuordnungen 1954/55 geht hervor, daß Boogie-Woogie und Jitterbug in erster Linie unter jüngeren männlichen Jugendlichen in den Metropolen (z.B. Berlin) verbreitet sind. Er dient der Jugend-Mehrheit in erster Linie zur kulturellen Abgrenzung. Unter den *un*beliebten Tänzen stehen Boogie und Jitterbug nämlich bei weitem an der Spitze (27 %) — besonders unter Berliner Jugendlichen (Fröhner 1956, 269). Erst der Rock'n Roll, ein bis zwei Jahre nach den Emnid-Studien, wird zu einer solchen allgemeinen Tanzmode werden.

Wie es nach den 50er Jahren mit Tanzvorlieben weiterging

Wie steht es um die Entwicklung jugendlicher (und erwachsener) Tanzvorlieben in den Jahren zwischen 1954/55 und 1984? Für das Jahrzehnt nach den Emnid-Jugendstudien können wir auf zwei Untersuchungen zurückgreifen, in denen gleich bzw. vergleichbar nach Tanzpräferenzen gefragt wurde. Im einen Fall handelt es sich um eine repräsentative Bevölkerungsumfrage von Allensbach, die 1960 durchgeführt wurde (Tabelle 24). Die zweite Vergleichsuntersuchung bezieht sich auf das Jahr 1965 und wurde von Emnid bei 14- bis 21jährigen unternommen (Tabelle 25).

Tab. 24: Bevorzugte Tänze nach Altersgruppen (1960)

		Altersgruppen:				
	Ges.	16-20 Jahre	21-24 Jahre	25-29 Jahre	30-44 Jahre	45 Jahre und älter
	%	%	%	%	%	%
Walzer, Wiener Walzer	47	21	30	39	45	58
Tango	24	24	36	37	35	12
Foxtrott, Marsch	13	20	16	25	15	7
Langsamer Walzer, Englischer Walzer	12	9	13	14	17	8
Moderne Tänze (Swing, Cha-Cha-Cha, Rumba, Rockn' Roll, Boogie, Blues)	8	34	23	13	6	1
Rheinländer, Polka	6	1	1	3	5	10
Sonstige Tänze (Dreher, Bayrisch, Schottisch)	2	1	3	1	1	3
Habe keinen besonderen Lieblingstanz	7	6	7	6	6	7
Kann nicht tanzen	14	15	7	8	10	19
	133	131	136	146	140	125

Frage an Personen, die tanzen können: „Welchen Tanz tanzen Sie am liebsten?"
Quelle: Noelle/Neumann 1965, S. 34)

Die Allensbach-Umfrage gestattet nicht nur einen Blick auf die Entwicklung jugendlicher Tanzvorlieben, sondern ermöglicht darüber hinaus einen Vergleich mit den Vorstellungen erwachsener Altersgruppen. Die Frageform stellt eine wörtliche Wiederholung der entsprechenden Fragen von 1954/55 dar.

Ein Blick auf die Antworten der Jugendlichen zwischen 16 und 24 Jahren belehrt uns darüber, daß die Vorlieben für klassische Gesellschaftstänze 1960, fünf Jahre nach dem Einbruch des Rock'n Roll in die Musik- und Tanzszene Westdeutschlands, gegenüber 1955 nicht zurückgegangen sind. Die Anhängerschaft für die „modernen Tänze", worunter neben Rock'n Roll noch Swing, Cha Cha Cha, Rumba, Boogie, Blues von den Umfrageforschern verstanden werden, hat gleichzeitig kräftig gewonnen. Sie betrug 1954 10 %, 1955 15 % und wird jetzt mit 34 % (bei den 16-20jährigen) und mit 23 % bei den 21-24jährigen geführt. Die neuen Tanzstile und Musikrichtungen haben das Repertoire der Jugendgesellschaft erweitert, ohne daß die älteren Formen und Stile damit ad acta gelegt worden wären.

Vergleichen wir damit die Vorlieben der erwachsenen Altersgruppen. Moderne Tänze spielen allenfalls bei den jungen Erwachsenen (25-29jährige) eine Rolle (13 %). Ansonsten trennen diese Tanzrichtungen die Altersgruppen bereits deutlich. Bei den klassischen Gesellschaftstänzen ist es in erster Linie der Wiener Walzer, der altersspezifische Geschmacksrichtungen markiert.

Wie stellt sich die Situation fünf Jahre später, 1965, dar? Auf diese Frage erhalten wir durch die Emnid-Jugendstudie dieses Jahres Aufschluß. Allerdings wurde in dieser Umfrage die Frage nach den bevorzugten Tänzen unterschiedlich formuliert, was den Vergleich erschwert (Tabelle 25). Wir können den Prozentverteilungen entnehmen, daß die jugendkulturellen Tanzformen gegenüber dem Gesellschaftstanz weiter an Boden gutgemacht haben — ja im Grunde sind Walzer, Foxtrott und Tango bereits überrundet. Dafür sorgt in erster Linie der Modetanz dieser Jahre, der Twist, den rund die Hälfte der an Tanz interessierten Jugendlichen (das sind 38 % der Befragten) favorisieren. Kaum weniger beliebt sind andere moderne Tänze wie Madison, Bossa nova, Letkiss, die es zusammen auf 52 % Anhänger bringen. Wir sehen, Mitte der 60er Jahre wird das Geschmacksurteil der jugendlichen Tänzer bereits durch — zum Teil kurzlebige — ästhetische Innovationen beeinflußt.

Das deutet auf die Wirksamkeit kulturindustrieller Planung wie auf die Verbreitung jugendkultureller Teilhabe unter den Jüngeren hin.

Lohnend ist es, die interne Differenzierung des Tanzgeschmacks innerhalb der Altersspanne der 15- bis 24jährigen und deren Entwicklung über unseren Zeitraum hinweg zu verfolgen. Das ergibt — vereinfacht — folgendes Bild. Mitte der 50er Jahre sind die Tanzvorlieben unter den 15- bis 24-jährigen recht einheitlich — so wie die

Tab. 25: Bevorzugte Tänze 1965

	(14-21jährige) %
1. Walzer	35
2. Gesellschaftstanz wie Tango, Foxtrott	35
3. Neuere Tänze wie Charleston, Swing, Blues, Boogie	34
4. Latein-amerikanische Tänze wie Rumba, Samba, Cha-cha-cha	28
5. Twist	46
6. Andere moderne Tänze wie Madison, Bossa nova, Letkis	52
7. Volks- oder Trachtentanz	9
8. Ballett	2
9. Sonstige rhythmische oder gymnastische Tänze	3
Summe der Nennungen	244*
Befragte, die Angaben machten	99
Befragte, die nicht Stellung nahmen	1
Befragte, die sich für das Tanzen interessieren	100 %
Basis	787

* Mehrfachnennungen

Frage: Welche Art von Tanz mögen Sie am liebsten?
ich habe hier eine Liste von Möglichkeiten.
Sagen Sie mir bitte, was Sie am liebsten tanzen?
An die Befragten, die sich für das Tanzen interessieren.
(Nach Vorlage eine Liste — Antwortmöglichkeiten vorgegeben)

Quelle: Emnid 1966, 150.

Jugendlichen ihrerseits ja mit dem Geschmack der Erwachsenen harmonieren. Einzige Ausnahme: Es deutet sich eine gewisse Vorreiter-Funktion der 15-17jährigen an, was moderne Tänze angeht. Boogie-Woogie und Jitterbug sind bei dieser Gruppe mit 7% etwas beliebter als bei den 18-24jährigen (4 %). Ähnlich ist es im Fall von Rumba und Samba. Wie man den Prozentangaben entnehmen kann, ist diese Vorreiter-Funktion aber Sache einer Minderheit unter den Jüngeren.

Die Umfrage von 1960 macht darauf aufmerksam, daß sich die Geschmacksrichtungen innerhalb der jüngeren Altersgruppen ausdifferenzieren. Träger der neueren Tanzbewegungen sind die 16-20jährigen. Die 21-24jährigen stehen den Vorlieben der Erwachsenengeneration nach wie vor viel näher. So finden wir unter diesen jungen Erwachsenen mehr Anhänger für Walzer als unter den Jugendlichen.

1965 finden wir nur geringe Prozentunterschiede, was die Vorlieben für Modetänze wie Twist, Madison, Bossa nova, Letkiss angeht. (Die 14-17jährigen tanzen um 10% mehr Twist als die 18-21jährigen.) Dafür hat sich die Kluft zwischen den beiden Jugendlichen-Gruppen bei den Gesellschaftstänzen (Walzer, Tango, Foxtrott) erheblich vergrößert. Die Anhängerschaft unter den 18-21jährigen ist doppelt groß wie unter den 14-17jährigen.

Und wie stellt sich der Sacherhalt zwei Jahrzehnte später, 1984, dar? (Bd. 5, 202) Wir stellen fest, daß sich die Ausdifferenzierung der Altersgruppen zwischen 15 und 24 Jahren wieder zurückentwickelt hat. Der Geschmack an klassischem Gesellschaftstanz ist bei den 21-24jährigen inzwischen nahezu so gering wie bei den 15-17jährigen. Dafür beteiligen sich die Älteren in gleicher Weise wie die jüngeren Jugendlichen am Freien Tanzstil oder am Discotanz. Das bedeutet: Der jugendkulturelle Tanzgeschmack ist nicht auf die jüngsten Altersgruppen unter den Jugendlichen begrenzt. Auch die Postadoleszenten und jungen Erwachsenen beteiligen sich an der separaten Tanzwelt der Jüngeren weiter. Die Teilnahme an diesem Sektor jugendkultureller Betätigung hat sich lebensgeschichtlich offensichtlich bis weit in das dritte Lebensjahrzehnt hinein verlängert.

Über diesem Befund dürfen wir nicht vergessen, daß sich gewisse Besonderheiten des Musik- und Tanzgeschmacks der jüngeren Jugendlichen auch 1984 erhalten haben. Diese beziehen sich zum einen auf lateinamerikanische Tänze wie Rumba, Samba; aber auch auf Boogie-Woogie und Jitterbug. Vermutlich spielt bei dieser Vorliebe der Einfluß der Tanzschulen eine Rolle, die bevorzugt in diesen Jahren besucht werden. Zum anderen sind einzelne Gruppen unter den Jüngeren Vorreiter ausgesprochen modischer Tanzinnovationen (z.B. Pogo, Breakdance), wie wir bereits oben gezeigt haben.

Ein Satz von Fragen erlaubt Vergleiche zwischen der sportiven Kultur der 50er und der 80er Jahre — nicht nur in der Jugendphase, sondern auch im Erwachsenenalter. Die doppelte Vergleichsbasis ist notwendig, handelt es sich bei der historischen Entwicklung des Handlungssystems Sport doch um einen weitreichenden Vorgang soziokulturellen Wandels, der alle sozialen Altersklassen einbezieht.

Vom Körper im Zivilisierungsprozeß

Die Entwicklung des Sports in den letzten Jahrzehnten steht in direkter Beziehung zur Herausbildung einer konsum- und freizeitintensiven industriekapitalistischen Gesellschaft. Leitthema industrieller Arbeitsgesellschaft war die Modellierung von Körperlichkeit entlang berufsständischen Kriterien: Ausgangsmaterial sozialer Identität von Körpern waren lebensgeschichtliche Spuren schwerer physischer Arbeitstätigkeit bzw. deren Fehlen sowie der Erwerb eines berufstypischen Körperhabitus, z.B. der eines Arbeiters, Bauern oder Verwaltungsbeamten (vgl. Rittner 1983).

Aktuelle Quellen der Körpermodellierung sind dem Bereich von Konsum und Freizeit entnommen. Von diesem Sektor gehen in wachsendem Maße Praxen und Normen zur Herausbildung von Körperlichkeit aus. Die Formung der Körper wird an den sozialen Orten und in den zeitlichen Perioden des Konsumierens geleistet; die materiellen Ressourcen für Modellierung und Darstellung von Körpern werden dort käuflich erworben; die Inszenierung von Körperlichkeit erfolgt im Medium spielerischer Betätigung, sie erhält theatralische Züge, befreit von den Zwängen und dem Ernst der beruflichen Arbeit, zum Beispiel im Handlungsfeld von Mode oder Urlaub (vgl. Gebauer 1982).

Die neuen Ideale weisen in Richtung sportiver, jugendlicher Körperlichkeit. Diese sozialen Körperbilder sind — ihrer Herkunft nach — klassenspezifisch; das heißt, sie leiten sich von hegemonialen Körperbegriffen der an kulturellem oder ökonomischem Kapital starken Gesellschaftsgruppen her (vgl. Boltanski 1976). Ihrer Tendenz nach verbreiten sie sich über alle gesellschaftlichen Gruppen, tragen zur Relativierung und Auflösung klassen-, geschlechts- und altersbezogener Körperhabitus bei.

Diese universalen Leitlinien und Alltagspraxen von Körperlichkeit begünstigen in dem Maße, wie sie sich historisch durchzusetzen vermögen, die soziale Altersgruppe Jugend und werden zu einer spezifischen Machtquelle für die Jüngeren. Begründung: Die neue Körperlichkeit läßt sich auch ohne und vor der Erfahrung mit arbeitsteiliger Erwerbsgesellschaft erwerben und in Szene setzen. Die Jüngeren können ferner stärker auf das unmittelbare „biologische Kapital" pochen und dieses im Rahmen intensiver Partizipation am Freizeit- und Konsumsektor frühzeitig in soziales und kulturelles Kapital umwandeln. Verschiedene Institutionen jugendkulturellen Handelns helfen bei solcher Transformation: Seien dies nun Mode, Medien, Vergnügungsindustrie oder Sportbetrieb. In allen diesen Bereichen stehen die Älteren unter dem Eindruck jugendlicher Körpermodellierung und Körperinszenierung und sehen sich veranlaßt, dem Beispiel der Jüngeren — soweit möglich — nachzufolgen.

Teilnahme am System sportlichen Handelns und der dadurch zu erzielende persönliche und soziale Gewinn ist gegenwärtig jugendliches Privileg. Die Jüngeren sind Vorreiter, wenn es, wie gegenwärtig der Fall, darum geht, das ältere Modell puritanisch-arbeitsbezogener Sportausübung zu reformulieren. Die Grundzüge, die sich abzeichnen, weisen in folgende Richtung: Sport gewinnt als eines der „körperbetonten sozialen Systeme" (Rittner 1983) besondere Bedeutung bei der Vermittlung affektiv-unmittelbarer Geselligkeit; über sportive Tätigkeiten wird die „Sinn-Instanz" (Rittner 1982) Körper in verdichteter Form spürbar, über Sport konstituiert sich eine spezifische Form körperlicher „Natürlichkeit" als Teil zivilisationsbedingter Wiederaufwertung unmittelbarer Körperlichkeit (Kamper/Wulf 1982, 1984). Im Medium des sozialen Handlungsfeldes Sport soll sich der allseits bewegliche und intakte, ästhetische wie jugendliche Körper des individualisierten Konsum- und Dienstleistungs-Kapitalismus herstellen.

Wir kommen auf die zivilisationsgeschichtliche Einschätzung von Sport und dessen Bedeutung für das gesellschaftliche Handlungspotential von Jugend am Ende des Kapitels zurück. Zunächst sollen die Hauptergebnisse des Vergleichs '54 - '84 gesichert und zum Gesagten in Beziehung gesetzt werden.

Über die Zunahme sportiver Praxis

Der erste und einfachste Indikator für eine wachsende Bedeutung sportiven Handelns bei Jugendlichen, aber auch bei Erwachsenen, ist die Ausübung einer oder mehrerer Sportarten. Wie Tabelle 26 zeigt, treiben Jugendliche der 80er Jahre eindeutig mehr Sport als Jugendliche der 50er Jahre. Der Anstieg der Sporttreibenden beträgt 25%. Eine Aufgliederung nach Geschlecht belehrt darüber, daß dieser Anstieg in erster Linie durch weibliche Jugendliche getragen wird. Der Prozentsatz der mit Sport Befaßten beträgt bei Mädchen und jungen Frauen heute 69% gegenüber 35% Mitte der 50er Jahre. Das entspricht einem Anstieg von 34%. Die vermehrte Sporttätigkeit heutiger Jugendlicher hat generell dazu geführt, daß sich die verschiedenen soziodemografischen Gruppen in ihrer Beteiligung an dieser Tätigkeit einander angeglichen haben. So hat sich der Unterschied zwischen Schülern/Studenten gegenüber Nicht-Schülern/Nicht-Studenten verringert; ebenso die in den 50er Jahren deutliche Differenz zwischen dörflicher und großstädtischer Jugend (vgl. Planck 1956, 263ff; Platz 1971, 249ff). Eine solche Tendenz deutet darauf hin, daß vom Handlungsfeld Sport ein gewisser „Sog" ausgeht, der auch Gruppen erfaßt, die sich in der Vergangenheit dem Modell sportlichen Handelns und sportiver Körperlichkeit mehrheitlich eher entzogen. Mit voranschreitendem Alter geht der Anteil der sportlich aktiven Jugendlichen leicht zurück, 1954 wie 1984 gleichermaßen um rund 10 Prozentpunkte (vgl. Blücher 1956, 69).

Die beiden Umfragen 1954 und 1984 enthielten noch eine weitere direkt vergleichbare Sport-Frage. Das Kriterium ist in diesem Fall härter: Wieviele Jugendliche nennen von sich aus Sport als „liebste Freizeittätigkeit?" Aus der Tabelle 13 ist abzulesen, daß der Anteil der Sportliebhaber zwar etwas geringer als die Zahl der Sporttreibenden ausfällt, gleichwohl aber die Spitzenposition des Sports im Gefüge der Freizeitaktivitäten bestätigt wird. Bei den Jungen ist die Zahl derer, die eine besondere Vorliebe für Sportaktivitäten äußern, zu den Vergleichszeitpunkten gleich groß. Dafür springt der Unterschied bei den Mädchen '54 und '84 um so deutlicher ins Auge (Tabelle 14).

Die Frage nach eigenen sportlichen Aktivitäten gehört von Anfang an zum Standardrepertoire der westdeutschen Umfrageforschung im Freizeitbereich. Wir verfügen deshalb über einige Vergleichsuntersuchungen bei jugendlichen wie bei erwachsenen Populationen, die helfen, den Zeitraum von drei Jahrzehnten zu überbrücken. (Zur Sportfrage in Jugendumfragen vgl. Planck 1956; Divo 1958; 1962; Emnid/Spiegel 1973; Platz 1971; Sand/Benz 1979 u.a.) Eine recht gute Vergleichsstation ist die Emnid-Shell-

Tab. 26: **Eigene sportliche Tätigkeit**
Vergleich Jugend '54 — Jugend '84 — Erwachsene '84
— Angaben in Prozenten —

	Kriterium: Ja	Jugend '54 (n = 1493) 15-24 J.	Jugend '84 (n = 1472) 15-24 J.	Erwachsene '84 (n = 239/ Vorerhebung 45-54 J.
Alle		47	**72**	41
Geschlecht	männlich	60	75	46
	weiblich	35	**69**	**36**
Alter	15-17/45-47	52	77	47
	18-20/48-50	48	73	38
	21-24/51-54	42	68	37
Ausbildungsstand	Schüler/Studenten	66	77	
	Schulentlassene	45	66	
Größe der Wohngemeinde	Unter 2000 Einwohner/,,Dorf"	35	68	
	100.000 Einwohner und mehr (1954)/,,Großstadt" (1984)	55	74	

Quellen: Emnid 1955, 221; Jugend '84, Frage 37.

Fragetexte: Treiben Sie von sich aus (über den Schulunterricht hinaus) irgendeinen Sport? (1954) (Ja/Nein)

Treibst Du von Dir aus Sport? (1984) (Ja/Nein)

Jugenduntersuchung ,,Jugend. Bildung und Freizeit" (Blücher 1966). Durch kleine Variationen in der Frage und in der Altersgruppe der Befragten — 14- bis 21jährige — ergeben sich Einschränkungen im Vergleich; dafür stehen mehr soziodemografische Untergliederungen als bei der Jugendstudie von 1954 zur Verfügung. Diese 1965 durchgeführte Untersuchung belehrt uns darüber, daß die jugendliche Beteiligung am Sport im Jahrzehnt seit 1954 erheblich angestiegen war und bereits dem heutigen Niveau gleicht. Glauben wir dem Befragungsergebnis, heißt das, daß Sport zu den Handlungsbereichen zählt, in denen sich die aufkommende ,,Freizeitgesellschaft" mit am frühesten artikulierte.

Es geben an, Sport zu treiben:

1954	50 %	(15-20jährige)
1965	70 %	(14-21jährige)
1984	75 %	(15-20jährige)

Der geschlechtsspezifische Abstand in der Beteiligung am Sport hat sich in der 65er-Untersuchung allerdings noch nicht verringert. Unter den 14-21jährigen betreiben rund 20% weniger Mädchen Sport als Jungen. 1984 sind es, zum Vergleich, unter den 15-20jährigen noch 9% weniger Mädchen. Die Öffnung des Sportbetriebes für Mädchen und junge Frauen geschieht vor allem in den 70er Jahren. Die Auswirkung ist zudem bei den jungen Erwachsenen oder Post-Adoleszenten (21-24jährige) noch gravierender. In dieser Altersgruppe haben sich die Anteile der Sporttreibenden zwischen den Geschlechtern in den 80er Jahren einander völlig angeglichen.

Ein auffälliges Ergebnis der Jugendbefragung '84 ist, daß sich „Sportler" und „Nichtsportler" in ihren Orientierungen und Lebenspraktiken nicht unterscheiden (Fuchs 1985 — Sport — 111ff). Der einzige Unterschied: Jugendliche, die sich sportlich betätigen, sind geselliger. Ähnlich ergebnisarm endete übrigens auch die Suche nach dem spezifischen Profil der Sportvereins-Jugend, die H.-G. Sack (1984; 1985) anhand einer Sekundäranalyse der Jugendstudie '81 unternahm. Auch hier zeigte sich, daß Jugendliche in Sportvereinen sich ähnlich wie die Gesamtheit aller Jugendlichen orientieren und verhalten. „Der Sportverein erlaubt ... eine große Bandbreite jugendkultureller Orientierungen." (Sack 1985, 10, 14) Solche Befunde legen die Deutung nahe, daß Sport heute Teil einer verallgemeinerten Altersrolle von Jugend darstellt. Sich sportlich zu betätigen, gehört zum Muß — aber auch zur Normalität — dieser sozialen Alterskategorie. Sportliche Tätigkeit an sich — also abgesehen von der inhaltlichen Qualität und der stilbildenden Kraft einzelner Sportarten und Sportorte — eignet sich demzufolge wenig zur Profilierung, etwa in politischer oder jugendkultureller Hinsicht.

Sportlichen Aktivitäten fällt die Rolle zu, das soziale Netzwerk der Altersgleichen knüpfen zu helfen. Sport ist eine mit Geselligkeit durchsetzte Tätigkeit. Aus diesem System fallen nur die Jugendlichen heraus, die sich einzelgängerisch ausrichten, die häuslich gebunden und an der Gesellschaft der Altersgleichen wenig interessiert sind (vgl. Fuchs 1985, Sport, 112). Mit dieser Deutung stimmt überein, daß sportlich Tätigsein heute eine Vielzahl von Handlungsfeldern umschließt, die über Vereins- oder Leistungssport weit hinausreichen. (Zur Erweiterung des semantischen wie sozialen Feldes Sport vgl. unten.)

Sportliche Aktivitäten sind mit dem schulischen Moratorium verknüpft. Sowohl 1965 wie 1984 geben mehr Schüler/innen an, Sport zu treiben. Allerdings sind die Prozentdifferenzen gegenüber berufstätigen Jugendlichen nicht sehr ausgeprägt und fallen '84 gegenüber '54 geringfügiger aus. Unter den Schülern wiederum spielt das Schulniveau eine gewisse Rolle. Hauptschüler beteiligen sich damals wie heute etwas weniger an Sport als Schüler weiterführender Schulen (Blücher 1966, 211; Fuchs 1985, Sport, 110). Wir können daraus den Schluß ziehen, daß Sport Ausdrucksform besonders der Jugendfraktionen ist, die ein schulisches Moratorium durchleben. Die Verallgemeinerung des Schulbesuchs begünstigt eine Bindung Jugendlicher an das sportliche Handlungssystem — das ergibt ein Deutungsmuster für die historisch zunehmende Beteiligung Jugendlicher und insbesondere der Mädchen an Sport.

Berichtenswert ist in diesem Zusammenhang die Beliebtheit des Faches Sport. Sowohl bei Mädchen wie bei Jungen erweist sich der Schulsport als das beliebteste Fach. Anders als im Fall des Musikunterrichts, der nur wenig Zuspruch unter den Jugendlichen findet, ist es der Sportdidaktik offenbar gelungen, am jugendkulturellen Tätigkeitsfeld und dessen Entwicklung zu partizipieren. Wir finden entsprechend eine positive Beziehung zwischen außerschulischen Sportaktivitäten und Vorliebe für dieses Schulfach — eine statistische Beziehung, die sich im Fall des Musikunterrichts nicht einstellt.

Die Erweiterung der Sport-Teilhabe in den letzten Jahrzehnten ist keine Entwicklung, die sich auf Jugendliche beschränkt. Wie wir aus allgemeinen Bevölkerungsumfragen wissen, steigt der Anteil der Befragten mit Sportpraxis in allen Altersgruppen. Das wird beispielsweise durch eine Zeitreihe des Allensbacher Instituts für Demoskopie untermauert, die von 1950 bis 1982 reicht (Noelle-Neumann/Piel 1983 — Jahrbuch, 71f; Noelle-Neumann 1977, 49).

Gehen wir auf unsere eigene Vergleichsuntersuchung zurück, so erscheint der Vergleich der Jugend '54 mit den Erwachsenen '84 doch bemerkenswert. Um das Ergebnis auf den Punkt zu bringen: Die Jugendlichen von damals betreiben im Alter von 45- bis 54 Jahren kaum weniger Sport als in ihren jungen Jahren. Das gilt besonders für die Frauen. Das klingt paradox, wenn wir bedenken, daß sportliche Aktivität doch ein soziales Privileg der jüngeren Altersgruppen darstellt, das durchaus in biologischen Entwicklungsgesetzen fundiert ist. Das Ergebnis verweist uns auf die gesellschaftliche Variabilität körperlicher Aktivitäten. Im Rahmen einer konsum- und Freizeitbezogenen Neustrukturierung des Lebenslaufes bemühen sich die älteren Jahrgangsklassen vermehrt um „Jugendlichkeit". Ein sportlich trainierter Körper vermag solche Jugendlichkeit symbolisch zu markieren. Die kulturellen Standards einer qua Sport und sportiver Körperlichkeit (Rittner 1983) ausgedrückten Jugendlichkeit haben sich seit den 50er Jahren deutlich erhöht. Das führt zu dem paradoxen Resultat, daß manche Jugendliche von damals körperlich „alt" wirken — nicht nur im Vergleich zur heutigen Jugendgeneration, sondern zu ihrer eigenen Körperlichkeit als Erwachsene der 80er Jahre.

Besuch von Sportveranstaltungen

Entspricht dem wachsenden Interesse an der Ausübung von Sport auch ein Anstieg im Besuch von Sportveranstaltungen als Zuschauer? Zwei einfache Überlegungen legen eine Bejahung der Frage nahe. Zum einen ist darauf zu verweisen, daß wir in der Gesamtpalette gesellschaftlich legitimierter Sportarten in den letzten Jahrzehnten einen Zuwachs des Zuschauersports verzeichnen können (Stone 1976). Im Zuge dieser Entwicklung wurden Sportarten, die traditionellerweise als Teilnehmer-Sport zu bezeichnen sind, in publikumsattraktive Schau-Ereignisse umgewandelt.

Zum anderen sei an den bekannten Tatbestand erinnert, daß sich die Möglichkeit, als Zuschauer an Sportereignissen teilzunehmen, verdoppelt hat. Sportereignisse können körperlich am Ort oder medial vermittelt genossen werden. Dabei haben die Medienübertragungen von Sportereignissen die physische Teilhabe an solchen Wettkämpfen nicht abgelöst. Vielmehr hat sich ein komplexes Zusammenspiel von Medien und Sportindustrie herauskristallisiert, das gemeinsam mit modernem Marketing um Gunst und Aufmerksamkeit des Sportzuschauers wirbt. Im Zuge dieser Entwicklung wurde der Sportwettkampf „mediatisiert"; im Gegenzug fand aber auch eine „Versportung der Unterhaltung" statt, d.h. sportliche Regeln und Spielformen durchdringen den Gesamtbereich massenmedialer Unterhaltung (Hopf 1979; Lindner 1980, 163ff).

Der Vergleich mit den 50er Jahren enthält die Schwierigkeit, daß die Jugenduntersuchungen '53-'55 vor dem Durchbruch des Fernsehens als Übermittler von Sportereignissen liegen. Das Jahr 1954 markiert mit der europaweiten Direktübertragung der Spiele von der Fußballweltmeistgerschaft einen Einstieg in dieses Metier. Die Emnid-Jugendforscher fragten Jugendliche in diesem Jahr: „Sehen Sie sich öfter einmal eine Sportveranstaltung an?" Für heutige Verhältnisse ist die Formulierung mißverständlich, da man dabei sowohl an Sportübertragungen des Fernsehens wie an körperliche Präsenz denken mag. Wir änderten bei der Wiederholung '84 die Frage entsprechend: „Gehen Sie öfter einmal zu einer Sportveranstaltung als Zuschauer?" Denkt man an die Fernsehbegeisterung der Westdeutschen beim Gewinn der Fußballweltmeisterschaft, die sich u.a. in hoher TV-Sehbeteiligung in Gaststätten oder vor Schaufenstern äußerte, erscheint bereits die Emnid-Frage '54 doppeldeutig. Nach der Vorerhebung '84 wurde die Frage daher aus dem Frageprogramm gestrichen. Wir teilen die Ergebnisse mit entsprechendem Vorbehalt mit, ergänzen sie jedoch durch einige Umfragen, die Vergleiche gestatten.

Tab. 27: Besuch von Sportveranstaltungen als Zuschauer. Vergleich Jugend '54 — Jugend '84 — Erwachsene '84 (Vorerhebung) — Angaben in % —

	Kriterium: Ja	Jugend '54 15-24 J. (n = 1493)	Jugend '84 15-24 J. (n = 261)	Erwachsene '84 45-54 J. (n = 239)
Alle		**62**	38	34
Geschlecht	männlich	80	48	46
	weiblich	43	27	20
Alter	15-17	65	54	
	18-20	64	31	
	21-24	59	31	

Quellen: *Emnid 1955, 218; Vorerhebung Februar 1984, Frage 40 (Jugend), 62 (Erwachsene)*

Fragetext: Sehen Sie sich öfter einmal eine Sportveranstaltung an? (1954)
Gehen Sie öfter einmal zu einer Sportveranstaltung als Zuschauer? (1984)

Vergleichsfrage mit Variante: Emnid 1966, S. 171f.

1964 sahen sich Sportveranstaltungen an:
15 % regelmäßig, 31 % öfter, 28 % selten, 25 % nie (15-24j.)

Folgen wir der Vorerhebung (Tabelle 27), so hat sich zwischen 1954 und 1984 der Besuch von Sportveranstaltungen von nahezu zwei Dritteln der Befragten auf gut ein Drittel reduziert, bei Jugendlichen wie bei Erwachsenen. Das Verhältnis zwischen männlichen und weiblichen Zuschauern ist zu den Vergleichszeitpunkten nahezu konstant zwei zu eines zugunsten der männlichen Zuschauer geblieben. Jüngere (15-17 Jahre) gingen in den 50er Jahren nur wenig mehr als ältere Jugendliche zu Sportereignissen. Für die 80er Jahre deutet sich an, daß „Zuschauer-Sport“ für die Jüngeren seine Bedeutung nahezu behalten hat, während der Rückgang des Interesses vor allem die 18- bis 24jährigen betrifft.

60% der Zuschauenden 1954 beziehen sich auf Fußball (1984: 53 % der Jugendlichen). Andere Sportarten fallen demgegenüber deutlich ab. Handball 8 % (1984: 15 %); Turnen, Gymnastik 8 % (8 %); Tennis, Tischtennis 8 % (13 %); Leichtathletik 6 % (6 %); Motorsport 6 % (10 %); Boxen, Ringen 8 % (1 %).

Der Vergleich mit einer von Allensbach durchgeführten Wiederholungsuntersuchung („Eine Generation später“), die den Zeitraum 1953 bis 1979 umspannt, mahnt zur Vorsicht bei der Interpretation unserer Daten. Bei einer repräsentativen Erwachsenen-Stichprobe konnte kein Rückgang im Besuch von Sportveranstaltungen festgestellt werden (Noelle-Neumann/Piel 1983, S. 99). Es gaben an, häufiger zu einer Sportveranstaltung zu gehen (Bevölkerung zwischen dem 18. und 79. Lebensjahr):

	Alle	Männer	Frauen
1953	18 %	33 %	7 %
1979	24 %	38 %	11 %

Konnte also der Sportkonsum absolut gesehen eher noch an Boden gewinnen, so verlor er allerdings im Vergleich zu anderen außerhäusigen Tätigkeiten etwas an Bedeutung. Wochenendfahrten/Wanderungen, Veranstaltungen in Vereinen/Klubs oder auch Besuche bei Freunden/Bekannten nahmen im gleichen Zeitraum um mehr als das Doppelte zu.

Wir möchten vermuten, daß der Rückgang des Besuchs von Sportveranstaltungen, den wir bei Jugendlichen angetroffen haben, dadurch zustandekommt, daß in der Emnid-Studie '54 TV-Direktübertragungen mit in die Antworten eingeflossen sind.

Eine umfangreiche Marketing-Umfrage von 1982 differenziert das andere von uns ermittelte Ergebnis: daß Jugendliche und Erwachsene nahezu gleich häufig Sportveranstaltungen aufsuchen (Noelle-Neumann/Piel 1983, Jahrbuch, S. 72). Folgt man dieser Umfrage bei mehr als 4000 Personen, so ergibt sich ab dem 50. Lebensjahr ein deutliches Altersgefälle.

	14 - 29 J.	30 - 39 J.	40 - 49 J.	50 - 59 J.
häufig	23 %	15 %	13 %	9 %
selten	43 %	42 %	39 %	30 %

(Vergleiche zu den 50er Jahren sind uns hier nicht bekannt.)

Organisierte Sportjugend

Ein weiteres Indiz für die wachsende Bedeutung sportiver Lebensformen ist die Zugehörigkeit zu Sportvereinen. Für die Mitgliedschaft liegen Vergleichsdaten aus drei Jahrzehnten vor, die in ihrer Tendenz unseren Annahmen entsprechen.

Sehen wir die Zugehörigkeit Jugendlicher zu Vereinen und Organisationen im Überblick, so gehören die Sportvereine zu den großen Gewinnern der letzten Jahrzehnte; Zwischen 1953 und 1984 verdreifachte sich die Beteiligung Jugendlicher nahezu.

Da die Mitgliedschaft in Sport- und Turnvereinen regelmäßig seit den 50er Jahren von Emnid abgefragt wurde, ist für den Zeitraum 1953 bis 1984 die Bildung einer Zeitreihe nach Alter und Geschlecht möglich (Tabelle 28). Es ist nicht auszuschließen, daß gewisse Schwankungen in den Prozentzahlen auf das Konto unterschiedlicher Abfrage-Techniken gehen. Die Zeitreihe verdeutlicht, daß zwischen 50er, 60er und 70er Jahren etwa jedes Jahrzehnt die Mitgliedschaft Jugendlicher in Sport- und Turnvereinen um jeweils 10 Prozentpunkte anstieg. Seit 1975 stagnierte die Entwicklung. Die Zuwachsraten sind ungleich zwischen den Geschlechtern verteilt. Der Anteil der männlichen Sportvereinsmitglieder wuchs nur bis Mitte der 60er Jahre, seitdem stagniert er praktisch. Die Beteiligung weiblicher Jugendlicher wuchs dagegen bis Mitte der 70er Jahre und — in kleinen Raten — auch noch im Jahrzehnt zwischen 1975 und '84.

Blickt man auf die Alterssektoren innerhalb der 15- bis 24jährigen, so ist über den gesamten Zeitraum die Mitgliedschaft bei den 15-17jährigen um ± 10 % höher als bei den 21-24jährigen. Bei den jungen Erwachsenen und Postadoleszenten schwanken die Mitgliedsziffern zwischen 1964 und 1984 stärker als bei den beiden anderen Alterskategorien — möglicherweise ein Indikator für (zeitbedingte) Labilität der Mitgliedschaft beim Übergang ins Erwachsenenalter.

Für die Mitgliedschaft in Turn- und Sportvereinen liegen Vergleichszahlen für 1953 vor, in denen Alter und Geschlecht miteinander kombiniert sind (Tabelle 29). Die Statistik ist aufschlußreich für die rasche Abnahme, die die Mitgliedszahlen zwischen dem 15. und 24. Lebensjahr durchlaufen. In den 50er wie in den 80er Jahren beteiligen sich die 15-17jährigen, Jungen wie Mädchen, am stärksten an Turn- und Sportvereinen. Der Rückgang der jugendlichen Betei-

Tab. 28: Zeitreihe zur Mitgliedschaft in Sportvereinen (einschl. Turnvereine) (15-24jährige) — Angaben in % —

Jugend	Alle	Alter			männlich	weiblich
		15-17	18-20	21-24		
1953[1]	15	20	16	10	21	9
1954[2]	17	19	19	15	26	9
1964[3]	27	31	27	25	39	14
1975[4]	35	41	34	31	44	26
1981[5]	34	39	29	33	39	28
1984[6]	34	42	35	27	38	30

Fragetexte und Quellen:

1,2 „Bitte nennen Sie alle Gruppen oder Organisationen, denen Sie zur Zeit angehören" (offen);
Emnid 1954, S. 153/Emnid 1955, S. 132.

3 „Sind Sie Mitglied in einem Sportverein?" (ja/nein);
Emnid 1966, S. 167.

4 Vorlage einer Liste mit 10 Vereinen/Organisationen (eigene Berechnung);
Emnid 1975.

5 „Kannst Du einmal alle Gruppen von jungen Leuten aufzählen, wo Du dazugehört hast?" (offen);
Jugend '81, Bd. 3, S. 74.

6 „Bitte nenn' mir alle Gruppen oder Organisationen, denen Du zur Zeit angehörst" (offen);
Jugend '85, Bd. 5, S. 207).

teiligung verläuft 1953 geschlechtsspezifisch: Bis zum 20. Lebensjahr etwa bleibt der Anteil der männlichen Mitglieder konstant, danach sinkt die Beteiligung ab. Bei Mädchen beginnt dieser Prozeß früher, bereits nach dem 17. Lebensjahr. Die Vergleichsdaten 1984 deuten darauf hin, daß sich dieses geschlechtsspezifische Muster neuerdings tendenziell umkehrt: Mädchen und junge Frauen verlassen Turn- und Sportvereine lebensgeschichtlich später als Jungen und junge Männer, die bereits ab dem 18. Lebensjahr abzuwandern beginnen.

Die Mitgliedschaft der gesamten erwachsenen Bevölkerung ist im Vergleichszeitraum ebenfalls gewachsen, und zwar von 12 % (1953) auf 27 % (1979). Dabei fällt auf, daß der Anteil der in Sport- und Turnverein Organisierten unter dem Jugend-Anteil liegt. Schlüsselt man die Mitgliederzahlen nach Geschlecht auf, wird deutlich, daß dies den erwachsenen Frauen zu schulden ist. Erwachsene Männer (d.h. männl. Bevölkerung zwischen 18 und 79 Jahren) sind gleich häufig wie männliche Jugendliche (15-24jährige) in Sport- und Turnvereinen organisiert. Erwachsene Frauen liegen demgegenüber deutlich unter dem Anteil weiblicher Jugendlicher. (Noelle-Neu-

Tab. 29: Zugehörigkeit zu Turn- und Sportvereinen. Vergleich Jugend '53 — Jugend '84 nach Geschlecht und Alter — Angaben in % —

Kriterium: Wenigstens ein Turn- oder Sportverein genannt	alle (15-24 Jahre)	männlich 15-17 Jahre	18-20 Jahre	21-24 Jahre	weiblich 15-17 Jahre	18-20 Jahre	21-24 Jahre
Jugend '53	15	26	26	14	14	7	6
Jugend '84	33	50	39	29	34	29	24

Quellen: Emnid 1953, S. 153; Jugendliche und Erwachsene '85, Frage 43 (Bd. 5, S. 207).

mann/Piel 1983, S. 167; vgl. Fischer/Fuchs/Zinnecker 1985, Bd.5, 304)

Zur Untermauerung der herausgestellten Unterschiede können wir die Mitgliedsentwicklungen der im Rahmen des Deutschen Sportbundes (DSB) organisierten Turn- und Sportvereine heranziehen, die in jahresbezogenen Zeitreihen vorliegen.

Tab. 30: Mitglieder in Turn- und Sportvereinen (DSB) nach Altersgruppen. Vergleich 1955-1982 — Angaben in % —

1955	Alle	M	W	1982	Alle	M	W
Jahre				Jahre			
unter 14	26	20	**43**	unter 15	22	19	28
14 bis unter 18	23	23	23	15 bis unter 19	13	13	15
18 und mehr	51	**57**	34	19 und mehr	64	68	57
	100	100	100		99	100	100

Quellen: Statistisches Bundesamt (1959, S. 20, 81 und 1983, S. 375).

Aus Tabelle 30 geht hervor, daß der Anteil erwachsener Mitglieder sich von 1955 bis 1982 anteilsmäßig etwas erhöht hat. Die zweite Information: 1955 sind weibliche Mitglieder zu über 40 % unter 14 Jahren. Gliedert man die Jahrgänge unter 14 nochmals auf, so wird deutlich, daß es sich im Fall der Mädchen weithin um Kindersport handelt. 1982 besteht diese geschlechtsspezifische Einseitigkeit nicht mehr. Jetzt sind Frauen auch unter den erwachsenen Mitgliedern (ab 19 Jahren) am stärksten vertreten. (Vgl. zu den sozialen Determinanten der Sportvereinsjugend die umfangreichen Untersuchen von H.-G. Sack 1980, 1984, 1985.)

Tabelle 31 schlüsselt die weiblichen Mitgliederanteile nach Altersgruppen auf. Sieht man die einzelnen Zeitreihen nach Alter durch, fällt auf, daß sich am Anteil der Mädchen bis 14 Jahren zwischen 1957 und 1983 nichts geändert hat. Ab dem 14. Lebensjahr stieg der weibliche Anteil in allen Alterskategorien, am stärksten bei den 18-21jährigen und bei den Erwachsenen ab dem 21. Lebensjahr. Der weibliche Gesamtanteil an allen DSB-Vereinsmitgliedern erhöhte sich seit den 60er Jahren von 21 auf 33 %. Frauen haben damit einen wesentlichen Anteil am Wachstum des Mitgliederbestandes, der sich seit den 50er Jahren um ein fünffaches erhöht hat. 1955 zählte man rund 3 Millionen Mitglieder, 1982 waren es rund 16 Millionen.

Tab. 31: Anteil weiblicher Mitglieder von Sportvereinen (DSB) nach Altersgruppen im Zeitvergleich — Angaben in % —

	bis 14 Jahre	14-18 Jahre	18-21 Jahre	über 21 Jahre	Gesamt
1957	42	26	20	12[1]	22[1]
1965	38	22	31	13	21
1975	41	27	34	24	29
1983	43	35	42	28	33

1 Angaben für 1954

Quelle: Eigene Berechnungen nach DSB — Jahrbücher des Sports 1955/56-1984.

Nur ein Teil der sportlichen Aktivitäten findet im Rahmen von Vereinen statt. Knapp die Hälfte der Jugendlichen, die Sport treiben, gehört einem Verein an. Mit ansteigendem Alter nimmt die Bedeutung des Sportvereins für das eigene Sporttreiben etwas ab (vgl. Fuchs 1985, Sport, 121ff). Wie wir aus anderen Untersuchungen wissen, verhält es sich bei Erwachsenen ähnlich. Eine knappe Hälfte treibt Sport innerhalb, die andere außerhalb von Vereinen (Bischoff/Maldaner 1980, Bd. 1, 239ff). Allgemein muß man berücksichtigen, daß die Art des Sportes innerhalb und außerhalb von Vereinen eine andere ist. Außerhalb von Vereinen konzentriert sich der weite Kranz des ,,weichen" Freizeitsports wie z.B. Radfahren, Schwimmen, Wandern. Vereine haben nahezu das Monopol für wettkampfmäßig betriebenen Sport — was nicht heißt, daß alle Vereinsmitglieder sich am Wettkampfsport orientieren. So finden wir große Unterschiede im Hinblick auf die Art der im Verein betriebenen Sportart. Fußball gehört zu den stark, Tennis zu den wenig wettkampfmäßig betriebenen Sport — was nicht heißt, daß alle Vereinsmitglieder sich am Wettkampfsport orientieren. So finden wir große Unterschiede im Hinblick auf die Art der im Verein betriebenen Sportart. Fußball gehört zu den stark, Tennis zu den wenig wettkampfmäßig betriebenen Sportarten. Sehr unterschiedlich ist das Verhalten nach Geschlecht. Während Männer im Verein überwiegend den Wettkampf suchen, ist dies im Fall der Frauen eher die Ausnahme (Schlagenhauf 1977).

Aufgrund der eigenen Untersuchung können wir — bezogen auf Jugend '84 — aussagen, daß die organisierte Sportjugend eine „geringe Konturiertheit" im politischen und Einstellungsbereich zeigt. „Ob man Sport treibt oder nicht, ob man dies in einem Sportverein tut oder nicht, das ist bei den Jugendlichen zwar mit konturierten Freizeitmustern verknüpft, kaum aber mit politischen und sozialen Orientierungsmustern." (Fuchs 1985, Sport, 125) Die Unterschiede in den Freizeitmustern äußern sich beispielsweise darin, daß die Vielfalt der sportlichen Betätigung und auch die Priorität, die man dem sportiven Leben in seinem Leben einräumt, bei organisierten Sportjugendlichen größer sind (S. 123). In der Jugendstudie '81 zeigte sich, daß reden, diskutieren und geselliges Beisammensein zu zentralen Merkmalen juendlicher Aktivitäten im Sportverein gehören. Darin unterscheidet sich die Sportjugend nicht von Tätigkeitsmustern in informellen Freizeitcliquen Jugendlicher (vgl. Sack 1985).

Ausdifferenzierung der Sportarten

Jugendliche, die von sich sagten, sie würden Sport treiben, wurden 1954 und 1984 nach der Sportart befragt, der sie anhingen. Dabei handelte es sich um eine offen gestellte Nachfrage. In Tabelle 32 sind die genannten Sportarten für die beiden Jugendgenerationen, nach Geschlecht aufgeschlüsselt, zusammengestellt. Sporttreibende Jugendliche nennen 1954 durchschnittlich 1,3 Sportarten; 1984 hat sich die Zahl der Sportarten auf durchschnittlich 2,0 erhöht.

Es geben 1984 an ...

— keine Sportart	28 %
— eine Sportart	24 %
— zwei Sportarten	24 %
— drei und mehr Sportarten	24 %

Tab. 32: Aktiv ausgeübte Sportarten. Vergleich Jugend '54-Jugend '84 nach Geschlecht — Angaben in Prozenten —

	Jugend '54 (15-24 J.) Alle (n = 1493)	männlich (n = 776)	weiblich (n = 717)	Jugend '84 (15-24 J.) Alle (n = 1472)	männlich (n = 725)	weiblich (n = 747)
„Rasensport" (Mannschafts-Ballspiele)	**17**			**27**	**40**	**15**
Fußball	13	26	0	16	31	3
Handball	3	4	2	4	5	3
Hockey				1	1	1
Faustball	} 1	} 1	} 0	0 } 1	0 } 1	— } 1
Schlagball (Baseball)				0	—	0
(neu)Basketball/Korbball	—	—	—	2	2	2
(neu) Volleyball	—	—	—	7	7	7
(neu) andere Ballspiele	—	—	—	1	1	1
Wassersport	**13**			**24**	**22**	**27**
Schwimmen				20	16	24
Rudern	13 }	13 }	15 }	1 } 22	1 } 19	1 } 26
Segeln				1	2	1
(neu) Kanu, Kajak, Paddeln	—	—	—	0	1	0
(neu) Surfen	—	—	—	3	4	2
(neu) Tauchen	—	—	—	0	0	—
(neu) andere Wassersportarten	—	—	—	0	0	—
Turnen, Leichtathletik	**11**			**29**	**26**	**31**
Turnen	7	4	9	3	1	5
Leichtathletik	5	7	4	3	4	2
(neu) Aerobic	—	—	—	3	—	5
(neu) Fitness-Training	—	—	—	2	2	3
(neu) Jogging/Lauf	—	—	—	21	20	21
Tennis, Tischtennis u.ä.	**8**			**18**	**20**	**15**
Tennis	8 }	8 }	7 }	7	8	7
Tischtennis				4	6	2
(neu) Badminton, Federball	—	—	—	2	1	2
(neu) Squash	—	—	—	5	6	4
(neu) Minigolf	—	—	—	0	0	—
(neu) Kegeln/Bowling				1	1	1

Fechten	1	1	1	0	1	0
Wintersport	**4**			**8**	**8**	**8**
Skilauf/Langlauf	4	4	3	6	6	7
Schlittschuhlaufen	} 1	} 1	} 1	1	1	1
(Rollschuhlaufen)				1	1	1
(neu) Eishockey	—	—	—	0	0	—
Radsport	**3**	**3**	**3**	**12**	**11**	**14**
Motorsport	**2**	**3**	**0**	**1**	**2**	**0**
Kraftsport	**1**			**8**	**11**	**5**
Boxen				0	1	—
Ringen	} 1	} 2	} —	— } 1	— } 2	— } 0
Gewichtheben/-stemmen				1	1	0
(neu) Judo/Jiu-Jiutsu	—	—	—	1	2	1
(neu) Karate/Taek-wan-do	—	—	—	1	1	1
(neu) Body-Building	—	—	—	5	6	3
(neu) andere Kampfsportarten	—	—	—	1	1	0
Reitsport	**1**	**1**	**—**	**3**	**1**	**6**
Weitere Sportarten	**2**	**1**	**2**	**14**	**8**	**21**
Jazztanz/Jazz-Gymnastik				2	—	4
Tanz				3	0	5
Gymnastik				5	1	10
Ballett				1	0	1
Wandern				2	1	2
Bergsteigen				0	1	0
Yoga				0	0	0
Autogenes Training				0	—	0
Schießen/Bogenschießen				0	1	0
Moderner Fünfkampf/Triathlon				0	0	—
Schach				0	1	—
Sonstiges				1	3	0

Quellen: Emnid 1955, 222f; Jugend '84, Fage 37.

Fragetexte: (An die Befragten, die von sich aus irgendeinen Sport treiben): „Welchen treiben Sie?'' (offen) (1954) (Falls ja:) „Welchen?'' (offen) (1984)

In Tabelle 32 sind die Prozentzahlen auf alle Jugendlichen bezogen. Da Jugendliche heute mehr Sport als früher treiben, ist es nicht weiter verwunderlich, daß die Anteile nahezu aller Sportarten im Berichtszeitraum von 30 Jahren gestiegen sind. Nehmen wir nur die (unterstrichenen) Obergruppen, wobei wir uns der von Emnid seinerzeit vorgenommenen Einteilung anschließen, so haben sich alle Typen sportlicher Aktivität in ihrer Verbreitung unter Jugendlichen in etwa verdoppelt — einmal mehr, einmal weniger. Eine solche Verdoppelung finden wir bei Mannschaftsspielen mit Ball, beim Wassersport, bei Tennis/Tischtennis, beim Reitsport. Überdurchschnittlich gewachsen ist in den letzten drei Jahrzehnten der Radsport (von 3 % auf 12 %), der Kraftsport (von 1 % auf 8 %). Ferner ist eine ganze Kette von Sporttätigkeiten neu dazugekommen (von 2 % auf 14 %).

Die Palette sportiver Aktivitäten hat sich in den drei Jahrzehnten nicht unerheblich erweitert. Neu hinzugekommen sind für Jugendliche beispielsweise: Volleyball, Basketball, Surfen, Jogging, Aerobic, Squash, Body-Building, Karate/Taek-wan-do, Jazz-Gymnastik, Bowling — um nur die zahlenmäßig am stärksten ins Gewicht fallenden Tätigkeiten zu erwähnen. Den stärksten Zulauf haben zu verzeichnen: Jogging/Laufen, sportliches Radfahren, Schwimmen, musik- und tanzbezogene Gymnastik (besonders bei Mädchen) und Bodybuilding (besonders bei Jungen).

Es ist nicht ohne Reiz, diese Erweiterung des Sportspektrums mit der Ausdifferenzierung der Spitzenverbände im Deutschen Sportbund zu vergleichen. Die Erweiterung des Sportbegriffes und sportlicher Stile spiegelt sich — mit gewisser zeitlichen Verzögerung — in der Gliederung des DSB (S. 233).

Entwicklungslinien des sportiven Handlungsfeldes

Welche Entwicklungslinien lassen sich erkennen? Zunächst: Die Handlungsfelder sportlicher Aktivitäten haben sich im Berichtszeitraum (weiter) ausdifferenziert. Die Zahl der für Sport verfügbaren Orte und Räume hat sich vervielfacht. Beispielsweise nennt Emnid 1954 die Gruppe kampfbezogener Mannschaftsspiele schlicht „Rasenspiele" — 1984 finden viele dieser Sportspiele nicht mehr im Freien und auf dem Rasen statt, sondern in eigens hierfür entwickelten Hallen. Man denke etwa an den Hallenhandball. Die Ausdifferenzierung bezieht sich nicht nur auf die vervielfachten Raumarran-

Spitzenverbände im DSB:

1954:	Badminton
	Basketball
	Bob/Schlitten
	Boxen
	Eissport
	Fechten
	Fußball
	Golf
	Handball
	Hockey
	Kanu
	Kegeln
	Leichtathletik
	Reiten
	Radsport
	Rollsport
	Rudern
	Rugby
	Segeln
	Skilaufen
	Schießen
	Schwerathletik
	Schwimmen
	Tennis
	Tischtennis
	Turnen
1957 dazu:	Judo
1961 dazu:	Volleyball
1965 dazu:	ADAC
	AvD
	Aero-Club
	Athleten (statt Schwerathletik)
	Billard
	Motorsport
	Motoryacht
	Schach
	Sportfischer
	Sporttaucher
	Tanzsport
	Moderner Fünfkampf
	Wasserski
1970 dazu:	Bahnengolf
	Skibob
1975 dazu:	Gehörlosensport
	Rasenkraftsport
	Ringen
	Gewichtheben
	Sportakrobatik
	Behindertensport
1978 dazu:	Boccia
	Karate
	Lebens-Rettungsgesellschaft
1981 dazu:	Squash
1983 dazu:	Taekwondo

gements, sondern ebenso auf die weitere Spezialisierung der sportlichen Tätigkeitsformen. Allein schon die Semantik verrät etwas von der Vervielfachung der Handlungsarten, die aus einem ursprünglich gemeinsamen ,,Handlungsdach" heraus sich entfalteten. Man sehe etwa, was sich aus der orthodoxen Kraftsport-Trias Boxen, Ringen, Gewichtheben entwickelte. Oder man nehme die Ablösung von Bewegungsformen aus dem überlieferten — und ganzheitlichen — Turnbegriff, insbesondere dem ,,Bodenturnen". Statt ,,Bodenturnen" wird in den 80er Jahren betrieben: Jazztanz, Jazzgymnastik, Tanz, Gymnastik, Ballett, Yoga, autogenes Training, Aerobic, Fitness-Training.

Eine weitere Ebene der Ausdifferenzierung bezieht sich auf die materielle Ausstattung des Sports. Parallel zur Vermehrung der Orte und Spezialisierung der Tätigkeiten entwickelte sich eine auf das jeweilige sportive Handlungsprogramm bezogene eigene Warenwelt — wie alle Warenangebote mit der Tendenz zur Internationalisierung. Mithilfe von Sportgeräten werden spezialisierte Sport-Claims abgesteckt. Dabei ist bemerkenswert, daß Jugendliche an Sportarten partizipieren, die kostenintensive Sportgeräte, Sportstätten usw. voraussetzen. Man nehme Reiten (6 % der Mädchen), Surfen (3 %), Tennis (7 %) als Beispiele.

Manche der neu ins Spiel gebrachten Sporttätigkeiten folgen einem allgemeinen Modell der Warenästhetik: ,,Ästhetische Innovationen" (W.F. Haug) besorgen einen beschleunigten Umlauf der Warenwelt, wobei das Alte rascher veralten und das Neue auf breiter Front durchgesetzt werden soll. Ein Beispiel ist der Ersatz der nationalen Kegelbahn durch das auf internationalem Marketing basierende Konzept des ,,Bowling-Center" (Alberts 1974). Ein aktuelles Beispiel bildet die Einführung von ,,Aerobic", das ältere Formen der Boden- und Tanzgymnastik überholen bzw. anhand ästhetischer Innovation neu beleben sollte.

Die ästhetischen Innovationen im Sportbereich folgen dem Muster sozialer Bewegungen. So wird aus dem schlichten — und ,,veralteten" — Dauer- oder Langlauf das ,,jogging" als eine Bewegung, mit eigener Programmatik, Medienarbeit, kommerzieller Infrastruktur usw. Für den Einzelnen erwächst aus der Teilnahme an dieser Sport-Bewegung die Möglichkeit, sich stilbildend zu profilieren. Nach einem ähnlichen Muster wurden in den letzten Jahren organisiert: Die Surf-Bewegung; die Trimm-dich-Bewegung, Trimming 130, Bodybuilding usw. (Liedtke 1983).

Ästhetische Innovationen und medienvermittelte Bewegungen bilden das Fundament, auf dem sich relativ stabile Sport-Szenen entwickeln. Sportliche Aktivitäten bilden die Basis für körperbezogene Subkulturen, denen sich Jugendliche — und zunehmend (junge) Erwachsene — in ihrer Freizeit zuordnen. Im Medium des sportiven Körpers werden expressive Selbstdarstellungen, soziale Zuordnungen, spannungsgeladene ,,action" organisiert — als historisch neuartige Gegenorganisationen zu zweckrational gestalteten Großorganisationen und privatistisch eingeengtem Familienleben (Irwin 1977; Bednarek 1985; Bourdien 1985).

Besondere Beachtung verdient die sich abzeichnende Erweiterung des Sportbegriffs. Das bezieht sich zum einen auf die soziale Form, in der sportliche Aktivitäten ausgeübt werden. Viele der neuen Sport-Aktivitäten sind nicht darauf angewiesen, im Rahmen eines Vereins oder einer anderen sozialen Organisation ausgeübt zu werden. Jeder kann und soll sie im Rahmen seines Alltags — und zwar auf privater Basis — üben. In gewisser Weise sind alle ,,Körper-

Techniken" (M. Mauss) sportiv einbindbar. So gehört zum erweiterten Sportbegriff u.a. das persönliche Gesundheitsprogramm (z.B. Ausgleichs-Gymnastik). Sportiv einbeziehen lassen sich ferner kunstmäßige Formen der Körperbewegung (z.B. Tanz, Ballett). Ferner werden geistige Tätigkeiten, sofern sie nur dem Kriterium des Wettkampfes genügen, einbegriffen (Schachspielen als Sport). In diesem Kontext ist es bemerkenswert, was die Jugendlichen alles unter Sport anführen (Kategorie: „Weitere Sportarten"). Wir können damit belegen, daß sich das alltagskulturelle Verständnis von „Sport" auf diese erweiterte Begrifflichkeit des „sportiv" Tätigseins bezieht (Hopf 1979). So zählen einige der Befragten von sich aus zum „Sport", nach dem ja im engeren Sinn gefragt war: Ballett, Wandern, Bergsteigen, Yoga, autogenes Training, Tauchen u.ä.

Es fällt auf, daß Mannschaftsspiele, die mit aggressivem Körperkontakt verbunden sind, also Fußball oder Handball, keineswegs die Hauptnutznießer der Entwicklung der letzten drei Jahrzehnte sind. Sie bilden zwar die spektakulärsten Glanzlichter eines kommerzialisierten Sportbetriebes für Zuschauer (Hopf 1979, Fußball; Pilz 1982); gleichwohl weisen die Sportaktivitäten, die zahlenmäßig stark an Bedeutung zunehmen, in eine andere Richtung.

1954 war die Stellung des Fußballs bei den männlichen Jugendlichen mit 26 % selbst aktiv Spielenden nahezu monopolartig zu nennen. Das heißt, daß 43 % aller Jungen, die überhaupt Sport trieben, sich auf Fußball bezogen. Die Beliebtheit des Fußballs unter der männlichen Jugend hat 1984 nicht nachgelassen. 41 % aller Jungen, die Sport treiben, nennen Fußballspielen. Was sich aber verändert hat, ist die Einbettung des Fußballs in andere sportliche Aktivitätsfelder. Der kampfbetonte Mannschaftssport hat auch bei Jungen und jungen Männern Konkurrenz erhalten.

Welcher Art ist die Konkurrenz? Da ist als Beispiel, innerhalb der Mannschaftsspiele, Volleyball zu nennen. Dieses Spiel zeichnet sich nicht nur dadurch aus, daß es vorwiegend in der Halle gespielt wird; sondern vor allem durch das Merkmal: der aggressive körperliche Kontakt mit dem Gegner bleibt aus. Gerade dort, wo solche Kontakte möglich sind, am Netz, sorgt ein sensibles Regelwerk dafür, daß solche „Übergriffe" geahndet werden. Ansonsten dominieren neben Kooperation in der eigenen Mannschaft Körperakrobatik (des Fallens), Sprungkraft und dynamische Geschwindigkeit. Durchaus körperbetont also, aber mit gebremster Affektivität und unter Wahrung körperlicher Territorialität. In die gleiche Richtung läßt sich eine Wachstumssportart wie Tennis analysieren.

Die höfische Herkunft mancher dieser Ballspiele ist gewiß kein Zufall (Eichberg 1978). Die zivilisatorischen Verhaltensstandards eines solchen Sportes sind sehr ausgeprägt, was Spielerindividualität, verdeckte und konkurrenzbetonte Kooperation mit dem Gegenüber, Bremsung affektiver Impulse, Selbstbeherrschung und ähnliche moderne Tugenden der Verhaltens- und Körperkontrolle angeht (Elias 1939/1981). Wenn entsprechende Ballspiele bei Jugendlichen und jungen Erwachsenen an Beliebtheit gewinnen, und mit Blick auf die 50er Jahre ist dies unverkennbar, so bedeutet dies etwas für jugendliche Körpermodellierung, körperbezogene Selbstbilder und Einbezogensein von Jugend in den zivilisatorischen Verhaltenskodex. Dies gilt ungeachtet des Umstandes, daß eine gewisse Informalisierung einiger dieser Sportarten, etwa Tennis, unübersehbar ist (vgl. zur Diskussion der Bedeutung von Informalisierungsprozessen Wouters 1979; Büchner 1985).

Eine zweite Gruppe von sportiven Aktivitäten, die einen Zugewinn an Anhängern verzeichnen, ist direkt auf das Körper-Selbst der Jugendlichen bezogen. Es handelt sich dabei zum einen um Trainings-Aktivitäten, in denen ein Gegner vielfach nicht sinnlich präsent ist oder zumindest nicht sein muß. Wer joggt, Bodybuilding betreibt, Yoga-Übungen macht, wer sich trimmt, aber auch wer Karate betreibt, der benötigt keine Gegner oder keine Kooperationspartner. Die Übungen richten sich in erster Linie auf den eigenen Körper, dessen Leistungsfähigkeit, Gesundheit, ästhetische Modellierung, Bewegungsdynamik. Das Grundmodell dieser sportlichen Übungen ist strikt individualistisch; der narzißtische Charakter kaum zu übersehen. Die Bewegung steht im Dienste des Selbstwertgefühls, der meditativen Sinnsuche, der erlebnisbezogenen Steigerung der persönlichen Befindlichkeit. Der Körper im Dienste individuellen Befindlichkeits-Managements.

Auf dem Weg solcher individualistischer Körper-„Übung" gelangen auch solche Gruppen von Jugendlichen zu sportlicher Aktivität, die keine sportliche Sozialisation im engeren — oder älteren — Sinne durchlaufen haben. Es ist nicht zu übersehen, daß die zunehmende weibliche Beteiligung an Sport mit einer solchen Erweiterung des Sportbegriffs verknüpft ist. Mädchen und junge Frauen beziehen sich jedenfalls 1984 gerade auf dieses vergrößerte sportliche Betätigungsfeld.

In den trainingsbezogenen Körperaktivitäten finden sich Elemente der jugendlichen Askese, die ja seit längerem ein Qualitätsmerkmal insbesondere bürgerlicher (und männlicher) Jugend darstellt (Gillis

1980). Auf sportliche Bewegungstraditionen wird offenbar der Wunsch nach Selbstdisziplin und Askese verlagert, der im traditionellen Bereich, der körperlich-sexuellen Enthaltsamkeit im Jugendalter, gesellschaftlich nicht mehr zeitgemäß erscheint. Trainingssportarten sind ein privilegiertes Übungsfeld, um einen spezifisch modernen Verhaltensstandard einzuüben, die Selbststeuerung.

Alltagsgenüsse: Rauchen und Trinken

Vom Bürgerrecht auf Genüsse

Rauchen und Trinken gehören zu den Genüssen, die ,,feine Unterschiede" (Bourdieu 1982) markieren. Sie eignen sich zur Kultivierung von sozialen Differenzen und als Symbol für die Zugehörigkeit zu Statusgruppen. Insbesondere das Rauchen war historisch in Europa Herren-Zeichen, der Zugang zu diesen Genüssen war Frauen und Jüngeren versperrt. ,,Der Tabak ist, wie der Kaffee, lange Zeit ein Symbol der patriarchalischen Gesellschaft." (Schivelbusch 1983, 132) Insbesondere das öffentliche Auftreten weiblicher oder jugendlicher Rauchender war verpönt. Die soziokulturelle Restriktion machte das Rauchen als Symbol-Träger von Auflehnung und Emanzipationsbestrebung geeignet. Leitfiguren der frühen Frauenemanzipation wählten als kulturelle Symbole ihres neuen Anspruchs Männerhosen und Zigarren. Auf ähnliche Weise haben die Warnungen an die Jüngeren, nicht zu rauchen, und die jugendlichen Übertretungen dieses Diktums, eine mehrhundertjährige Vorgeschichte (Röper 1978, 36ff.).

Wir verstehen die hohe symbolische Signifikanz der Rauch- und Trinkpraxis präziser, wenn wir sie in den Zusammenhang des — ungeschriebenen — Bürgerrechts auf alltägliche Genüsse stellen. In der bürgerlichen Gesellschaft gibt es einen zugestandenen Freiraum für die private Konsumtion, die persönliche Bedürfnisbefriedigung des einzelnen. Besondere Gruppen von Aktivitäten und Bereiche des persönlichen Konsums werden nichtmündigen Bürgern auf Zeit vorenthalten. Es handelt sich dabei um solche Aktivitäten und Bereiche, die mit spezifischen Gefahren verbunden sind, Gefahren sowohl für die geordnete Persönlichkeit des Einzelnen wie für die bürgerliche Ordnung als Ganzer. Mit besonderen Verbotstafeln und Privilegien sind beispielsweise versehen: Besitz und Verwendung von technischen Gewaltmitteln; das Ausleben intensiver Körpererlebnisse und -sensationen und die damit verbundene freie Verfügung über den eigenen Körper (z.B. Sexualität, Nacktheit; körperliche Gewaltausübung). Andere Verbotstafeln betreffen die Mobilität, das heißt den Ortswechsel und die Ortsansässigkeit von Bürgern. In diesen Kontext gehören auch die sozialen Regulierungen, die uns in diesem Teil interessieren: Konsum berauschender und stimulierender Genußmitttel des Alltags.

Dem „Bürgerrecht auf privaten Genuß" kommt in diesen Grenzzonen des individuellen Konsums erhöhte Bedeutung zu. Indem der Bürger freien Zugang zu ordnungs- und persönlichkeitssprengenden Genußmöglichkeiten erhält, erweist die Gesellschaft ihm ihr besonderes Vertrauen: Er gilt als fähig, gelegentliche, beiläufige Grenzüberschreitungen in eigener Regie zu kontrollieren. Seine Selbstdisziplin macht ihn zu einem Gesellschaftsmitglied, auf das selbst in den verführerischsten, die soziale Ordnung in Frage stellenden Lebensmomenten Verlaß ist. Letztlich kann sich jemand in dieser Gesellschaft nur dann als wirklich erwachsen definieren, wenn ihm das allgemeine Recht auf selbstkontrollierte Grenzüberschreitung des bürgerlichen Alltags zugesprochen wird. So erklärt sich der hohe Stellenwert, der gerade dem Bürgerrecht auf persönlichen Genuß als *Symbol* des Erwachsenseins zufällt. Zu den elementarsten Kristallisationskernen für Erwachsenenfreiheit gehören der Genuß von Zigaretten, von Alkohol, überhaupt der Besuch von öffentlichen Orten, wo auf kommerzieller Basis „Erwachsenengenüsse" angeboten werden (Gaststätten, Pornoläden, Videoshops, Spielhallen, Tanzveranstaltungen usw.). Eine wichtige Eigenschaft, die gerade Rauchen und Trinken zu universalen Ausdrucksmitteln des Erwachsenseins prädestiniert, ist deren Alltäglichkeit und Öffentlichkeit. Sie sind so eng mit Funktionen des leistungsgerechten Alltagshandelns verzahnt, daß sie bei einer Vielzahl von Gelegenheiten sichtbar-demonstrativ eingesetzt werden können (Projektgruppe Jugendbüro 1973, 130ff).

Für Jugendliche ergeben sich unterschiedliche Möglichkeiten, Rauchen und Trinken als symbolische Mittel einzusetzen.

— Die beiden Alltagsgenüsse eignen sich als Ausdrucksmittel dafür, daß man frühzeitig am konventionalisierten Modell des Erwachsenseins teilhat. Dies ist eine kulturelle Verwendungsweise, die für männliche Unterschichtjugendliche besondere Bedeutung hat. Wer raucht und trinkt, gehört zur Arbeits- und Freizeitkultur der erwerbstätigen Männer — jedenfalls erhebt er den symbolischen Anspruch darauf. Der Jugendliche (die jugendliche Gruppe) zeigt, daß er/sie Zutritt zu den Orten dieser Männerkultur hat; daß er/sie über das notwendige Kleingeld hierfür verfügt (denn es handelt sich ja um kommerziell bereitgestellte Genüsse), was wiederum auf (Lohn-)Arbeit zurückverweist. Je jünger das Alter, in dem dies geschieht, um so klarer treten Merkmale von Provokation, öffentlicher Regelverletzung, Risikobereitschaft, verbunden mit Statusgewinn unter den Gleichaltrigen als Merkmale dieser Alltagspraxis in den Vordergrund.

— Die Alltagsgenüsse Rauchen und Trinken vermögen jedoch noch etwas anderes zu signalisieren: Eine generelle Mißachtung konventionalisierten Erwachsenseins. Dieser Bedeutungshorizont ist im gesellschaftlichen Raum sozialer Klassen anders verortet. Er ist Ausdrucksmittel eher für kleinbürgerliche und bürgerliche Jugendliche, unter Einbezug der Mädchen.

Jugendliches Rauchen und Trinken (und besonders: Drogeneinnahme) ignoriert hier die Machtdifferenz zwischen Jüngeren und Älteren. Die Jüngeren nehmen sich — ganz ähnlich wie im Fall der frühen Praxis von Sexualität — die gleiche Freiheit und belegen damit die Nichtgeltung ungleicher Machtverteilung. Vor allem wird die in diesen Klassen und Klassenfraktionen geltende Werteskala in Frage gestellt. Rauchen und Trinken ignoriert den Habitus einer langfristigen, asketischen Lebensplanung, die nach Grundsätzen von Rationalität und Vernunft erfolgt. Am sichtbarsten wird dieses Moment im dominierenden Diskurs um Gesundheit. Wenn Jugendliche die aufgestellten gesundheitspolitischen Warntafeln ignorieren, so vergehen sie sich — ob nun instinktiv oder bewußt im Sinne einer Politik des Alltags — an hochkarätigen sozialen Werten und Normen des (klein-)bürgerlichen Sozialraumes (vgl. Bourdieu 1982, 1985). Trinkende und rauchende Jugendliche „verschleudern sinnlos" ihr vorhandenes Körperkapital, statt es für eine lange Spanne lebensgeschichtlicher Karriere aufzusparen und zu konservieren. Stattdessen nähern diese Jugendlichen sich dem „proletarischen" Körper- und Lebenshabitus, der das jugendliche Körperkapital hier und jetzt einzusetzen bestrebt ist. Damit wird ein verdeckter Sinn der Alltagspraxis offenbar: Es ist ein — im Medium körperlicher Praxis vorgetragener — Protest gegen die klassenspezifische Zumutung, die Jugendphase als kalkulierte Laufbahn und Investition für die Zukunft zu begreifen. Nicht zufällig daher, daß gerade oppositionelle Schülerkulturen sich dieses Mittels in hervorragender Weise bedienen (vgl. emprisch z.B. Fend/Schneider 1984; Lopez 1983).

Ganz allgemein gilt, daß die kulturellen Praxen, die um das Bürgerrecht auf alltägliche Genüsse kreisen, als Indikatoren gesellschaftlichen Wandels dienen können. Je früher und allgemeiner Jugendliche an den Erwachsenenrechten partizipieren, um so mehr hat sich die Differenz gesellschaftlicher Macht zwischen der jüngeren und älteren Generation eingeebnet — jedenfalls auf der Ebene alltäglichen Persönlichkeits- und Befindlichkeitsmanagments. Im Fall von Rauchen und Trinken handelt es sich zudem um Teilhabe der Jüngeren am ökonomisch regulierten Konsum. Die Entwicklung der Teilnahmeziffern über die letzten Jahrzehnte hinweg vermag uns einen Eindruck davon zu vermitteln, wieweit die Jüngeren als individuelle Konsumenten in die Freizeit- und Konsumgesellschaft zu einem bestimmten Zeitpunkt einbezogen sind und ab welchem Lebensalter dies Geltung hat. Anders formuliert können wir sagen: Es handelt sich um Hinweise auf ein mögliches Ende eines asketischen Modells von Jugend, das diese als pädagogisch geschützte und gerahmte Lebensphase definiert. Nicht wenige Geschichtsschreiber und Theoretiker von Jugend sehen das Ende einer so definierten Jugendphase mit den 60er Jahren erreicht (vgl. Gillis 1974/80; von Trotha 1982).

Rauchen

Jugendliche '84 rauchen zahlreicher und mehr als Jugendliche in den 50er Jahren (Tabelle 33). Zu den täglich Rauchenden zählen sich in der Befragung '84 44 % gegenüber 23 % im Jahr 1955. Die Zunahme des Rauchens ist nach Geschlecht und Alter unterschiedlich stark ausgeprägt. In den 50er Jahren ist das Gewohnheitsrauchen eine Angelegenheit männlicher Jugendlicher. Damals rauchten 38% der männlichen, aber nur 6% der weiblichen Befragten täglich. In den 80er Jahren rauchen Mädchen und junge Frauen praktisch gleich zahlreich wie die Jungen und jungen Männer. Ähnliches sagen die Zahlen zum Alter der Rauchenden. 1955 begann die jugendliche Rauchkultur erst mit dem 18. Lebensjahr. 1984 ist die Altersgruppe der 15-17jährigen in erheblichem Ausmaß am Rauchgenuß beteiligt. In diesem Alter hat sich die Zahl der festen Gewohnheitsraucher von 7% auf 32% erhöht. Allerdings gilt auch für die 80er Jahre noch, daß die Zahl der Rauchenden zwischen dem 15. und 24. Lebensjahr zu-, die Zahl der „Nichtraucher" ebenso kontinuierlich abnimmt.

Innerhalb der Gewohnheitsraucher hat sich die Zahl der gerauchten Zigaretten sichtbar gesteigert. Wer in den 50er Jahren als Jugendlicher täglich rauchte, der begnügte sich zumeist mit 5 bis 10 Stück. In den 80er Jahren ist die Zahl der von der Mehrheit gerauchten Zigaretten auf 10 bis 30 Stück angestiegen, wobei die Zahl mit dem Alter ansteigt. Rauchende Jugendliche im Alter von 21 bis 24 Jahren haben Anfang der 80er Jahre einen Durchschnittskonsum von 17 Zigaretten pro Tag. (Statistisches Bundesamt 1984, 197f. — Infratest Gesundheitsforschung; Fröhner 1956, S. 274).

Tab. 33: ,,Rauchst Du täglich, rauchst Du hin und wieder, kaum oder gar nicht?" — Angaben in % —

	Jugend '55 (15-24 J.)						Jugend '84 (15-24 J.)						Erwachsene '84 (45-54 J.)		
	Alle	Geschlecht		Alter in J.			Alle	Geschlecht		Alter in J.			Alle	Geschlecht	
		männl.	weibl.	15-17	18-20	21-24		männl.	weibl.	15-17	18-20	21-24		männl.	weibl.
n =	(1464)	(761)	(703	(527)	(439)	(498)	(1472)	(725)	(747)	(422)	(473)	(577)	(729)	(358)	371)
Täglich	23	38	6	7	25	37	44	48	40	32	43	53	34	44	25
Hin und wieder	14	16	11	9	16	16	9	7	11	12	9	8	7	8	6
Kaum	10	10	9	7	13	10	6	6	6	5	7	6	3	4	3
Gar nicht	53	36	74	76	46	37	41	39	42	51	41	33	56	45	66
Keine Angaben	0	0	0	1	0	—	—	—	—	—	—	—	—	—	
	100	100	100	100	100	100	100	100	99	100	100	100	100	101	100

Quellen: Emnid II 1955, S. 272; Fischer/Fuchs/Zinnecker 1985, Bd. 5

Es ist nicht ausgeschlossen, daß sich die Befragungssituation in den 50er und in den 80er Jahren für die Jugendlichen anders darstellte und daß dies Eingang in die Selbstdarstellung der Befragten fand (Reuband 1985). 1955 dürfte es jüngeren Jugendlichen und Mädchen peinlicher als älteren Jugendlichen und jungen Männern gewesen sein, Gewohnheitsrauchen zuzugeben; und dies gegenüber zumeist älteren Erwachsenen, denn dies waren damals die typischen Interviewer. 1984 gilt diese Einschränkung wohl kaum noch: Die Interviewerstäbe haben sich verjugendlicht, die normative Kraft des Jugendschutzes hat Einbußen erlitten. Selbst wenn also in den 50er Jahren etwas mehr Jüngere und etwas mehr Mädchen als angegeben zu den Gewohnheitsrauchern gezählt haben, so verdeutlichen doch auch diese Daten noch einen Unterschied. Während in den 50er Jahren manche jugendliche Gruppen ihre Rauchkultur verstecken mußten, können sie sich in den 80er Jahren offensiv darauf berufen.

Wie hat sich das Rauchverhalten der Erwachsenengeneration im Vergleich zu ihrer Jugendzeit geändert? Ein Blick auf die Tabelle belehrt uns, daß die Anteile von Rauchenden und Nicht-Rauchenden innerhalb dieser Generation zu beiden Zeitpunkten recht ähnlich ausfallen — mit 15-24 Jahren und mit 45-54 Jahren zählt sich jeweils die Hälfte der Befragten zu den Rauchenden bzw. zu den Nichtrauchern. Im Erwachsenenalter hat allerdings die Zahl der festen Gewohnheitsraucher etwas zugenommen. Die generationsspezifische Entwicklung fällt bei Männern und Frauen unterschiedlich aus. Frauchen rauchen als Erwachsene deutlich mehr als in der Jugend, bei Männern hat demgegenüber die Zahl der Nichtraucher etwas zugenommen. Der geschlechtsbezogene Trend läßt sich verallgemeinern. Rauchkultur, in den 50er Jahren bei Jung und Alt noch eine männliche Domäne, entwickelt sich in der Folgezeit zu einem kulturellen Ausdrucksmittel, das Frauen (der Tendenz nach) in gleicher Weise wie Männern zur Verfügung steht (Lopez 1983, 13 ff.). Die zeitlichen Eckdaten aus einer Zeitreihe des Instituts für Demoskopie (Allensbach) mögen das Gesagte unterstreichen.

Es rauchen in der Erwachsenen-Bevölkerung (BRD) …

	1950	1982
Männer	88 %	53 %
Frauen	21 %	29 %

(Noelle-Neumann/Piel 1983, 497)

Während bei Männern die Rauchgewohnheit in ihrer Verbreitung seit den 60er Jahren eindeutig zurückgeht, nimmt sie bei erwachsenen Frauen im gleichen Zeitraum zu. Bei der absinkenden Beteiligung am Rauchen müssen wir die Anti-Rauch-Kampagnen und das gewachsene Bewußtsein von den gesundheitlichen Gefahren des Rauchens in Rechnung stellen, die ein Kennzeichen der 60er und 70er Jahre sind.

Gleichwohl gilt auch für 70er und 80er Jahre weiter, daß Rauchen — insbesondere das Zigarettenrauchen — eine Ausdrucksform der aktiven Jahrgänge in der Bevölkerung geblieben ist. Gewohnheitsrauchen kennzeichnet die gesellschaftlichen "Leistungsträger", die im beruflichen und häuslichen Alltag Gestreßten. Diese soziale Zuordnung findet ihren statistischen Niederschlag:

Die meisten Rauchenden finden sich unter den 20 bis 50jährigen. Bei den Jüngeren und bei den Älteren sind Zigarettenraucher um rund 20% seltener anzutreffen (z.B. Noelle-Neumann/Piel 1983, 496; Emnid/Spiegel 1973, Tab. 33).

Bei aller Tendenz zur Verallgemeinerung des Rauchens bleibt festzuhalten, daß diese kulturelle Praxis auch für die 80er Jahre ihre Signifikanz als symbolisches Mittel der Distinktion behalten hat. Diese symbolische Funktion ist sogar stärker ausgeprägt als im Fall des Alkoholgenusses (Fischer 1985). Die psychosozialen und soziokulturellen Zeichen, die in der heutigen Jugendgeneration durch die Praxis des Zigarettenrauchens gesetzt werden, lassen sich zu zwei Themenkomplexen bündeln:

Rauchen steht für ein verkürztes Modell von Jugend. Die Praxis signalisiert einen frühen Übergang in den Arbeitsprozeß, verbunden mit der Teilhabe am entsprechenden Erwachsenenstatus. Die Symbolfunktion ist klassen- und geschlechtsspezifisch ausgeprägt. Rauchen steht für den harten, zupackenden Körpergebrauch in den männlichen Unterschichten. Für einen solchen Jugendhabitus (Zinnecker 1986) ist kennzeichnend, daß langwierige, "unsichtbar" verlaufende Prozesse der Persönlichkeitsentwicklung und Inkorporierung kulturellen Kapitals zurückgewiesen werden. Stattdessen setzt man auf die "handfesten", für jedermann offenkundigen Zeichen des Erwachsenseins: arbeiten können, sein Geld selbst verdienen, den gleichen Alltag wie die (männlichen) Vorbildfiguren leben. Die Teilhabe wird sofort verlangt; ein Aufschub (Moratorium) von Verpflichtungen ist nicht gewünscht.

Der Bezugsrahmen des Rauchens als Teil männlicher Unterschichtenkultur zeigt sich z.B. in Sozialstatistiken zur Quantität der Rauchbeteiligung:

Rauchen ist eine Gepflogenheit, der heute bevorzugt männliche

Jugendliche aus den sozialen Unterschichten nachgehen. Täglich rauchende Jugendliche finden wir häufiger bei denen mit Hauptschulbildung und bei Jüngeren, deren Eltern Volksschulen besucht haben (Fischer/Fuchs/Zinnecker 1985, Bd. 5, 210). Jugendliche Arbeiter sind etwas häufiger Raucher als junge Angestellte/Beamte; entsprechend hoch ist der Anteil Rauchender unter denen, die eine Berufsschule besucht haben (Statistisches Bundesamt 1984, 197 (Infratest)).

Unter männlichen Hauptschülern und unter jungen Arbeitern ist das tägliche Rauchritual weiter verbreitet als bei Gymnasiasten und Studenten.

Bei weiblichen Jugendlichen ergeben sich nur geringe Unterschiede zwischen diesen Statusgruppen. (Zu einem gleichen Ergebnis gelangen Fend/Schneider (1984) in einer großflächigen Schülerbefragung 1977 bei 6. und 9. Klassenstufen (S. 134).)

Es rauchen täglich ...

		%
15-17jährige Schüler	Hauptschule	43
	Gymnasium	19
15-17jährige Schülerinnen	Hauptschule	32
	Gymnasium	22
21-24jährige männliche Jugendliche	Arbeiter	65
	Studenten	39
21-24jährige weibliche Jugendliche	Arbeiterinnen	55
	Studentinnen	45

Jugendliche '84 (Zusatzquoten zur Repräsentativerhebung

Rauchen steht als soziokulturelles Zeichen für einen konflikthaften Verlauf von Jugend. (An konflikthaften Verläufen hat die männliche Arbeiterkultur in überproportionaler Weise Anteil. Hier zeigt sich eine Überschneidung zum vorangegangenen Zeichencharakter.) Jugendliche, die früh und heftig rauchen, befinden sich vermehrt in komplexen sozialen Spannungsverhältnissen. Die Spannungen beziehen sich in erster Linie auf die unmittelbaren erwachsenen Bezugspersonen, die eigenen Eltern, Lehrer u.ä. Die Alltagskultur Rauchen fungiert als symbolischer Stellvertreter für innere Nervosität, expressive Stilsuche, heimlichen oder provokanten Protest — je nach Situation und Person. Der kulturelle Ausdrucksgehalt des Rauchens ist in jüngeren Jahren, unter Mädchen, in der gymnasialen Schülerkultur stärker als unter den jeweils gegenteiligen Sozialbedingungen, da mehr mit dem Odium von Tabuverletzung, Anderssein behaftet. Die symbolische Stellvertretung von Rauchen für Konflikt, Anderssein und Protest gilt für den einzelnen Jugendlichen ebenso wie für jugendliche Kollektivstile, in denen entsprechende Werte und Normen traditionell beheimatet sind. Ausgeprägte Rauchkulturen finden wir entsprechend unter subkulturellen Schülergruppen oder in bestimmten konflikthaften Gegengesellschaften der Jüngeren usw. (Fischer 1985; Projektgruppe Jugendbüro 1973).

Alkohol trinken

Der Alkoholkonsum Jugendlicher ist zwischen 1955 und 1984 um einiges angestiegen (Tabelle 34). Die Zahl derer, die "gerne alkoholische Getränke" trinken, wuchs von 19% auf 33%, der Anteil der Nicht-Trinkenden fiel von 32% auf 13%. Wie Reuband (1980) aufgrund von Sekundäranalysen plausibel machte, geht der Anstieg des jugendlichen Konsums eher in den 60er Jahren vonstaten, während er innerhalb der 70er Jahre stagniert. Das ist bemerkenswert, weil öffentliche Thematisierung von Alkohol als Jugendproblem und reale Entwicklung der Trinkgewohnheiten zeitlich auseinanderklaffen. In den 60er Jahren, als der jugendliche Alkoholkonsum sich unter den Jüngeren kontinuierlich ausweitete, blieb dies in der Öffentlichkeit unthematisiert. Während der Umfang jugendlichen Alkoholgebrauches in den 70er Jahren stagniert, wird das Thema zu einem aktuellen Jugendproblem erklärt und zum Gegenstand jugendschützerischer und medizinischer Kampagnen, wobei „man gerade für eben diesen Zeitraum den dramatischen Zuwachs des Alkoholgebrauchs postuliert" (S. 37).

Der ansteigende Alkoholkonsum von Jugendlichen ist zudem keine Besonderheit dieser sozialen Altersgruppe. „Die Veränderungen in der Konsumhäufigkeit scheinen vielmehr weitgehend parallel zu den Veränderungen in der Erwachsenenwelt zu verlaufen..." (S. 37). Für eine solche Interpretation sprechen auch die Daten unseres eigenen Vergleichs. Als Erwachsene sind die Angehörigen der Jugendgeneration '55 zahlreicher am Alkoholkonsum beteiligt als in ihrer eigenen Jugendzeit, jedenfalls wenn man das 15. bis 20. Lebensjahr als Vergleich nimmt. Erwachsene '84 und Jugend '84 unterscheiden sich nicht voneinander, was die Verbreitung des Alkoholgenusses angeht.

Tab. 34: Trinkst Du gerne alkoholische Getränke, machst Du Dir nicht viel aus Alkohol, oder trinkst Du gar keinen Alkohol?" — Angaben in % —

	Jugend '55 (15-24 J.)						Jugend '84 (15-24 J.)						Erwachsene '84 (45-54 J.)		
	Alle	Geschlecht		Alter in J.			Alle	Geschlecht		Alter in J.			Alle	Geschlecht	
		männl.	weibl.	15-17	18-20	21-24		männl.	weibl.	15-17	18-20	21-24		männl.	weibl.
N =	(1464)	(761)	(703)	(527)	(439)	498)	(1472)	(725)	(747)	(422)	(473)	(577)	(729)	(358)	(371)
Gern	19	23	15	12	21	25	33	41	26	24	37	37	29	42	17
Nicht viel	48	53	45	35	52	62	54	49	59	56	52	55	58	53	64
Gar keinen Alkohol	32	23	40	53	26	13	13	10	15	20	11	8	12	6	19
K. A.	1	1	0	0	1	0	—	—	—	—	—	—	—	—	—
	100	100	100	100	100	100	100	100	100	100	100	100	99	101	100

Quellen: Fröhner 1956, S. 270; Jugendliche und Erwachsene '85 Fragen J 50; E 47

Beginnt heute der Alkoholkonsum früher als in den 50er Jahren? Aus der Tabelle läßt sich ablesen, daß dies der Fall ist. 1955 geben 53% der 15-17jährigen an, gar keinen Alkohol zu trinken, 1984 sind es in dieser Altersgruppe nur noch 20%. Wir müssen bei der Interpretation allerdings berücksichtigen, daß der Alkoholkonsum auch bei den älteren Jugendlichen angestiegen ist. Nur fallen die Wachstumsraten nicht so deutlich aus wie bei den Jüngeren. Was im Grunde gleichgeblieben ist: Eine entschiedene Ausweitung der Trinkgewohnheit findet damals wie heute erst ab dem 18. Lebensjahr statt. In den Jahren davor handelt es sich bei den regelmäßig Trinkenden um eine Minderheit. Für die Zeit Anfang der 80er Jahre werden unsere Daten durch eine repräsentative Umfrage von Infratest Gesundheitsforschung unterstützt. Trotz eines anderen Abfragemodus gelangte diese Studie zu einer vergleichbaren Gewichtung der regelmäßigen Alkoholkonsumenten nach Altersgruppen (Statistisches Bundesamt 1984, 187):

Alter	Alkoholkonsumenten (in %)
12-14 Jahre	3
15-17 Jahre	18
18-20 Jahre	31
21-24 Jahre	39

Ähnlich wie beim Rauchen hat auch beim Alkoholgenuß zwischen den 50er und 80er Jahren eine Angleichung der Konsumgewohnheiten von jungen Männern und Frauen stattgefunden. Anders als im Fall des Rauchens ist diese Angleichung nicht vollständig. Zwar gibt es '84 auch unter den weiblichen Jugendlichen kaum noch Befragte, die angeben, gar keinen Alkohol zu trinken — 1955 waren dies immerhin 40% der Mädchen. Auf der anderen Seite dominieren junge Männer jedoch, wenn es um die Frage des Gewohnheittrinkens geht (hier metaphorisch verkleidet abgefragt als „gerne" trinken). Junge Frauchen betonen häufiger, daß sie sich „nicht viel aus Alkohol" machen.

Was für die Geschlechtsunterschiede bei Jugendlichen gilt, läßt sich auch bei den Erwachsenen konstatieren. Gern Alkohol zu trinken, ist eine Angelegenheit der Männer (42%), Frauen beschränken sich auf gelegentliche Versuche mit Alkohol (64%). Weibliche Jugendliche trinken genauso selten wie erwachsene Frauen, die Geschlechtsunterschiede sind in diesem Konsumfall bei Jugendlichen nur wenig geringer als unter den Erwachsenen.

1955 wurde von Emnid auch nach den „liebsten unter den alkoholischen Getränken“ gefragt (Fröhner 1956, 271), eine Frage, die nicht in das Wiederholungsprogramm aufgenommen werden konnte. Zieht man anderweitig veröffentlichte Umfragedaten aus jüngerer Zeit zu Rate (z.B. Noelle-Neumann 1976, 248 ff.), so wird die Erweiterung der Konsumpalette deutlich, die zwischenzeitlich stattgefunden hat. In den 50er Jahren nannten männliche Jugendliche in erster Linie Bier (47%), weibliche Jugendliche Wein (29%), Likör (17%). Minderheiten von jeweils 4% nannten Weinbrand/Branntwein oder — als sonstige alkoholische Getränke — : Bowle, Grog, Mixgetränke, Glühpunsch, Johannisbeerwein, Stachelbeerwein u.ä. Die Allensbacher Liste aus dem Jahr 1975 verrät, was zwischenzeitlich auch für Jugendliche dazugekommen ist: Zum Beispiel Sekt, Whisky, Obstwasser, Wodka, Aperitif, Sherry, Anisgetränke usw. Die Vergleichsuntersuchung macht zugleich deutlich, daß Mitte der 50er Jahre ein Getränk bereits zum Repertoire jugendlicher Trinkkultur gehörte: Coca Cola. Colagetränke sind damals wie heute Favoriten der Jugendlichen vor dem 18. Lebensjahr, also bevor die Kultur des alkoholischen Getränkes sich unter den Jüngeren voll entfaltet (Emnid 1955, 145).

Zwei Zahlenangaben zur Illustration:

1955 nannten Coca Cola als Lieblingsgetränk: 20% der 15-17jährigen, 13% der 18-20jährigen und 6% der 21-24jährigen. Die einseitige Verankerung von Colagetränken in der Trinkkultur von Jugendlichen und — z.T. — jungen Erwachsenen/Postadoleszenten mag eine Marketing-Untersuchung von 1975 belegen. Danach tranken bzw. kauften innerhalb der letzten 14 Tage vor der Befragung Colagetränke (Noelle-Neumann 1976, 248):

81 %	14-19jährige
63 %	20-29jährige
48 %	30-39jährige
36 %	40-49jährige
23 %	50-59jährige
8 %	60jähr. u. ältere

Welche Fragen fehlen in den alten Emnid-Studien? Wichtig für unseren Zusammenhang hier:

Das Spektrum der Rauschmittel hat sich für Jugendliche seit den 50er Jahren erheblich erweitert. In den 50er Jahren wird in den Emnid-Studien nach Drogen gar nicht erst gefragt. In den 80er Jahren stehen Jugendlichen Halluzinogene (in erster Linie Haschisch und

Marihuana), daneben Stimulantien, Opiate, Schnüffelstoffe, Schlafmittel/Barbiturate auf einem (illegalen) Markt zur Verfügung. Nach einer Infratest-Umfrage Anfang der 80er Jahre haben westdeutsche Jugendliche Drogenerfahrungen gesammelt:

15-17jährige	7 %
18-20jährige	14 %
21-24jährige	16 %

(Statistisches Bundesamt 1984, 193)

Die Gefahren des Alkohol- und Drogenkonsums durch Jugendliche bilden einen der Kristallisationskerne der Mediendebatte um Jugend in den 80er Jahren. Jugendliche haben sich die Stoßrichtung der moralisch-politischen Medienkampagne in hohem Ausmaß zu eigen gemacht. Auch in ihren Augen stellen Alkohol und Drogen zentrale Jungendprobleme dar. In unserer eigenen Erhebung erklärten die befragten Jugendlichen in gleicher Weise wie die Erwachsenen '84 Alkohol und Drogen zum zweitgrößten Problem heutiger Jugend direkt nach der Arbeitslosigkeit (Fischer/Fuchs/Zinnecker 1985, Bd. 1, 94 ff.). In den künstlerischen Selbstdarstellungen der Jugendgeneration nimmt die jugendschützerische Verurteilung dieser alltagskulturellen Praxis eine prominente Position ein (Kraft 1985). Das zeigt, wie groß der normative Druck inzwischen geworden ist, der — ähnlich wie im Fall des Rauchens — inzwischen auf der Teilhabe an solchen Konsumpraxen lastet. Die jugendliche Mehrheit (46% definieren Alkohol/Drogen als „sehr großes" Jugendproblem) hat die Ziele der Kampagne gegenwärtig als Teil des Selbstbildes, zumindest des kollektiven, verinnerlicht.

Die These liegt auf der Hand, daß die jugendschützerische Debatte des letzten Jahrzehnts im Wesentlichen einen Vorwand für das eigentliche Thema abgibt: Die Bedrohung, die verschiedene Gruppen der Erwachsenengesellschaft, aber auch der Jugendgeneration selbst, in einer Auflösung des tradierten Jugendstatus mitsamt seiner pädagogischen Rahmung erblicken. Da es sich bei einer solchen Behauptung um eine kleine Tabuverletzung handelt, sei ein empirisch begründeter Satz beigefügt. Wie K.-H. Reuband (1980) jüngst überzeugend darlegte, gibt es für die populäre These, wonach der hohe Standard jugendlichen Alkohol- und Drogenkonsums mit gesellschaftlich induzierten Krisen (insbesondere der Jugendarbeitslosigkeit) unmittelbar zusammenhinge, keinerlei wirkliche Belege. Der soziale Sinn der Jugendschutzdebatte ist an anderer Stelle zu suchen. Das ideologische Kampffeld um den kulturell herrschenden

Begriff der Jugendphase befindet sich gegenwärtig in Bewegung (Zinnecker 1986). Exzessive Rückgriffe Jugendlicher auf gefährliche Alltagsgenüsse stehen insbesondere mit einem Modell von Jugend als (Bildungs- und Ausbildungs-)Laufbahn auf Kriegsfuß, das sich in den letzten Jahrzehnten über weite Teile der Klassengesellschaft ausgebreitet hat und im Begriff steht, sich zum dominanten Bestandteil hegemonialer bürgerlicher Jugendauffassung zu entwickeln.

Aus der Perspektive eines solchen vorrangig im Kleinbürgertum beheimateten ideologischen Konzeptes von Jugend ergeben sich zwei Gefahren — und ideologische Gegner: Auf der einen Seite das ältere Unterschichtmodell von Jugend, das auf kurzfristigen Genuß und unmittelbare Teilhabe abzielt; und auf der anderen Seite das freizügige Jugendmoratorium, das traditionellerweise innerhalb der bürgerlichen Intelligenz favorisiert wird. Beide Jugendvorstellungen sind affin zur frühzeitigen, nicht reglementierten Partizipation Jugendlicher an Erwachsenengenüssen und -privilegien. Sie behindern damit aktuelle Bestrebungen zur ideologischen und institutionellen Reorganisation von Jugend als rational gesteuerte Bildungs- und Ausbildungslaufbahn.

Konfigurationen jugendlicher Gruppen

Mit diesem Fragenkomplex gehen wir von den vorrangig kulturellen Aspekten der Jugendphase zu den sozialen Gesellungsformen im engeren Sinn über. Für die formalsoziologisch ausgerichtete Jugend- und Freizeitforschung der 60er Jahre handelte es sich um das bevorzugte Betätigungsfeld (Rosenmayr 1976). Jugendpolitik, Jugendverbände und Jugendforscher fragten besorgt nach der sozialen Integration von Jüngeren in die Großorganisationen der Erwachsenengesellschaft. Gelingt es den Kirchen, den Gewerkschaften, den tradierten Jugendverbänden, den Sportvereinen, den Traditionsvereinen in den Gemeinden, Jugendliche als Mitglieder und Mitarbeiter zu gewinnen? Die Besorgnis richtete sich zum einen auf die aufsehenerregenden Anfangserfolge, die eine massenkulturelle Organisierung der Jüngeren auf kommerzieller Basis zu verzeichnen hatte. Die andere Befürchtung galt dem Blick auf die „wilden Cliquen" neuer Prägung. Zeigte sich ein Trend zur Organisations-Unwilligkeit, formierte sich Jugend unabhängig von den Angeboten der Erwachsenenorganisationen in informeller Geselligkeit? Dies wurde mit einem generations- wie klassenspezifisch geprägten Blick gefragt. Es waren Fragen der Angehörigen einer Generation, die von den Eindrücken der historischen Jugendbewegung — vorbündischer und bündischer Zeit — lebensgeschichtlich zehrte (vgl. die einschlägige Analyse von H. Schelsky 1957). Die klassenspezifische Sorge richtete sich darauf, ob der eigene Nachwuchs, also bürgerliche und kleinbürgerliche Jugend, von dem Bündnis und der Komplizenschaft angesteckt werden könnte, das seit ein paar Jahren zwischen Jugendlichen der Unterschichten und dem industriekapitalistischen Neuankömmling, der Wachstumsbranche Massen- und Medienkultur, offenbar geworden war. Also, kulturkritisch gefragt: „Werden wir alle Proletarier?" — wie es E. Noelle-Neumann (1978) ein Jahrzehnt später in unübertroffener Offenheit formulierte.

Um die Besorgnis angemessen zu würdigen, muß man sich vergegenwärtigen, welche Rolle sozialen Beziehungsnetzen für die Reproduktion sozialer Positionierungen im klassenspezifischen Raum zufällt. Mitgliedschaft und Aktivität in formellen Organisationen vervielfältigen die sozialen Eingriffsmöglichkeiten einer Person. Jemand, der ein solches Organisationsnetz für eigene Handlungszwecke einzusetzen weiß, verfügt damit über eine besondere Machtquelle (Bourdieu 1983). Es gehört zum klassenspezifischen Repertoire von Oberschichten, das auf diesem Weg erworbene ,,soziale Kapital" für Zwecke der sozialen Reproduktion zu nutzen. Einer langgestreckten Jugendphase kommt dabei eine gewisse Schlüsselstellung zu. In diesen Jahren werden sowohl soziale Kompetenzen zur Aktivierung sozialen Kapitals erworben als auch — vor den eingrenzenden Zwängen des Erwachsenenstatus — bestimmte soziale Beziehungsnetze für den weiteren Lebensweg ausgelegt. Eine informelle Orientierung Jugendlicher — so die Befürchtung — verschleudert die vielfältigen Möglichkeiten sozialer Kooptierung in die klassenspezifische Erwachsenengesellschaft. Bürgerliche und kleinbürgerliche Jugendliche tauschen dafür ,,proletarische" Sozialmuster ein, die auf vage massenkulturelle Erlebnisse — die ,,ungestimmte Menge" in der Begrifflichkeit des Jugendsoziologen G. Wurzbacher (1965) — sowie auf privatistische und lediglich informelle Freundeskreise abgestimmt sind.

In unserem Zusammenhang interessieren langfristige Entwicklungstendenzen der verschiedenen Gesellungsformen Jugendlicher, die uns Hinweise auf die Etablierung einer relativ autonomen Jugendgesellschaft geben. Ganz im Sinne der Prognosen, die Anfang der 60er Jahre von F. Tenbruck (1962) gewagt wurden: Ist die bundesrepublikanische Jugend — mit einigen Jahren Verspätung gegenüber dem US-amerikanischen Modell der Teenager-Gesellschaft — auf dem Weg zu einer gesellschaftlichen ,,Teil-Kultur"? Als empirische Vergleichsgrundlage dienen uns Fragen aus den Emnid-Studien Mitte der 50er und Anfang der 60er Jahre, die sich auf formelle Organisationen und auf informelle Gruppen beziehen.

Vereine und Organisationen

Die in großen Organisationen und Verbänden virulente Befürchtung, daß Jugendliche mit dem Entstehen eines relativ eigenständigen jugendkulturellen Sektors die große Flucht aus den Institutionen der Erwachsenengesellschaft angetreten hätten, ist in historischer Perspektive unberechtigt. Jugendliche der 80er Jahre sind zahlreicher in Vereinen und Organisationen tätig, als dies die Jugendgeneration der 50er Jahre war. Einen Beleg für diese Einschätzung finden wir beispielsweise in der Wiederholung einer Frage aus den Emnid-Studien 1953 und 1954, in der es um die Zugehörigkeit zu Vereinen und Organisationen geht (Tabelle 35).

1984 geben mehr Jugendliche als 1953 bzw. 1954 an, Vereinen oder Organisationen anzugehören (1954: 36 % — 1984: 55 %). An

Tab. 35: Mitgliedschaft in formellen Gruppen — Vergleich Jugend '53/'54 — '84 nach Alter und Geschlecht — Angaben in % —

	Jugendliche 1954						Jugendliche 1984					
Kriterium:	Alle	Jungen	Mädchen	15-17	18-20	21-24	Alle	Jungen	Mädchen	15-17	18-20	21-24
Gruppe angegeben	36	44	28	39	40	30	55	63	48	60	57	51

	Jugendliche 1953						Jugendliche 1984					
Kriterium:	15-17 Jahre		18-20 Jahre		21-24 Jahre		15-17 Jahre		18-20 Jahre		21-24 Jahre	
	Jungen	Mäd.	Jungen	Mäd.	Jungen	Mäd.	Jungen	Mäd.	Jungen	Mäd.	Jungen	Mäd.
Gruppe angegeben	51	46	51	26	33	20	68	54	64	49	59	43

Quellen: Emnid 1954, 153f; Emnid 1955, 132f; eigene Erhebung

Fragetext: „Bitte nennen Sie alle Gruppen oder Organisationen, denen Sie zur Zeit angehören"

der Zunahme von rund 20 Prozentpunkten sind Mädchen und Jungen in gleicher Weise beteiligt (Mädchen 1954: 28% — Mädchen 1984: 48%). Der Abstand zwischen den Geschlechtern hat sich also nicht verringert. Zu beiden Zeitpunkten, 1954 wie 1984, geben rund 15% mehr Jungen als Mädchen an, Vereinen oder Organisationen anzugehören. Der Punkt verdient festgehalten zu werden, stehen ihm doch manche Bereiche gegenüber, in denen Mädchen und junge Frauen in diesem Zeitraum gegenüber Jungen und jungen Männern gleichgezogen haben. Man denke etwa an die soziale Vernetzung in informellen Gruppen Gleichaltriger, über die wir weiter unten berichten werden.

Jugendliche, die Angaben über Vereine und Organisationen machen, geben durchschnittlich etwas mehr als eine Mitgliedschaft an. Auch hier zeigen sich die Jugendlichen der 80er Jahre organisationsfreudiger. 1954 nannten Jugendliche durchschnittlich 1,2 Vereinigungen, 1984 werden im Schnitt 1,6 Institutionen angeführt. Da es sich um eine Auszählung offener Antworten handelt, sind diese Zahlen nicht sehr verläßlich. Der Unterschied kann durchaus ein empirisches Artefakt der Interviewsituation sein.

Die Beteiligung an Vereinen und Organisationen hält allerdings nicht über die gesamte Jugendphase (hier: 15. bis 24. Lebensjahr) hinweg an. Nach dem 20. Lebensjahr sinkt die Beteiligung leicht ab. Dieses Muster ist 1954 nicht viel anders als 1984. Die Altersabhängigkeit von Mitgliedschaften entwickelt sich für Jungen und Mädchen unterschiedlich. In den 50er Jahren sinkt der Anteil organisierter junger Frauen viel deutlicher ab als 1984. 1953 gaben zwar 46% der 15-17jährigen Mädchen, aber nur 20% der 21-24jährigen eine Zugehörigkeit zu Vereinen oder Organisationen an. 1984 lautet die entsprechende Differenz 54% gegenüber 43% bei Mädchen. Der Prozentunterschied der Beteiligung beträgt also nicht mehr als 26%, sondern nur noch 10%. Das entspricht der Beteiligungskurve, die wir im Sonderfall der Sportvereine bereits einmal kennzeichneten.

Es liegt nahe, den Trend zunehmender organisatorischer Einbindung von Jugend im Sinne der Konkurrenz um soziales Kapital zu deuten. Bevor wir diesen Versuch unternehmen, sind zwei relativierende Bemerkungen am Platz. Die eine bezieht sich auf den Umstand, daß es sich um kein jugendspezifisches Phänomen handelt. Wie z.B. ein Zeitvergleich zwischen 1953 und 1979 bei der Gesamtbevölkerung zeigt, hat das Ausmaß sozialen Organisiertseins auch unter den Erwachsenen klar zugenommen (Noelle-Neumann 1983). Das verfügbare Sozialkapital, so dürfen wir schließen, hat sich generell etwas erhöht. Die andere Bemerkung gilt den fehlenden klassenspezifischen Vergleichsdaten für die 50er Jahre. Wir erfahren über das Ausmaß klassenspezifischer Verteilung formeller Organisiertheit unter Jugendlichen der 50er Jahre nahezu nichts aus den publizierten Emnid-Studien. Gleichwohl möchten wir den folgenden Interpretationsrahmen ins Blickfeld rücken:

Die gewachsene Einbindung des jugendlichen Segments der Bevölkerung in formelle Organisationen verweist darauf, daß sich ein ursprünglich exklusiver Lebensstil der bürgerlichen Kreise augenblicklich über den gesellschaftlichen Raum ausbreitet. Dieses Modell der Aneignung und Anwendung sozialen Kapitals wird anscheinend innerhalb der sozialen Klassenhierarchie von den oberen auf die unteren Stufen übertragen. Über die Qualität des sozialen Beziehungsnetzes ist damit allerdings noch nicht geurteilt — im Rahmen statistischer Erhebungen dürfte dies auch entschieden schwer fallen. Wir unterstellen, daß die Oberschichten im Sinne einer Spirale klassenspezifischer Konkurrenz reagieren. Da die zeitliche Verlängerung von Jugend den Organisierungsgrad der Unterschichten erhöht, reagiert man mit einer Steigerung der Qualität der sozialen Beziehungsnetze. Eine Möglichkeit hierzu bietet beispielsweise die sich abzeichnende Phase einer Postadoleszenz — einer Nachjugendphase im Rahmen des dritten Lebensjahrzehnts also. In diesem Zeitraum lassen sich insbesondere kulturell und politisch bedeutsame Beziehungsnetze aufbauen und nutzen — eine Möglichkeit, die den zwischenzeitlich in den Arbeits- und Familienprozeß eingespannten Angehörigen der Unterschichten nicht zur Verfügung steht.

Welche Art von Organisationen und Vereinen hat in den drei Jahrzehnten seit den 50er Jahren bei den Jugendlichen dazugewonnen? Eine Antwort auf diese Frage erlauben die Angaben der Jugendlichen auf die offen gestellte und nachträglich vercodete Frage (Tabelle 36). Die Codierung, die den Vorgaben der Jugendforscher der 50er Jahre folgen muß, bereitet an manchen Stellen Kopfzerbrechen — Zeichen dafür, daß manche der damaligen Verbände heute andere Etikette tragen bzw. bedeutungslos geworden sind. Auf der Gewinnerseite stehen an erster Stelle die Sportvereine. Der Anteil Jugendlicher, der einem solchen Verein angehört, hat sich zwischen den 50er und 80er Jahren verdreifacht (von 12 % auf 32 %). Die Sportvereine haben nicht zuletzt von der Integration weiblicher Jugendlicher profitiert, deren Anteil von 4 % auf 27 % angestiegen ist. Der traditionsgebundene Turnverein hat sich dagegen in seiner zahlenmäßigen Bedeutung zurückentwickelt (von 5 % auf 2 %).

Tab. 36: Zugehörigkeit zu bestimmten Gruppen von Vereinen und Organisationen — Angaben in % —

	Jugend '54						Jugend '84					
	Alle	Geschlecht		Alter in Jahren			Alle	Geschlecht		Alter in Jahren		
		männl.	weibl.	15-17	18-20	21-24		männl.	weibl.	15-17	18-20	21-24
n =	(1493)	(776)	(717)	(493)	(463)	(537)	(1472)	(725)	(747)	(422)	(473)	(569)
Sportvereine	12	20	4	13	12	11	32	36	27	38	33	25
Turnvereine	5	6	5	6	7	4	2	2	3	4	2	2
Konfessionelle Jugendgruppen kathol.	6	6	7	8	7	5	6	6	6	9	5	5
Konfessionelle Jugendgruppen evangel.	4	4	4	4	5	3						
Kirchenchor, Gesangverein	3	3	4	1	5	4	1	0	2	1	1	1
Musikvereine, Spielgruppen	1	0	1	1	1	1	7	7	7	9	6	7
Sonstige Interessengruppen	3	5	2	2	5	4	16	20	12	12	16	19
Heimatgruppen	2	1	2	1	2	1	3	3	2	3	3	3
Wandergruppen	1	2	1	1	2	1	1	1	0	1	1	1
Politisch-weltanschauliche Gruppen	2	3	1	2	2	2	7	10	4	3	6	10
Gewerkschaftsjugend	2	3	0	1	3	1	3	3	2	1	3	3
Bündische Jugend	2	2	1	2	2	1	1	1	0	1	0	1
Informelle Gruppen	—	—	—	—	—	—	4	3	5	5	4	3
Nicht organisiert; k.A.	64	56	72	61	60	70	45	37	52	40	43	49
Summe der Nennungen	43	55	32	42	53	38	128	129	122	126	123	128

Quellen: Emnid 1955, 132; Jugendliche und Erwachsene '85, Frage 43 (Bd. 5, 207)

Fragetext '54: „Sind Sie vielleicht selbst Mitglied irgendeiner Jugendgruppe oder Jugendvereinigung? Bitte nennen Sie alle Gruppen oder Vereinigungen, denen Sie zur Zeit angehören." (offen; Mehrfachantworten möglich)

Fragetext '84: „Bitte nenne mir alle Gruppen oder Organisationen, denen Du zur Zeit angehörst." (offen; Mehrfachantworten möglich)

Zu den Vereinen und Organisationen mit wachsender jugendlicher Beteiligung gehören Musikvereinigungen und andere Interessengruppen, ferner Gruppen mit politisch-weltanschaulichem Hintergrund. Die Mitgliedschaft in diesen Institutionen folgt lebensgeschichtlich einem etwas anderen Muster. Die jugendliche Beteiligung nimmt mit dem Alter nicht ab, wie bei Sportvereinen oder auch im kirchlichen Bereich, sondern wächst, insbesondere nach dem 20. Lebensjahr. Es handelt sich folglich um Engagements insbesondere junger Erwachsener.

Was verbirgt sich hinter dem Etikett „politisch-weltanschauliche Gruppe"? Damals wie heute sind damit in erster Linie die Jugendorganisationen der großen Parteien gemeint. 1954 umfaßt die Liste: Falken, Junge Adler, Sozialistische Jugendbewegung, Junge Union, Deutsche Jungdemokraten, Jungsozialisten, Europa-Jugend. 1984 sind dazugekommen: Grüne, Alternative und jugendliche Beteiligung an Bürgerinitiativen. (Letzere Gruppe fällt mit 4% am stärksten ins Gewicht. Bei den 21-24jährigen beziehen sich 7% der Befragten darauf.)

Aufschlußreich sind die gewandelten Begriffe, mit denen die „Spielgruppen und Musikvereine" heute gegenüber den 50er Jahren gekennzeichnet werden. Im Tabellenhandbuch von Emnid 1953 ist vermerkt: „Jugend-Kammerorchester, Mundharmonika-Verein, Volksmusik-Verein, Laienspielschar, Jugend-Spiel- und -Singgruppe, Volkstanzkreis". 1984 geht es um Musikbands, Theatergruppen, Tanzgruppen und Orchester.

Ganz ähnlich verhält es sich mit den Interessengruppen auf nichtmusikalischem Gebiet. In den 50er Jahren handelt es sich um: „Jugend-Kultur-Ring, Schach-Club, Stenografen-Verein, Camping-Club, Briefmarkensammler-Verein, Studenten-Vereinigung, Rotes Kreuz." In den 80er Jahren sind neu dazugekommen: Automobil- und Motorradclubs, Jugendzentrumsgruppen, vielfältige Hobbyclubs und Fanclubs.

Die gewachsene Vielfalt und die von 4 % auf 23 % deutlich angestiegene Teilnahme Jugendlicher an musikalischen und anderen Interessengruppen wirft ein bezeichnendes Licht auf den Unterschied damaliger und heutiger Jugendsituation. Interessengruppen eignen sich dazu, leistungsbezogene Profile im Freizeit- und Kulturraum zu entwickeln. Interessen sind in sozialen „Insider-Szenen" organisiert, sie machen die Beteiligten individuell erkennbar, sind Bestandteil persönlich angeeigneter Jugendstile. Es ist demzufolge kein Zufall, wenn neben dem Sport — als dem dominanten Interessensektor der Freizeitgesellschaft — die verschiedenen Interessengruppierungen den stärksten Zugewinn zu verzeichnen haben.

Auf der Verlustseite finden wir die lokalen und traditionsgebundenen Gruppierungen und Vereine. Dabei müssen wir in Rechnung stellen, daß sie auch in den 50er Jahren nur einen begrenzten Zugriff auf Jugend besaßen. So umfaßte die Mitgliedschaft in konfessionellen Jugendgruppen seinerzeit nur 10% der Jugendlichen. Nur wenige Prozente (1% bis 3%) der Jüngeren gehörten gemeindebezogenen und ans lokale Milieu gebundenen Vereinigungen an. Diese — geringen — Prozentzahlen sind 1984 nahezu gleich geblieben. Im Vergleich zum Zugewinn der übrigen Typen von Vereinen und Organisationen kommt ihnen jedoch die Bedeutung eines relativen Rückgangs zu.

Informelle Gruppen

In den Emnid-Studien der Jahre 1953-1955 fehlen Fragen nach informellen Gruppenbeziehungen Jugendlicher, eine Wiederholung darauf bezogener Fragen scheidet daher aus. Erst 1964 finden wir eine Frageformulierung, die sich zur Wiederholung eignet, wobei uns zugute kommt, daß das Emnid-Institut selbst in Folgestudien — besonders in der Untersuchung Jugend '75 — eine Zeitreihe gestiftet hat. Der Wortlaut der Frage: ,,Sind Sie in einem Kreis von jungen Leuten, der sich regelmäßig oder öfters trifft und sich zusammengehörig fühlt? Ich meine nicht einen Verein oder Verband!" (Vgl. die kritische Rezension dieser Fragetradition bei Schilling 1977.)

Warum versäumen die Emnid-Jugendforscher der 50er Jahre in drei aufeinander folgenden Umfragen, nach informellen Gruppen Jugendlicher zu fragen? Die Antwort darauf ist in der (sozial)-pädagogischen und jugendpolitischen Fragerichtung der Jugendforschung in den 50er Jahren zu suchen. Politiker, Pädagogen und Öffentlichkeit waren darum bemüht, die Jugend der jungen Republik in die vorhandenen Vereine und Verbände zu integrieren. Die ungewisse Frge lautete: Läßt sich diese Jugendgeneration integrieren? Die jugendschützerische Perspektive, der auch die Jugendforscher folgten, machte es nicht leicht, sich vom Schreckgespenst der nicht integrierbaren Jugendgeneration zu lösen und positiv nach sozialen Äquivalenten zu forschen: Welche Sozialformen suchen sich die Jugendlichen, die sich nicht durch Kirchen, Verbände, Parteien organisieren lassen wollen?

Es ist gewiß kein Zufall, wenn die Mitte der 50er Jahre sich konstituierende bundesrepublikanische Freizeitforschung als erste einen neugierigen Blick auf das nichtorganisierte Sozialleben der Jüngeren warf. Galt ihr Interesse doch nicht dem schützerischen Verwalten von Jugend, sondern dem qua Freizeitkonsum regulierten Jugendleben. Als Beispiel mag der Jugend- und Freizeitforscher Viggo Graf Blücher zitiert werden, der in den Folgejahren maßgeblich zur Ausgestaltung der Jugendstudien von Emnid und Jugendwerk Shell beitrug. (Vgl. Schelsky 1957, der sich zeitgleich zu Blücher und in enger Kooperation mit diesem um eine jugendtheoretische Begründung informeller Beziehungen unter den Jüngeren bemüht (S. 285 ff. u.a.).)

Er rekonstruiert mit detektivischem Gespür aus der Umfrage des Nordwestdeutschen Rundfunks 1953 (Jugendliche heute, 1955) die Gruppe der Jüngeren, die in „informalen Gruppen gebunden" sind — obwohl, wie er selbst bemerkt, die Erhebung zu diesem Zweck nicht unternommen worden war (Blücher 1956, 100 ff.). Informell in Gruppen gebunden sind nach diesem Maß alle die Jugendlichen, die ihre Freizeit „meistens mit mehreren zusammen" verbringen, und zwar mit Gleichaltrigen. Läßt man die Freundespaare aus, so ergeben sich folgende Prozentsätze:

Alle Jugendliche (15-24jährige)	35 %
Männliche Jugendliche	45 %
Weibliche Jugendliche	23 %

Die meisten dieser informellen Beziehungen — so ermittelt Blücher weiter — sind 1953 gleichgeschlechtlich. Nur etwa 4 bis 6% der Angaben beziehen sich auf gemischtgeschlechtliche Gruppenbeziehungen.

Wir sehen: Auch wenn Jugendforschung — jedenfalls Umfrageforschung — bis Mitte der 50er Jahre sich für informelle jugendliche Gruppen wenig zu interessieren scheint, ist ein Drittel dieser Altersgruppe mehr oder weniger intensiv in solchen Gruppen aktiv, wobei männliche Jugendliche rund doppelt so häufig wie weiblicher Jugendliche davon berichten. (Vgl. Planck 1956, 160; Beirat für Jugendfragen 1951, 183 ff.)

Direkte Vergleichsmöglichkeiten zu den 80er Jahren ergeben sich erst durch die Emnid-Umfrage 1964, die in Teilen 1975 wiederholt wurde (Tabelle 37).

Jugendliche '84 sind in größerer Zahl an informellen Gruppen Gleichaltriger beteiligt als Jugendliche '64. Während es vor zwei

Tab. 37: „Sind Sie in einem Kreis von jungen Leuten, der sich regelmäßig oder öfters trifft und sich zusammengehörig fühlt? Ich meine nicht einen Verein oder Verband!" (Antwortmöglichkeiten vorgegeben) Vergleich Jugend '64 — '75 — '84 nach Geschlecht — Angaben in % —

	Jugend '64			Jugend '75			Jugend '84		
	Alle	Jungen	Mädchen	Alle	Jungen	Mädchen	Alle	Jungen	Mädchen
n =	(2380)	(1230)	(1150)	(845)	(448)	(397)	(1472)	(725)	(747)
Ja, regelmäßig	25	33	16	34	38	29	37	40	35
Ja, öfters	26	26	26	41	42	40	39	38	40
Nein	48	39	57	25	20	32	24	23	25
(k. A.)	1	2	1	—	—	—	—	—	—
	100	100	100	100	100	101	100	101	100

Quellen: Emnid 1966, Jugendwerk 1975 (eigene Berechnungen des Verf.); Jugendliche und Erwachsene '85, eigene Erhebungen.

Jahrzehnten rund die Hälfte der 15-24jährigen war, sind es gegenwärtig drei Viertel, die entsprechende Gruppenkontakte anführen. Die zahlenmäßige Ausdehnung des informellen Netzwerkes unter Altersgleichen fand zwischen 1964 und 1975 statt. Nach 1975 stabilisierte sich der Trend ohne weitere dramatische Zahlenverschiebungen.

Die Veränderungen betreffen weit mehr das Mädchen- als das Jungenleben. Bei Jungen stieg im Untersuchungszeitraum die Partizipation an Cliquen von 59% auf 80% bzw. 78%. Die entsprechende Zeitreihe bei Mädchen zeigt eine steilere Kurve: 42% (1964) — 69% (1975) — 75% (1984)

Mitte der 80er Jahre nehmen Mädchen — rein quantitativ gesehen — im gleichen Umfang an informellen Gruppen teil wie Jungen. Die Tendenz zur stärkeren Einbeziehung von Mädchen in das Gruppenleben der Altersgleichen ist nicht auf den Zeitraum zwischen 1964 und 1975 beschränkt, sondern setzt sich im letzten Jahrzehnt zwischen 1975 und 1984 weiter fort. Bei männlichen Jugendlichen finden wir nach 1975 keine entsprechende Erweiterung jugendlichen Sozialraumes.

Die Prozentzahlen sind — wie eigentlich immer in der Umfrageforschung, wenn es sich um eine Einzelfrage handelt — nicht „wörtlich" zu nehmen. Sie gewinnen ihren Sinn erst aus dem relativen Vergleich der Zustimmung über die Zeit oder zwischen verschiedenen Untergruppen. Eine absolute Meßzahl, wieviele Jugendliche informelle Gruppenbeziehungen pflegen und wieviele nicht, läßt sich auf diesem Weg nicht gewinnen. Der Grund:

Es hängt von den sprachlichen Formulierungen ab, wieviele Jugendliche sich zu informellen Beziehungen bekennen. Die von Emnid seinerzeit gewählte Formel „ein Kreis von jungen Leuten" liegt allem Anschein nach auf einer mittleren Ebene der Zurechnung. Fragt man zum Beispiel Jugendliche danach, ob sie „einen Freundeskreis besitzen", so bejahen dies nahezu alle Befragten. (So geschehen etwa in einer Befragung von jungen Frauen zwischen 16 und 29 Jahren, 1973, seitens des Instituts für Jugendforschung. Sand/Benz 1976, 35.) Der entgegengesetzte Effekt stellt sich ein, wenn sprachlich auf den Begriff „Clique" zurückgegriffen wird. In diesem Fall sinkt die Rate derer, die zustimmen. (Ein Beispiel, bei 15-19jährigen Mädchen, aus der sog. Brigitte-Studie: „in einer Clique" wollten nur 46% der Befragten sein. Seidenspinner/Burger 1982, 73.)

Vergleichbare Ergebnisse produziert dagegen eine Frageformulierung, die das Emnid-Institut selbst in einer Jugendbefragung '61 anwandte: „Haben Sie einen Freundes- oder Bekanntenkreis, der sich regelmäßig trifft?" Dies bejahten 53% der 15-20jährigen, im Vergleich zu 51% der 15-24jährigen, die drei Jahre später der Formel zustimmten: „Sind Sie in einem Kreis von jungen Leuten, der sich regelmäßig oder öfters trifft und sich zusammengehörig fühlt?" (Emnid 1961, 163) Mit einem gewissen Recht dürfen wir die Umfrage von 1961 daher als Vergleichspunkt heranziehen, auch wenn es sich um keine wörtliche Fragewiederholung handelt.

Eine direkte Vergleichsmöglichkeit bietet auf den ersten Blick die Studie von Allerbeck/Hoag (1985), in der Fragen einer Jugendstudie von 1962 für das Jahr 1983 wiederholt wurden. Die wörtliche Formulierung der Frage: „Häufig sind junge Menschen mit Freunden oder anderen jungen Menschen so oft zusammen, daß das eine feste Gruppe oder sogar eine richtige Gemeinschaft ist, aber kein Verein und keine Organisation. Gehören oder gehörten Sie früher (!) einer solchen Gruppe an?" (S. 38) Das Ergebnis: „Die Mitgliedschaft in informellen Gruppen von Jugendlichen hat in den beiden Jahrzehnten enorm zugenommen: von 16,2% auf 56,9%, also um über 40%. Während Mädchen 1962 nur etwa halb so oft wie Jungen Mitglieder in Cliquen waren, gibt es heute keinen Geschlechtsunterschied mehr: die Mehrheit beider Geschlechter gehört Cliquen an." (38) Diese Aussage, dies sei ergänzend noch mitgeteilt, bezieht sich auf 16-18jährige. Wir können dies als Bekräftigung unseres eigenen Ergebnisses nehmen — wenngleich ein entsprechender Sprung in der Beteiligung an informellen Gruppen in unserem Fall nicht vorliegt. Welche Umstände zu dieser Abweichung beigetragen haben, läßt sich schwer angeben (Formulierung der Frage? Art der Stichprobe?). Gewiß erscheint nur, daß es nicht eine Sache der Altersgruppierung ist, wie aus der folgenden Tabelle (38) hervorgeht.

Die wachsende soziale Einbindung Jugendlicher in informelle Gruppenbeziehungen betrifft alle Altersgruppen. Zu allen drei Zeitpunkten ist die Verbreitung entsprechender Beziehungsformen zwischen 15-17jährigen, 18-20jährigen, 21-24jährigen vergleichbar. Einzig bei den älteren Jugendlichen war Mitte der 60er Jahre ein gewisser Effekt des „Abbröckelns" erkennbar, der sich Mitte der 80er Jahre verloren hat.

Ein grundlegender Strukturwandel innerhalb der Jugendphase betrifft die Umkehrung ders Zahlenverhältnisses zwischen Jugendlichen in Bildungseinrichtungen und jungen Erwerbstätigen in den letzten zwei bis drei Jahrzehnten. Während 1964 der kleinere Teil Schüler oder Student war, nehmen 1984 mehr als die Hälfte diesen

Tab. 38: ,,Sind Sie in einem Kreis von jungen Leuten, der sich regelmäßig oder öfters trifft und sich zusammengehörig fühlt? Ich meine nicht einen Verein oder Verband!'' (Antwortmöglichkeiten vorgegeben) Vergleich Jugend '64 — '75 — '84 nach Alter — Angaben in % —

	Jugend '64 Alter in Jahren			Jugend '75 Alter in Jahren			Jugend '84 Alter in Jahren		
	15-17	18-20	21-24	15-17	18-20	21-24	15-17	18-20	21-24
n =	(634)	(707)	(1039)	(295)	(250)	(300)	(422)	(473)	(577)
Ja, regelmäßig	28	27	21	39	34	30	38	38	36
Ja, öfters	24	30	25	36	44	42	40	40	37
Nein	46	41	53	25	23	28	22	22	27
(k. A.)	2	2	1	—	—	—	—	—	—
	100	100	100	100	101	100	100	100	100

Tab. 39: „Sind Sie in einem Kreis von jungen Leuten, der sich regelmäßig oder öfters trifft und sich zusammengehörig fühlt? Ich meine nicht einen Verein oder Verband!" (Antwortmöglichkeiten vorgegeben) Vergleich Jugend '64 — '84 nach Berufs- und Ausbildungsstatus — Angaben in % —

	Jugend '64 Berufs- und Ausbildungsstatus				Jugend '84 Berufs- und Ausbildungsstatus			
	Schüler/ Student	Lehrling	Arbeiter	Angestellter/ Beamter	Schüler/ Student	Lehrling	Arbeiter	Angestellter/ Beamter
n =	(419)	(450)	(555)	(739)	(812)	(224)	(227)	(231)
Ja, regelmäßig	30	28	25	22	39	42	37	32
Ja, öfters	27	29	24	29	39	36	41	39
Nein	41	41	49	48	22	22	21	29
(k. A.)	2	2	2	1	—	—	—	—
	100	100	100	100	100	100	99	100

Status ein. Der Gedanke liegt nahe, die gestiegene soziale Vernetzung der Jugendlichen mit den Besonderheiten von Schüler- und Studentenkultur in Zusammenhang zu bringen. Beispielsweise besitzen Schüler mehr Zeit, sich innerhalb und außerhalb der Schulzeit mit Gleichaltrigen zu treffen. Oder man denke an die organisierende Kraft pädagogischer Institutionen für die Gesellschaft der Altersgleichen. Während Jugendliche in der Lehre — zumindest in der handwerklichen — eher zersplittert und als Erwerbstätige mit altersinhomogenen Gruppen konfrontiert werden, forcieren pädagogische Einrichtungen den Kontakt altershomogener Gruppen.

Eine Aufschlüsselung der Stichprobe 1964 nach Berufs- und Ausbildungsstatus bringt die Einsicht, daß entsprechende Erklärungsmuster nicht recht greifen (Tabelle 39). Der Anteil von Schülern/Studenten, die sich in Beziehung zu Gleichaltrigengruppen sehen, ist aufs Ganze gesehen nur geringfügig höher als der entsprechende Anteil bei Berufstätigen. (Die Unterschiede betragen weniger als 10%.) An diesem Befund von 1964 hat sich 1984 nichts geändert. In den zwei Jahrzehnten ist die Verbreitung informeller Geselligkeit bei allen Ausbildungs- und Berufsgruppen gestiegen. Wenn eine Statusgruppe überproportionalen Zugewinn hatte, so sind dies eher die Lehrlinge und berufstätigen Arbeiter als die Schüler/Studenten. Die einzige Gruppe von Jugendlichen, die 1984 geringfügig seltener Gleichaltrigenkontakte aufweist, sind Jugendliche im Rechtsstatus des Angestellten oder Beamten.

Jugend '81: Eine Bestandsaufnahme sozialer Gruppenbeziehungen

Abschließend seien zwei Exkurse angefügt. Der eine bezieht sich auf die Jugendstudie '81, den „Zwillingsbruder" der Umfrage Jugend '84. Der andere auf eine Sonder-Quote von Jugendlichen '84, in der jugendliche Karrieren an entgegengesetzten Orten des gesellschaftlichen Klassenraumes miteinander in Beziehung gesetzt werden.

In der Jugendstudie '81 wurde eine eigenständige Bestandsaufnahme jugendlicher Gruppenzugehörigkeiten versucht, die Gruppenbezeichnungen, Tätigkeiten der Gruppe und persönliche Stellung des Jugendlichen in der Gruppenhierarchie umfaßte (Jugendwerk der Deutschen Shell 1981, Bd. 3, 127f.). Die offen gestellte Frage sollte von den Interviewern in folgender Weise eingeleitet werden:

„Kannst Du einmal alle Gruppen von jungen Leuten aufzählen, wo Du dazugehörst und mit denen Du Dich öfters triffst?
Das kann ein ganz lockerer Freundeskreis sein, ein Club, den junge Leute selber machen, eine Gruppe von jungen Leuten in einem Verein oder eine Clique in der Schule oder am Arbeitsplatz.
Was ist das für eine Gruppe? Was macht ihr in der Gruppe?"

Die Interviewer waren gehalten, die Gruppenbezeichnungen möglichst genau — Gruppe für Gruppe — einzutragen. Fünf freie Antwortfelder waren vorgesehen.

Die offene Form der Frage war gewählt worden, um eine unvoreingenommene Aufnahme aller Arten von Gruppenbeziehungen — ohne Vorabdefinition seitens der Jugendforscher — zu ermöglichen. Dabei orientierten wir uns an den begrifflichen und empirischen Vorarbeiten von J. Schilling (1977), der sich mit der durch die EMNID-Studien gestifteten Fragetradition differenziert auseinandergesetzt hat. Absichtlich wurde die Gesamtbreite sozialer Beziehungen, vom informellen Freundeskreis bis zur Großorganisation, zugleich angesprochen. Durch die Besonderheit des Abfragemodus werden Vergleiche zu älteren Studien jedoch erschwert.

Die Ergebnisse dieser Frage sind im Berichtsband zur Jugendstudie '81 nicht enthalten. Nur im Tabellenband finden sich (S. 74ff.) Prozentangaben, nach soziodemografischen Gruppen aufgeschlüsselt. H.G. Sack (1984, 1985) unterzog die Frage — unabhängig von den Erstautoren — einer Sekundäranalyse insbesondere unter Gesichtspunkten einer Mitgliedschaft in der „Sportjugend".

85% der befragten 15-24jährigen — sie repräsentieren die altersgleiche westdeutsche Bevölkerung 1981 — gaben wenigstens eine Mitgliedsgruppe zu Protokoll. Wie erwartet bezog sich die Mehrheit der Jugendlichen auf zwei und mehr Gruppen. In Tabelle 40 sind die entsprechenden Angaben aufgeschlüsselt.

Tab. 40: Soziale Vernetzung in Gruppen von Altersgleichen (Jugend '81)

keine Gruppe	15 %
eine Gruppe	30 %
zwei Gruppen	28 %
drei Gruppen	20 %
vier Gruppen	6 %
fünf Gruppen	1 %
	100 %
	(1077)

Nimmt man die Zahl der angegebenen Gruppenmitgliedschaften zum Maßstab, so erweist sich der ausgeprägt klassenspezifische Charakter sozialer Vernetzung. Bei den Jugendlichen, die zwei bis fünf Zugehörigkeiten aufweisen, sind überrepräsentiert: Befragte mit gymnasialer Bildungslaufbahn; Schüler weiterführender Schulen; Befragte aus Akademikerfamilien. Die Minderheit der Jugendlichen, die keinerlei Gruppe anzugeben weiß, setzt sich entsprechend aus (potentiellen) Unterschicht-Angehörigen zusammen. Überproportional häufig sind vertreten: Befragte mit Hauptschullaufbahn; bereits erwerbstätige Jugendliche; Befragte aus Familien mit Arbeiter-Vätern.

Welcher Typus von Gruppenzugehörigkeit wird von den Jugendlichen vor allem genannt? Ordnen wir die Aufzeichnungen der Interviewer nach den vier Antwortvorgaben in der Einleitung zu dieser Frage, so erhalten wir folgende Verteilung:

„Ein ganz lockerer Freundeskreis"	66 %
„Eine Gruppe von jungen Leuten in einem Verein"	46 %
„Eine Clique in der Schule oder am Arbeitsplatz"	31 %
„Ein Club, den junge Leute selbermachen"	21 %
Nicht zuordbar/nicht eindeutig	8 %
(Mehrfachantworten)	172 %

Die informellen Gruppen (Freundeskreis oder Clique) werden als erste von den Jugendlichen genannt. Die meisten Jugendlichen, die nur eine Gruppe angeben, beziehen sich dabei auf eine solche „Primärgruppe". Die zweiten — und weiteren — Nennungen beziehen sich dann auf Schul- und Berufskollegen und/oder auf die Palette der formellen Vereine und Organisationen. Schul- und arbeitsbezogene Gruppen kommen zu den primären Gruppen (Freundeskreis, Clique) eher hinzu, als daß sie diese ersetzen. Gleiches läßt sich von der Zugehörigkeit zu (Sport-)Vereinen sagen. Etwas anders verhält es sich in bezug auf die Minderheit der Jugendlichen, die politische Gruppen, traditionelle Verbände oder kirchliche Vereinigungen als Mitgliedsgruppen nennen. Diese sind auffallend selten in informelle Freundeskreise integriert. Man hat den Eindruck, daß eine Mitgliedschaft in einem dieser Gruppentypen so etwas wie einen Ersatz für eine informelle Primärgruppe oder eine umgewandelte Form davon darstellt.

Welche Arten von Tätigkeiten werden im Zusammenhang mit Gruppen am häufigsten angegeben? Die Interviewer — und später die Vercoder der Fragebögen — waren gehalten, möglichst nahe am

Tab. 41: Jugend ’81: Rangfolge der Tätigkeiten in Gruppen (Mehrfachnennungen)

1.	Sport treiben	53 %
2.	Geselliges Beisammensein; Freizeit gestalten	39 %
3.	Miteinander reden; unterhalten; tratschen	32 %
4. - 5.	Diskutieren	22 %
4. - 5.	Ausflüge machen; spazierengehen	22 %
6. - 7.	Feiern; Feten	14 %
6. - 7.	Weggehen; ausgehen	14 %
8. - 9.	In die Disco gehen	12 %
8. - 9.	Kreative Beschäftigung; Musik machen; Theater spielen	12 %
10.	Saufen; trinken	9 %
11.-13.	Spielen	8 %
11.-13.	Lernen; arbeiten	8 %
11.-13.	Veranstaltungen besuchen	8 %
14.	Ins Kino gehen; Konzerte	7 %
15.	Gaudi; Blödsinn machen	6 %
16.	Motorrad fahren	5 %

Weitere Nennungen (weniger als 5 %):

Tee-, Kaffeekränzchen — Politische Aktivitäten/Demos — Soziale Betätigung — An gemeinsamen Projekten arbeiten — Tätigkeiten zu Hause/Kochen/Fernsehen — Für andere Freizeit organisieren — Betriebliche Arbeitsprobleme diskutieren — über eigene Probleme reden — Zusammen leben — Veranstaltungen besuchen — Spirituelle, religiöse Betätigung — Auto fahren — Übungen für den Ernstfall — Nichts tun

Wortgebrauch der Jugendlichen zu bleiben. Die Grundauszählung ist in Tabelle 41 festgehalten. Drei große Blöcke von Aktivitäten stehen deutlich im Vordergrund. An erster Stelle sind Gruppen für Jugendliche ein Ort des kommunikativen Austausches. Sehr zahlreich ist die Nennung sportlicher Aktivitäten. Der dritte Hauptblock schließlich läßt sich mit dem gemeinsamen Organisieren und Erleben von (lockerer, informeller) Freizeit umreißen.

In besonders ausgeprägter Weise sind die informellen Gruppen (Freundeskreis; Clique) für Kommunikation unter Gleichaltrigen, für lockeres, unspezifisches Beisammen und für Ausgeh- und Feierkultur zuständig. Ganz ähnlich ist das Tätigkeitsspektrum bei Schul- und Arbeitskollegen gelagert. Dazu kommen noch einige Funktionen dieses Gruppentypus, die mit den gemeinsamen Lern- und Arbeitsplätzen zusammenhängen. Das gemeinsame Lernen oder die Diskussion von Arbeitsproblemen stehen aber keineswegs im Mittelpunkt dieser Art von Gruppen. Nicht untypisch sind hier der gemeinsame Kneipenbesuch, das gemeinsame Essen, Kinointeressen — und gelegentlich „Blödsinn machen“.

Sehr spezifische Tätigkeitsprofile weisen die Mitglieder von Politischen Gruppen, Traditionellen Jugendverbänden, Kirchlichen Vereinigungen auf — allerdings handelt es sich hier um Angelegenheiten von Minderheiten von jeweils 3% bis 5% der Jugendlichen. (Entsprechend vorsichtig sind die folgenden Aussagen zu werten, da sie sich jeweils auf kaum mehr als 50 Jugendliche stützen.

Als gemeinsames Markenzeichen wiesen alle drei Typen von Gruppen nach Selbstaussage der Mitglieder auf: daß hier ernsthaft diskutiert — und nicht geplaudert oder geklatscht — wird.

Bei politischen Gruppen spielen neben Politik kreativ-künstlerische Beschäftigungen eine große Rolle. Diese Gruppen zeichnen sich durch Tee- und Kaffeekultur — im Gegensatz zur vergnügungsbetonten Alkoholkultur — aus. Die Gruppenmitglieder sind genauso durch das, was sie tun, wie durch das, was sie nicht tun, gekennzeichnet. Sie unterlassen lockere Unterhaltungen, Discobesuche, wie sie überhaupt wenig ausgehen, und sie enthalten sich deutlich sportlicher Betätigung. Ein kultureller Kontrast also zur Vergnügungskultur jugendlicher Cliquen.

Bei traditionellen Jugendverbänden fällt das soziale Helfermotiv, verbunden mit spezifischer Sachkompetenz der Gruppen ins Auge. Man übt für den Ernstfall (zum Beispiel bei der Jugendfeuerwehr), vertritt Interessen anderer (z.B. als ehrenamtlicher Helfer im Verband).

Bei Mitgliedschaft in kirchlichen Vereinigungen wird gut zur Hälfte auf religiös-spirituelle Tätigkeit verwiesen. Ansonsten herrscht kreative Beschäftigung und gemeinsames Arbeiten an Projekten vor. Man denkt unwillkürlich an den Typus des Kirchentagsjugendlichen.

Bei dieser Gelegenheit sei erwähnt, daß für die Gruppe der katholischen Jugendlichen eine — bistumsbezogene — Sonderquote (n = 227) zur Jugendstudie '81 gezogen wurde, die den angedeuteten Eindruck im Detail belegt (Baumann 1983).

Schlüsseltätigkeiten, also die Aktivitäten, die dem offiziellen Gruppenzweck entsprechen, drängen sich in den einzelnen Typen von Gruppen unterschiedlich stark in den Vordergrund. Während Sportpraxis sowohl in privaten Sportgruppen als auch in Sportvereinen ganz im Vordergrund steht, treten religiöse Betätigung zum Teil und lern- und arbeitsbezogene Tätigkeiten sehr stark in den Hintergrund. Einige Beispiele solcher lockeren oder engeren Verknüpfung von Gruppen mit offiziellen Schlüsseltätigkeiten (Mehrfachangaben, deshalb z.T. mehr als 100%):

Private Sportgruppen	(n = 46)	Sport treiben	(144%)
Sportverein	(n = 322)	Sport treiben	123%
Musikgruppen	(n = 52)	Kreative Beschäftigung	(112%)
THW/Feuerwehr/Wasserwacht/ DLRG	(n = 30)	Übungen f. Ernstfall	(83%)
Motorradclubs	(n = 41)	Motorrad fahren	(73%)
Kirchliche Gruppen	(n = 41)	Religiöse Betätigung	(44%)
Schülerclique	(n = 186)	Lernen, arbeiten	24%
Kollegen am Arbeitsplatz	(n = 100)	Betriebl. Arbeitsprobleme diskutieren	21%

Jugend '84: Gruppen im klassenspezifischen Jugendraum

Ein zweiter Exkurs hat die klassenspezifische Bedeutung von Gruppenzugehörigkeit und Gruppenorientierung im Jugendalter zum Gegenstand. Wir beziehen uns empirisch auf den Vergleich kontrastierender sozialer Status- und Ausbildungsgruppen. Es handelt sich um eine zusätzliche Quoten-Erhebung aus der Jugendstudie von 1984 (vgl. Fischer/Fuchs/Zinnecker 1985, Bd. 5, 20,31). Dieser Vergleich sozialer Kontrastgruppen ist im publizierten Bericht von 1985 nicht enthalten. Die Ergebnisse zum Thema informelle und formelle Gruppen sind in Tabelle 42 zusammengefaßt.

Ersichtlich ist der Organisierungsgrad und damit die Chance, soziales Kapital anzueignen, in den bildungsprivilegierten Statusgruppen größer. Das gilt für den Vergleich von Gymnasiasten mit Hauptschülern und für die Gegenüberstellung von Studierenden mit erwerbstätigen Arbeitern. In manchen Bereichen ist der Vorsprung der Studenten gegenüber Arbeitern größer als der von Gymnasiasten gegenüber Hauptschülern. Offensichtlich spielt hier die Verknappung der für soziale Beziehungsarbeit aufwendbaren Zeit bei jugendlichen Arbeitern eine Rolle — eine Einschränkung, die für Hauptschüler ja (noch) nicht gilt. Gute Belege für diesen Zusammenhang bildet die relative „Verhäuslichung" und Privatisierung der Freizeit junger Arbeiter. Während Hauptschüler und Gymnasiasten sich nicht unterscheiden, was Zugehörigkeit zu informellen Gruppen oder außerhäusige Aktivitäten angeht, klafft hier eine deutliche Lücke zwischen Arbeitern und Studierenden.

Als bedeutsam erweist sich jedoch auch der Umstand, daß wesentliche Prozesse der politischen Sozialisation erst in der Nach-Jugendphase (also etwa ab dem 20. Lebensjahr) lebensthematisch werden. Die Aktualisierung politisch-ideologischer Stil- und Iden-

Tab. 42: Jugend '84 = Gruppenzugehörigkeit und Gruppenorientierung in sozial kontrastiven Statusgruppen — Angaben in % —

Frage	Kriterium	(n =)	15-17jährige Hauptschüler (163)	15-17jährige Gymnasiasten (163)	21-24jährige Arbeiter (174)	21-24jährige Studenten (124)
Mitgliedschaft in formellen Organisationen	keine		**46**	36	**52**	37
	mehrfach		20	**31**	17	**38**
Politisch-weltanschauliche Gruppen	Mitglied		4	4	5	**23**
Öfter außer Haus	Verein/Organisation		12	9	6	**19**
Vorwiegend zu Hause	Ruhe/Dinge, die Spaß machen		14	11	**27**	16
Zugehörigkeit zu einem Kreis junger Leute	Ja		77	73	72	**84**
Orientierung gegenüber öffentlichen Gruppenstilen	(A) Sympathie für soziale Bewegungen		9	**26**	21	**43**
	(B) Sympathie für kommerzielle Vergnügungskultur		**39**	22	**31**	14
Friedensbewegung (A)	„rechne mich dazu"		7	15	13	**37**
Kernkraft-Gegner (A)	"		7	12	10	**30**
Bürgerinitiativen (A)	"		1	5	5	14
Fußball-Fans (B)	"		23	17	**16**	6
Disco-Fans (B)	"		**32**	17	14	6
Motorrad-Fans (B)	"		**23**	13	23	17

Quelle: Zusatzerhebung Jugend '84 (vgl. Fischer/Fuchs/Zinnecker (1985, Bd. 5, S. 20, 30)

titätsbildung in dieser Lebensphase trifft junge Arbeiter und Studierende in gänzlich anderer Lage an. Während Studierende in der privilegierten Position sind, sich dieser Aufgabe kollektiv zu stellen, ja von ihrem Ausbildungs- und Klassenstatus dazu gerade genötigt werden, haben es junge Arbeiter schwer, in diesem Bereich ähnliche Erfahrungen und Kompetenzen zu versammeln.

In Tabelle 42 tritt dieser Unterschied bei der Orientierung an politisch-ideologischen Gruppen zutage. Studierende rechnen sich in nicht geringer Zahl zu politisch-weltanschaulichen Gruppen, zu aktuellen sozialen Bewegungen wie Friedensbewegung, Kernkraft-Gegner, Bürgerinitiativen. Die charakteristische Gegenorientierung der jungen Arbeiter weist in Richtung kommerzieller Massenkultur — eine Ausrichtung, die auch bei jüngeren Hauptschülern bereits ausgeprägt ist.

Der Vergleich erhärtet die These, daß ein verlängertes Moratorium den Aufbau sozialer Beziehungsnetze begünstigt. Jugendliche und Postadoleszente lernen in dieser Zeit, wie bedeutsame Kontakte zu knüpfen sind, wie man diese Kontakte für eigene Handlungsabsichten, seien diese nun privat-egoistisch oder kulturell-politisch, nutzbar machen kann. Während eines solchen Moratoriums wird mit anderen Worten „soziales Kapital" als eine der wichtigen Machtressourcen aufgebaut bzw. dessen Nutzung — teilweise spielerisch-experimentell — erprobt (Bourdieu 1982; 1983). Das Hauptresultat klassenspezifischer Jugend läßt sich in folgendem Gegensatzpaar ausdrücken: Durch den Jugendmodus der Oberschichten wird die öffentlich wirksame politisch-kulturelle Persönlichkeit hergestellt; im Modus der Unterschicht-Sozialisation reproduziert sich die im Privaten und Nahbereich wirksame beruflich-familistische Persönlichkeit. Die kontrastierenden Persönlichkeitsmuster bezeichnen eine Grenzlinie zwischen herrschender und beherrschter Kultur.

Orientierung an Bezugspersonen

Das Pendant zur Orientierung Jugendlicher an Gruppen und Gruppierungsformen ist die Orientierung an einzelnen Personen und Typen von Personen. Das pädagogisch-politische und jugendschützerische Interesse an dieser Beziehungsfrage ist ganz ähnlich wie im Fall der sozialen Gruppenbezüge gelagert und sucht deshalb seit Beginn der eigenständigen westdeutschen Jugendforschung nach 1945 mit schöner Regelmäßigkeit seine Befriedigung. Gleichaltrige und Erwachsene, Pädagogen und massenkulturelle Stars, informelle und offizielle Autoritäten befinden sich in einem Konkurrenzverhältnis um die Gunst der Jugendlichen. Haben Erwachsene auch noch unter den Bedingungen kommerzieller Jugendkultur und relativer Autonomie der Jugendgesellschaft das Ohr der Jüngeren — und welche Erwachsene haben es? Ein überlieferter Streitpunkt der Jugendforschung innerhalb eines solchen Frageschemas bezieht sich auf die Tiefendimension von Einfluß und Orientierung. Liefern Gleichaltrige nur die Orientierungsmarken für eine modische Anpassung an die Erfordernisse der Peergesellschaft — oder sind sie zu den neuen Ratgebern anstelle der Eltern avanciert? (Vgl. z.B. Rosenmayr 1976)

Für den Zeitvergleich wählten wir aus dem angesprochenen Themenkomplex zwei Fragerichtungen der Emnid-Studien aus, die an ältere Traditionen pädagogisch-psychologischer Forschung anschließen und die zugleich selbst — für die nachfolgende Umfrageforschung — traditionsbildend waren. Die eine Frage zielt auf Personen des Vertrauens in individuellen Problemlagen; die andere richtet sich auf mögliche Leit- und Vorbilder. Die mit diesen Fragen verbundenen Denkmuster lassen unterschiedliche ,,Karrieren" seit den 50er Jahren erwarten. Während Vorbilder sich eher zu diskreditierten und tabuisierten Themen entwickelten, dürften Personen des Vertrauens im Angesicht einer ,,diskursiven Erwärmung" des persönlichen Nahraums besser als in den 50er Jahren ansprechbar geworden sein.

Vertrauenspersonen bei Sorgen und Nöten

,,Haben Sie jemanden, mit dem Sie Sorgen und Nöte durchsprechen können?" So fragten die Emnid-Forscher die Jugendlichen in den 50er Jahren. Wenn die Befragten dies bejahten, folgte als offene

Nachfrage: ,,Wer ist die Vertrauensperson?" Die Frage ist zunächst zeit- und generationsbezogen gemeint. Der zeitgenössische Mentor und Rezensent der Emnid-Erhebungen, Helmut von Bracken, verweist in einem Beitrag in der deutschen jugend (1948,155ff) darauf. Jugend nach 1945 wurde von der Jugendforschung durch Generationsmerkmale wie ,,Verschlossenheit, Einsamkeit und Mangel an Idealen" charakterisiert. Die Umfragen Mitte der 50er Jahre sollten darüber aufklären, ob diese ,,Regression ins Negative" zwischenzeitlich überwunden werden konnte.

Die Frage nach persönlichen Vertrauenspersonen der Jugendlichen interessierte die Forscher in den nachfolgenden Jahrzehnten jedoch unvermindert. So entwickelte sich die Frage — in mancherlei Versionen — zu einem ,,Klassiker" der westdeutschen Umfrageforschung. Unsere eigene Recherche ermittelte z.B. folgende Anwendungen in Jugendstudien: Pipping (1954, 313ff); Planck (1956, 158f); Wölber (1959, 178f); Emnid (1961, 37); infas (1962, 62); Jaide (1968, 39); Marplan (1968, 21ff); infas (1968, 112); infas (1982, 210f). Die Liste ist gewiß nicht vollzählig. Auch Emnid selbst kam mehrfach auf die Frage zurück, so daß wir die Möglichkeit besitzen, Zeitreihen zu bilden.

Beginnen wir mit einer Analyse der Zeitreihe, die uns die Emnid-Tradition gestattet (Tabelle 43). Die Zahl der Jugendlichen, die Gesprächspartner für ihre Sorgen und Nöte haben, ist 1953 entschieden geringer als 1984. Alle bzw. die meisten Sorgen können besprechen:

1953	67 %
1984	90 %

Die Verhältnisse wandeln sich allerdings bereits innerhalb der 50er-Jahre-Studien, und zwar von Jahr zu Jahr. Es haben Redemöglichkeiten:

1953	67 %
1954	78 %
1955	84 %

In der Jugendstudie '64 ist dann eine Verteilung erreicht, die auch in den Umfragen '75 und '84 konstant bleiben soll. Neun von zehn Jugendlichen geben Gesprächspartner an, rund 10 % verweisen auf fehlende Redemöglichkeiten.

Die Emnid-Forscher beziehen die Möglichkeiten zum persönlichen Beratungsgespräch auf die objektive Familiensituation der Nachkriegszeit. Dort, wo Jugendliche mit beiden Elternteilen zu-

Tab. 43: „Haben Sie jemanden, mit dem Sie Sorgen und Nöte durchsprechen können?"[1] — Angaben in % —

	Jugend '53	Jugend '54	Jugend '55	Jugend '64	Jugend '75[3]	Jugend '84	Erwachsene '84
Jahr	(15-24)	(15-24)	(15-24)	15-24	(15-24)	(15-24)	(45-54)
n =	(1498)	(1493)	(1464)	(2380)	(868)	(1472)	(239) (Vorerhebung)
Ja, alle Sorgen und Nöte	41 } 67	50 } 78	Ja[2] 84	Ja[2] 89	57 } 89	48 } 90	54
Ja, die meisten Sorgen und Nöte	26	28			32	42	31
Nein, nur wenige Sorgen und Nöte	18 } 32	10 } 20	Nein 16	Nein 9	8 } 11	7 } 9	6
Nein, überhaupt nicht	14	10				2	10
Keine Angaben	2	1	0	2	—		—
	100	100	100	100	100	99	101

Quellen: Emnid 1954, 148; Emnid 1955, 146; Fröhner 1956, 275; Emnid 1964, 60; Jugendwerk 1975, Bd. II, 232; Fischer/Fuchs/Zinnecker, Bd. V, 184 (eigene Erhebungen)

1 Textvariante 1955/1964 „Haben Sie jemanden, mit dem Sie ihre Sorgen und Nöte allgemein menschlicher Art durchsprechen können?"
2 Variante der Antwortvorgaben: Ja/Nein
3 Eigene Berechnung des Verfassers

sammenleben, ergeben sich für fast alle Befragten Gesprächsgelegenheitgen. Dort, wo Jugendliche von einem Elternteil allein erzogen werden, sinkt die Chance für die Jüngeren, sich aussprechen zu können. Geschwister beeinflussen das Bild nicht weiter (Emnid 1955, 51f). In den 80er Jahren spielt die Familienkonstellation keine Rolle. Wir werden sehen, daß darin ein Wechsel der Bezugspersonen für Gespräch zum Ausdruck kommt.

Die wachsende Verfügbarkeit über Menschen, mit denen man nach eigenem Eindruck alles besprechen kann, ist nicht auf das Jugendalter beschränkt. Eine ganz ähnliche Entwicklung können wir zwischen den 50er und 80er Jahren auch bei der erwachsenen Bevölkerung beobachten. So wiederholte das Allensbacher Institut für Demoskopie 1979 eine 1953 bereits einmal gestellte Frage nach einem ,,engsten Vertrauten" (Noelle-Neumann/Piel 1983, 146f; 80; 92ff). Die Zahl der Erwachsenen, für die es einen solchen Menschen gibt, stieg in diesem Zeitraum von 68% auf 80%. Der Anteil derer, die darauf beharren, sie brauchten niemanden, machten alles mit sich selbst aus, fiel entsprechend von 26% auf 14%. Die Allensbacher Umfrageforscher sehen eine plausible Parallele zu folgendem Entwicklungstrend: Zwischen 1953 und 1979 nahm die Bereitschaft der Befragten zu, Mitmenschen allgemein zu trauen (die Schlüsselfrage lautete: ,,Glauben Sie, daß man den meisten Menschen vertrauen kann?" Noelle-Neumann/Piel 1983, 76f). Das legt die Vermutung nahe, daß das soziale Alltagsklima sich in dreißig Jahren nachfaschistischer Friedensgesellschaft um einiges entspannt hat. Die erwachsenen Gesellschaftsmitglieder haben weniger Grund, sich mißtrauisch von den anderen Menschen ab und egozentrisch auf die eigene Überlebensfähigkeit zu konzentrieren.

Der Wert des Alleinseins als Tugend ist entsprechend rückläufig. Die deutsche ,,Einsamkeit" (Hofstätter 1957, 63ff) entpuppt sich als eine zeit- und generationsbedingte Folge eines Lebens in Faschismus und Krieg. Eine solche Sichtweise begibt sich gewiß in Widerspruch zu dem geläufigen Topos von der Vereinzelung in der Massengesellschaft. Eine Synthese der beiden Perspektiven ist im Rahmen einer zivilisationshistorischen Betrachtungsweise durchaus möglich. Man könnte argumentieren, daß der Topos von der Vereinzelung in der Massengesellschaft — sofern er nicht strukturell korrekt die Auflösung tradierter Sozialmilieus bezeichnen soll — eine wachsende Empfindlichkeit gegenüber dem Alleinsein ausdrückt. Es wird zunehmend schwerer denkbar und nachfühlbar, daß Alleinsein ein Wert sein kann. Umgekehrt: Bereits leise Anzeichen oder kurze Perioden des Alleingelassenseins erzeugen starke negative Affekte. So wächst strukturell die soziale Vernetzung des Alltagslebens und gleichzeitig damit das Gefühl wachsender Isolierung.

Kehren wir nach diesem Exkurs zu unserer Zeitreihe zurück. Konstant über die drei Jahrzehnte bleibt der Unterschied zwischen den Geschlechtern. Weibliche Jugendliche geben häufiger Vertrauenspersonen an als männliche Jugendliche. 1953 z.B. beträgt die Differenz 16 Prozentpunkte, 1984 12% (Tabelle 44). Ein Blick auf die Tabelle belehrt darüber, daß das Alter zu den beiden Zeitpunkten eine unterschiedliche Rolle spielt — jedenfalls bei männlichen Jugendlichen. 1953 nimmt bei den älteren Jugendlichen die Anzahl derer, die Gesprächspartner haben, tendenziell ab; 1984 ist es umgekehrt: die Jüngeren haben seltener, die Älteren häufiger Gesprächspartner für alle Sorgen und Nöte.

Tab. 44: Es haben einen Gesprächspartner, mit dem sie *alle* Sorgen und Nöte durchsprechen können. Vergleich Jugend '53-'84 nach Geschlecht und Alter — Angaben in % —

Geschlecht	Alter in Jahren	Jugend '53	Jugend '84
männlich	15-17	37	31
	18-20	34	44
	21-24	30	47
weiblich	15-17	45	50
	18-20	50	52
	21-24	50	59
männlich	15-24	33	42
weiblich	15-24	49	54

Die Interpretation dieser gegenläufigen Tendenz wirft Probleme auf. Sollte sich im Entwicklungsverlauf von Adoleszenz etwas geändert haben? Oder handelt es sich um ein generationsspezifisch zu interpretierendes Datum? Für letzteres spricht, daß die älteste Gruppe der Befragten, Angehörige der Jahrgänge 1930-33, als Jugendliche noch in die Endphase des Krieges einbezogen worden sind, was insbesondere für männliche Jugendliche von einschneidender lebensgeschichtlicher Bedeutung sein konnte.

Auf welche Bezugspersonen können Jugendliche in persönlichen Schwierigkeiten zurückgreifen? Darauf gibt die Zusatzfrage Antwort, die — in offener Form — an die Befragten gerichtet wurde, die die Vorfrage bejaht hatten (Tabelle 45). Vergleiche sind hier für 1954, 1964 und 1984 möglich.

Tab. 45: Wer ist Gesprächspartner für Sorgen und Nöte? (Nur die Jugendlichen, die angeben, jemanden zu haben) Vergleich Jugend '54 - '64 - '84 — Offene Antwortmöglichkeit, Mehrfachnennungen — Antworten in % —

n =	Jugend '54 (1493)	Jugend '64 (2380)	Jugend '84 (1472)
Eltern	15	29	16
Mutter	32	28	20
Vater	7	6	5
Schwester	1		7
Bruder	1	(„Verwandte")	4
Geschwister	*		2
Familie	*	9	0
Großeltern	*		1
Verwandte	1		2
Verlobte	2	4	2
Mann, Frau, (Ehe-) Partner	5	11	6
Freund	6	(„Freunde")	33
Freundin	5	19	47
Freunde	*		12
Bekannte	1	1	3
Arbeitskollegen			1
Vorgesetzte, Lehrer, Pfarrer	2	2	1
Andere Personen	—		1
keine Antworten	0	0	0
Summe der Nennungen	78	109	163
Jugendliche mit Gesprächspartner	78	89	90

Jugendliche der 80er Jahre berufen sich durchschnittlich auf mehrere Ansprechpartner — genau: 1,7 Personen. 1954 sind es 1,0; 1964 1,2 im Schnitt. Das deutet bereits auf ein wichtiges Ergebnis hin. Während es für die Jugendlichen der 50er Jahre charakteristisch ist, nur auf eine Person — im Fall der Eltern: Personengruppe — zurückgreifen zu können, wenn man Probleme hat, sind Angehörige der heutigen Jugendgeneration nach eigener Einschätzung eher mehrfach abgesichert. Dabei müssen wir bedenken, daß in den 50er Jahren rund ein Viertel der Jüngeren angibt, im Ernstfall überhaupt niemanden zum Sprechen zu haben.

Welche Personen zählen als Berater? 1954 ist der Sachverhalt eindeutig: Im Notfall zählt in erster Linie die Mutter. Sie wird von 32% aller Jugendlichen genannt. Halb so häufig beziehen sich die Befragten auf beide Eltern (15%). Mit 7% Nennungen rangiert der Vater als alleiniger Berater an dritter Stelle.

1964 hat sich die vorrangige Ausrichtung der Jugendlichen auf das Elternhaus als Beratungsinstanz erhalten. Die Familienverhältnisse in der Republik haben sich in den 60er Jahren stabilisiert, was sich darin widerspiegelt, daß die Bezugnahme auf beide Elternteile von 15% im Jahr 1954 auf 29% angestiegen ist. Die Väter sind wieder zu Hause; der Familismus der Spätphase der Adenauer-Ära kommt zum Tragen. Auch die „Verwandten" als Referenz tauchen in der Befragung 1964 häufiger als seinerzeit auf. Ist es nicht die Herkunfts-, so doch zumindest die zukünftige Familie. Verlobte und Ehepartner werden etwas häufiger als in den 50er Jahren angeführt (Anstieg von 7% auf 15%).

Ein gänzlich anderes Bild erhalten wir in der Jugenderhebung 1984. Im Zentrum von Problemgesprächen stehen jetzt nicht mehr die Eltern, sondern Gleichaltrige. Dazu zählen an erster Stelle die Freundin, die von 47% aller Befragten genannt wird, und der Freund, mit 33% Nennungen. Dazu kommen Freunde: Freund und Freundin im Plural, Freundeskreise. 12% beziehen sich auf sie, 1954 taucht die Kategorie gar nicht erst auf.

Selbst wenn wir mögliche Einflußfaktoren in Rechnung stellen, die ein solches Ergebnis begünstigt haben können: Die Interviewerstäbe haben sich verjüngt und provozieren möglicherweise mehr Referenzen auf die Gleichaltrigengesellschaft; der Begriff des Freundes/der Freundin hat sich verallgemeinert; die Interviewersituation der 50er Jahre ermunterte die Befragten nicht sonderlich, mehr als eine Antwort auf eine offene Frage zu geben — feststeht, daß hier eine Verschiebung im Gefüge jugendlicher Bezugsgruppen stattgefunden hat. Persönliche Problemgespräche beziehen sich in den 80er Jahren in erster Linie auf Gleichaltrige. Wir können diese Bedeutungsverschiebung selbst innerhalb der Familie konstatieren. Schwester, Bruder, Geschwister tauchen 1954 lediglich als Restkategorie (2%) auf. 1984 beziehen sich 13% der Nennungen auf diese gleichaltrigen oder wenigstens altersnahen Verwandten.

Es wäre voreilig, aus dem Ergebnis den Schluß zu ziehen, Eltern hätten als Vertraute in Krisenzeiten abgedankt. Richtiger ist die Schlußfolgerung, daß hier ein elterliches Monopol zerbrochen ist. Der elterliche Rat steht in den 80er Jahren in Konkurrenz zu Ratschlägen, die gleichaltrige Freunde und Freundinnen geben. Ein solches Befragungsergebnis widerspricht den Versuchen einiger Jugendtheoretiker, die Gesellschaft der Altersgleichen auf den Sektor jugendkultureller Geschmacksbildung einzugrenzen. Die gleichaltrigen Vertrauten sind mehr als nur Ratgeber in Kleidungs- und Modefragen. ,,Sorgen und Nöte" (darauf verweist eine semantische Probeerhebung unter Jugendlichen) umfaßt gewichtige psychologische, biografische Krisensituationen.

Die Bedeutung der einzelnen Bezugspersonen verschiebt sich mit dem Lebensalter und ist zudem vom Geschlecht abhängig. Wie verhält es sich mit der Entwicklungslogik in den 50er und in den 80er Jahren? In Tabelle 46 sind die sieben Hauptkategorien jugendlicher Gesprächspartner für den Vergleich herausgegriffen worden. Innerhalb der Eltern fiel oben auf, daß es vor allem die Mutter ist, die ihre unumstößliche Rolle als Beraterin für Jugendliche der 50er Jahre im Laufe der Jahrzehnte verloren hat. Die Aufgliederung nach Alters- und Geschlechtsgruppen erlaubt hier eine Spezifizierung der Aussage: Der Bedeutungsverlust betrifft im Fall der Mutter in erster Linie Mädchen und junge Frauen zwischen dem 15. und 20. Lebensjahr. Während 1953 jedes zweite Mädchen dieser Gruppe die Mutter als Beraterin nannte, tut dies 1984 nur jede Vierte. Es ist unschwer zu erraten, an wen die Mutter ihre Beratungskompetenz abtreten mußte. Bei den 15-17jährigen Mädchen ist es die persönliche Freundin. Die Renaissance dieser Bezugsperson geht aus folgendem Vergleich hervor: 1953 gaben 13 % der 15-17jährigen Mädchen die Freundin an; 1984 sind es 62 % geworden, die sich auf die Freundin berufen. Bei den 18-20jährigen jungen Frauen zieht der Freund zahlenmäßig mit der Freundin gleich.

Wenden wir uns der Seite der männlichen Jugendlichen zu. Hier wird deutlich, daß der Bedeutungsverlust des Vaters als einzelner Ratgeber in erster Linie auf das Konto der Jungen und jungen Männer geht — wobei zu berücksichtigen ist, daß der Vater auch bei ihnen schon in den 50er Jahren eine geringere Rolle als die Mutter spielte. Mädchen geben sowohl 1953 als auch 1984 den Vater nur in seltenen Fällen als Ratgeber an, während auf der Gegenseite Jungen dies durchaus im Fall der Mutter tun. Die Bedeutung der Mutter als Ratgeberin ist zahlenmäßig auch nicht in gleicher Weise bei männlichen Jugendlichen rückläufig wie bei weiblichen.

Die Stelle der Freundin bei den Mädchen nimmt der Freund bei den Jungen ein. Der Anteil der männlichen Jugendlichen, die sich mit ihren Problemen an den Freund wenden können, ist 1984 um fast die Hälfte kleiner als bei der weiblichen Jugend. Das Beziehungsgeflecht der männlichen gleichgeschlechtlichen Freundschaft hat demzufolge nicht die gleiche daramatische Entwicklung erfahren wie im Fall der Mädchen. Allerdings kommt bei männlichen Jugendlichen noch hinzu: „Freunde“. Dieser Plural, der mehrere Freundschaften, aber auch eine Gruppe umfassen mag, wird von männlichen Jugendlichen etwa doppelt so häufig angeführt wie von den weiblichen.

Halten wir als Resüme fest: Männliche und weibliche Jugendliche haben sich etwa gleich weit von den Eltern als alleinigen Beratern in persönlichen Krisensituationen entfernt. Das Netz sozialer Berater, das Jugendlichen an Elternstatt zugewachsen ist, ist im Fall der weiblichen Jugendlichen enger und individueller gestrickt, wobei der Beziehung zur Freundin eine Schlüsselrolle zufällt. Der einzelne Freund teilt sich bei den männlichen Jugendlichen eine entsprechende Rolle mit dem Freundeskreis. Nach wie vor geben mehr männliche als weibliche Jugendliche an, eigentlich niemanden für persönliche Problemgspräche zu haben. Was jedoch bei Jungen positiv zu Buche schlägt, ist der frühere Beginn gegengeschlechtlicher Beziehungen. 1953 hinkten in diesem Punkt die Jungen (15-17jährige) den Mädchen deutlich hinterher. 1984 ist die Zahl gegengeschlechtlicher Freunde/Freundinnen als Beratende gleich groß geworden.

Der Anstieg der Nennung Gleichaltriger als Gesprächspartner für jugendliche Sorgen und Nöte läßt erwarten, daß Jugendliche heute tatsächlich mehr enge persönliche Bindungen zu gleich- als zu gegengeschlechtlichen Freunden eingehen als Jugendliche in den 50er Jahren. Direkte Vergleichsfragen zwischen Jugendlichen der 50er und der 80er Jahre liegen uns nicht vor. 1984 wurden Fragen nach persönlichen Freundschaften aus Zeit- und Platzgründen nicht mit abgefragt. Zeitreihen für 1953/54, 1964 und 1975 sind nur für die Frage gleichgeschlechtlicher Freundschaften vorhanden. Aus ihnen geht hervor, daß die Zahl der Jugendlichen, die solche Freundschaften angeben, sich zwischen den 50er und den 70er Jahren leicht erhöht hat — von rund zwei Dritteln in den Erhebungen 1953/54 auf knapp drei Viertel 1975. Aufs Ganze gesehen keine Entwicklungstendenz, die mit dem dramatischen Anstieg der gleichgeschlechtlichen Freunde als Gesprächspartner für Sorgen und Nöte konkurrieren könnte.

Diese Diskrepanz legt die Vermutung nahe, daß nicht die Menge, wohl aber die Qualität von jugendlichen Freundschaften — Mädchenfreundschaften auf der einen, Jungenfreundschaften auf der anderen — sich verändert hat. Solche Freundschaften bedeuteten in den 50er Jahren nicht ohne weiteres auch, daß man über ganz persönliche Angelegenheiten, die einen bedrückten, miteinander sprach. Es ist mittlerweile leichter geworden, sich untereinander über diese Dinge auszutauschen. So nehmen auch Freundschaftspaare an der sich entwickelnden privaten Diskurskultur teil, die seit den 70er Jahren unseren Alltag kennzeichnet. So der eine Gedankengang. Nicht weniger legitim ist gewiß der Hinweis, daß das Gewicht gleichgeschlechtlicher Freundschaften größer geworden ist, was die Bearbeitung persönlicher Schwierigkeiten angeht. Letzteres stimmt mit der These von der wachsenden Bedeutung der Gleichaltrigengesellschaft als Bezugsgruppe für Lebenslaufberatung überein.

Ein direkter Vergleich des Umfangs, in dem Jugendliche verschiedenen Alters und Geschlechts am System der Freundschaft partizipieren, ist für die Zeitpunkte 1964 und 1975 möglich. In Tabelle 47 sind die entsprechenden Emnid-Studien vergleichbar gemacht worden. Die Anzahl der Jungen, die einen „wirklichen Freund" haben, ist in dem Jahrzehnt konstant hoch geblieben. Bei den Mädchenfreundschaften hat sich ab dem 18. Lebensjahr etwas verändert. Während 1964 Mädchenfreundschaften rückläufig waren, je älter die Befragten wurden, so sind 1975 mehr junge Frauen als davor an Mädchenfreundschaften beteiligt. Ein leichter Rückgang setzt erst bei den 21-24jährigen ein — unterscheidet sich als Tendenz jedoch nicht mehr von einem entsprechenden Rückgang bei Jungenfreundschaften. Weibliche Jugendliche '75 haben gleich häufig Freundinnen wie männliche Jugendliche Freunde — 1964 finden wir ab dem 18. Lebensjahr noch eine Differenz zugunsten der männlichen Jugendlichen. Während die Beteiligung am System der gleichgeschlechtlichen Freundschaften sich nicht wesentlich verändert hat, stellt sich die Sachlage bei gegengeschlechtlichen Freundschaften ganz anders dar. Hier erleben wir einen dramatisch zu nennenden Anstieg in einem Jahrzehnt. Jungen, die eine feste Freundin haben, sind 1964 noch eine Ausnahme, besonders wenn sie zu den 15-17jährigen zählen. 1975 gibt über die Hälfte der männlichen Befragten an, eine feste Freundin zu haben. Der Sprung bei den 15-17jährigen geht dabei von 14% auf 50%.

Zwar behaupten die Mädchen auch 1975 noch einen gewissen Vorsprung, was Jungenfreundschaften angeht, aber dieser macht sich jetzt nur noch bei der Altersgruppe der 18-20jährigen bemerkbar, nicht mehr bei den Jüngeren.

Die Vergleichsdaten legen die Vermutung nahe, daß ein Entwicklungssprung im Hinblick auf feste gegengeschlechtliche Beziehun-

Tab. 46: Wer ist Gesprächspartner für Sorgen und Nöte? — Vergleich Jugend '53-'84 nach Alter und Geschlecht
— Angaben in % —

		Jugend '53						Jugend '84					
Geschlecht		männlich			weiblich			männlich			weiblich		
Alter in Jahren		15-17	18-20	21-24	15-17	18-20	21-24	15-17	18-20	21-24	15-17	18-20	21-24
Gesamt	n =	(254)	(240)	(270)	(240)	(240)	(254)	(168)	(244)	(312)	(253)	(229)	(265)
Teilgesamt	n =	(168)	(142)	(154)	(175)	(175)	(183)	(136)	(211)	(277)	(238)	(215)	(255)
Eltern		24	17	18	14	13	7	27	24	17	19	18	9
Mutter[1]		29	25	18	54	49	31	21	19	12	28	25	27
Vater[1]		17	13	10	6	1	4	9	9	5	4	4	2
Freund		12	20	18	4	10	10	37	32	22	29	56	47
Freundin		0	7	9	13	11	10	33	51	57	62	52	45
Freunde		—	—	—	—	—	—	15	19	23	8	7	11
(Ehe-)Partner		2	1	16	—	6	18	—	1	9	—	2	21

1 Einschließlich Stiefmutter/-vater; Schwiegermutter/-vater   Basis für Prozentuierung = Teilgesamt

Tab. 47: Gleich- und gegengeschlechtliche Freundschaften — Vergleich Jugend '64-'75 nach Geschlecht und Alter
— Angaben in % —

	Jugend '64						Jugend '75					
Geschlecht	männlich			weiblich			männlich			weiblich		
Alter in Jahren	15-17	18-20	21-24	15-17	18-20	21-24	15-17	18-20	21-24	15-17	18-20	21-24
Es haben einen wirklichen Freud												
(männl. Befragte)	83	78	69				78	82	69			
(weibl. Befragte)				80	64	56				77	79	67
Es haben eine feste(n) Freund(in)												
(männl. Befragte)	14	33	39				50	59	55			
(weibl. Befragte)				25	47	35				56	73	62

Prozentuierung ohne Befragte, die keine Angaben machten
Quellen: Emnid 1966, 88, 100; Jugendwerk 1975 — eigene Berechnungen

gen um die Jahrzehntwende der 60er/70er Jahre stattgefunden hat — wie in manchen anderen Wert- und Alltagsbereichen auch. In diesem Zeitraum etablierte sich für die Mehrheit der Jugendlichen ein umfassendes System von engen Zweierbeziehungen zum anderen Geschlecht, das für Jugendliche der 50er Jahre noch unzugänglich war.

Vorbilder — eine veraltete Frage?

Jugendliche nach ihren Vorbildern zu fragen, erweckt Interesse und Ressentiment zugleich, bei den jugendlichen Befragten ebenso wie bei den befragenden Erwachsenen. Die Frage erscheint unzeitgemäß; und doch halten Medien und Umfrageforschung bis heute an ihr fest. Und dies, obwohl bereits in den 50er Jahren soziologische Jugendforscher wie H. Schelsky oder H. Muchow Bedenken geltend machten und die befragten Jugendlichen nur zögernd zur Antwort bereit waren. Entsprechend kontrovers verlief die Debatte in der Arbeitsgruppe, die die Umfrage Jugend '84 konzipierte. War es angängig, eine bereits 1953 ,,überholte" Fragestellung heute buchstabengetreu zu wiederholen? Der folgende Bericht gibt Rechenschaft darüber, welchen Sinn es macht, ,,veraltete" Fragen erneut zur Diskussion zu stellen.

> ,,Es gibt im Leben und in der Entwicklung des Menschen nichts, was mit solcher Heimlichkeit ins Werk gesetzt wird, wie die Errichtung des Persönlichkeitsideals." (Alfred Adler: 1919)

Zur Zeit, als die Emnid-Jugendstudien der 50er Jahre geplant wurden, hatte die Frage nach jugendlichen Vorbildern Hochkonjunktur. Das zeitgenössische Motiv lag auf der Hand. Man sorgte sich in den ersten Nachkriegsjahren und angesichts der Brüche im politischen und erzieherischen System um einen möglichen ,,Mangel an Leitbildern" und mutmaßte einen ,,Wechsel in den Vor- und Leitbildern der deutschen Jugend" (vgl. den kritischen Literaturbericht bei Thomae 1965). Charakteristische Titel von Publikationen der Zeit waren etwa: ,,Untersuchungen über das Vorbild in der Vorpubertät" (Fischer 1953) ,,Ideale und Vorbilder der jungen Menschen von heute" (Hauschka 1954); ,,Eine Vergleichsuntersuchung zur Frage jugendlichen Idealerlebens" (Glöckel 1960); ,,... Eine Untersuchung über Werthaltungen und Leitbilder der Jugendlichen" (Jaide 1961).

Nach Vorbildern zu forschen gehörte zur Domäne von Pädagogik und Entwicklungspsychologie. Die Erhebungen bezogen sich auf Schüler und Schülerinnen, bedienten sich zumeist des Verfahrens freier Aufsätze, wurden gruppenweise in Schulklassen durchgeführt und interessierten sich für die Altersspanne zwischen dem 10. und 20. Lebensjahr, bezogen die Kindheit also ausdrücklich mit ein. Insofern stellte es eine — nicht unumstrittene — Neuerung dar, als die Jugendforscher um Emnid Fragen nach dem Vorbild in ihr Programm der Umfrageforschung bei 15- bis 24 jährigen aufnahmen. Galt doch der älteren Entwicklungspsychologie die Frage des Persönlichkeitsideals als ein der standardisierten Erhebung und statisitischen Verarbeitung unzugängliches Gebiet (vgl. seitens der verstehenden Psychologie das Urteil E. Sprangers (1925, 45f).

Pädagogisch-psychologische Forschung in den 50er Jahren hatte ein zusätzliches Motiv, sich für Vorbilder der nachwachsenden Generation zu interessieren. Die Fragestellung hatte eine Tradition, die bis zum Anfang des Jahrhunderts zurückreicht. Es bot sich an, das seit 1901 (Johann Friedrich: Die Ideale der Kinder) wiederholt untersuchte Thema zum Gegenstand von Wiederholungs-Untersuchungen zu machen und dadurch die Frage nach „Konstanz oder Wandel" (Thomae) jugendlichen Idealerlebens empirisch zu klären. In einer solchen Absicht replizierte beispielsweise der Thomae-Mitarbeiter H. Glöckel (1960) im Jahr 1956 eine Studie von K. Schmeing (1935) aus den Jahren 1930/32 über „Ideal und Gegenideal".

Die Tradition der Vorbild-Untesuchungen fand auf pädagogisch-psychologischer Seite in den 60er Jahren ihre Fortsetzung (vgl. z.B. Bertlein 1961; Lückert 1965; Lutte/Mönks/Sarti 1969; Lutte 1970; Undeutsch 1966; Jaide 1968). Parallel hierzu entwickelte sich eine Tradition innerhalb der westdeutschen Umfrageforschung, die sich als Ganze zunehmend jugendsoziologisch ausrichtete. In der Nachfolge der Emnid-Institute, die weiterhin nach jugendlichen Vorbildern fragten (1961; 1968), integrierten z.B. infas (1962; 1968) oder Marplan (1968) entsprechende Fragen in ihre institutsinternen Programme.

Für die Gegenwart formulieren Vertreter einer modernisierten Entwicklungspsychologie wie Oerter/Montada (1982) apodiktisch, wenngleich nicht ganz zu Unrecht: „Heute ist man an solchen Befragungen über Vorbilder und Leitbilder weniger interessiert." (S. 277) Diese Aussage trifft allerdings nur die halbe Wahrheit. Unter verwandelten Etiketten finden jugendliche Idealisierungen und

Identifikationen unvermindertes Interesse, bei Wissenschaftlern, bei den Medien und ihrem Publikum, bei Marketing-Leitern, bei Politikern und Pädagogen. Nur findet die Debatte in verwandelter Sprache und mit revidierten Akzentsetzungen statt. Man spricht von Modellen und vom Modellernen statt von Vorbildern; es geht um Jugendliche als mögliche Träger neuer Werte, um Fans und Idole der Kulturindustrie (Baacke 1980). Insbesondere die anhaltende Publizität des Themas in den Medien läßt auf eine starke Nachfrage auf Leserseite, bei Jugendlichen wie Erwachsenen, rückschließen.

Einige Beispiele für das Medieninteresse an der Vorbild-Frage in den 80er Jahren:

— 1979/80 startet das Schülermagazin treff eine Leser-Umfrage: „Wer ist Dein Vorbild?“ (treff 9/1979; 2/1980);
— 1984 ermuntert Inge Benninghoven die Leser und Leserinnen der Kinderseite der Frankfurter Rundschau (3. 3. 84): „Schreibt uns doch mal, welche Idole ihr habt und warum.“
— 1982 läßt Emnid im Auftrag des Spiegel-Magazins unter Hessischen Jugendlichen feststellen: „Börner und Dregger kein Vorbild für die Jugend.“ (1982, H. 34, S. 39)
— Der Stern finanziert regelmäßig Umfragen nach Idolen und Leitfiguren und veröffentlicht journalistische Kurzberichte hierzu (z.B. in der Ausgabe v. 27. 6. 1985/Nr. 27).
— Anfang 1985 schickt das Emnid-Institut per dpa und AP Ergebnisse einer Umfrage unter 14- bis 24jährigen durch die Tagespresse, die im Auftrag einer Elternzeitschrift durchgeführt wurde. Eine entsprechende Schlagzeile lautet (FR vom 4. 3. 1985): „Eltern noch immer Vorbild“.

  (Weiter unten wird gezeigt, daß diese Schlagzeile, gelinde gesagt, irreführend sein dürfte.)

Bevor wir auf die Ergebnisse der Hauptfrage nach dem Vorbild eingehen, berichten wir von den Eindrücken, die sich aus den verschiedenen begleitenden Fragen gewinnen lassen. Gerade weil es sich um ein problematisches Terrain handelt — was durch die Form der Umfrageforschung noch verstärkt wird —, war u.E. eine Sondierung mithilfe unterschiedlicher Vorgehensweisen und Fragerichtungen angezeigt. Wir können im folgenden auf die quantitative Vorerhebung ’81, auf den Jugendaufruf ’83 und auf die qualitative und quantitative Vorerhebung zur Jugendumfrage ’84 zurückgreifen.

In der Vorerhebung zur Jugendstudie ’81 fragten wir 106 Jugendliche aus dem südhessischen Raum (14-24jährige), ob sie gelegentlich davon träumten, „jemand ganz anderes zu sein" (Jugendwerk 1981, Bd. I, 585f). Das Ergebnis: Es träumten davon

... eine andere (reale) Person zu sein	9 %
... ein Tier zu sein	7 %
... eine Blume, literarische Figur, eine Comic-Figur zu sein	5 %
... ein Mensch aus früherer Zeit zu sein	11 %

Die quantitative Vorerhebung zur Jugendstudie '84 bezog sich auf die Frage, ob man gelgentlich von einem Vorbild träume. Jugendlichen wie Erwachsenen wurden Listen mit Möglichkeiten vorgelegt, „sich mit seinem Leben zu beschäftigen". „Von einem Vorbild träumen" erreichte bei den Jugendlichen den 26. Rang von 37 vorgelegten Möglichkeiten. Es träumten von einem Vorbild ...

	Jugend'84 - Vorerhebung - (n = 261)	Erwachsene'84 - Vorerhebung - (n = 239)
öfters	9 %	6 %
gelegentlich	38 %	21 %
nie	53 %	73 %
	100 %	100 %

(Zinnecker 1985, 233ff)

Der Vergleich zeigt, daß es sich — wie bei vielen anderen Techniken, die Identität und Ich-Ideal betreffen — um eine mehr von Jugendlichen gepflegte Praxis handelt. Innerhalb der Jugendlichen sind es vor allem die Jüngeren, die sich mit Vorbildern auseinandersetzen. Es träumen öfters oder gelegentlich von einem Vorbild ...

15-17jährige	60 %
18-20jährige	48 %
21-24jährige	36 %

Eine begleitende Frage aus der Haupterhebung: Dort sollten Jugendliche und Erwachsene anhand einer 16 Punkte umfassenden Liste Probleme heutiger Jugendlicher einschätzen. Welche Rolle spielt dabei die oft gehörte Klage, Jugendliche „haben keine Vorbilder mehr"? Es zeigen sich Unterschiede zwischen Jüngeren und Älteren. Für Jugendliche ist die Vorbild-Frage das geringste der Probleme. Es erhält den 16. und letzten Platz in der Prioritätenliste. (Nur 7 % können darin ein „sehr großes Problem" sehen.) Für Erwachsene zählt der Mangel an Vorbildern zwar auch nicht zu den allerwichtigsten Fragen. Der Anteil unter ihnen, der darin ein sehr großes oder zumindest ein großes Problem erblicken möchte, ist jedoch deutlich höher als bei Jugendlichen (Fischer/Fuchs/Zinnecker 1985, Bd. 5, 146, 237).

Eine wertvolle Ergänzung zu den Umfragen bilden die Selbstzeugnisse Jugendlicher, die wir 1983 bundesweit sammelten (Arbeitsgruppe Jugend '83 (1984); Behnken 1985). Die literarischen und künstlerischen Äußerungen von rund 2000 Jugendlichen bestätigten die Ergebnisse der Umfragen, wonach offene Bekenntnisse zu persönlichen Vorbildern selten sind. Aus den vielfältigen zusätzlichen Einsichten, die auf dem Weg einer Analyse der sprachlichen und bildlichen Materialien gewonnen wurden, seien zwei hervorgehoben. Zum einen stellt sich der Sachverhalt unterschiedlich dar, je nachdem ob wir die künstlerischen oder die literarischen Produktionen ins Auge fassen. Auf sprachlicher Ebene vermeiden die Jugendlichen eine Fixierung persönlicher Vorbildfiguren. Auf der Ebene von Bildsymbolen, deren Botschaft ja vieldeutiger ausfällt, finden sich zahlreiche Idolfiguren (Dzial 1985, 289f). Das deutet auf den Tabugehalt des Themas hin — während man direkte Bekenntnisse vermeidet, kreisen Phantasie und Tagtraum sehr wohl um vorbildliche Personen, insbesondere um Idole aus dem medienvermittelten Bekanntenkreis.

Ein zweites bedeutsames Ergebnis: Erwachsene bilden zwar keine Bezugsgruppe, auf die man sich als Jugendlicher positiv und identifizierend bezieht — dafür ist die Bedeutung der Älteren als Referenzgruppe, von der man sich abheben kann, um so bedeutungsvoller. „In den Augen der Jugendlichen präsentiert sich die Erwachsenenwelt eher als Negativ-Vorbild. Sie bietet vornehmlich Abgrenzungsmöglichkeiten, weniger Eigenschaften, die Jugendliche anstreben wollen. In den Texten bildet die Erwachsenenwelt oft den Gegenpol zu dem, was Jungsein bedeutet. Von daher liegt es nahe, daß derjenige, dem Jungsein Spaß macht und der nach den Lebensidealen der Jugend lebt, Erwachsenwerden als Aufgaben dieser Werte erlebt." (Müller 1985, 267)

„Was verstehen Sie unter Vorbild?"

Um das semantische Feld besser einschätzen zu können, in dem der umgangssprachliche Begriff des Vorbildes heute steht, fragten wir Jugendliche und Erwachsene im Rahmen der explorativen Interviews: ,,Was verstehen Sie unter Vorbild?" Die Gespräche fanden Herbst '83 statt und umfaßten mehrstündige Unterhaltungen mit 20 15-24jährigen und 20 45-54jährigen in verschiedenen Teilen der Bundesrepublik (Fischer/Fuchs/Zinnecker 1985, Bd. 5).

Unabhängig von der Schulbildung präsentierten alle Gesprächspartner aus dem Stegreif eine — mehr oder weniger persönlich gefärbte — Definition des Begriffs. Auch Jugendliche fanden das Wort nicht befremdlich — was wir als Möglichkeit immerhin einbezogen hatten. Erwartungsgemäß war allerdings, daß viele Befragte sich gegen die Unterstellung verwahrten, sie selbst hätten persönliche Vorbilder: ,,Vorbilder hab ich an sich keine", so lautete die charakteristische Zurückweisung.

Um die eingebrachten Vorbehalte gegen Vorbilder würdigen zu können, muß man sich vor Augen halten, daß in den meistgen Begriffsbestimmungen Vorbild etwas ist, das dem Einzelnen von außen angetragen wird. Vorbild ist eine Leistung, eine Haltung, ein Erfolg, ein Rezept, das andere Personen auszeichnet (gelegentlich auch eine von anderen vergegenständlichte Leistung wie ein ,,schönes Bild" oder eine ,,besungene Schallplatte"). Als gesellschaftlich produzierten haftet Vorbildern ,,etwas klischeehaftes" an. Daher werden Vorbilder als personfremd erfahren, gegen die man seine Unverwechselbarkeit in die Waagschale wirft. ,,Ich will ich sein, nicht irgendwo so ein nachgemachter Typ." (Tanja, 15 Jahre, Gesamtschule). Oder wie es Herr D., 45jährig, Gleisarbeiter bei der Bundesbahn, ausdrückt: ,,Ich laß mir kein Vorbild machen."

Nur vereinzelt wird die produktive Eigentätigkeit des Subjektes — sich ein Vorbild entwerfen — angesprochen. Eine solche Ausnahme bildet Annete, 20 Jahre alte PTA-Schülerin: ,,Ich würde nicht sagen, daß ich mir eine bestimmte Person zum Vorbild nehme, sondern daß ich mir einfach ein Vorbild *entwerfe*, vielleicht aus mehreren Personen oder so, und ich versuche diesem Vorbild nachzukommen, wobei ich natürlich an diesem Vorbild *auch immer was ändere*."

Die jugendlichen Befragten haben einen besonderen Grund, Vorbilder abzulehnen. Vorbilder sind pädagogisch ,,besetzt" — in dieser Bedeutung reduzieren sich Vorbilder nahezu auf personifizierte Erziehungsziele und -normen. Die Erwachsenen sprechen diesen Aspekt offen an. Für sie zerfällt die Bedeutung von Vorbild in zwei Hälften: Sie selbst als pädagogische Vorbilder und fremde Vorbilder, an denen sie sich als Erwachsene orientieren. Während die befragten Jugendlichen nur einen positiven Begriff von Vorbildern zum Ausdruck bringen, gibt es für die Erwachsenen als Eltern und Pädagogen zwei Kategorien: die guten und die schlechten Vorbilder.

„Vorbild ist eine Person, die eine gewisse Leitfunktion, insbesondere für Jugendliche, ausübt. Deshalb fordern wir beispielsweise, daß Politiker, Schauspieler in der Öffentlichkeit nicht rauchen, Lehrer beispielsweise, weil wir sagen, das sind schlechte Vorbilder." (Herr D., 44, Hauptschulabschluß)

„Die verführte Jugend im Dritten Reich, die hatte auch ihre Vorbilder, falsche Vorbilder." (Herr M., 46 Jahre, Abitur)

„Ich muß immer für die Kinder Vorbild sein. Wenn die Kinder für mich Vorbild wärn, des wär schlimm. Da muß man schon so stark sein, daß ich des Vorbild für die Kinder bin." (Herr B., 45 Jahre, Arbeiter, Vater zweier Kinder)

„Vorbild? ... Da sind zwei Gedanken. Das eine, was man selber als Vorbild erlebt hat. Ich habe von meinem Vater gesprochen, von meinem Großvater. Wer noch Vorbild für mich war, mein erster Chef. Von dem ich in menschlicher Hinsicht viele Dinge gelernt habe ... Jetzt kommt der zweite Gedanke: Ob man selber ein Vorbild sein kann, für die eigenen Kinder." (Herr K., 53, Ingenieur, Vater von fünf Kindern)

Vorbilder zu haben wird daher bestimmten Lebensphasen und Altersgruppen zugeordnet. Die Erwachsenen haben in erster Linie Jugendliche vor Augen. Im Sinne von Frau B., 49 Jahre: „Vorbild? Ich finde, das hat man meistens nur als junger Mensch." Die Jugendlichen sehen gleichfalls darin eine lebensgeschichtlich zurückliegende Orientierung, die sie mit Kindheit und Pubertät identifizieren.

„Tja, Vorbilder hatte ich zumindest früher, also zwischen 12 und 15 Jahren vielleicht. Das waren die Beatles — ich war irgendwie begeistert ... Ich bewundere die irgendwie immer noch, allerdings als Vorbild hinzustellen, das ist heute nicht mehr." (Peter K., 21 Jahre, Abitur)

„Manche Leute, glaub ich echt, daß die Vorbilder haben. Die lassen sich so von anderen Leuten beeinflussen. Bei Jüngeren ist das oft so, daß die zum Beispiel die Eltern als Vorbild sehen. War bei mir früher, glaub ich, auch, daß ich so sein möchte wie er oder er. Aber mittlerweile hat sich das so gelegt. Ich hab so'n Durchblick, daß ich das halt selbst entscheiden muß." (Dieter D., 21 Jahre, Hauptschulabschluß)

Assoziationen zu Vorbildern tauchen bei den Befragten auf zweierlei Ebenen auf. Da gibt es auf der einen Seite die Welt der hohen Ideale und Ziele — unerreichbare Zielmarken oftmals. Die andere Seite des Vorbildes ist mit der Pragmatik von Alltag und privater Biografie verbunden. In dieser Bedeutung heißen Vorbilder die kleinen personalen Hilfen, die einem die Lebensbewältigung erleichtern. Vorbilder als Leih-Ichs der Nahwelt, als Stützen bei der Stabiliserung eines verläßlichen Ich-Ideals. Sich zu Vorbildern in diesem zweiten Sinn zu bekennen, setzt Selbstbescheidung, Orientierung an praktischen Dingen voraus. Mit kühnen Entwürfen eines autonomen Selbst steht diese Bedeutung auf Kriegsfuß.

„Vorbild ist für mich etwas, an das ich mich klammern kann ... Wenn man ein Vorbild hat, dann hat man auch viel mehr Ehrgeiz: das mußt Du jetzt einfach hinkriegen. Ich glaub', ein Vorbild braucht jeder." (Markus, 15 Jahre, Hauptschüler)

„Ich versteh unter Vorbild nix Schlechtes. Weil — wenn man ein Vorbild hat, nach dem man sich orientieren kann, hat man es schon einfacher." (Petra H., 24 Jahre, Studentin)

„(Vorbild ist) eine Orientierungshilfe, daß man es nicht ganz so schwer hat. Es ist immer besser, man hat irgendwas, an das man sich halten kann, das muß man dann nicht aus sich selbst raus schöpfen. ... Ich mein, wenn sie einen Kuchen backen wollen und sie haben eine Backanleitung und da steht so und so viel Mehl und so und so viel Zucker, haben sie es leichter, als wenn sie es ausprobieren ... (Frau G., 44 Jahre, Berufsschullehrerin)

Vorbilder werden wiederholt auf die Bewältigung der biografischen Zukunft bezogen. Es werden dann Bezugspersonen darunter verstanden, die einem die Antizipation einer akzeptierbaren oder erwünschten Lebensperspektive durch ihr Vor-Leben möglich machen. Eine solche Vorwegnahme finden wir besonders bei Jugendlichen. Wenn Erwachsene auf die Zukunft bezugnehmen, dann auf die Bewältigung der Lebenssituation als älterer Mensch.

„Vorbild — ist irgendjemand, wo beruflich etwas geschafft hat, was man selber auch gern schaffen möchte, wo man sich vielleicht ein bißl dagegen mißt, wie weit daß man selber ist." (Elfie, 24 Jahre, Hotellehrling)

„Also Vorbild ist das, was einer schon erreicht hat, was ich noch nicht erreicht hab." (Siegfried K., 23 Jahre, Hauptschulabschluß, Verkäufer)

„Ich hab in meinem ganzen Leben nur ein Vorbild gehabt, und das ist meine Mutter … die ist im Moment mein Vorbild, weil sie unheimlich Leiden hat … der Frau ist also praktisch vom blinden Auge bis unten zum offenen Bein, also hier überall runter, es gibt keine Stell mehr am Körper, die in Ordnung ist, und daß die — wie soll ich das sagen — daß sie nicht verzweifelt ist am Leben, nicht einmal gesagt hat: Warum gerade mir? Das ist für mich eigentlich ein Vorbild, wenn's mir mal so schlecht gehen würde, so richtig körperlich schlecht." (Frau W., 53 Jahre, Volksschulabschluß)

Der Bereich, in dem Vorbilder am wenigsten umstritten sind, ist die berufliche Karriere oder die Laufbahn als medienöffentliche Persönlichkeit, beispielsweise als Sportler. Man erhält aus den Gesprächen den Eindruck, daß sich der heutige Begriff des Vorbildes auf diesen Sektor hin konzentriert. Karrieren sind „objektivierbar". Der lebensgeschichtliche Erfolg ist meßbar, wobei der Hochleistungssport als Modell dient.

„Vorbild ist die Verkörperung einer oder mehrerer bestimmter Eigenschaften oder Fähigkeiten in einem Menschen. … Ich weiß nicht, inwieweit das objektivierbar ist. Also sicher ist für jeden Hochspringer der jeweilige Weltrekordler ein Vorbild." (Dieter P., 43 Jahre, Realschulabschluß, Kaufmann)

Die kulturelle Figur der sportlichen Leistungswettkämpfe wiederholt sich in bestimmten Berufsfeldern. So kann die Friseuse Andrea, 18 Jahre, Hauptschulabschluß, davon sprechen, daß sie von den „Landesmeistern" ihres Gewerbes, die in Schauwettkämpfen sich durchsetzen konnten, den „Starfriseuren", „schwärmt". „Das möcht' ich können, was die können. Man träumt irgendwie davon."

Vorbilder 1953-55 und 1984

Nach Vorbildern wurde in allen drei Emnid-Jugendstudien 1953 bis 1955 gefragt. In der ersten und zweiten Erhebung wählten die Jugendforscher damals bewußt eine suggestive Formulierung der Frage. Aus der Begründung, die sie hierfür geben, wird deutlich, daß sie sich der Problematik einer solchen Fragestgellung im Jugendalter sehr wohl bewußt waren.

„Jugendliche nach ihrem ‚Vorbild' zu fragen, bedeutet ein zwiespältiges Unterfangen. Einmal, weil es gerade für die Jugend einen leicht bitteren Beigeschmack haben kann — was wird ihr nicht alles

Tab. 48: „Jeder von uns hat so etwas wie ein Vorbild. Wem möchten Sie am liebsten in etwa[3] gleichen?"

	Es nannten Vorbilder...
Jugend '53 (15-24 J.)	59 %
Jugend '54 (15-24 J.)	60 %
Jugend '84[1] — Vorerhebung — (15-24 J.)	37 %
Erwachsene '84[2] — Vorerhebung — (45-54 J.)	
* Vorbilder in der Gegenwart	29 %
* Vorbilder als Jugendliche (um 1954)	51 %

1 n = 261; nicht repräsentativ; Februar '84
2 n = 239; nicht repräsentativ; Februar '84
3 Textvariante 1954: „ungefähr am liebsten"

mit erhobenem Zeigefinger als „vorbildlich" hingestellt —, zum anderen, weil es sich dabei auch um eine Gewissensfrage handelt.

Bei der gestellten Frage wurde darum bewußt auf eine klare Abgrenzung desjenigen Kreises, der Ideale und Vorbilder hat, von dem, der angeblich keine besitzt, verzichtet. Mit einer gewissen Suggestion: „Jeder von uns hat so etwas wie ein Vorbild. Wem möchten Sie ungefähr am liebsten gleichen?" wurde aber versucht, den Jugendlichen die Antwort zu erleichtern." (Emnid 1955, 41f)

In unserer Vorerhebung folgten wir der suggestiven Frageformulierung. Wir erwarteten mit gutem Grund, daß die psychologischen Vorbehalte der Befragten gegen offen ausgesprochene „Vorbilder" in den letzten Jahren gewachsen sind. Die Ergebnisse bestätigen die Vermutung (Tabelle 48).

Die Zahl der Jugendlichen, die sich auf die Vorbild-Frage einläßt, hat 1984 gegenüber 1953/54 um gut 20 Prozentpunkte abgenommen. Erwachsene '84 geben nur zu 29% Vorbilder an und zu. Dieser Anteil ist etwas geringer als unter heutigen Jugendlichen und liegt deutlich, um 30%, unter den Angaben aus ihrer Jugendzeit.

Die Erwachsenen wurden in der Vorerhebung auch um eine Rückerinnerung an 1954 gebeten, also die Zeit, zu der sie zwischen 15 und 24 Jahre alt waren. Die Rückerinnerung deckt sich recht gut mit den Angaben dieser Altersgeneration 1953/54. Das gilt in zahlenmäßiger Hinsicht: 51% der befragten Erwachsenen erinnern sich an jugendliche Vorbilder — unter den Jugendlichen '54/54 waren es 59 bzw. 60%. Recht genau werden aber auch die seinerzeit ausgewiesenen Vorbilder durch die Rückerinnerung bestätigt. Die Prozentangaben zu den einzelnen Kategorien von Vorbildern stimmen in beiden Befragungen weitgehend überein.

In der Haupterhebung folgten wir der dritten Jugendstudie von '55, in der neutral gefragt wurde: „Hast Du ein Vorbild, dem Du ungefähr gleichen möchtest?" (Fröhner 1956, S. 33ff; S. 157ff) (Tabelle 49).

Tab. 49: „Hast Du ein Vorbild, dem Du ungefähr gleichen möchtest? (Falls ja: wer ist das?) (offene Antwortmöglichkeit) — Angaben in % —

		Jugendliche 1955 (15-24 J.) (n = 1464)	Jugendliche 1984 (15-24 J.) (n = 1472)
	Ja	**44**	19
	Nein	56	81
		100	100
(falls ja)	**„Vorbilder aus dem engeren Lebenskreis"**	**75**	51
	darunter:		
	Familie, Verwandtschaft, Schul-,	(45)	(31)
	Berufs- und Bekanntenkreis	(30)	(20)
	„Vorbilder aus Geschichte und Gegenwart"	23	**46**
	Sonstige Persönlichkeiten (Sonstige Angaben '84)	2	7
		100	104
		(n = 483)	(n = 286)

Quelle: Fröhner 1956, 157; Jugendliche u. Erwachsene '85 Fragen 25, 25a — eigene Erhebungen —

Der Vergleich der Befragungen von 1955 und 1984 belegt — ebenso wie der vorangegangene Vergleich im Rahmen der Vorerhebung —, daß Jugendliche heute weniger häufig Vorbilder haben, zu denen sie sich im Rahmen eines Interviews bekennen. (Ergänzend sei mitgeteilt, daß die alters- und geschlechtsspezifischen Antworttendenzen 1955 und 1984 fast gleich ausfallen. Jungen und Mädchen bekennen sich etwa gleich häufig zu einem Vorbild. Zwischen dem 15. und 24. Lebensjahr nimmt der Prozentanteil der Befragten mit Vorbild etwas — um 10 Prozentpunkte — ab.

Wie oben demonstriert, läßt sich dieser Bedeutungsverlust nicht auf eine Verschiebung der Semantik zurückführen. In dem Sinne etwa, daß der Begriff des ,,Vorbildes" für den heutigen Sprachgebrauch (noch) mehr veraltet sei, als er dies für die 50er Jahre (ohnehin) war. Zu kurz greift auch eine Interpretation, die in dem Ergebnis eine Bestätigung für die kulturkritische Einschätzung sieht, daß die Jüngeren heutzutage keine Vorbilder mehr hätten. Alles deutet darauf hin, daß wir es mit einem komplizierten Trend zunehmender Tabuisierung zu tun haben. Ein persönliches Vorbild zu haben, mit dem man sich bruchlos identifiziert, genügt offenbar heutigen Standards der Individuierung im Jugendalter nicht (mehr). Kulturell legitim ist ein solches Ausdrucksmittel allenfalls noch für die Allerjüngsten, wobei als Tendenz festzuhalten ist, daß entsprechende Identifizierungen in den letzten Jahrzehnten vermehrt in der Kinderkultur angesiedelt sind. 1981 beispielsweise ergab eine Serie biografischer Interviews unter Jugendlichen, daß die Identifikation mit Sport-Idolen um das 10. Lebensjahr, Schwärmerei für Lieblingstiere um das 12. Jahr, die Fan-Kultur von Popmusikern um das 12. und 13. Lebensjahr ihre Höhepunkte erreicht — wobei individuelle Schwankungen um mehrere Jahre zu berücksichtigen sind (Zinnecker 1983, 158ff). Im Jugendalter gilt dagegen bereits als Norm, sich auf andere Personen vorwiegend zur Abgrenzung und Profilierung der eigenen Persönlichkeit zu beziehen. Mit anderen Worten: Wir lesen das Ergebnis als Hinweis auf die voranschreitende Individualisierung und Biografisierung dieses Lebensabschnittes (Fuchs 1983).

Über das kulturelle Verbot, jemanden zu kopieren

Wir können die vorgeschlagene Interpretationsrichtung mithilfe einer Zuatzfrage untermauern, in der die Jugendlichen danach gefragt wurden, warum sie jegliches Vorbild für sich ablehnen. Die Frage nach Begründungen ist mindestens gleich aufschlußreich wie die direkte inhaltiche Frage. Wir nahmen sie in die Haupterhebung auf, weil wir — wie sich herausstellte zu recht — erwarteten, daß die weit überwiegende Mehrheit der Jugendlichen es ablehnen würde, sich positiv auf ein persönliches Vorbild zu beziehen. Welche Begründung geben die 81 % der befragten Jugendlichen dafür an, daß sie Vorbilder für sich selbst ablehnen? (Tabelle 50) (Vorab sei darauf hingewiesen, daß die Antworten der verschiedenen Alters- und Geschlechtsgruppen sehr ähnlich ausfielen und daher im folgenden vernachlässigt werden können.) Vergleiche zu den 50er Jahren sind bei dieser Frage leider nicht möglich, da die Emnid-Forscher seinerzeit keine entsprechende Nachfrage stellten (Fischer/Fuchs/Zinnecker 1985, Bd. 5, 184).

Die Art der Begründungen verdeutlicht, wie stark der Kontrast zwischen dem Bekenntnis zu persönlichen Vorbildern und den Postulaten jugendlicher Identitätsbildung empfunden wird. Persönliche Vorbilder stellen in den Augen der meisten die Ideale der Individualisierung und der Entwicklung einer ausgewiesenen Identität direkt in Frage. Das moderne Ich-Ideal bedeutet den Jugendlichen, sie sollen sie selbst sein, unverwechselbar und einmalig in Gegenwart und Zukunft. Das geht mit dem Verbot einher, dieses Ideal in irgendeiner Weise zu personifizieren. Personifizierungen entsprechen allenfalls dem kindlichen Ich. Jugendliche sind — wie Erwachsene — zur synthetisierenden Tätigkeit angehalten: Was bedeutet, die eigenen Ideale von konkreten Personen abzulösen. Alle häufig angeführten Begründungen (Nr. 1 — 4) beziehen sich auf diese individuierende Tätigkeit, die zwar persönliche Vorbilder tabuisiert, jugendliche Idealbildung jedoch grundsätzlich bejaht. Nur eine Minderheit von Jugendlichen bezieht sich kritisch auf Idealbildung überhaupt (Nr. 6 — 8). Selbstgenügsamkeit der Person oder allgemeine Einwände gegen Idealbildung werden Mitte der 80er Jahre nur von wenigen vertreten. Das ist als deutlicher Hinweis auf die Ansprüche zu werten, denen sich die gegenwärtige Jugendgeneration aussetzt bzw. ausgesetzt sieht: Individuierung und Identitätsbildung gehören zu den wie selbstverständlich zugrundegelegten Anspruchsmustern dieser Lebensphase. Der Gedanke liegt nahe, daß das Anspruchsniveau im Hinblick auf diese Entwicklungsaufgabe in den letzten Jahrzehnten zugenommen hat. Leider liegt die direkte Vergleichsfrage aus den 50er Jahren nicht vor.

Medienbekannte statt Pädagogen als Bezugspersonen

Wie die Tabellen 49 und 51 demonstrieren, hat eine Verschiebung der Vorbildfiguren vom sozialen Nah- auf den Fernraum stattgefunden. Personen des privaten Bekanntenkreises werden in den 80er Jahren seltener als Vorbilder genannt. Dafür haben medienöffentliche Persönlichkeiten relativ (!) an Bedeutung zugenommen. Das gilt in erster Linie für die Stars aus dem Bereich von Freizeit- und Jugendkultur, für Sport- und Musikidole beispielsweise. Der Bedeutungsverfall von Vorbildern aus dem persönlichen Nahbereich trifft

Tab. 50: ,,Warum hast Du kein Vorbild?" (An Jugendliche, die kein Vorbild angaben; offen; Mehrfachnennungen) — Angaben in % —

1.	Identitätsgedanke	Ich will (man soll...) ,,ich selbst" sein; will Person mit eigenem Charakter sein; jeder Mensch ist anders	23
2.	Verbot Personifizierung/Synthese des Ideals/Vorbilder passen nicht	Ideale lassen sich nicht personifizieren; bestimmte Eigenschaften/Werte als Vorbild — aber keine Person; Suche mir Vorzüge von verschiedenen Personen; Anregungen bei unterschiedlichen Menschen; die vorhandenen Vorbilder gefallen mir nicht; kein Vorbild ist so, wie ich es möchte	17
3.	Selbstbestimmung gegen Bevormundung	Ich benötige niemanden (man soll...), der mir sagt, was gut oder schlecht ist; will allein bestimmen, wie ich lebe; will leben, wie es mir gefällt	16
4.	Zukunftsentwicklung	Ich will (man soll...) mich selbst verwirklichen; ich will eigenes Leben entwickeln	12
5.	Kopierverbot	Ich will (man soll...) niemanden nachmachen/kopieren; will niemandem total gleichen; will nicht sein/werden wie andere	9
6.	Gegen Idealbildung	Aus prinzipiellen Gründen gegen Ideal-Bildung	7
7.	Kritik der Personen	Es gibt keine perfekten Vorbilder; alle haben auch Fehler	6
8.	Selbstgenügsamkeit	Ich bin (man soll...) mit mir zufrieden; will so bleiben, wie ich bin; finde mich gut so	4
	Sonstiges	(nicht binden; Vorbilder nicht erreichbar)	2
	Keine Angaben	(nicht darüber nachgedacht)	9
		Summe der Nennungen	105
		Teilgesamt	(n = 1186)

Tab. 51: Wer ist das Vorbild? — Angaben in % —

Nur Jugendliche, die angeben, ein Vorbild zu haben	Jugendliche '55 (15-24 J.) (n = 644)	Jugendliche '84 (15-24 J.) (n = 286)	
I. Nahbereich			
Mutter	**16**	7	
Vater	**18**	12	
Verwandte	9	10	
Eltern	2	2	
Vorgesetzte	**18**	2	
Lehrer	2	4	
Bekannte	} 9	6	} **14**
Freunde		8	
II. Fernbereich			
Filmschauspieler	} 9	8	} **19**
Künstler (1984: Musiker, Sänger)		11	
Wissenschaftler	} 5	2	} 3
Techniker		—	
Wirtschaftler		1	
Sportler	2	**13**	
Politiker	2	2	
Religiöse Persönlichkeiten	} 2	5	} **7**
Humane Persönlichkeiten		2	
Feldherren, Soldaten	2	0	
Berühmte Frauen	0	1	
Sonstige Persönlichkeiten (andere Nennungen; k. A. '84)	3	7	
	99	103	

am stärksten die Pädagogen. In den 50er Jahren stehen Mutter, Vater oder Vorgesetzte noch an der Spitze der von Jugendlichen zitierten Vorbilder. Schlüsseln wir die elterlichen Vorbilder nach Geschlecht auf, so wird deutlich, daß es bei Jungen die Väter und bei Mädchen die Mütter sind, denen entsprechende Rollen verlorengingen.

Von allen befragten Jugendlichen nennen als Vorbild …

	Jugend '55 Jungen	Jugend '55 Mädchen	Jugend '84 Jungen	Jugend '84 Mädchen
Mutter	1 %	19 %	0 %	2 %
Vater	11 %	2 %	4 %	1 %

Mitte der 80er Jahre zeichnet sich als Tendenz ab, daß persönliche Bekannte und Freunde deren Stelle einnehmen — ein neuerlicher Hinweis auf die gestiegene Bedeutung der Gleichaltrigengesellschaft für jugendliche Sozialisation.

Eine Umorientierung von pädagogischen Nah- auf medienöffentliche Personen der Ferne ist insbesondere bei den Jüngsten unter den Befragten zu konstatieren. Für sie sind Sportler und Musiker/Sänger die neuen Bezugsgrößen für Ich-Ideale oder ideale Partnerfiguren. Bei den älteren Jugendlichen nehmen große humane Persönlichkeiten eine entsprechende Position ein. Insofern ist die besorgte Frage von Eltern und Medien nicht ganz unberechtigt, die in regelmäßiger Abfolge die Sorge aktualisieren, ob die heutige Jugendgeneration überhaupt noch Vorbilder — und das heißt hier: pädagogische Bezugspersonen als Vorbilder — habe.

Damals wie heute ist die Bereitschaft, sich zu einem Vorbild zu bekennen, unabhängig von der Schulbidlung der Jugendlichen. Vorbilder werden bei Hauptschul-, Mittelschul- oder Gymnasialbildung gleich häufig bejaht. Unterschiede finden wir bei der Art von Vorbildern. Sowohl für die 50er wie für die 80er Jahre gilt:

— Je geringer die Schulbildung, um so häufiger wählen Jugendliche Vorbilder aus dem Freundes-, Bekannten- und Verwandtenkreis;
— Je qualifizierter die Schulbildung, um so häufiger werden die Vorbilder aus dem Umkreis der gesellschaftlich legitimen (Hoch-)kultur gewählt: Wissenschaftler, Techniker, Politiker, religiöse und humane Persönlichkeiten.

Verändert hat sich die Bezugnahme auf die Idole der Massenkultur. In den 50er Jahren beziehen sich in erster Linie Jugendliche mit Volksschulbildung auf populäre Film- und Sportstars. In den 80er Jahren hat sich Jugend- und Popularkultur über die Bildungsklassen hinweg verbreitert. Jugendliche mit Gymnasialbildung beziehen sich ebenso häufig wie Jugendliche mit Hauptschulbesuch auf die Idole aus der Film-, Musik- und Sportwelt. (Die Vergleiche beziehen sich auf die Umfrage 1954; auf einen Zahlennachweis im Detail wird hier verzichtet.)

Aus den Ergebnissen der quantitativen Vorerhebung wissen wir im übrigen, daß die Umorientierung auf medienvermittelte Personen der Fernwelt nicht auf die Jugendgeneration der 80er Jahre beschränkt ist. Auch die befragten Erwachsenen haben eine solche Kehrtwendung mitvollzogen. Erwachsene heute beziehen sich mehr auf Vorbilder aus dem sozialen Fernraum als sie dies zur Zeit ihrer Jugend in den 50er Jahren taten. Das versperrt uns den Weg in Richtung ausschließlich jugendspezifischer Deutungen. Vielmehr legt die Verschiebung der Vorbildfunktionen von gesellschaftlichen Nahräumen in Richtung medienvermittelte ferne Handlungsräume eine zivilisationsgeschichtliche Interpretation nahe. Bilder des idealen Ichs — denn darum handelt es sich ja vornehmlich bei der Vorbildfrage — sind heute weniger als in den 50er Jahren im direkten lebensweltlichen Handlungsraum angesiedelt. Ich-Ideale und Vorstellungen idealer Lebensläufe werden statt dessen im Medium öffentlich propagierter Persönlichkeiten und Markt-Images produziert.

Alte und neue Idole

In der Wahl der Idole spiegelt sich die Entwicklung und Bedeutungsverschiebung einzelner Bereiche populärer (Jugend-)kultur. In den 50er Jahren stehen die Stars aus der Filmszene im Vordergrund jugendlicher Fankultur. In den 80er Jahren haben öffentliche Bekannte aus der kommerziellen Musik- und Sportszene den Schauspielern den Rang abgelaufen.

In den 50er Jahren waren es vor allem die Mädchen, die sich Filmschauspielerinnen zum Vorbild nahmen. Dazu gehörten weibliche Filmstars wie Sonja Ziemann, Ingrid Bergmann, Marika Rökk, Hildegard Knef, Maria Schell, Hannerl Matz, Luise Ullrich, Audrey Hepburn, Gertrud Kückelmann, Eva Bartok. Für Jungen spielten männliche Filmhelden keine vergleichbare Rolle. Mitte der 80er Jahre hat die Filmindustrie als Produktionsstätte weiblicher Idealfiguren an Bedeutung verloren. Jetzt sind es sogar Jungen, die häufiger auf Filmhelden verweisen. Es fallen Namen wie Humphrey Bogart, James Dean, Clint Eastwood, Django, A. Schwarzenegger, Sylvester Stallone, Bruce Lee u.a.

Die Stelle der Filmindustrie nimmt z.T. die Musikindustrie wahr — insbesondere für die weiblichen Fans. Als neue Kategorie der 80er Jahre tauchen Popsänger, Liedermacher, Musiker und Komponisten auf — eine Kategorie von Vorbild, die in den Jugendstudien der 50er Jahre gar nicht eigens erwähnt wird. Der Anteil der Mädchen, die hier ihre Vorbilder ansiedeln, übersteigt den entsprechenden Jungenanteil deutlich. 14 % der Mädchen- gegenüber 6 % der Jungenvorbilder beziehen sich 1984 auf die jugendkulturelle Musikszene. Die Unterschiede sind bei den 15-17jährigen am größten (Mädchen: 22 %; Jungen 4 %).

Einen sehr klaren Bedeutungszuwachs haben Sportler als Vorbilder zu verzeichnen. 1955 beziehen sich nur 2 %, 1984 immerhin 13 % aller Vorbildwahlen auf diese Kategorie. Damals wie heute sind Sportler eine Vorbildfigur für männliche Jugendliche. Mitte der 80er Jahre begeistern sich in erster Linie die jüngsten Befragten, die 15-17jährigen, an diesen Idealen. In den folgenden Lebensjahren geht die Nennung von Sportlern bei Jungen wie bei Mädchen sehr deutlich zurück. In den 50er Jahren finden wir die Altersabhängigkeit von Sportidolen weniger ausgeprägt. Von allen genannten Vorbildern entfallen auf Sportler (nur Jungen) ...

	1954	1984
15-17jährige	19 %	33 %
18-20jährige	14 %	19 %
21-24jährige	10 %	6 %

Jugendliche Sportidole 1953-1955 (Auswahl)

Fritz Walter — Max Schmeling — Heinz Fütterer — Schorsch Meier — Sepp Herberger — Gottfried von Cramm — Fangio — Gundi Busch — Nurmi — Wolf Hirth — Lydia Veicht — Fleischmann — Werner Haas — Herbert Schade — Heinz Neuhaus — Helmut Banz — Toni Brutscher — Posipal — Hermann Buhl — Zatopek — Otmar Walter — ein guter Oberligaspieler — Dickhut — Rosemeyer — Carraciola — Christel Cranz — Jahn

Jugendliche Sportidole 1984 (Auswahl)

Karl-Heinz Rummenigge - Erhardt Wunderlich (Handball) — Michael Harforth (KSC) — Bernd Schuster — Fußballspieler Matthäus — Herget (Sportler) — Basketball-Sportler — Handballstar — Michael Groß — Guilermo Vilas — Schachspieler Fischer — Franz Beckenbauer — Hans-Günter Winkler — Renè Weller — Handballnationalspieler — ein Sportler — Paul Breitner — aber nur in sportlicher Hinsicht — Ivan Lendl — W. Hannes — Maradonna — der beste Fußballspieler, den es gibt — Norbert Schramm — Renate Riek — gute Volleyballstellerin — Chris Evert-Lloyd — usw.

Bei den 15-17jährigen ergibt sich somit eine geschlechtsspezifisch segregierte Vorbildwahl. Während die Jungen sich am Leistungssport und dessen Idolen ausrichten, beziehen sich Mädchen in erster Linie auf die jugendkulturelle Musikszene. Diese Polarisierung gilt für die 80er Jahre. In den 50er Jahren finden jüngere Mädchen in der Welt des Films ihren spezifischen Traum- und Idealisierungsort.

Die Minderheit der Jugendlichen, die sich auf ,,religiöse und humane Persönlichkeiten" — so die Kategorie der Emnid-Studien — bezieht, ist nicht geringer, sondern eher größer geworden (7% gegenüber 2% der Vorbildwahlen). Wie eine Aufstellung wiederholt genannter Vorbilder in diesem Bereich belegt, gibt es durchaus eine gewisse Kontinuität der angeführten (historischen) Persönlichkeiten.

,,Religiöse und humane Persönlichkeiten"

1953-1955

Jesus Christus — Albert Schweitzer — Mahatma Gandhi — Kolping — Bodelschwingh — Luther — Franz von Assisi — der heilige Bonifatius — heilige Elisabeth — Speckpater — Berta von Suttner — Elsa Brandström usw.

1984

Jesus Christus — Albert Schweitzer — Mahatma Gandhi — Indhira Ghandi — Bhagwhan — Martin Luther King — Widerstandskämpfer im 3. Reich — Angela Davis — Pfarrer — usw.

Bewunderte Eigenschaften

Mit der Bedeutungsverlagerung vom nahen zum (räumlich) fernen Vorbild geht ein entsprechender Wandel der thematisierten Eigenschaften der Vorbilder einher, wie wir anhand der Nachfrage (,,Warum ist jemand ein Vorbild?") feststellen können. Vorbilder aus der unmittelbaren Lebenswelt zeichneten sich vielfach durch Haltung und Charakter, durch die Identifikation mit deren menschlichen Werten aus. Die neuen medienöffentlichen Persönlichkeiten regen dagegen an, spezifische Leistungen und meßbare Lebenserfolge zu thematisieren (Tabelle 52).

Bei allen drei Gruppen von Medienbekannten — Schaupieler, Sportler, Musiker — schätzen jugendliche Anhänger 1984 besonders die Erfolge und die Durchsetzungskraft im Beruf. Insbesondere Sportler stellen für ihre Fans so etwas wie die Inkarnation von Leistung und Erfolg dar — auch Reichtum wird mit diesen Stars assoziiert. Sänger und Liedermacher sind darüber hinaus Träger eines nachahmenswerten Lebensstils — verknüpft mit erotisch-ästhetischen Qualitäten. Bei Schauspielern fällt der Aspekt der Meisterung kritischer Handlungsstituationen ins Auge — ihnen wird insbesondere Lockerheit und Coolness zugeschrieben. Als Träger einer guten Lebensauffassung fallen drei Gruppen von Vorbildern ins Auge. Neben den Sängern und Liedermachern sind es — diesmal aus dem Nahbereich — Verwandte auf der einen und Freunde auf der anderen Seite. An ihnen entwickeln manche Jugendliche ihre eigene Vorstellung von einem richtigen Lebensstil. (Zu diesen Mehrmalszuschreibungen ist einschränkend zu sagen, daß sie sich nur auf kleine Fallzahlen stützen.)

Tab. 52: Gründe für die Wahl eines Vorbildes (an die Befragen, die ein Vorbild nannten) — Angaben in % —

	Jugend '55 (n = 644)	Jugend '84 (n = 286)
Haltung und Charakter	35	**54**
Können und Wissen	22	17
Sympathiekundgabe (Bewunderung/Identifikation)	17	25
Leistung und Erfolg (Beruf; Sport)	12	**24**
Äußere Merkmale (Schönheit; Reichtum)	6	8
Sonstige Begründungen	1	7
Keine Angaben	7	1
(Mehrfachantworten möglich)	100	**136**

Fragetext: 1955 ,,Warum haben Sie sich dieses Vorbild gewählt?" (offene Antwortmöglichkeit)
1984 ,,Warum ist das für Dich ein Vorbild? (o. A.)

Beispiele bewunderter Eigenschaften (Jugend '84)

- Mein Bruder: Er hat unheimlich viel erreicht. Seine Lebensweise ist absolut leger, aber gut durchdacht. Er hat sehr viele Freunde. Er läßt sich aber nicht fesseln.
- Mick Jagger von den Rolling Stones:
  Der macht, was er will, und der hat genug Geld und ne tolle Frau.
- Charlotte Pekins Gilman: Sie war Schriftstellerin und hat sich völlig aus ihrer Zeit und von den Männern befreit.
- Chris Evert-Llloyd: Weil sie gut Tennis spielt und nett aussieht.
- ,,Lucy" von Dallas: Ihre Lebenseinstellung imponiert mir.
- John Wayne: Durchsetzungskraft; Waffenumgang; Überlebenswille; Risikobereitschaft.
- Humphrey Bogart: Ein ganzer Kerl; risikobereit; sorgt selbst für Gerechtigkeit; hat den Mut, etwas zu ändern.
- Limahl (Rock-Pop Sänger): Weil er super aussieht; weil er gute Musik macht, tolle Klamotten anhat.
- Jesus Christus: Ist der einzige Mensch, der es 'gepackt' hat.
- Karl-Heinz Förster: 1. Gutes Leben. 2. Weil ich auch so Fußball spielen können will. 3. Weil ich alles machen will, was ich will.
- Bruce Lee; Arnold Schwarzenegger: Wegen der Körperform und dem Können.
- meine Patentante: Sie ist offen, ehrlich, hat ein tolles Zuhause, hat liebe Kinder und einen tollen Mann.
- Ivan Lendl: Große Persönlichkeit, viel Selbstbeherrschung, große Ausstrahlung.

— Renè Weller: 1. Wegen der Figur. 2. Wegen seiner Arroganz. 3. Wegen seiner Kampfkraft. 4. Wegen der Lebenseinstellung.
— Marius Müller-Westernhagen/Udo Lindenberg: Weil sie ihre Meinung grundsätzlich vertreten; weil sie cool sind.

Die inhaltlichen Bestimmungen und Begrifflichkeiten, mit denen vorbildliche Haltung und vorbildlicher Charakter gekennzeichnet werden, haben sich in den drei Jahrzehnten verschoben. 1955 beziehen sich die Jugendlichen je zur Hälfte auf

— Güte, Ausgeglichenheit, Humor;
— Anständigkeit, Gerechtigkeit, Kameradschaftlichkeit.

1984 wiederholen einige, wenngleich deutlich weniger Jugendliche diese tradierten Werte. Auf Haltung und Charakter der Vorbilder wird jedoch mehrheitlich in modernisierter und sprachlich ausdifferenzierter Weise verwiesen:

— eigenständig, selbstbewußt, frei, emanzipiert
— gute Lebensauffassung, sinnvolles, erfülltes Leben
— aufgeschlossen, ehrlich, offen
— natürlich, ohne Allüren
— soziales, politisches Engagement für Menschheit
— locker, lässig, cool
— aktiv, unternehmungslustig

Mit der Kategorie „Leistung und Erfolg" wird in erster Linie der berufliche Erfolg, in zweiter Linie die sportliche Leistung gekennzeichnet. Die Bezugnahme hierauf erfolgt 1984 häufiger als in den 50er Jahren (24 % zu 12 %).

Gewisse Unterschiede bei der Begründung von Vorbild-Wahlen zwischen Jungen und Mädchen sind über die Zeit konstsant geblieben. Für die 50er wie für die 80er Jahre gilt: Weibliche Jugendliche betonen häufiger Haltung und Charakter der Vorbilder. Das bezieht sich auf harmonisierende Eigenschaften wie Güte, Ausgeglichenheit. In den 80er Jahren kommt die weibliche Betonung von Eigenständigkeit und Selbständigkeit bei den Vorbildern hinzu. Sodann bringen Mädchen, damals wie heute, ihre unmittelbare Bewunderung und Identifikation mit den Idealpersonen zum Ausdruck. Jungen dagegen legten und legen häufiger Gewicht auf berufliche oder sportliche Leistungen und Erfolge. Letzterem entspricht bei Mädchen die Betonung des äußeren Merkmals: körperliche Schönheit. Die geschlechtsspezifischen Unterschiede treten am klarsten bei den

Jüngeren zutage (15-17jährige). Ältere Jugendliche (21-24jährige) werten — unabhängig von der Geschlechtszugehörigkeit — „innere" Merkmale der Persönlichkeit (Haltung und Charakter) positiver. „Äußerlichkeiten" wie Schönheit oder Berufserfolg sind seltener im Blickpunkt.

Die unterschiedlichen Gewichte, die männliche und weibliche Jugendliche legen, sind nicht unabhängig von den gewählten Vorbildern zu würdigen. Bei den Jungen sind dies ja häufiger Sportler, Wissenschaftler, Techniker, Wirtschaftsgrößen, Politiker bzw. auch der Vater; bei Mädchen stehen dagegen Bekannte, Freunde und die Mutter im Vordergrund (Fischer, Fuchs, Zinnecker 1986, Bd. 5, 182ff.).

Dritter Teil
Resumee

Jugend und Jugendkultur im gesellschaftlichen Wandel

Abschließend sei versucht, die in diesem Buch untersuchten Entwicklungstendenzen von Jugend und Jugendkultur zu bilanzieren. Welcher Zusammenhang besteht mit dem allgemeinen Prozeß gesellschaftlichen Wandels in den kapitalistischen Industriegesellschaften? Nach welchen Gesetzmäßigkeiten ändert sich die Lebensphase Jugend und wie sind die Veränderungen zu beurteilen? Anhaltspunkte für unsere Analyse bieten Überlegungen zum historischen Übergang des gesellschaftlichen Lebens in einen „Dienstleistungskapitalismus" seit Mitte des 20. Jahrhunderts. Dabei konzentrieren wir unsere Deutungen auf die Frage, welche neuartigen Formen sozialer Kontrolle von Jugend sich unter diesen Bedingungen entwickelt haben und wie sich gesellschaftliches Ansehen und Gewicht der einzelnen Lebensphasen in den letzten Jahrzehnten wandelten. Unsere Hoffnung und unser Anspruch ist, aus dieser Perspektive zu einer theoretisch gehaltvollen und empirisch gestützten Einschätzung der Geschichte und Äußerungsformen von Jugend und Jugendkultur seit den fünfziger Jahren zu gelangen.

Ein zentrales Merkmal gesellschaftlichen Wandels der letzten Jahrzehnte ist der Übergang der arbeitsintensiven Industriegesellschaft in eine konsumintensive Dienstleistungsgesellschaft. Wie grundlegend diese Transformation ist und wie sie gesellschaftspolitisch gesteuert oder bewertet werden soll, ist bekanntlich kontrovers (Gartner/Riessman 1978; Gershuny 1981; Joerges 1981; Matthes 1983; Groß 1983).

Die Kontroverse kann hier nicht unser Thema sein. Wir wollen uns mit der eingegrenzteren Frage beschäftigen, welche Auswirkung dieser Prozeß auf die Jugendphase zeitigt. Dabei sollten wir uns darüber klar sein, daß auf der einen Seite alle sozialen Altersgruppen gleichermaßen von diesen sozioökonomischen und — damit verbunden — psychosozialen Umwälzungen betroffen sind, daß diese Veränderungen gleichwohl für Jugendliche etwas Spezifisches im Vergleich etwa zu Erwachsenen beinhalten. Die doppelseitige Betrachtungsweise ist für alle Bereiche von Nutzen, die in diesem Zusammenhang ins Auge zu fassen sind: Ob es sich um Arbeit als Mangelware; um den wachsenden Markt der Konsumgüter und Dienstleistungen; um neuartige Zwänge der Konsumarbeit; um die Konkurrenz von Arbeit und Freizeit als sinnstiftende Instanzen für die Biografie oder um andere Fragen handelt.

In gewisser Hinsicht erfahren die Jüngeren manche Entwicklungen in Richtung postindustrielle Dienstleistungs- und Konsumgesellschaft in ihrem Alltag eher und intensiver als die Älteren. So erleben sie beispielsweise seit fast einem Jahrzehnt eine kollektive Entwertung ihrer Arbeitskraft als Generations-Geschick. Die als dramatisch zu bezeichnende — und historisch bis auf weiteres irreversible — Freisetzung jugendlicher Arbeit aus dem Arbeitsprozeß ist der historisch vorangegangenen Entwertung kindlicher Arbeitskraft vergleichbar — ein Vorgang, der vor fast einem Jahrhundert seinen vorläufigen Abschluß fand. Wie im Fall der Kinder geht die ökonomische Entwertung dieser Altersphase mit deren psychosozialer und soziokultureller Aufwertung einher. „Jugend" als Wert folgt „Kindheit" als kulturell geschätztem Gut historisch nach.

Wechsel der sozialen Kontrolle

Wir können den sozialen Wandel, dem die Lebensphase Jugend seit Mitte des Jahrhunderts unterliegt, anhand der Institutionen beschreiben, die diesen Lebensabschnitt sozial kontrollieren. Als Leitlinie sozialen Wandels nimmt Jugendforschung traditionellerweise die Entwicklung von erwachsener Fremd- zu jugendlicher Eigenkontrolle. Damit wird ein Aspekt in den Vordergrund gestellt, für den sich gewiß beachtenswerte Belege aufführen lassen. Unsere eigene Vergleichsuntersuchung trägt Material dazu bei. Es ist verständlich, daß diese Entwicklungslinie im Mittelpunkt des Interesses steht. Die Vision einer Gesellschaft der Altersgleichen, die sich in Eigenregie sozialisiert, weckt Ängste und Hoffnungen, steht an der Schnittstelle der Beziehungen zwischen den Generationen. Gleichwohl verdeckt diese einseitige Aufmerksamkeit einen weiteren gravierenden Wandel der Lebensphase Jugend: Zwischen fünfziger und achtziger Jahren findet innerhalb der Erwachsenen-Institutionen selbst ein Wechsel der sozialen Kontrollinstanzen statt. Institutionen, die ehedem für Jugend allein oder in Kooperation mit anderen zuständig waren, werden durch neue Kontrolleinrichtungen abgelöst.
Mit dem Wechsel der kontrollierenden Instanzen sind neuartige Handlungsmöglichkeiten für Jugendliche verbunden, während ältere Ausdrucksweisen von Jugend sich historisch überleben. So lassen sich aktuelle jugendkulturelle Äußerungsformen direkt auf die gewandelte Konfiguration sozialer Kontrolle rückbeziehen. Ebenso sollten wir ins Auge fassen, daß der Eindruck, Gleichaltrige übernähmen Sozialisation in Eigenregie, durch die geänderten Modi der Kontrolle seitens der Erwachsenengesellschaft — wenigstens teilweise — mit hervorgerufen wird.

Der Wechsel des Kontrollparadigmas läßt sich am Beispiel des schwindenden Einflusses traditioneller Sozialmilieus ablesen. Kirchliche oder nachbarschaftliche Bindungen verlieren an Bedeutung. Vielleicht noch einschneidender: Jugend wird der Kontrolle der Arbeitsorganisationen entzogen. Auf der historischen „Gewinner"seite finden wir pädagogische Experten und Bildungseinrichtungen (Schulen, Hochschulen, Institutionen der Ausbildung) auf der einen und Medien- und Freizeitindustrie auf der anderen Seite. (Eine Mittelstellung nimmt die Familie ein, wo sich Verlust und Zugewinn an Bedeutung als Kontrollinstanz die Waage zu halten scheinen.) Die angeführten institutionellen Bezüge wandeln sich gesamtgesellschaftlich, nicht nur für die Lebensphase Jugend. Sie stehen u.a. im historischen Kontext des Übergangs zur industriekapitalistischen Dienstleistungsgesellschaft seit Mitte des Jahrhunderts. Die Aufgabe einer Jugendtheorie muß sein, die besondere Bedeutung herauszustellen, die dem gesamtgesellschaftlich wirkenden und alle Altersgruppen treffenden sozialen Wandel des Kontrollparadigmas für die Lebensphase Jugend zukommt.

Bevor wir den Wechsel der Konfigurationen sozialer Kontrolle an ausgewählten Ergebnissen der eigenen Vergleichsuntersuchung verdeutlichen, sei ein kurzer Exkurs zur Besonderheit sozialer Kontrolle im Jugendalter zwischengeschaltet. Die Lebensphase Jugend ist durch eine Abfolge von Statuspassagen gekennzeichnet, die in Engführung zueinander stehen. Das heißt, innerhalb kurzer Zeit, mehr oder weniger parallel, müssen Statuspassagen bewältigt werden. Die Passagen sind institutionell inszeniert und kontrolliert. Je unterschiedliche Institutionen mit je eigenen Regeln sind für eine jede Passage zuständig. Institutionelle Kontrolle heißt in diesem Lebensabschnitt in erster Linie: Kontrolle von Statuspassagen.
Die Institutionen sind Teil gesellschaftlicher Herrchaft über Jugend. Stellt sich die Frage: Mit Hilfe welcher Mittel oder Mechanismen wird diese Herrschaft ausgeübt? Jedem Typus von Institution sind spezifische Kontrollmodi zu eigen. Mit einem Wechsel der kontrollierenden Institutionen wird die Art der Herrschaftsausübung gegenüber Jugend gleichfalls verändert. Die Herrschaftsbeziehung der Institutionen gegenüber Jugend ist allerdings nicht einseitig. Institutionen und ihre Klientel, die Jugendlichen, stehen in einem wechselseitigen Abhängigkeitsverhältnis zueinander. Die Machtbalance zwischen beiden Parteien ist eine historisch auszuhandelnde Kampflinie, die sich von Jugendgeneration zu Jugendgeneration verändert. Jugendliche üben — ohne „gleichberechtigt" zu sein — Gegenmacht aus, veranlassen die Institutionen zu bestimmten Kompromissen. Je nach Art der institutionellen Herrschaft entwickeln Jugendliche spezifische Weisen der Selbstbehauptung und des Arrangements mit den Institutionen. Damit begünstigen unterschiedliche Institutionen je eigene Ausdrucksweisen (sub)kultureller Lebens in der jugendlichen Gleichaltrigengesellschaft. Die historische Konfiguration von Institutionen, auf die bezogen Jugendliche Statuspassagen durchleben, eignet sich folglich dazu, Kultur und Lebenswelt von Jugend einer Epoche zu kennzeichnen.

Von der Arbeit in die Schule

In den fünfziger Jahren ist die Lebensphase Jugend durch Arbeit gekennzeichnet. Jugend beginnt da, wo für die meisten (rd. 80 %) die (Pflicht-)Schulzeit endet, also mit 14 Jahren — so die Definition der Jugendforscher. Aufgabe des Jugendalters ist entsprechend, arbeiten zu lernen: sei es als Mithelfender in der Familienwirtschaft, als Un- und Angelernter oder als Lehrling. Jugend der achtziger Jahre ist dadurch gekennzeichnet, daß die Erfahrung von Arbeit für die meisten noch in der Zukunft liegt.

Das Ausmaß der jugendlichen Freisetzung aus dem Arbeitsprozeß läßt sich beim Vergleich der Stichproben Jugend '53 und Jugend '84 ermessen. Es waren berufstätig:

	15-17 Jahre	18-20 Jahre	21-24 Jahre
1953	69 %	85 %	86 %
1984	19 %	56 %	66 %
Prozentuale Abnahme der Berufstätigen	- 50 %	- 29 %	- 20 %

Jugend in den achtziger Jahren heißt nicht mehr: Einstiegsphase in den Arbeitsprozeß, sondern Zeit des Erwerbs von Bildungstiteln. In den letzten Jahrzehnten wurde das Bildungssystem von einer Pflichteinrichtung der Kindheit zu einer allgemeinen Jugend-Institution weiterentwickelt. War in der Vergangenheit Schulzeit mit der Hochphase von Kindheit parallelgeschaltet, Schulabgang gleichbedeutend mit dem Ende der Kindheit, sind heute Schulzeit und Jugendphase (zwischen dem 14. und 18. Lebensjahr) nahezu zu einer Einheit zusammengewachsen.

Was bedeutet es, wenn die Jugendphase nicht mehr in erster Linie von den Arbeitsorganisationen, sondern von den Bildungsorganisationen und deren Repräsentanten kontrolliert wird? Wir möchten auf folgende Gesichtspunkte hinweisen, die in der gegenwärtigen Jugendtheorie nicht immer angemessen gewürdigt werden.

1. Institutionen der Arbeit sind altersheterogen, Bildungseinrichtungen dagegen im wesentlichen altershomogen ausgerichtet. Jugendliche sind als Lehrlinge, Jungarbeiter oder sonstige Berufsanfänger unter direkter Kontrolle von erwachsenen Lehrherren, Meistern, Vorarbeitern, Gesellen usw. Sie arbeiten in altersgemischten Grup-

pen zusammen. Dagegen fassen Bildungsinstitutionen Jugendliche zu Gleichaltrigengruppen zusammen, die sich gemeinsam einzelnen Erwachsenen gegenübersehen. Schulen und Hochschulen verstärken die Tendenz zur Herausbildung von Schüler- und Jugendkultur. Im Gegensatz zur Vereinzelung der Jüngeren, die durch die heteronomen Erwachsenenorganisationen befördert wird, begünstigt das Bildungssystem — oftmals ganz gegen die Absicht seiner Vertreter — eine gewisse Eigenständigkeit und Interessen-Homogenität seiner jugendlichen Klientel. Für heutige Jugendliche besitzt die Schul- und Hochschulwelt einen entscheidenden Stellenwert bei der Konstituierung und Fortführung des sozialen Netzwerkes der Gleichaltrigengesellschaft.

2. Jugend, als Schülersein definiert, läßt diese Lebensphase an der relativen Autononie des Bildungssektors partizipieren. In dem Maße, wie Schule eine gewisse soziokulturelle Eigenständigkeit behauptet, sichert sie — in ihrem Windschatten — auch der jugendlichen Lebensphase eine gewisse Unabhängigkeit gegenüber der erwachsenen Arbeits- und Klassengesellschaft.

Über Schule verzögert sich die Einbindung der Jüngeren in die partikularen Rollen der arbeitsteiligen Erwerbsgesellschaft. Das prädestiniert Jugendliche dazu, als Repräsentanten eines allgemeinen und klassenübergreifenden Bürgerstatus aufzutreten und ein entsprechendes (ideologisches) Bewußtsein zu entwickeln. Sie verkörpern mehr als der durchschnittliche Erwachsene das politische Interesse am Gesamtwohl, an der langfristigen Zukunft. Weniger als dieser sind sie in die Pflicht partikularer Eigen- oder Fremdinteressen genommen. Nimmt man noch die größeren Anteile frei verfügbaren Zeitbudgets hinzu, über das Jugendliche verfügen, so wird verständlich, warum die Lebensphase Jugend (einschließlich Postadoleszenz (Nachjugendphase) im dritten Lebensjahrzehnt) als Modellfall politischer Partizipation angesehen wird — von den Jüngeren selbst wie von gewissen Repräsentanten der Erwachsenengesellschaft.

3. Jugend etabliert sich als Hauptphase des Erwerbs kulturellen Kapitals (um in der Sprache des Bildungs- und Kultursoziologen P. Bourdieus zu sprechen). Dies geschieht im Zuge einer wachsenden Bedeutung kulturellen Kapitals für soziale Plazierungen und Reproduktion der Klassengesellschaft. Die Stellung im gesellschaftlichen Raum wird zunehmend weniger direkt über die Vererbung ökonomischen Kapitals (Betrieb; Grundbesitz usw.) an die folgende Gene-

ration weitergegeben, sondern erfordert den Umweg über die Aneignung kulturellen Kapitals — sei es in Form verinnerlichten Bildungswissens oder als Aneignung bestimmter Bildungstitel. Dies trägt zur Aufwertung der Lebensphase Jugend wesentlich bei. Für den einzelnen Jugendlichen äußert sich der gesellschaftliche Bedeutungszuwachs dieses Lebensabschnittes z.T. negativ, als Zunahme von Leistungsproblemen und -zwängen des Bildungssystems. Die Einbindung von Jugend in die Konkurrenz um kulturelles Kapital und um Bildungstitel, die sich durch schulische Laufbahnen erwerben lassen, fördert — langfristig — eine Verlängerung dieses Lebensabschnittes ins dritte Lebensjahrzehnt hinein.

Mit der Einbindung von Jugend in bildungsbezogene Statuspassagen geht ein Wechsel vom offenen Modus der Reproduktion von Klassengesellschaft in einen verschleiernden einher. Im Rahmen von Bildungsinstitutionen operieren Jugendliche vor und außerhalb sichtbarer Klassenzugehörigkeit. Über Schule und Hochschule gewinnt das Modell individueller Laufbahnen allgemeine Geltung für diesen Lebensabschnitt.

Im Rahmen des schulischen Laufbahnmodells sind Jugendliche aufgefordert, diesen Lebensabschnitt für die soziale Plazierung und den persönlichen Erwerb kulturellen Kapitals zu nutzen. Dadurch eröffnen sich biografische Optionen jenseits des klassenspezifischen Herkunftmilieus; gleichzeitig wird auch das Scheiternrisiko individualisiert.

Anhand zweier Interview-Themen aus unseren Vergleichsuntersuchungen läßt sich das Gesagte illustrieren. Eine Fragestellung bezog sich darauf, wem Jugendliche die Schuld für die eigenen Laufbahnprobleme in Schule und Ausbildung zuweisen. Die andere Frage wollte freie Schulerinnerungen, positive oder negative, provozieren.

Die wachsende Individualisierung des Scheiterns-Risikos zeigt sich in der Zuordnung von Schul- und Ausbildungsproblemen. In den 50er Jahren sind Hinweise auf offensichtlich fremdbestimmte Zwänge und Mängelsituationen prädominant. So geben die Befragten Geldprobleme im Elternhaus, die Notwendigkeit zur Kinderarbeit oder fehlendes Angebot an persönlich gewünschten Ausbildungsberufen an. In den 80er Jahren mehren sich Hinweise auf selbstverschuldete schulische Leistungsprobleme: Die mangelhaften eigenen Leistungen reichten nicht hin, um Zugang zum Gymnasium zu erlangen; oder sie führten zum Sitzenbleiben. Anders ausgedrückt: Standen in den 50er Jahren Zugangsprobleme zu Ausbilung und Schule im Zentrum, die man in den seltensten Fällen selbst zu verantworten hatte, so dominieren in den 80er Jahren Leistungsprobleme innerhalb der Bildungsinstitutionen, die subjektiv sehr wohl mit der Einzelperson des Jugendlichen in Zusammenhang gebracht werden.

Der historische Bedeutungszuwachs von Schule spiegelt sich in den breiter differenzierten Schulerinnerungen der achtziger Jahre (Fuchs/Zinnecker 1985). Das positive Schulbild ist in erster Linie durch die gleichaltrigen Mitschüler sowie durch das privilegierte Zeitbudget des Schülers (Freizeit; Ferien) geprägt. Das verweist auf die subjektive Bedeutung von Schule als institutionalisiertes Moratorium und als Organisator einer Gleichaltrigen-Gesellschaft in den achtziger Jahren — Aspekte von Schule, die in den fünfziger Jahren in den Augen der Jugendlichen keine bedeutende Rolle spielten.

Unter den schlechten Erinnerungen verzeichnen insbesondere die Leistungsaspekte von Schule einen erheblichen Bedeutungszuwachs. Jugendliche verweisen in den achtziger Jahren in erster Linie auf die persönliche Problematik von Prüfungen und Zeugnissen. Während in den fünfziger Jahren gute Schulerinnerungen die negativen bei weitem überwogen, äußern Jugendliche heute genauso oft Kritik an den schulischen Verhältnissen wie sie Positives erinnern. Die Zunahme der Schulkritik verweist auf gestiegene Standards der Urteilsbildung, zu denen die Formulierung eigenständiger kritischer Urteile Zählt, wie auf die Hineinnahme der Bildungsinstitutionen in die Auseinandersetzungen des Jugendalters. (In den fünfziger Jahren zählten Schulerinnerungen mehrheitlich zu den vagen, eher freundlich grundierten Kindheitserinnerungen.)

Institutionen der Arbeit sind für Jugend nach wie vor bedeutungsvoll; ihre Bedeutung hat sich allerdings lebensgeschichtlich verschoben. Jugend der achtziger Jahre wird nicht mehr direkt und unmittelbar von Arbeitsorganisationen sozial kontrolliert. Die Kontrolle geschieht im Medium biografischer Planung, ist also antizipatorischer Natur. Statt Auseinandersetzung mit konkreten Arbeitsinhalten findet ökonomisches Arbeitsmarktkalkül statt. Die Bezugnahme auf Arbeit geschieht entsprechend abstrakter als in den fünfziger Jahren. Es geht um den Tauschwert der künftigen mehr als um den Gebrauchswert der gegenwärtigen jugendlichen Arbeitskraft.

Neben dem abstrakten lebensgeschichtlichen Kalkül wird auf diesem Weg die Anstrengung zur Langzeitsicht verstärkt. Der Weg in die Arbeitsgesellschaft führt über Jahre des Umwegs und begünstigt jene, die die vorgegebenen Umwege planvoll gehen. Die Vermitteltheit des Bezugs zur Arbeitsgesellschaft begünstigt allerdings auch eine andere Option: den Bezug auf Arbeit lebensgeschichtlich während der Jugendphase auszusetzen und ihn auf spätere Jahre zu „verschieben". Damit einher geht die tendenzielle Ablösung der biografischen Option auf Familiengründung und Elternrolle vom Eintritt in die Arbeitsgesellschaft. Jugendliche der achtziger Jahre haben gewisse Möglichkeiten, private Verpflichtungen einzugehen, ohne — als ökonomische Voraussetzung hierzu — kontinuierlich und ausschließlich arbeiten zu müssen.

Die vielfach geäußerte Befürchtung, unter den Jüngeren gebe es einen dramatischen Verfall tradierter Tugenden der Arbeit, ist weder nach unseren Vergleichsdaten noch nach den Daten vergleichbarer Studien gerechtfertigt. Die jugendlichen Einstellungen zur Berufsarbeit sind — bedenkt man den strukturellen Wandel in Ausmaß und Qualität jugendlicher Arbeit — überraschend ähnlich geblieben (Fuchs/Zinnecker 1985).

Der Wert der Arbeit hat sich dabei über den unmittelbaren Arbeitsbereich hinaus diversifiziert. Jugendliche der achtziger Jahre verstehen die Tätigkeit in Bildungsinstitutionen in Analogie zum Modell der Lohnarbeit.

Die Orientierung zur Arbeit entwickelte sich allerdings unterschiedlich nach Geschlecht. Für die Gruppe der jungen Frauen blieb die Einstellung zur Arbeit zwischen den fünfziger und achtziger Jahren etwa konstant. Der Arbeitsbegriff der jungen Männer hat sich demgegenüber etwas zum Negativen hin entwickelt. Ein weiteres Beispiel, das in die gleiche Richtung deutet:

Die persönlichen Lebensziele heutiger Jugendlicher haben sich in Richtung Familiengründung verlagert. Die stärkere Gewichtung von Familiengründung und Kindererziehung in den 80er Jahren ist vor allem Resultat einer Umorientierung der männlichen Jugendlichen. Während in den 50er Jahren diese Lebensaufgaben für Jungen nahezu bedeutungslos waren und als Domäne den Mädchen überlassen wurden, äußern junge Männer in den 80er Jahren fast gleich häufig wie die Mädchen entsprechende familienbezogene Lebensziele. Berufliche Leistungen und Erfolge sind nur für Mädchen in beiden Jugendgenerationen gleich wichtig geblieben.

Die geschlechtsspezifischen Unterschiede in der historischen Entwicklung von Arbeitsorientierung lassen sich in folgendem Rahmen interpretieren. Für junge Männer ist das Bezugssystem der Arbeit als sinnstiftende biografische Instanz in mancher Hinsicht fragwürdig geworden. Beispielsweise erscheint ein lebenslanger Zugriff auf (Lohn-)Arbeit eher ungewiß. Arbeit gehört ferner nicht mehr selbstverständlich zur Normalbiografie eines männlichen Jugendlichen. Jugendlichen der achtziger Jahre stehen nichtarbeitende Jugendliche als Bezugsgruppe und als biografische Option vor Augen. Weiterhin eröffnen Familiengründung und Familienerziehung heute auch männlichen Jugendlichen eine Chance, im Rahmen des privaten Lebensraumes soziale und persönliche Identität zu gewinnen. Schließlich ist nicht zu vergessen, daß sich die Ansprüche auf Lebensqualität im Arbeitsprozeß und auf Sinnhaftigkeit von Arbeit bei den besser ausgebildeten und lebensgeschichtlich später mit Berufsarbeit beginnenden Jugendlichen der achtziger Jahre gegenüber der Jugendgeneration nach dem Krieg erhöht haben. Alle diese Entwicklungstendenzen zusammengenommen lassen verständlich erscheinen, daß männliche Jugendliche heute sich etwas distanzierter und abwertender zur Arbeit verhalten und daß Arbeit nicht mehr unbefragt männlicher Lebensmittelpunkt ist.

Im Fall der jungen Frauen finden wir Tendenzen, die einem Nachlassen der subjektiven Bedeutung und Akzeptanz von Arbeit entgegenwirken, wiewohl auch bei ihnen die obengenannten Aspekte zu beachten sind. Beispielsweise gehört Berufsarbeit heute selbstverständlicher als in den fünfziger Jahren zur weiblichen Normalbiografie. (Um ein Beispiel anzuführen, das jugendlichen Frauen vor Augen stehen könnte: Der Anteil der im dritten Lebensjahrzehnt berufstätigen Frauen hat sich zwischen fünfziger und achtziger Jahren erhöht, während der Anteil der Berufstätigen zwischen 20 und 30 Jahren bei Männern zurückging). Ferner werden junge Mädchen heute mehr als früher durch eine Berufsausbildung dem jeweiligen Arbeitsfeld innerlich verpflichtet.

Für die 80er-Jahre-Generation gehört es z.B. zum Standard, daß auch Mädchen eine erste Berufsausbildung abschließen — dies trotz der erheblichen generationellen und wirtschaftsbedingten Schwierigkeiten. Für die Jugend der 50er Jahre gilt dieser Anspruch nur für Jungen, 36% der Frauen aus der Generation der 50er-Jahre-Jugend berichten 1984, daß sie keinerlei Berufsausbildung abgeschlossen haben. (Bei den Männern waren dies seinerzeit 7%.)

Aus der Kirche in die Szene

Die abnehmende Kontrollfunktion tradierter sozialer Milieus wird am Beispiel kirchlicher und konfessioneller Bindungen deutlich. Welche Entwicklungslinien lassen sich aufgrund der Jugendstudien 1953-1955 und 1984 erkennen?

Die Bedeutung der konfessionellen Milieus hat sich in den achtziger Jahren gegenüber den fünfziger Jahren erheblich abgeschwächt. Katholische und evangelische Jugendliche unterscheiden sich Mitte der fünfziger Jahre in soziodemografischer Hinsicht, im Bereich religiöser Praktiken und mit Blick auf manche jugendspezifische Orientierungen. In den achtziger Jahren ist die strukturierende Kraft der beiden soziokulturellen Milieus nahezu verschwunden. (Die abnehmende Bedeutung konfessioneller Milieus für Biografie und Alltag gilt generationsübergreifend. Wir finden sie — im Zeitvergleich — sowohl unter den Jugendlichen wie bei Erwachsenen.)

Alle kirchlichen Großorganisationen haben an Einfluß auf die Lebensphase Jugend eingebüßt. Signifikantes Zeichen hierfür ist der Rückgang jugendlicher Beteiligung an kirchlichen Praxen. In den achtziger Jahren gehen weniger Jugendliche zur Kirche als in den fünfziger Jahren. So gaben 1953 59% an, in den letzten vier Wochen zur Kirche gegangen zu sein; 1984 betrug dieser Anteil noch 27%. Zurückgegangen ist ferner die Praxis des Gebetes. Weniger Jugendliche beten heute im Vergleich zu damals. 21% bekennen sich 1984 dazu gegenüber 50% 1953 — der reale Anteil der dieser Praxis verpflichteten Jugendlichen dürfte seinerzeit noch höher gelegen haben, da viele kirchentreue Befragte die Antwort auf eine solche „zu persönliche" Frage '53 verweigerten. Jugendliche der achtziger Jahre sind freier in ihrem Bekenntnis, daß sie sich von Kirche und Religion abgewandt haben — ein wichtiges Indiz für die nachlassende Sozialkontrolle durch diese Institution. In den achtziger Jahren finden wir einen gewissen Prozentsatz von Jugendlichen, die sich zu keiner Kirche/Konfession bekennen; eine Antwort, die in den fünfziger Jahren fehlte. Parallel zum Bedeutungsverlust kirchlich vermittelter religiöser Praxen verminderte sich der Einfluß der großen Kirchen auf Jugendarbeit und Organisierung von Jugendgruppen.

Die abnehmende Bedeutung kirchlicher und konfessioneller Zugehörigkeit und Handlungspraxis heißt nicht von vornherein, daß die Interessen und Bedürfnisse, die kirchliche Institutionen in den fünfziger Jahren bedienten, für die gegenwärtige Jugendgeneration bedeutungslos geworden sind. Das gilt weder für die sozialen oder die lebensberatenden noch für die metaphysischen Aspekte im engeren Sinn. (Zu letzterem: Wie unsere Vergleichsuntersuchungen zeigen, glauben Jugendliche der achtziger Jahre beispielsweise ebenso häufig wie Jugendliche der fünfziger Jahre an ein Weiterleben nach dem Tode — 1953: 43%; 1984: 49%.) Wir müssen vielmehr davon ausgehen, daß die Handlungsinteressen und -bedürfnisse, die ehedem in der Mehrheit im Rahmen von Kirche befriedigt und damit sozial kontrolliert wurden, heute in konkurrierende Institutionen „ausgewandert“ sind. Was die metaphysischen Handlungsinteressen angeht, so mag man hierbei an den Erfolg neuer religiöser Bewegungen unter Jugendlichen denken oder auch an die Ausübung von „Privatreligionen“. Ebenso wichtig dürfte aber auch eine Neuklassifikation der Zuordnung religiös-metaphysischer Handlungen zu sozialen Institutionen sein. Manches jugendliche Interesse an Religion und Metaphysik wird gegenwärtig im Rahmen sozialer, politischer Bewegungen in säkularisierter Form als politisches Engagement neu definiert. Eine andere Form säkularisierter Neuklassifikation finden wir in der Renaissance magischer Rituale im Rahmen der Freizeit- und Spielkultur. Man denke hierbei an die neuerliche Beliebtheit von Sternzeichen, okkulten Vorstellungen oder Taroh-Kartenlegen als geselliges Abendvergnügen.

Seit Mitte des Jahrhunderts sind wir Zeuge einer erstaunlichen Renaissance institutioneller Neugründungen, die sich auf die Zielgruppe der Jugendlichen spezialisieren. Außerhalb der und in Konkurrenz zu den traditionellen Organisationen und Vereinigungen, die an jugendlichen Mitgliedern interessiert sind, hat sich ein eigener Sektor kommerzialisierter freizeitbezogener Dienstleistungen herauskristallisiert, auf den sich weite Teile der jüngeren Generation beziehen. Dieser Sektor trug nicht nur dazu bei, daß die Institutionen der erwachsenen Ortsgesellschaft jugendlichen Nachwuchs abgeben mußten; ihre Attraktivität wirkte auch nachhaltig auf die innere Struktur und Programmgestaltung der traditionalen Organisationen zurück. So sahen sich etwa die Kirchen genötigt, ihr Angebot an Jüngere — Jugendgruppen; Messen; Feste usw. — nach Maßgabe des kommerziellen Sektors von Jugendkultur umzuorganisieren. Zeugnis hiervon legen Kirchentage und Gottesdienste ab, in denen Elemente der neuen Musik-, Meditations- und politischen Kultur eine bedeutsame Rolle spielen.

Die besondere Qualität der jugendkulturellen Dienstleistungen läßt sich anhand der ,,Szenen" und ,,Lebensstile" aufweisen, die sich um diese Orte und Kulturen gruppieren. Jugend fungiert als Exponent und Vorreiter urbaner Lebensstile und Szenen, die sich in den Metropolen und Ballungsräumen industriekapitalistischer Gesellschaften gebildet haben. Jugendliche können oder wollen sich weniger als Erwachsene auf die beiden Rückzugspositionen beziehen, die außerhalb der rationalisierten Alltagsroutine von Arbeit, Verkehr, Konsum verbleiben: Der Privatraum Familie und der Lebensraum traditioneller — erwachsenendominierter — Vereinigungen. In diesen Leerraum stießen und stoßen institutionelle Angebote, die emotional erfülltere Sozialbeziehungen anboten: ,,Szenen" (Irwin 1977).

1. Szenen als expressive Aktivitätssysteme

Szenen sind um eine Schlüsselaktivität aus dem Freizeitbereich arrangiert und finden an einem öffentlichen Treffpunkt statt. Dazu zählen beispielsweise: FKK, Tennis, Bowling, Motorsport, Computerspiele, Jogging, Sauna. Die Tätigkeit ist so strukturiert, daß alle Anwesenden gemeinsam daran beteiligt sind. Zusätzliche Merkmale der Tätigkeiten sind oft: körperliche, sensuelle, sinnliche Stimulierungsmöglichkeiten; körperbezogenes Risiko (z.B. Bergsteigen), auch Charakterwettkampf (mit der Möglichkeit, sein Gesicht zu verlieren). Schließlich ist die Schlüsselaktivität für relativ viele Interessierte erreichbar, weder zu exklusiv noch zu teuer.

Weit verbreitete und modisch reüssierende expressive Aktivitätssysteme sind etwa Diskotheken, eine neue Kaffeehauskultur (auch Abend- und Nachtcafe), die Ski-Szene, Encounter-Gruppen. Parallel dazu konstituieren sich mediale Pseudo-Szenen: So wird die TV-Unterhaltung nach dem Muster der eigentlichen Szenen umgemodelt (z.B. Sport-Show).

2. Szenen als Teil von Lebensstilsuche

Unter den Bedingungen postkonventioneller Gesellschaft, aufgestörter kultureller Tradition und entwerteter, relativierter kollektiver biografischer Lebensentwürfe bieten sich Szenen als Nachfolge-Institutionen an, die die sinnstiftende Macht und Glaubwürdigkeit von Gemeinde, Kirche, Schule, Partei, Gewerkschaft für bestimmte Gruppen und Personen ablösen. Szenen dienen hier als Ausgangspunkt für die Bildung von Lebensstilen. Um den engen Kreis einiger Professioneller (z.B. Jazz-Musiker in den 40er, 50er Jahren) bildet sich eine Fan-Kultur, die Schlüsselelemente der Szenen-Kultur für sich lebbar macht und zur Orientierungsmarke für die eigene Lebensgestaltung erhebt. So lieferte etwa die musikalische Jazz-Szene wesentliche Elemente für die Herausbildung des Lebensstils des „Existentialisten". Ähnlich läßt sich die kulturelle Nachfolge der „Rocker" aus der kommerziellen Motorrad- und Musikszene der 50er Jahre beobachten.

Dem Lebensstil-Sucher entspricht ein spezifisches Aktor-Modell: Es handelt sich um einen „Relativisten", hoch sensibilisiert für die kulturelle Vielfalt in der Umwelt, interessiert an und befähigt zur „Stilbastelei", d.h. zur Synthetisierung der kulturellen Vielfalt in Alltags- und Medienwelt: Die theatralische Mentalität als Antwort auf sozialstrukturelle und kulturelle Enteignungen (Hebdige 1979).

Lebensstil-Szenen fungieren so als neuartige — reale oder auch imaginäre — Bezugsgruppen, deren Botschaft durch die audiovisuellen Medien transportiert und zu wiedererkennbaren Stilmustern verdinglicht werden. So basiert die Werbekultur auf der Etablierung bestimmter Lebensstil-Bilder.

Welche Qualität besitzt die Kontrolle von Jugend mittels der neugestifteten Institutionen der Freizeit- und Kulturindustrie? An erster Stelle müssen wir die Ökonomisierung der Kontrolle unter den Bedingungen der kapitalistischen Dienstleistungsgesellschaft hervorheben und auf ihre Bedeutung hin befragen. Die Kontrolle erfolgt marktvermittelt; die Jüngeren unterliegen — im Prinzip — den gleichen Mechanismen und Steuerungsstrategien wie alle Kunden und Konsumenten dieser Industrie.

Kontrolle im Rahmen des soziokulturellen Milieus, die überlieferte Form sozialer Kontrolle, erfolgt person- und ortsgebunden. Repräsentanten der Erwachsenengesellschaft kontrollieren die Jüngeren, indem sie entweder informell mit ihnen zusammenleben oder — im Fall von Organisationen wie Kirche oder Verein — unter Zuhilfenahme bürokratischer Handlungsprinzipien (Hierarchiebildung; Amtsautorität usw.) mit ihnen umgehen. Eine solche Kontrolle basiert auf der Zweiteilung des Rechtes. Die Jüngeren sind in die Institutionen der Erwachsenengesellschaft am Ort einbezogen, sie müssen jedoch gewisse institutionsinterne „Laufbahn"-Schritte absolvieren, ehe sie gleichberechtigte Mitglieder dieser Institutionen werden können. Traditionelle Milieus und Organisationen fördern daher eine konventionelle Gliederung der Altersgruppen, wobei das Prinzip der Seniorität in verschiedener Form zur Geltung gelangt.

Der Markt der Waren und Dienstleistungen ist demgegenüber auf dem formalen Prinzip der Gleichheit und Freiheit aufgebaut. Unter Kunden oder Konsumenten gibt es keine Unterschiede — außer denen des Geldbesitzes. Rechtliche Einschränkungen widerstreiten den Grundsätzen der Marktökonomie. Die Freizeit- und Dienstleistungsindustrie treibt deshalb maßgeblich die formaljuristische Gleichstellung der Jüngeren, zumindest in ihrem Handlungsbereich, voran. Sektoren dieser Industrie haben ein fundamentales Interesse daran, auch die jüngeren und jüngsten Jahrgänge als eigenständige Konsumenten zu gewinnen. Von dieser Seite aus entstehen daher langfristige Entwicklungstendenzen, die Jugendlichen an den Alltagsgenüssen der Erwachsenengesellschaft partizipieren zu lassen (beispielsweise im Bereich von Genußmitteln); sie selbständig an Dienstleistungen zu beteiligen (zum Beispiel im Bereich des Tourismus); oder die Jüngeren zum frühzeitigen Selbst-Management der seelischen und Körperbefindlichkeit zu ermuntern (etwa Körperpflege; orale Genüsse). Die Jugendlichen (und Kinder) werden im Dienste eines langfristigen Marketings früh als Kunden und Konsumenten angesprochen. Die Geschmacksbildung der Jüngeren als Experten des Marktes beginnt damit in jungen Jahren, lange bevor reale und selbständige Kaufentscheidungen anstehen, als Teil antizipatorischer ökonomischer Sozialisation.

Die ökonomisch vermittelte Kontrolle durch Instanzen der Freizeit- und Dienstleistungsindustrie fördert Prozesse der Privatisierung und Individualisierung bei den Jugendlichen. Der Markt ist auf den Einzelnen als Kunden und Käufer eingestellt; der Konsum der Waren oder Dienstleistungen geschieht vielfach vereinzelt und im Privatbereich. Die Kaufentscheidung setzt ein Mindestmaß an entwickelter Persönlichkeit und an Eigeninteresse voraus. Die neuen Kontrolleure von Jugend fungieren damit — ob willentlich oder nicht — als Emanzipatoren der Jüngeren gegenüber den überlieferten konventionellen Gruppenbindungen. Der soziale Druck in Richtung biografischer Vereinzelung der Jüngeren bezieht sich dabei nicht lediglich auf Erwachsenenorganisationen wie Kirche oder Vereine am Ort, sondern ebenso auf die Einbindung von Jugend in die Familiengruppe. Es ist von daher konsequent, daß pädagogische Institutionen über moralische Kampagnen ideologischen Gegendruck erzeugen, um gewisse Kontrollrechte über die Jüngeren (insbesondere Kinder und jüngere Jugendliche) zu behaupten. Die Fortdauer des pädagogisch motivierten Jugendschutzes findet in dieser Frontstellung eine ihrer Erklärungen. Im Zentrum der ideologischen Auseinandersetzungen um Jugend stehen nicht zufällig die kommerziell neugestifteten „Kunstorte" des Vergnügungssektors wie Diskotheken, Spielhallen, Videoläden usw. Wird an ihrem Beispiel doch offenkundig und sinnlich erfahrbar, wohin die Jugendlichen „ausgewandert" sind und von wem sie in ihrer ausbildungsfreien Zeit kontrolliert werden.

Marktvermittelte Kontrollsysteme arbeiten indirekt und anonym. Charakteristisches Medium sind die Botschaften, die vom Werbeversprechen der Waren, des räumlichen Arrangements, kurz von der Warenästhetik ausgehen. Sie können daher als freizügiger wahrgenommen werden als die auf direkter physisch-psychischer Intervention beruhenden traditionalen Kontrollen. Pendant marktvermittelter Kontrolle ist der selbständige und selbstätige Konsument. Die zivilisierende Wirkung, die von der kapitalistischen Waren- und Dienstleistungsökonomie ausgeht, läßt sich (im Sinne von N. Elias 1939/1981) als Entwicklung vom Fremdzwang zum Selbstzwang kennzeichnen. Jugendliche unter den Bedingungen des Konsum- und Dienstleistungskapitalismus verinnerlichen lebensgeschichtlich früher als vorangegangene Jugendgenerationen gewisse Zwänge sozialen Handelns. Die vielzitierte Tendenz einer Sozialisation Jugendlicher in eigener Regie (Selbstsozialisation) ist Teil des sich historisch verallgemeinernden Zwangs zum Selbstzwang.

Dienstleistungsökonomie und jugendliches Moratorium

Wir haben im vorangegangenen Kapitel alte und neue Lage von Jugend durch einen doppelten Wechsel der Sozialkontrolle gekennzeichnet: Die Kontrolle dieser Lebensphase geht vom Arbeits- auf den Bildungsbereich und von traditionalen soziokulturellen Milieus auf Institutionen der Konsum- und Dienstleistungsökonomie über. Im weiteren gehen wir der Frage nach, welche Bedeutung diesem Wechsel für die Ausgestaltung jugendlichen Moratoriums und die Verteilung von Macht zwischen den Generationen zukommt.

Bildung und Konsum — vom zweigeteilten Moratorium

Die voranschreitende Ausgliederung von Jugend aus dem formellen Arbeitssektor und die Loslösung aus tradititionalen Milieus ermöglichen im Gegenzug die Herausbildung eines allgemeinen Jugend-Moratoriums. Im Anschluß an den Entwicklungspsychologen E. Erikson können wir darunter eine Aufschubperiode verstehen, „die jemandem zugebilligt wird, der noch nicht bereit ist, eine Verpflichtung zu übernehmen, oder die jemandem aufgezwungen wird, der sich selbst Zeit zubilligen sollte" (1974, 161f). Gemeint sind damit psychologische, soziale und kulturelle Verpflichtungen in und gegenüber der Erwachsenenwelt. Wir haben gesehen, wie die historisch neuen Kontrollmuster von Jugend dem Lebensabschnitt eine gewisse Autonomie in dieser Richtung zuweisen. Die Jüngeren werden aus der engen Bindung an altersgemischte Gruppen entlassen — unabhängig davon, ob sie dies wollen oder nicht; die erwachsenen Kontrolleure ziehen sich aus dem direkten Kontakt mit den Jugendlichen zurück und konzentrieren sich auf indirekte Formen des Kontrollierens; die Jüngeren sind angehalten, frühzeitig mit der eigenen Person und eigenen Lebensentwürfen zu experimentieren und dies in eigener Regie und unter Nutzung verinnerlichter Selbstzwänge.

Jugend als Zeit des Lernens und Lebens vor und außerhalb des Eingebundenseins in die erwachsene Arbeitsgesellschaft ist zwar seit langem Programmpunkt in bürgerlicher Aufklärung, in Pädagogik und in verschiedenen Generationen von Jugendbewegungen. Bislang ermangelte ein solches Konzept jedoch der gesellschaftlichen Voraussetzungen, sich über eine schmale bildungsbürgerliche

Schicht hinaus für prinzipiell alle Jugendlichen zu verallgemeinern. Die relative Autonomie, die die Lebensphase Jugend durch und mit den Institutionen von Bildung und Konsum im Rahmen kapitalistischer Dienstleistungsgesellschaft erlangt, räumt diese Hindernisse — der Tendenz nach — erstmals in der Geschichte beiseite.

Die Frage ist allerdings, welche Institutionen Einfluß auf die Ausgestaltung eines allgemeinen jugendlichen Moratoriums gewinnen können. In gewisser Hinsicht können wir sagen, daß Bildungssystem auf der einen und Freizeit- und Dienstleistungseinrichtungen auf der anderen Seite zusammenwirken, wenn es sich darum handelt, Jugendlichen einen gewissen Handlungsspielraum gegenüber den Verpflichtungen und Traditionen der Erwachsenengesellschaft abzusichern. Andererseits ist unverkennbar, daß beide Kontrollinstanzen um Einfluß auf die Lebensphase konkurrieren und daß die Qualität des Moratoriums, das sie jeweils begünstigen, recht unterschiedlicher Art ist.

Die klassische Konzeption von Jugend — im 18. Jahrhundert von Vertretern des vorrevolutionären Bürgertums als Utopie entworfen (z.B. Rousseau) — sah und sieht Pädagogen und pädagogische Institutionen als Wächter jugendlichen Moratoriums an (Hornstein 1965). In erster Linie also Familie und Schuleinrichtungen. Das pädagogische Jugendmoratorium ist auf Strukturbedingungen industriekapitalistischer Arbeitsgesellschaft hin konzipiert, nicht auf solche des Dienstleistungs- und Konsumkapitalismus. Nicht zufällig und durchaus zu Recht heben manche Jugendforscher daher hervor, daß die als pädagogischer Schutz- und Schonraum entworfene Jugendphase sich seit Mitte des 20. Jahrhunderts in einer Krise und im Stande der Auflösung befinde (Gillis 1980; Trotha 1982). Sie thematisieren damit die Bedeutung, die das allseits entwickelte Freizeit- und Konsumsystem auf die Ausgestaltung des jugendlichen Moratoriums genommen hat. Vermögen pädagogische Institutionen im Fall des Kindheits-Moratoriums in gewissem Sinn noch gegenzuhalten, verlagert sich der Einflußfaktor mit voranschreitendem Alter zusehens in Richtung Freizeitmarkt, Kulturindustrie und Dienstleistungssektor. Über einer z.T. kulturpessimistisch geleiteten Beschwörung des Endes von Jugend als kulturellem Wert und als Entwicklungsphase dürfen wir nicht vergessen, daß beide Kontrollsysteme, das der Bildung und das des Konsums, gemeinsam an der aktuellen Neukonzeption von Jugend als Moratorium beteiligt sind, wenngleich — wie oben gezeigt — mit unterschiedlichen Akzenten.

Historisch orientierte Jugendtheorie tut gut daran, die Bedeutung herauszustellen, die Freizeitkonsum als gesellschaftliche Rahmenbedingung wie als soziokulturelles Medium für das Aus- und Erleben eines jugendlichen Moratoriums angenommen hat. Wir gewinnen aus diesem Blickwinkel eine sinnvolle Deutung für viele der Entwicklungstendenzen jugendlichen Handelns und jugendlicher Gesellung, die sich beim Vergleich der Jugendstudien aus den fünfziger und achtziger Jahren abzeichneten und die in diesem Buch beschrieben wurden. Wenn die gegenwärtige Jugendgeneration ein ausdifferenziertes Spektrum von Interessen und Wünschen für Freizeitkonsum aufweist, das Jugendlichen der fünfziger Jahre nicht in vergleichbarer Weise zugänglich war, so handelt es sich dabei um einen jugendtheoretisch beachtenswerten Befund. Als historischen Zugewinn haben wir in diesem Buch beispielsweise notiert (vgl. Fuchs 1983): Reisetätigkeit, individuelle Motorisierung, persönlicher Ausdruck in Alltags- und überlieferter Kultur (von der Kleidung bis zu Musik und literarischer Tätigkeit), Teilhabe am diskursiven Alltag der Altersgesellschaft, sublime Formen der Spiel- und Entspannungskultur, selbstbestimmtes gesellschaftliches Engagement, informelle Geselligkeit, Teilhabe an Erotik und Sexualität — gewiß eine unvollständige Liste. In allen diesen Formen deutet sich ein historisch neuartiges jugendliches Moratorium an. Wie die finanziellen und zeitlichen Budgets und die materielle Ausstattung dieses Handlungsraumes demonstrieren, handelt es sich dabei um hochindividualisierte Formen eines Moratoriums — keineswegs identisch mit dem älteren Modell eines pädagogisch betreuten und gesteuerten Gruppenmoratoriums. Wir müssen uns ferner von dem Gedanken lösen, daß es sich beim jugendlichen Moratorium um einen Schutz- und Schonraum vor bzw. außerhalb des gesellschaftlichen Lebens handelt. Die jungen Kunden und Konsumenten sind früh und vollgültig in die Dienstleistungsökonomie einbezogen; nur daß es sich um eine segmentierte Verpflichtung handelt, die mit Entpflichtung bzw. Aussperrung im Bereich von Arbeit und Familie korrespondiert. Gewiß haben auch Erwachsene Anteil an den Entwicklungstendenzen der Konsum- und Dienstleistungsökonomie. Was bei ihnen jedoch lediglich Teil einer Ausbalancierung von Arbeit und arbeitsfreier Zeit ist, stellt sich für Jugendliche als lebensgeschichtliche Erst-Erfahrung von Gesellschaft und gesellschaftlichem Handeln dar, in derem Medium sich Identität erprobt und ideologische Orientierungen ausbilden.

Das Verhältnis der jüngeren Generation zur Konsum- und Dienstleistungsökonomie ist zwiespältig. Die Ambivalenz, die sich ideologisch wie handlungspraktisch äußert, erwächst mit einer gewissen Zwangsläufigkeit aus der engen Bindung der modernisierten Jugendphase an diese machtvollen gesellschaftlichen Kontrollinstanzen. Zum Verständnis gewisser Aspekte heutiger Jugend ist es sinnvoll, die Gründe solcher Ambivalenz aufzuzeigen.

Auf der einen Seite beinhalten Freizeit- und Konsumsektor für Jugendliche eine Chance, sich aus tradierten sozialen und pädagogischen Abhängigkeiten freizukämpfen. Auch die gesellschaftliche Geltung des Jugendstatus und die mit Jugend verknüpften Machtressourcen sind direkt mit Struktur und Dynamik des historischen Übergangs in die postindustrielle Dienstleistungsökonomie verkettet. Es ist daher versteh- und erwartbar, daß wir unter Jugendlichen, Postadoleszenten und jungen Erwachsenen die ideologischen und alltagspraktischen Protagonisten für diesen Typus von Gesellschaft und für diesen industriekapitalistischen Sektor finden. Die Jüngeren gehören zu den maßgeblichen pressure groups, wenn es sich darum handelt, den gesellschaftlichen Druck zu verstärken in Richtung: Individualisierung von Lebenslauf und Konsum; vermehrte politische Partizipation oder Politisierung des Alltags; Ausweitung des legitimen Arbeitsbegriffs über den formellen Arbeitssektor hinaus; Durchsetzung neuer Medien; Erweiterung des Kulturbegriffs der tradierten Hochkultur (z.B. im Bereich der Musik) usw. In dem Maße, wie solche Bewegungen und Entwicklungsrichtungen Erfolg haben, können die industriellen Exponenten der Konsum- und Dienstleistungsökonomie einen gesellschaftlichen Machtzuwachs verzeichnen — und damit auch die Angehörigen der sozialen Altersgruppe, die von den Handlungs- und Machtzentren der kapitalistischen Arbeitsgesellschaft mehrheitlich ausgesperrt ist. In dieser Verknüpfung liegt das Bündnis zwischen Jugend und Freizeitindustrie offen zutage.

Auf der anderen Seite ist unverkennbar, daß Medien- und Konsumindustrie zu den neuernannten Kontrolleuren von Jugend gehören. Die Kontrollen sind „sanfter“ und weniger sichtbar als die, die die Erwachsenengesellschaft in den Epochen davor anwandte. Gleichwohl erzeugen auch die Versprechungen und Verlockungen des Marktes soziale Zwänge, die z.B. als Manipulation entlarvt und bekämpft werden können. Wohl keine andere soziale Altersgruppe dürfte in einer Weise von der Konsum- und Dienstleistungsökonomie umworben und in Abhängigkeit gehalten werden wie die Jugend: konsequent also, wenn Aufklärungs- und Emanzipationskampagnen Jugendlicher sich gerade auch diesem Bereich zuwenden.

Politische Bewegungen unter Jugendlichen profilieren sich als Vorkämpfer gegen Konsumzwänge, gegen den stillschweigenden Anpassungsdruck der Dienstleistungsgesellschaft, gegen den Materialismus der Erwachsenengesellschaft. Manche Teile der Jugendgesellschaft sind von Versuchen fasziniert, praktische wie ideologische Alternativen zum Konsum- und Dienstleistungskapitalismus zu entwickeln.

Entwicklungslinien kultureller und politischer Emanzipation

Mit einem gewissen Recht können wir die historische Entwicklung, die die Jugendphase seit den fünfziger Jahren genommen hat, als einen Prozeß der Emanzipation kennzeichnen. Die Angehörigen dieser sozialen Altersgruppe verselbständigen sich gegenüber anderen Altersgruppen in sozialer, kultureller wie politischer Hinsicht. Wir besitzen für eine solche Tendenz einen — zugegebenermaßen — simplen, aber gleichwohl beweiskräftigen Maßstab: Aus den empirischen Untersuchungen der fünfziger Jahre lassen sich in vielen Fällen keine altersspezifischen Profile ableiten, die Jugendliche von Erwachsenen ausreichend trennen (wohlgemerkt: als Gruppe, nicht als Einzelpersonen). Die Anzahl der empirisch nachweisbaren Gruppenunterschiede zwischen den beiden Altersklassen wächst im Laufe der folgenden Jahrzehnte deutlich an.

Prozesse der sozialen Verselbständigung standen im Mittelpunkt der Vergleichsuntersuchungen, über die wir im zweiten Teil dieses Buches berichteten. Wir gehen auf diesen Aspekt der jugendlichen Emanzipation hier nicht nochmals ein, verweisen nur darauf. Die Tendenzen zur kulturellen und politischen Emanzipation der Jugendphase seien dagegen kurz in Erinnerung gerufen.

Die kulturelle Separierung der Jugend seit den fünfziger Jahren erfolgte in zwei historischen Schüben. Die erste Stufe der Autonomisierung bezog sich auf Alltagskultur, die zweite auf hochkulturelle Institutionen. Die relative Ablösung begann bei der „niederen" oder illegitimen Kultur (z.B. Popularmusik, Mode oder Verkehrsfahrzeuge), was den Gedanken nahelegt, daß dieser gesellschaftiche Bereich weniger als die legitime Hochkultur geschützt und tabuisiert war. Die Herausbildung relativ eigenständiger alltags- und massenkultureller Praxen setzte in den fünfziger Jahren ein, wobei nach 1955 ein jäher Entwicklungssprung zu konstatieren ist.

Die Ablösung von Werten und Institutionen der gesellschaftlichen Hochkultur ist ein Ereignis der sechziger Jahre. Als zeitliche Wendemarke lassen sich — auf der Grundlage einer Vielzahl von repräsentativen Zeitreihen — die Jahre 1969 bis 1971 ausmachen. Erst ab dieser Zeit kann man davon sprechen, daß die jugendliche Altersgruppe differenten ideologischen Orientierungen anhängt. Die Qualität der im Rahmen der Studentenbewegung vertretenen „Neuen Werte" z.B. schlägt, mit einigen Jahren Verzögerung, seit 1970 quantitativ bei der gesamten jüngeren Generation zu Buche.

Die Trägergruppen der beiden kulturellen Emanzipationsprozesse lassen sich unterschiedlichen klassenspezifischen Franktionen der gleichen Geburtskohorte der um 1940 Geborenen zuordnen (Kulke 1983). Die alltagskulturelle Ablösung basiert auf dem Bündnis von männlichen jugendlichen Arbeitern mit der sich etablierenden Kultur- und Freizeitindustrie. Symptomatisch hierfür sind die sogenannten Halbstarkenkrawalle von Lehrlingen und jungen Arbeitern seit 1956, die sich an Musikindustrie (Rock 'n' Roll), Filmwirtschaft (Herausbildung des Kinos als Jugendmedium), jugendlicher Motorisierung ausrichten. Damit leitet diese Generation von Unterschicht-Jugendlichen die Reformulierung des Jugendbegriffs in die Wege. Jugend wird von einer pädagogisch bewahrten Alterskategorie zu einem Teil hedonistisch ausgerichteter und kommerzialisierter Freizeitkultur.

Die Ausformulierung eigener ideologischer Gedankengebäude ist — zeitlich ein Jahrzehnt versetzt — die Leistung der (bildungs-)bürgerlichen Fraktion der gleichen Jugendgeneration. Ab diesem Zeitpunkt orientieren sich die Jüngeren politisch erkennbar anders als die Älteren; verfechten „Neue Werte" in der Erziehung wie für das gesellschaftliche Zusammenleben — während Jugendliche als Altersgruppe in den fünfziger und Anfang der sechziger Jahre in ihrer Ideologie nicht wesentlich von den älteren Altersgruppen abwichen. Verknüpft mit der ideologischen Ablösung ist die Formulierung und Durchsetzung gewisser Jugendkonzepte, die diese Altersphase als soziokulturelles Moratorium definieren.

Ein gut erforschtes inhaltliches Beispiel für die Ablösung Jugendlicher von der herrschenden Erwachsenenkultur ist der Bereich politischer Orientierungen und Handlungspraxen. Der historische Wandlungsprozeß zeigt sich sowohl bei einem Vergleich damaliger und heutiger Jugend wie auch bei der Berücksichtigung der jeweiligen Erwachsenengeneration.

Im historischen Vergleich und im Vergleich der sozialen Altersgruppen relativiert sich die Befürchtung, es gebe in der jüngeren Generation heute eine beachtliche Renaissance neonationaler, rechtskonservativer politischer Tendenzen. Wenn eine Jugendgeneration neonationale und rechtskonservative Orientierungen besaß, so war es die Jugend Ende der vierziger, Anfang der fünfziger Jahre. Diese Jugend paßte in ihren politischen Auffassungen, die sich eng an die ältere Generation anlehnten, gut in das Klima der restaurativen Adenauer-Ära. Im Vergleich zur heutigen Jugend kann man die Generation der fünfziger Jahre als autoritär strukturiert ansehen: Sie vertrat vielfach autoritäre Staatsauffassungen: Starker Staat, Einparteiensystem. Vergleichweise autoritär waren auch die Erziehungsauffassungen; hoch die Zustimmung zur Prügelstrafe, zur Todesstrafe. Im Vergleich hierzu hat sich die Jugend der achtziger Jahre zu einer Generation von Demokraten — mit einem Spektrum hin zu Radikal- und Basisdemokraten — entwickelt.

In den fünfziger Jahren finden wir keine ausdifferenzierten Meinungsunterschiede zwischen der jüngeren und der älteren Generation. Erst in den sechziger Jahren begannen Kreise der Jüngeren — zunächst auf die akademische Jugend beschränkt — politische Überzeugungen zu entwickeln, die mit den von Erwachsenen vertretenen Mehrheitsmeinungen nicht mehr übereinstimmten. Vorläufiger Höhepunkt dieser Entwicklung zur generationsspezifischen Ausdifferenzierung politischer Überzeugungen ist die Verankerung einer Partei politischen Protestes, getragen von den sogenannten Jungwählern, im parlamentarischen System der Bundesrepublik.

Die Unterschiede zwischen jugendlicher und erwachsener Orientierung heute beziehen sich beispielsweise auf Sympathien für bestimmte Parteien, Anerkennung unkonventioneller politischer Handlungsformen, Auffassung davon, was alles unter den Begriff Politik fällt. (Zum Beispiel werden Umweltschutz, der Punk-Stil oder der Diskothekenbesuch von Jugendlichen vielfach als politische Fragen begriffen, nicht jedoch von Erwachsenen, die darin eher eine Angelegenheit persönlicher Lebensführung oder des Jugendschutzes sehen möchten.)

Die Jugendgeneration der achtziger Jahre ist im Vergleich zur Jugend der fünfziger Jahre politisch kritischer und anspruchsvoller. Die Generation der Eltern — Repräsentanten jener Fünfziger-Jahre-Jugend — ist in ihren politischen Anschauungen zwar gleichfalls mit den veränderten Zeitumständen „nachgewachsen“. Gleichwohl fallen Kritik und politischer Anspruch moderater als bei der heutigen Jugendgeneration aus.

Am auffälligsten hat die jugendliche Bereitschaft zur Kritik im Hinblick auf die Sicht der gesellschaftlichen Zukunft zugenommen. Die Generation der achtziger Jahre wechselte von einer optimistischen Befürwortung der Zukunft zur rückwärtsblickenden Skepsis. Allerdings: Bereits Anfang der fünfziger Jahre konstatierten zeitgenössische Beobachter bei Jung und Alt einen Verfall des aus dem 19. Jahrhundert überkommenen Fortschrittsoptimismus. Maßgebliche Jugendforscher folgerten seinerzeit, Jugend habe die Rolle einer Partei der Zukunft ausgespielt. Der Mythos Jugend, bis Mitte des 20. Jahrhunderts lebendig, basierte auf der Möglichkeit und dem Reiz „einer Position der Avantgarde ... Vortrupp wofür? Sollte die Jugend Vortrupp des Pessimismus, der Resignation, der Ohnmacht, der Angst sein?“ (Schelsky 1957, 133f)

In den achtziger Jahren haben Jugendliche die Erwachsenengeneration überholt, was pessimistische Einschätzung der gesellschaftlichen Zukunft angeht. Sie sind tatsächlich eine Avantgarde der Zukunftsskepsis und der Zukunftsangst geworden. Allerdings stellt der Zukunftspessimismus in den achtziger Jahren eine breite Zeitströmung dar, die von allen Altersgruppen mitgetragen wird. Die veränderte Rolle der Jugend fällt ins Auge, wenn wir die sechziger und den Anfang der siebziger Jahre zum Vergleich mit heranziehen, als Jugendliche deutlich optimistischer eingestellt waren als die ältere Generation. Im Verlauf der siebziger Jahre verfällt der Zukunftsoptimismus bei den Jugendlichen rascher als bei den Erwachsenen. Das gilt insbesondere bei den älteren (ab 20. Lebensjahr) und besser ausgebildeten Jugendlichen.

Die Zunahme kritischer Optionen in der heutigen Jugendgeneration hängt u.a. mit der lebensgeschichtlichen Vorverlagerung persönlicher Urteilsbildung zusammen. Sich eine eigene Meinung über gesellschaftliche und politische Fragen zu bilden und diese Meinung argumentativ vertreten zu können, gehört zu den „Entwicklungsaufgaben“, die sich altersmäßig vorverlagert haben. Zudem hat sich diese Anforderung auf alle Jugendlichen hin verallgemeinert. In den fünfziger Jahren wurde es beispielsweise bei jüngeren Mädchen gebilligt (wenn nicht erwartet), zu Politik und Gesellschaft „keine Meinung“ zu haben bzw. zu äußern. Das läßt sich u.a. aus dem hohen Anteil von Mädchen schließen, die auf entsprechende Fragen der Umfrageforschung keine Antwort wußten oder geben wollten. Das alltagskulturelle Pendant dieser Entwicklung ist die Vorverlagerung der Freiheit oder des sozialen Zwanges zur Bildung eines eigenständigen Gechmacks, sei es in Musik-, Kleidungs- oder

Einrichtungsfragen. Vorverlagerung und Verallgemeinerung der Geschmacks- und Meinungsbildung sind u.E. gewichtige Indikatoren für den historischen Stand der Individualisierung der Lebensphase Jugend.

Die Entwicklung der politischen Kultur in Westdeutschland (und Westeuropa) verlief in den sechziger und siebziger Jahren in Richtung vermehrter politischer Partizipation und Entfaltung politischer Kommunikation. Dieser allgemeine gesellschaftliche Wandel bedeutete für Jugendliche etwas anderes als für Erwachsene. Ins Auge fällt, daß sich die Chancen der Teilhabe Jugendlicher am offiziellen politischen System seit Ende der sechziger Jahre objektiv verbessert haben. Man denke etwa an die Herabsetzung des aktiven und passiven Wahlrechts von 21 auf 18 Jahre; oder auch an den Einzug der Grünen/Alternativen in das parlamentarische System mithilfe der jüngeren Wählergruppen. In diesem Punkt können wir eine Annäherung jugendlicher Handlungschancen im politischen Feld an die Handlungsmöglichkeiten des Erwachsenenalters konstatieren und damit eine tendenzielle Verschiebung in der politischen Machtbalance zwischen den Altersgruppen.

Entscheidender für Jugend der siebziger und achtziger Jahre dürfte jedoch die Erweiterung des legitimen Begriffs von Politik gewesen sein. In den letzten beiden Jahrzehnten entwickelte sich im Vorfeld etablierter Politik und Verwaltung ein vielschichtiges Netz von lokalen Initiativen, außerparlamentarischen Protestbewegungen, Selbsthilfeorganisationen mit je eigener Infrastruktur. Das erhöhte die Chancen für die Jüngeren, Politik in den Umkreis ihres experimentierenden, auf Identität und Utopie abzielenden Aktionsfeldes zu ziehen. Wir können von einer grundlegenden Politisierung des jugendlichen Moratoriums seit den sechziger Jahren sprechen. Die institutionelle Festigung und ideologische Absicherung der erweiterten politischen Kultur bildete ein Element der soziokulturellen Verselbständigung jugendlicher Alltagskultur.

Grenzen der Segmentierung sozialer Altersgruppen

Es wäre kurzschlüssig, aus den dargestellten Tendenzen zur Emanzipation der Lebensphase Jugend eine allgemeine und einlinig voranschreitende Verselbständigung dieser Altersgruppe und ihrer Kultur abzuleiten. Was die Frage einer Separierung der sozialen und kulturellen Welt der Jüngeren angeht, so sind mehrere historische

Bewegungen synchron zu sehen. Nur auf den ersten Blick weist alles darauf hin, daß die soziokulturelle Separierung von Jugend in den letzten Jahrzehnten zugenommen hat: Jugendlichen sind soziale Handlungsräume zugewachsen, in denen sie — unter Ausschluß erwachsener Akteure — Interessen und Handlungsmustern einer spezifischen Alterskultur nachgehen können. Beispiele solcher jugendspezifischer Handlungsräume finden sich auf der Ebene des privaten Wohnens (vom eigenen Jugendzimmer bis zur Wohngemeinschaft); des kommerziellen Freizeitsektors (vom Jugendlokal über die Diskothek bis hin zum Kino); des Jugendtourismus; der politischen Kultur (von der jugendbestimmten „Polit-Szene" bis zu spezifischen politischen Aktionsformen); des schul- und ausbildungsbezogenen Moratoriums. Parallel zur Ausdifferenzierung jugendspezifischer Handlungsräume erfolgte ein Zusammenschluß der Altersgleichen auf der Ebene symbolischer Räume. Jugendliche konstituieren eigenständige Zielgruppen für eine expandierende Vielfalt von Medienprogrammen, die — über die verschiedensten technischen Träger — die Alterskultur mit eigenen Bild- und Sprachzeichen versorgen, aus denen sich jugendspezifische Diskurse entfalten.

Dennoch verläuft die Entwicklung der letzten Jahrzehnte nicht gradlinig in Richtung einer wachsenden räumlich-physischen und symbolisch-kulturellen Segregierung der jugendlichen Altersgruppen. Vor allem zwei Gegenbewegungen verdienen Beachtung. Die historische Entfaltung einer medienvermittelten und mediengeleiteten Gesellschaft besorgt, so wie sie symbolische Segregierungsprozesse und damit einen spezifischen „Subkulturismus" des sozialen Raumes ermöglicht und verstärkt, tendenziell auch einen universellen Zusammenschluß aller Akteure und Gruppen. Am Beispiel der sozialen Altersgruppen erläutert: Genauso wie Kinder und Jugendliche, in ihrem eigenen Zimmer, vor dem individuellen Fernseher sitzend, Programme betrachten können, die auf ihre spezifische Alterskultur zugeschnitten sind, legt das Medium ihnen auch nahe, in die Programme Einblick zu nehmen, die für die Erwachsenen vorgesehen sind. Das Medium gestattet den Jüngeren symbolische Vorgriffe auf lebensgeschichtlich spätere Handlungsräume — und umgekehrt: Die Älteren können sich in die verlorenen Handlungsräume der Kindheit und Jugend qua Bild- und Sprachsymbol zurückversetzen. Bei voranschreitender physisch-räumlicher Segmentierung alterspezifischer Handlungsorte vermitteln Medien folglich eine Art Stellvertreter-Präsenz. Jüngere wie Ältere können sich bei Bedarf und in freier Verfügung in das jeweils andere Handlungsfeld ,,einschalten" und symbolisch daran partizipieren.

Auch die Aussage zur sozialen Entflechtung der Handlungsorte von Jüngeren und Älteren ist präziser zu fassen. Korrekt ist, daß Jugendliche und Erwachsene seltener als früher im Rahmen der Ortsgesellschaft auf gemeinsamen Handlungsbühnen zusammentreffen. Dies heißt jedoch nicht, daß die Jüngeren und deren separate Handlungsorte wirklich gegenüber der Erwachsenengesellschaft ,,freigesetzt" sind. An die Stelle eines informellen Kommunikations- und Kontaktnetzes, an dem breite Gruppen der Erwachsenengesellschaft beteiligt waren, sind Expertenkontakte getreten. Kommunikation mit und Kontrolle der jüngeren Generation sind an diese erwachsenen Spezialistengruppe delegiert worden. Nicht nur die Bildungseinrichtungen, auch die zentralen Orte von Jugendkultur werden von bestimmten hierfür legitimierten Berufsgruppen direkt wie indirekt geleitet. Ähnlich wie im Fall der Medien wird folglich der Prozeß der räumlichen Segregierung der Altersgruppen von der Genese neuartiger sozialer Mittlergruppen und -institutionen begleitet.

Die historisch neue Konfiguration bringt eine Reihe von Wandlungen im Verhältnis der sozialen Altersgruppen und Generationen mit sich, die eine eigenständige Untersuchung erfordern würden. Einige Gesichtspunkte, die direkt mit unserem Zeitvergleich fünfziger — achtziger Jahre zusammenhängen, seien kurz angeführt.

— Mit der professionellen Qualifizierung von Experten für den direkten Umgang von Jüngeren und Älteren gehen notwendigerweise Prozesse der Dequalifizierung der übrigen Erwachsenen einher.
— Das Defizit an direktem Umgang zwischen Jüngeren und Älteren wird durch Medien als symbolische Mittler aufgegriffen und bearbeitet. So wird beispielsweise die Auseinandersetzung zwischen den Generationen mittels eines öffentlichen Mediendialogs geführt, der für alle Angehörigen der beiden Altersgruppen zugänglich ist.
— Die sozialen Abhängigkeiten von Jugend verlagern sich unter den Bedingungen der neuen Konfiguration. Im älteren Modell sind die Jüngeren vielfachem direktem Zugriff der erwachsenen Ortsgesellschaft ausgesetzt. Jugendliche genießen — als grundsätzlich schwächerer Teil — durch segregierte Handlungsorte einen stärkeren Schutz vor Übergriffen und Zumutungen der Älteren. Auf der anderen Seite entstehen neuartige Abhängigkeiten

von der Gruppe der legitimierten erwachsenen „Wächter“ und von den Institutionen und Interessen, die diese repräsentieren. Offenkundig werden solche Abhängigkeiten im Fall der jugendbestimmenden Bildungseinrichtungen oder in Richtung der kommerziellen Medien- und Vergnügungskultur, die sich auf Jugend als Zielgruppe spezialisiert hat.

— Die Gruppe der professionellen Vermittler zwischen jüngerer und älterer Generation konstituiert neue Maßstäbe für legitime Umgangs- und Kommunikationsformen zwischen den Altersgruppen. Als Sachwalter legitimer Kultur gestalten sie beispielsweise maßgeblich die „Spielregeln“ mit, die für die Austragung von Konflikten gelten sollen; oder sie kontrollieren die Entstehung und Verbreitung sozialer Stereotype für die jeweils andere Gruppe.

Neubilanzierung der Macht

Zwischen den fünfziger und achtziger Jahren läßt sich eine Verschiebung der Machtbalance zwischen Jugendlichen und Erwachsenen konstatieren. Im Vergleich zur damaligen Jugendgeneration verfügen heutige Jugendliche über mehr Quellen gesellschaftlicher Macht, die sie gegenüber der Altersgruppe der Erwachsenen einsetzen können. Mit dem Bild der Machtbalance soll nicht ausgedrückt werden, daß Jugendliche und Erwachsene gleich viel und gleich gewichtige gesellschaftliche Ressourcen zu ihren Gunsten in die Waagschale werfen könnten. Allerdings soll behauptet werden, daß sich die Machtunterschiede zugunsten der älteren Generation in den letzten Jahrzehnten verringert haben.

Welche Belege können wir für diese Behauptung ins Feld führen? Beschränken wir uns auf Ergebnisse der eigenen Vergleichsuntersuchungen, so weisen folgende Tendenzen in die angegebene Richtung:

— Die Schwelle, um ökonomische Selbständigkeit zu erreichen, ist in den letzten Jahrzehnten niedriger geworden. Dazu hat zum einen die Besserstellung der Elternökonomie beigetragen. Jugendliche sind weniger als noch in den fünfziger Jahren gehalten, die ersten Berufsjahre etwas zum Familienbudget beizutragen. Auf der anderen Seite hat sich der Standard des Lebens soweit verbilligt, daß Jüngere selbst ohne festes Einkommen (dauerhafte Ganztagsstelle) unter gewissen Einschränkungen zu leben vermögen, beispielsweise durch eine Kombination von Jobtätigkeit, elterlicher und staatlicher Unterstützung. Der Eintritt in die erste berufliche Stellung ist meistenteils gleichbedeutend mit der Möglichkeit, künftig selbst für den eigenen Lebensunterhalt aufzukommen. In der Vergangenheit wurde dieser Fixpunkt vielfach erst nach mehreren Jahren Berufstätigkeit erreicht.

— Die Möglichkeiten, außerhalb und unabhängig vom elterlichen Haushalt zu wohnen, haben sich ökonomisch wie kulturell vervielfacht. Ein ausdifferenziertes Spektrum von Wohnmöglichkeiten, insbesondere alle Arten von Wohngemeinschaften, stehen Jugendlichen heute als Optionen zur Verfügung.

— Jugendliche der achtziger Jahre erlangen früher als ihre Altersgenossen in den fünfziger Jahren gewisse Bürgerrechte, so wie sich generell die Rechtsposition der Jüngeren verbessert hat. Dazu zählen beispielsweise die Vorverlagerung bestimmter Mündigkeitstermine wie das aktive und passive Wahlrecht. Dazu sind aber auch juristisch nicht codifizierte ,,Bürgerrechte" wie der Zugang zu gewissen Alltagsgenüssen zu rechnen (Beispiel Rauchen, Trinken, Genußmittel allgemein).

— Unter den Bedingungen einer raschen Verallgemeinerung weiterführender Bildungs- und Ausbildungslaufbahnen im Jugendalter hat sich in den letzten beiden Jahrzehnten ein gravierendes Bildungsgefälle zwischen jüngerer und älterer Generation herausgebildet. Jugendliche verfügen über ein ausgedehnteres, verwissenschaftlichtes Bildungswissen und über ein Plus an formalen Bildungstiteln.

— Im System der sozialen und kulturellen Reproduktion der Gesellschaft nimmt die Jugendphase heute eine wichtigere Position als in den fünfziger Jahren ein. Die Aufwertung der Lebensphase Jugend als Zeit des Erwerbs kulturellen Kapitals korrespondiert mit einer Abwertung des Erwachsenenstatus, der zunehmend zum Um- und Weiterlernen freigegeben ist. Damit verwischen sich die sozialen Altersrollen in ihrer soziokulturellen Bedeutung. Die Frage, welche Gruppe von der anderen etwas zu lernen habe, gestaltet sich zunehmend offen. Zählen die kulturellen Traditionen, die die ältere Generation an die jüngere weitergeben kann, weiterhin mehr als die modernisierten Handlungspraxen und Wissenbestände, die die Jugendgeneration den Älteren anzubieten hat? Die Anpassungsleistungen, die der teilweise dramatische soziokulturelle Wandel den Erwachsenen abverlangt, werden Eltern jedenfalls maßgeblich auch durch die eigenen Kinder, als Kinder und als Jugendliche, übermittelt.

— Die gesellschaftliche Aufwertung der Jugendphase im System der sozialen Altersklassen zeigt sich u.a. in „Jugendlichkeit" als Norm und Wert.

— Jugendliche der achtziger Jahre verselbständigen sich früher als ihre Altersgenossen in den fünfziger Jahren als Persönlichkeiten. Die psychosoziale und kulturelle Selbständigkeit der Jugendlichen heute läßt sich in verschiedenen Bereichen der Persönlichkeitsentwicklung nachweisen: In der Entwicklung eines eigenen Systems von Geschmacksurteilen; in der moralischen und politischen Urteilsfähigkeit (Entwicklung einer individuellen ideologischen Position); im Erwerb gewisser alltagspraktischer (z.B. Konsum) oder bürgerbezogener (z.B. politische Partizipation) Handlungskompetenzen; im Eingehen gegengeschlechtlicher Liebesbeziehungen usw. Während die Lebensphase Jugend in den fünfziger Jahren gewöhnlich damit ausgefüllt war, die genannten „Entwicklungsaufgaben" zu meistern, bringen Angehörige der heutigen Jugendgeneration diese personbezogenen Qualitäten nicht selten bereits als entwickeltes Erbe der Kindheit und Pubertät in diese Lebensphase mit ein.

— Die affektiven Abhängigkeiten zwischen jüngerer und älterer Generation entwickeln sich allem Anschein nach in entgegengesetzer Richtung. Während Jugendliche in wachsendem Maße von Eltern und anderen Autoritäten der Erwachsenenwelt unabhängig werden, nehmen die sozialen und Gefühlsbindungen der älteren Generation zu. Während beispielsweise Jugendliche der fünfziger Jahre typischerweise auf den persönlichen Rat und Zuspruch der Eltern oder anderer nahestehender Erwachsener angewiesen waren, sind ihnen unter den Gleichaltrigen vielfache Ratgeber zugewachsen, die das elterliche Monopol brechen. Dazu zählen neben Freundesgruppen, Geschwistern und gleichgeschlechtlichen Freunden insbesondere die gegengeschlechtlichen Freundschaften, die vielfach die Qualität enger Paarbeziehungen erreichen. Auf der Gegenseite suchen Eltern — insbesondere Alleinerziehende und Mütter — verstärkt den Rat und Schutz ihrer jugendlichen Kinder, die in den Rang von Freunden/Freundinnen oder Quasi-Partnern gehoben werden.

Die Einschätzung, daß seit Mitte des 20. Jahrhunderts eine Neubilanzierung der Macht zugunsten der jüngeren Generation stattgefunden habe, bezieht sich implizit auf zwei machttheoretische Konzeptionen. Wir möchten diese hier kurz nennen, ohne damit den Anspruch auf Darstellung oder kritische Würdigung dieser Theorien zu verfolgen. Auf der einen Seite läßt sich die veränderte Machtbalance im Rahmen der Machtkonzeption eines N. Elias (1939/1981) (vgl. Gleichmann 1977; 1984) abbilden. Dabei wird — in theoretisch synthetisierender Absicht — zwischen verschiedenen Machtquellen wie Orientierungsmacht, affektive Macht, ökonomische Macht unterschieden. Die je verfügbaren Quellen der Macht lassen sich relational einsetzen, um den jeweils anderen (Personen; Gruppen usw.) zu ,,binden". Unter modifizierter — nicht gänzlich veränderter — Perspektive unterscheidet P. Bourdieu (1983; 1985) einzelne ,,Kapital"ressourcen, die sich zu dem Zweck verwenden lassen, die eigene Position im sozialen und kulturellen Raum der ,,Klassen" zu behaupten oder zu verändern. Im Rahmen dieser Konzeption ist beispielsweise von Interesse, in welchem Ausmaß die einzelnen sozialen Altersgruppen über ökonomisches, kulturelles, soziales, aber auch psychologisches ,,Kapital" verfügen, um ihre Position im Raum der Klassengesellschaft zu behaupten. Dabei spielt das relative Gewicht, das einzelnen Kapitalsorten bei der gesellschaftlichen Reproduktion zu einem historischen Zeitpunkt zufällt, eine nicht unwesentliche Rolle. So schlägt im Fall der Lebensphase Jugend insbesondere zu Buche, daß sich seit den fünfziger Jahren die Bedeutung des Erwerbs kulturellen Kapitals (als personbezogene Bildung oder als Bildungstitel) für alle sozialen Klassen erhöht hat. Die Aufwertung der sozialen Altersgruppe Jugend hängt demzufolge wesentlich mit einer Verlagerung der gesellschaftlichen Reproduktionsstrategien von der Weitergabe ökonomischen Kapitals auf die Aneignung und soziale Vererbung kulturellen Kapitals an die nächste Generation zusammen. Die Jugendphase nimmt in dieser modernisierten Reproduktionsstrategie, die sich im Kontext des Dienstleistungskapitalismus entwickelte, eine Schlüsselstellung ein.

Unbeschadet der sich abzeichnenden Tendenz, dem Erwerb und Besitz kulturellen Kapitals einen höheren Rang als Machtressource zuzuweisen, als dies in der Vergangenheit der Fall war, bleibt das relative bzw. letztlich ausschlaggebende Gewicht des ökonomischen Kapitals auch unter den Bedingungen der postindustriellen Dienstleistungsgesellschaft bestehen. Unter diesem Gesichtspunkt bedeutet die gegenwärtig sich abzeichnende Ausgliederung der Lebensphase Jugend aus dem Arbeitsprozeß und dem damit verbundenen Gelderwerb gewiß eine relative Schwächung jugendlicher Lebenslage. Allerdings sind wir der Auffasssung, daß die Ausgliederung

Jugendlicher aus dem (Lohn-)Arbeitsprozeß im Sinne der Machttheorie durch den Zugewinn an anderen Ressourcen mehr als wettgemacht wird. Neben den oben angeführtn Entwicklungstendenzen gilt es vor allem folgendes zu berücksichtigen: Der Zugewinn der Lebenslage Jugend — und dies gilt in allen sozialen Klassen und Klassenfraktionen — als Medium und Motor gesellschaftlicher Reproduktion sichert Jugendlichen einen gewissen Anteil am ökonomischen Mehrprodukt der Gesellschaft auch ohne eigene Erwerbsarbeit. Gleichzeitig ermöglicht die Freisetzung von Erwerbsarbeit Jugendlichen, im sozialen und kulturellen Kapitalbereich langfristige ,,Investitionen" zu tätigen, die nicht erst in der Zukunft, sondern bereits für die jugendliche Gegenwart — im Rahmen eines gesellschaftlich geschützten und wertgeschätzten Moratoriums — positiv zu Buche schlagen.

Jugendkulturelle Räume und Reproduktion sozialer Klassengesellschaft

Die Überlegungen zur relativen Aufwertung der Lebensphase Jugend haben nicht nur für das bildungsbezogene, sondern ebenso für das jugendkulturell geprägte Moratorium ihre Gültigkeit. Über dem Feld der Bildungs- und Ausbildungslaufbahnen darf das freizeitkulturelle Betätigungsfeld in seiner Bedeutung für die klassenspezifische Reproduktion und die Entfaltung jugendspezifischer Macht nicht aus den Augen verloren werden. Im Vergleich zur scharfsinnigen Optik, die Bildungsforscher seit den 60er Jahren für die soziale Reproduktion der Klassengesellschaft mittels Schul- und Ausbildungskarrieren entwickelt haben, steht eine entsprechende Analyse für den Bereich der Freizeit- und Konsum,,karrieren" noch aus. Die eindringlichen Analysen der französischen Schule der Kultur- und Bildungssoziologie um P. Bourdieu kreisen nahezu ausschließlich um Bildungsinstitutionen oder um die klassenspezifische Freizeitkultur in der Erwachsenengesellschaft (Bourdieu 1970; Bourdieu/Passeron 1971; Bourdieu 1973; Bourdieu 1982; 1983; Bourdieu/Boltanski u.a. 1981). Ähnliches läßt sich sogar für die von den Birminghamer Subkulturforschern (CCCS) vorgelegten Analysen zur Reproduktion männlicher Arbeiterkultur sagen. Zum Beispiel konzentriert sich das von P. Wilis (1978) entwickelte Modell in erster Linie um oppositionelle Hauptschülerkultur, handelt also von Jugendlichen innerhalb des Bildungssystems.

Kulturelles Kapital wird im Freizeit- und Konsumsektor in drei verschiedenen Existenzweisen durch Jugendliche angeeignet. Als Besitz von Konsumgegenständen; als Titel und als der Persönlichkeit inkorporiertes Kapital. Gewiß macht das Gewicht, das im Freizeitsektor der Konsumtion materieller Güter zukommt, einen Unterschied zum dominanten Bildungssektor aus. Darüber sollte jedoch nicht vergessen werden, daß die etablierte Freizeitkultur gleichfalls vielfältige kulturelle ,,Adelstitel" für die Jugendlichen bereithält, die man im Rahmen von Wettbewerben und langfristigen Laufbahnen erwerben kann. Der institutionell am stärksten ausgearbeitete Bereich ist dabei das moderne Sportsystem, dessen Aktive ja in erster Linie Jugendliche sind. Meisterschaften, Ausscheidungskämpfe, vereinsinterne Laufbahnen, Pokale usw. zeugen von der Vielfalt der Möglichkeiten, ,,Sporttitel" als eine institutionalisierte Form kulturellen Kapitals zu erwerben. Ähnliche Entwicklungen sind im Bereich des Musikbetriebes oder auch bei Neuer Technologie (Computer) usw. zu beobachten.

Das dritte Moment, Erwerb persönlicher kultureller Kompetenzen, ist nicht nur im Bereich von Hochkultur und Weiterbildung zu beobachten, die ja gleichfalls integraler Bestandteil des entwickelten Freizeitsystems ist, sondern ebenso im Feld kommerzieller Massenkultur. Man denke bei letzterer etwa an die musikalische Geschmacksbildung und die musikalischen Praxen im Bereich von Popularmusik. Jugendkulturelle Ausdrucksformen und Institutionen der jugendlichen Massenkultur müssen daher auf ihre Bedeutung für Jugend wie für die Reproduktion der Klassengesellschaft hin untersucht werden, auch und gerade wenn sie sich autonom und unabhängig vom Positionskampf der sozialen Klassen in der Erwachsenengesellschaft geben (Zinnecker 1986). Festzuhalten ist nicht zuletzt die Bedeutung, die der voranschreitenden Durchdringung des bürgerlichen Hochbegriffs von Jugend mit Elementen kommerzieller Massenkultur für eine Neudefinition des herrschenden Modells von Jugend zufällt. Handelte es sich — wie im 1. Teil des Buches gezeigt — in den 50er Jahren zunächst um eine ausschließliche Komplizenschaft von lohnabhängigen Unterschichten mit der aufkommenden Kulturindustrie für den jugendlichen Markt, erweiterte sich im Verlauf der 60er und 70er Jahre der Kreis der Interessenten und Partizipanten um kleinbürgerliche und bürgerliche Jugendschichten. Eine der Folgen war die Einbeziehung gewisser Elemente von kommerziell gebundener Jugendkultur in den herrschenden Begriff von Jugend.

Spannungen zwischen den Generationen

Die Überlegungen und Ergebnisse zur historischen Neubilanzierung der Macht zwischen den sozialen Altersgruppen mögen ein traditionsbelastetes Thema der politischen und kulturellen Jugendtheorie, die Gegensätze zwischen den Generationen, neu beleben. Wir möchten, um diese Möglichkeit zu illustrieren, auf die beiden folgenden generellen Tendenzen im Spannungsverhältnis jüngerer und älterer Generation aufmerksam machen (Fischer, Fuchs, Zinnecker 1985, Bd. 1):

— Umverlagerung der Spannungen und Konflikte von Personen der Nah- auf Personen der Fernwelt;
— Dämpfung der wechselseitigen sozialen Affekte und Rationalisierung des Diskurses zwischen den Generationen.

Jugendliche verlagern ihre Konflikte tendenziell von Eltern, Verwandten, Nachbarn und anderen Vertretern der primären Nahwelt auf Repräsentanten von Institutionen und deren Macht: Politiker, Polizisten, Industriemanager usw. Die persönlich bekannten und vertrauten Erwachsenen rücken in größere emotionale Nähe, sind u.U. Teil der als bedroht erlebten Nestwärme des Privaten. Eine solche Entwicklung durchlaufen insbesondere die Beziehungen Jugendlicher zu den Eltern, die in wachsendem Maße als persönliche Partnerbeziehungen gelebt werden. (Besonders auffällig in der historischen Entwicklung der Mutterbeziehungen von Söhnen und Töchtern.) Auf der anderen Seite konzentrieren sich die Spannungsverhältnisse zwischen den Generationen auf eine Kritik der anonymen, übermächtigen Erwachsenen-Institutionen als Teil der als kalt und feindselig erlebten Außenwelt. Die Kämpfe und Konflikte zwischen den Altersgruppen werden ins Medium des allgemeinen politischen Diskurses transformiert.

Das Spiegelbild zur jugendlichen Umorientierung finden wir bei Erwachsenen. Während in den fünfziger Jahren vielfach der eigene Nachwuchs bzw. lokal bekannte Jugendliche Gegenstand der Kritik und Ablehnung waren, halten sich Erwachsene in den achtziger Jahren vermehrt an fremde Jugendliche. Bevorzugt werden insbesondere öffentlich in Erscheinung tretende Gruppen von Jugendlichen wie Rocker, Punks, Hausbesetzer, Fußballfans usw., deren medienvermittelte Botschaften von Gewalt, Widersetzlichkeit, ästhetischer Häßlichkeit und gesellschaftlichem Protest zum Gegenstand der Auseinandersetzung und Ablehnung genommen werden.

Als zweite Tendenz läßt sich die Dämpfung offen artikulierter Vorbehalte und Feindseligkeiten konstatieren. Im Vergleich zwischen fünfziger und achtziger Jahren ist offen artikulierte und vorurteilsgeladene Jugendfeindlichkeit zurückgegangen. Erwachsene heute formulieren im allgemeinen vorsichtiger, verständnisvoller als seinerzeit, wenn sie über Jugend urteilen oder mit Jugend reden. Eine ähnliche Tendenz läßt sich beobachten, wenn wir die Mediendiskurse über Jugend in den fünfziger und achtziger Jahren miteinander vergleichen.

Erwachsene der fünfziger Jahre scheuten sich beispielsweise nicht, im Rahmen von Umfragen ihren vorwiegend ungünstigen Eindruck ,,von den jungen Menschen heute“ zu Protokoll zu geben. Erwachsene der achtziger Jahre antworten auf die gleiche Frage mehrheitlich mit positiven Eindrücken von der jüngeren Generation.

Handfeste Beschimpfungen in den Medien finden wir in den Jahren der ,,Halbstarkenkrawalle“ (1956), die in gewissen Kreisen und Medien hysterische Reaktionen und Diffamierungen hervorriefen. Erinnert sei auch an die rassistische Diffamierung jugendkultureller Tanzmusik (Jazz, Boogie) als ,,Negermusik“ (ein im Nationalsozialismus propagierter Begriff).

Natürlich sind Erwachsene wie Jugendliche auch heute in hohem Maße kritikbereit. Aber sie kritisieren nicht nur die andere Generation für ihre Fehler, sondern vermehrt auch die eigenen Altersgenossen. In diesem Zusammenhang ist interesssant, daß Erwachsene heute sich häufiger untereinander für ihr Verhalten und ihre Einstellung kritisieren, als daß sie die jüngere Generation beschuldigen. So neigt man dazu, sich gegenseitig die Schuld zuzuschreiben, wenn es mit der jüngeren Generation nicht wie gewünscht ,,läuft“. (Man wirft sich z.B. gegenseitig eine gewisse Vernachlässigung und eine zu große Nachgiebigkeit vor). Das Pendant auf der Jugendseite: Die schärfsten und witzigsten Kritiker der Jugendszene und der kommerziellen Jugendkultur finden sich unter den Jugendlichen selbst.

Alles in allem entsteht der Eindruck, daß sich zwischen 1950 und 1985 die Möglichkeiten für Erwachsene verringert haben, die jüngere Generation als Aggressions-Ventil koder Projektionsleinwand für gesellschaftliche oder persönliche Unzufriedenheit zu verwenden. Es ist in diesem, wie übrigens auch in anderen Bereichen gesellschaftlicher Gruppenspannungen, schwieriger geworden, die verbalen Aggressionen gegenüber der Fremdgruppe zum Ausdruck zu bringen.

Dies gilt um so mehr dort, wo sich, wie im Fall der Jugend, die gesellschaftlichen Statusunterschiede einander angeglichen haben. Die soziale Legitimierung offen artikulierter verbaler Aggression gegenüber einer Fremdgruppe läßt sich ja als Indikator für ein ausgeprägtes soziales Machtgefälle ansehen. In diesem Punkt stellt sich die historische Entwicklung etwas anders dar, wenn wir die Seite der Jugendlichen ins Blickfeld rücken. Für Jugendliche haben sich in den letzten Jahrzehnten die Möglichkeiten verbesssert, sich im privaten und öffentlichen Diskurs gegenüber der Gruppe der Erwachsenen zu behaupten. Offen artikulierte Vorbehalte der Jüngeren gegenüber den Älteren sind heute häufiger als in den fünfziger Jahren anzutreffen.

Die skizzierte Dämpfung und Versachlichung des Konflikt-Diskurses zwischen den Generationen darf nicht zu dem Fehlurteil verleiten, als wären die Spannungen selbst damit annulliert. Ein solcher Eindruck widerspräche im ürigen auch dem Selbstverständnis von Jugendlichen und Erwachsenen der achtziger Jahre. Die überwältigende Mehrheit, jeweils drei Viertel der Erwachsenen und der Jugendlichen, sehen einen Gegensatz der Generationen — heute wie in den fünfziger Jahren. Die Meinungen darüber, ob damals oder heute der Konflikt stärker war, halten sich in etwa die Waage.

Jugend — Statthalter des Öffentlichen?

Ein Geheimnis der gestiegenen Bedeutung der Lebensphase Jugend dürfte darin bestehen, daß Jugendliche zu Statthaltern des Allgemeinen und Öffentlichen in einer Gesellschaft geworden sind, die auf dem Wege zur Privatisierung und Partikualisierung des Handelns und der Orientierung sich befindet. Im Schlußkapitel sollen einige Resultate des historischen Vergleichs von Jugendgenerationen mitgeteilt werden, die zu diesem Thema etwas beizutragen vermögen. Der Gegenstand dieser Debatte ist umstritten und mit erheblichen ideologischen Vorbehalten und utopischen Hoffnungen befrachtet. In regelmäßigen — besser: in konjunkturell bedingten — Abständen melden Medien und Jugendforscher, daß die gerade aktuelle Jugendgeneration sich isoliere und dem Privaten zuneige. Die Aufmerksamkeit, die das Thema erfährt, verrät etwas von dem damit verbundenen Zwiespalt. Auf der einen Seite mag sich die ältere Generation bei dem Gedanken beruhigen, daß auch die Jüngeren nicht vermögen, den Bann des Privatisierens und der Hingabe an das persönliche Eigeninteresse zu durchbrechen. Andererseits klingt Enttäuschung in den Meldungen durch: Hatte man doch — hatten bestimmte Gruppen — gerade von dieser Generation Anstöße für die Bewältigung zentraler ungelöster Zukunftsaufgaben der Gesellschaft erhofft.

Die empirischen Vergleiche, die im folgenden besprochen werden, umfassen nicht alle Gesichtspunkte, die notwendig wären, um zu einem realitätsgerechten Urteil zu gelangen. Sie beleuchten insbesondere die jugendliche Öffentlichkeit im vorpolitischen Raum. Über die politische Relevanz, die wir dem erweiterten jugendlichen Moratorium zumessen, wurde weiter oben das Nötige bereits geschrieben. Möglichkeiten wie Grenzen des Beitrages, den Angehörige der Lebensphase Jugend zu einer Bewältigung gesellschaftlicher Zukunftsaufgaben zu leisten vermögen, ergeben sich, wie dargelegt, in erster Linie als Folge der Freisetzung aus dem arbeitsteilig segmentierten Erwerbsprozeß und aus dem jugendkulturellen Bündnis mit Repräsentanten postindustrieller Dienstleistungsökonomie. Aus einer solchen Einschätzung läßt sich mit einer gewissen Zwangsläufigkeit schlußfolgern, daß der Anspruch der jüngeren Generation, Repräsentant des gesellschaftlichen Allgemeinen und zukunftsbezogener Öffentlichkeit zu sein, ideologisch befrachtet ist. Das Ideologische erwächst — grob vereinfacht — aus der Kampfsituation der sozialen Altersgruppe, die sich gegenüber herrschenden Altersfraktionen im gesellschaftlichen Raum behaupten muß. Der Rekurs auf Zukunft, Öffentlichkeit und allgemeines Interesse erhöht die Legitimität jugendlichen Handelns und stellt die Legitimität des vorwaltenden Erwachsenenhandelns in Frage.

Die jugendliche Kampfposition ist darüber hinaus alles andere als klassen-neutral. Wie der derzeit herrschende Jugendbegriff generell, repräsentieren politische Bewegungen unter den Jüngeren in erster Linie „kulturelle" Klassenfraktionen: Jugendliche handeln — nach dem Stellvertreterprinzip — letztlich als Delegierte bildungsbürgerlicher oder kleinbürgerlicher Intelligenz (vgl. Bourdieu 1982; Zinnecker 1986). Der Angriff richtet sich gegen die „andere Seite" des gesellschaftlichen Klassenraumes, gegen die traditionalen Repräsentanten ökonomischer Macht. Dieser etwas komplizierte Gedankengang kann hier nicht weiter ausgeführt werden, sollte aber gleichwohl vorab notiert werden, um eine Einschätzung der folgenden Ausführungen zu erleichtern.

Individualisierung sozialer Bindungen

Eine vielfach populäre Vorstellung besagt, daß die heutige Lebensweise, insbesondere die urbane, durch soziale Isolierung gekennzeichnet sei. Entspechend dieser kulturkritischen Einschätzung müßte Jugend der fünfziger Jahre stärker in soziale Beziehungsnetze eingebunden gewesen sein als Jugend heute. Um diesem Bild Überzeugungskraft zu verleihen, können wir die größere Geschwisterzahl, die enge territoriale Nachbarschaft der Nachkriegsjahre, jugendliche Straßengemeinschaften, die stärkere Bindekraft traditionaler Milieus — z.B. die lokale Kirchengemeinde -- oder den weniger entwickelten privaten Medienkonsum (TV) beschwören. Die Vergleichsdaten aus Jugend- und Bevölkerungsumfragen weisen eher auf eine gegenteilige Entwicklungstendenz hin. In den letzten drei Jahrzehnten wuchs die Einbindung Jugendlicher wie Erwachsener in soziale Beziehungsnetze. Allerdings hat sich die Struktur der sozialen Bindungen im gleichen Zeitraum verändert. Was der kulturpessimistische common sense als soziale Atomisierung wahrnimmt, stellt sich bei Lichte besehen als Aspekt der Individualisierung sozialer Beziehungen heraus.

Mit dem Begriff Individualisierung möchten wir auf das Gemeinsame einiger Entwicklungstendenzen jugendlichen Soziallebens hinweisen. Ganz allgemein bezeichnet Individualisierung die Tendenz, soziale Beziehungen — gleich welcher Art — eher aufgrund einer persönlichen Option und weniger aufgrund soziokultureller Überlieferung einzugehen (Beck 1983). Die Möglichkeit bzw. der Zwang hierzu erwächst aus der Lockerung oder Auflösung traditionaler soziokultureller Milieus — nicht nur im Erwachsenenleben, sondern bereits im kindlichen und jugendlichen Lebensraum. Im Vergleich zu den achtziger Jahren wuchsen Jugendliche der fünfziger Jahre in viele soziale Institutionen am Ort hinein, ohne daß es dazu ausdrücklicher Entscheidungen ihrerseits bedurft hätte oder daß eine solche Entscheidung überhaupt möglich war. Zu solchen vorgegebenen Einrichtungen gehörten die Nachbarschaftsschule, die informellen Haus-, Straßen- oder Ortscliquen der Heranwachsenden, im ländlichen Bereich das elterliche Berufsmilieu, die Geschwistergruppe, Vereine mit lokaler Tradition/Funktion, die Jugendgruppe der örtlichen Kirchengemeinde u.ä.

In den achtziger Jahren spielen solche ortsgebundenen Alterstraditionen eine weit geringere Rolle. Zugehörigkeiten zu sozialen Bezugsgruppen entstehen mehr aus erworbenen und persongebundenen Eigenschaften als aus zugeschriebenen Orts- und Milieukennzeichen. Zentral für solche individualisierten Optionen sind lebensgeschichtlich angeeignete Interessen und Aktionsfelder, Sympathie und Antipathie erregende Persönlichkeitsmerkmale. Gewiß sind Interessen, Fähigkeiten und Charakterzüge, so personbezogen sie sich auf den ersten Blick geben, nicht ohne Bezug auf ihre Herkunft im sozialen Raum — z.B. klassen- oder geschlechtsbezogen — zu denken. Gleichwohl drückt sich in ihnen das Herkunftmilieu nicht mehr unmittelbar aus, sondern als soziokulturelles Kapital, das sich eine Person angeeignet hat.

Ist das Mißverständnis bzw. das kulturpessimistisch motivierte Vorurteil, eine Individualisierung sozialer Beziehungen sei gleichzusetzen mit sozialer Isolierung oder „Atomisierung" der Akteure, erst einmal ausgeräumt, wird der Blick frei für eine angemessene Beschreibung der Entwicklungstendenzen im sozialen Handlungsraum Jugendlicher. Folgen wir den Ergebnissen der eigenen Vergleichsuntersuchungen, so stellen sich die Jugendlichen der fünfziger Jahre einerseits als (vergleichsweise) fest in traditionale Sozialgruppen einbezogen dar. Bei diesen Sozialkontakten handelte es sich aber nicht selten um konventionelle Bindungen und um Zwangsgemeinschaften, die nicht verhindern konnten, daß ein erheblicher Prozentsatz der Jugendlichen sich einsam und mit seinen

Entwicklungsproblemen alleingelassen fühlte. Im Vergleich hierzu bieten Jugendliche der achtziger Jahre ein Bild individualisierter ,,Einzelkämpfer". Sieht man näher zu, entdeckt man hochentwickelte Sozialnetze, die gewöhnlich (eines oder mehrere) emotionale Zentren besitzen, die die persönliche Identität der Jugendlichen nicht ausschließen, sondern ausdrücklich mit einbeziehen.

Um die globale Typologisierung der beiden historischen Jugendgenerationen nicht zu überzeichnen, seien im weiteren Einzelergebnisse der Vergleichsstudien zusammengefaßt, die das Bild differenzieren mögen (Fischer, Fuchs, Zinnecker 1985 und 2. Teil dieses Buches).

Unter heutigen Jugendlichen und Erwachsenen finden wir weniger Einzelgänger als in den fünfziger Jahren. Beide Altersgruppen sind in den achtziger Jahren geselliger ausgerichtet und sie besitzen mehr Personen, mit denen sie Probleme, Krisen, Einsamkeiten bereden und Emotionen auffangen können. Das Ideal der deutschen Einsamkeit, ein vieldiskutiertes Phänomen der westdeutschen Nachkriegszeit, hat an Wert verloren, besonders bei Männern. Auch der ,,echte Mann" löst seine Probleme in den achtziger Jahren nicht mehr allein, er bespricht sie — und zwar mit seiner Freundin oder Partnerin.

Der Stellenwert, den Einzelbeschäftigungen und gesellige Freizeitaktivitäten im Zeitbudget der Jugendlichen einnehmen, hat sich im Berichtszeitraum ausgetauscht. Während Jugendliche der fünfziger Jahre mehr auf Aktivitäten zurückgriffen, die allein ausgeübt werden, bevorzugen Jugendliche der achtziger Jahre eine Freizeit, die sozial gerahmt ist. Voraussetzung hierfür ist u.a., daß die frei verfügbare Zeit (an Werktagen) sowie das zur Verfügung stehende Taschengeld sich erhöht haben, was soziale Unternehmungen begünstigt.

Die in großen Organisationen und Verbänden virulente Befürchtung, daß Jugendliche mit dem Entstehen eines relativ eigenständigen jugendkulturellen Sektors die große Flucht aus den Institutionen der Erwachsenengesellschaft angetreten hätten, ist in historischer Perspektive unberechtigt. Jugendliche der achtziger Jahre sind zahlreicher in Vereinen und Organisationen tätig, als dies die Jugendgenerationen der fünfziger Jahre war. In den fünfziger Jahren sind ein Drittel der Jugendlichen organisiert; in den achtziger Jahren sind es mehr als die Hälfte. Wie aus Vergleichsdaten hervorgeht, hat das Ausmaß sozialen Organisiertseins auch unter den Erwachsenen zugenommen. Es handelt sich also um kein jugendspezifisches Phänomen. Das angestrebte und verfügbare Sozialkapital, so dürfen wir schließen, hat sich generell in beiden Altersgruppen erhöht.

Auf der Gewinnerseite stehen an erster Stelle die Sportvereine. Der Anteil der dort organisierten Jugendlichen hat sich im Vergleichszeitraum nahezu verdreifacht (von 12% auf 32%). Die Sportvereine profitierten nicht zuletzt vom überproportionalen Anstieg weiblicher Jugendlicher als Mitglieder. Aufschlußreich ist ferner die gewachsene Vielfalt und die angestiegene Teilnahme bei (jugend-)kulturellen Interessengruppen. Interessengruppen eignen sich dazu, leistungsbezogene Profile im Freizeit- und Kulturraum zu entwickeln. Interessen sind in sozialen ,,Insider-Szenen" organisiert, machen die Beteiligten persönlich erkennbar, sind mithin Teil einer Individualisierung des sozialen Bezugsrahmens von Jugend. Entsprechend finden wir auf der historischen Verlustseite lokale und traditionsgebundene Gruppierungen und Vereine.

Neben das formelle tritt ein informell organisiertes soziales Netzwerk der Altersgleichen. Die informelle Gesellschaft der Jugendlichen hat sich zahlenmäßig ausgedehnt und hat qualitativ an Bedeutung für die Jugendlichen gewonnen. Jugendliche der achtziger Jahre sind in größerer Zahl an informellen Gruppen Gleichaltriger beteiligt als Jugendliche damals. Während vor zwei Jahrzehnten rund die Hälfte der Jugendlichen in Cliquen war, sind es gegenwärtig drei Viertel. Die Veränderungen treffen weit mehr auf das Mädchenleben zu. Die Jugendforscher wurden erst Anfang der sechziger Jahre auf das informelle soziale Netz der Jugendlichen aufmerksam. Der geschlechtsspezifische Anstieg der Teilhabe:

— bei Jungen von 59% (1964) auf 78% (1984)
— bei Mädchen von 42% (1964) auf 75% (1984)

In gewissem Sinne dürfen wir die vermehrte Bedeutung informeller Gruppen von Gleichaltrigen dem Phänomen der Individualisierung zurechnen. Im Gegensatz zur Teilnahme an formellen Organisationen handelt es sich hierbei um soziale Konfigurationen, die durch persönliche Bekanntschaft und Initiative der beteiligten Personen gestiftet werden.

Das Pendant zur Orientierung Jugendlicher an Gruppen und Gruppierungsformen ist die Orientierung an einzelnen Personen und Typen von Personen. Auch in diesem Bereich wird die dichtere soziale Einbindung heutiger Jugendlicher erkennbar. In den achtziger Jahren haben mehr Jugendliche Personen, und zwar häufig gleich mehrere, mit denen sie persönliche Sorgen und Nöte besprechen können. In den fünfziger Jahren gab ein großer Prozentsatz der Jüngeren zu Protokoll, es sei niemand da, dem sie ihr Vertrauen schenken könnten. Die wachsende Verfügbarkeit über Menschen, mit denen man nach eigenem Eindruck alles besprechen kann, gilt auch für die erwachsene Bevölkerung. Unterschiede ergeben sich bei der Art der Personen, auf die man sich bezieht. Bei den Jugendlichen haben insbesondere die Gleichaltrigen als Gesprächspartner für persönliche Fragen an Bedeutung dazugewonnen. Mitte der fünfziger Jahre tauchten z.B. ,,Freunde" als Gesprächspartner kaum auf. In den achtziger Jahren haben Eltern als Vertraute zahlenmäßig nicht unbedingt abgenommen, nur haben sie jetzt Konkurrenz durch verschiedene gleichaltrige Personen/Personengruppen erhalten: Freund, Freundin, Freunde (Mehrzahl), einzelne Geschwister. Eltern haben als Vertraute in persönlichen Krisenzeiten keineswegs abgedankt, nur ist ein elterliches Monopol zerbrochen. Auf der Gegenseite finden wir bei Erwachsenen und Eltern eine spiegelsymmetrische Öffnung der Bezugspersonen. Erwachsene der fünfziger Jahre betrachteten allenfalls altersgleiche Erwachsene als mögliche persönliche Gesprächspartner. In den achtziger Jahren sind Erwachsene offener in Richtung Jüngere. Nicht wenige Erwachsene sehen in ihren (jugendlichen) Kindern die entscheidenden Ratgeber für ihr Leben.

Zur Individualisierung jugendlicher Sozialbindungen zählt die neuartige Bedeutung, die Freundschaftsbindungen zufällt. Dabei hat sich die zahlenmäßige Beteiligung Jugendlicher am System gleichgeschlechtlicher Freundschaften — ,,beste Freundin" und ,,bester Freund" — vergleichsweise wenig verschoben. Wohl aber hat sich die Qualität solcher jugendlichen Freundschaften erhöht. In den achtiger Jahren sind gleichgeschlechtliche Freunde/Freundinnen zu beachtenswerten Beratern in Sachen Lebenslauf und persönliche Probleme avanciert. Freundschaftspaare nehmen an der sich entwickelnden privaten Diskurskultur teil, die seit den siebziger Jahren den Alltag kennzeichnet. Zugleich drückt sich darin die verallgemeinerte und lebensgeschichtlich vorverlagerte persönliche Gestaltung einer individuellen Biografie aus. Im Fall der gegengeschlechtlichen Paarbildung können wir einen dramatisch zu nennenden Anstieg verzeichnen. Jugendliche heute nehmen mehrheitlich im frühen Alter an ich- und körpernahen Sozialerfahrungen teil, die früheren Jugendgenerationen überwiegend verschlossen waren.

Es ist verführerisch, die Entwicklung des Alltagslebens seit Mitte des 20. Jahrhunderts unter dem Gesichtspunkt eines (weiteren) historischen Schubs der Privatisierung wahrzunehmen.
Empirische Belege lassen sich genügend auffinden und argumentativ verwerten. So treffen wir auf eine eindringliche emotionale „Aufladung" und „Erhitzung" des privaten (Familien)-Raumes, die — historisch weit zurückreichend (Sennett 1974/1983) — gleichwohl eine neue Stufe der Verallgemeinerung der Intimisierung von Familie über den bürgerlichen und kleinbürgerlichen Ursprungsort hinaus anzeigt. Die Grenzen zwischen warmen Innen- und feindlich-kalten Außenräumen der Gesellschaft haben sich in den letzten Jahrzehnten weiter verfestigt. Diese Zweiteilung der sozialen Welt finden wir in den achtziger Jahren, bei Jugendlichen wie bei Erwachsenen, als etablierten Teil des eigenen Selbst- und Weltverständnisses (vgl. Bd. 1 und Bd. 4 der Jugendstudie '85).

Eine parallele Entwicklungstendenz läßt sich unter dem Stichwort der Verhäuslichung ins Feld führen. Der öffentliche Nahraum hat an Bedeutung gegenüber verhäuslichten und ganz oder teilweise privatisierten Handlungsräumen verloren. Der Rückzug in das eigene Haus oder in „geschlossene" Gesellschaften erfolgte unter dem Zwang einer Funktionalisierung des öffentlichen (Straßen-)Raumes für Verkehrs- und Warenzwecke bei gleichzeitiger Möblierung und großzügiger Erweiterung der geschlossenen Lebensräume. Kulturkritisches Symbol dieser Entwicklungstendenz ist die Etablierung des individuellen Medienkonsums innerhalb der eigenen vier Wände, der ortsgebundene Realkontakte in imaginäre Begegnungen mit — potentiell — der ganzen Welt umzuwandeln vermag.

Eine solche strikte Sichtweise unterschlägt zu viele Aspekte und Eigenarten der jüngsten Entwicklung des Alltagslebens, als daß sie akzeptiert werden könnte. Um zu einer zufriedenstellenden Einordnung unserer eigenen Untersuchungsresultate zu gelangen, müssen wir zwei gewichtige Modifikationen in Rechnung stellen. Zum einen ist zu beachten, in welcher Weise sich die Bedeutung des Privaten gewandelt und damit in ein neues Verhältnis zum öffentlichen Handlungsraum gesetzt hat. Zum anderen ergeben sich einschneidende Differenzierungen, wenn wir die Entwicklung für Jugendliche und Erwachsene getrennt betrachten.

Die sozialhistorische Wandlung des verhäuslichten Privatraumes läßt sich anhand der Kurzformel charakterisieren, daß Elemente des

Öffentlichen in die neu sich konstituierende und auf tendenziell alle Bevölkerungsgruppen hin sich erweiterende Privatheit integriert werden. Solche Elemente lassen sich für die kommunikative wie für die politische Kultur nachweisen. Die Wiedererstehung des Öffentlichen im privaten Handlungsraum ist bei Jugendlichen und jungen Erwachsenen stärker ausgeprägt als bei den darauffolgenden Altersgruppen.

Die erweiterte Kommunikationskultur erweist sich beispielsweise darin, daß der Umkreis der besprechbaren Lebens- und Alltagsfragen gegenüber den fünfziger Jahren zugenommen hat. Subtile Gefühle und Stimmungen sind verbalisierbar geworden: Verständigungen über gesellschaftliche Tabubereiche der vierziger und fünfziger Jahre wie Sexualität oder Politik sind, auch im Fall eines Dissens, möglich geworden. Die Schwelle der Peinlichkeit hat sich vom Reden aufs Schweigen verlagert. Während es seinerzeit eher peinlich war, gewisse Grundfragen des Lebens und der Lebensführung voreinander auszusprechen und zu bekennen, ist es heute eher bedenklich, wenn darüber geschwiegen wird. Die erhöhte Reflexivität, damit ein Anstieg des Standards und der Qualität privater Kommunikation, erweist sich insbesondere an der Offenlegung der eigenen Lebensgeschichte und Lebensplanung. Ähnliches läßt sich — mit einiger Vorsicht — auch von den Standards des privaten Diskurses über politisch-gesellschaftliche Fragen behaupten.

Parallel zur Zahl der besprechbaren Themen ist eine Zunahme der zur Verfügung stehenden privaten Gesprächspartner zu konstatieren. Politik ist gegenwärtig nicht mehr nur eine Angelegenheit der Männer im Haus; über Liebe, Sexualität und Ehefragen debattieren neben den Erwachsenen inzwischen auch Jugendliche und Kinder mit. Erweiterung der Kommunikationskultur heißt in diesem Zusammenhang: die Öffentlichkeit des Diskurses im Privatraum ist weniger als früher durch statusbedingte Barrieren wie Geschlecht oder Alter eingegrenzt.

In dem Maße, in dem die neuartige Form verhäuslichter Privatheit in allen Gesellschaftsgruppen sich durchsetzt, relativiert sich eine überlieferte Polarität geschlechtsbezogener Lebensweise. Männer sind nicht mehr umstandslos Repräsentanten des Öffentlichen, Frauen Vertreterinnen des privaten Handlungsraumes. Besonders bei Jugendlichen und jungen Erwachsenen ist zu beobachten, welchen Bedeutungszuwachs der private Handlungsraum seit den fünfziger Jahren auf der männlichen Seite zu verzeichnen hat. Beispielsweise messen männliche Jugendliche heute der privaten Liebesbeziehung, der Kindererziehung, einem gelungenen Familienleben mehr Bedeutung zu, als dies der männliche Teil der Jugendgeneration damals tat. Umgekehrt läßt sich empirisch anhand der Zeitreihen und Zeitvergleiche demonstrieren, daß Mädchen und junge Frauen seit den fünfziger Jahren den öffentlichen Handlungsraum zunehmend für sich entdecken und in Anspruch nehmen. Hierbei handelt es sich um Tendenzen in der Entwicklung von Alltagshandeln und Biografie, die männliche und weibliche Lebensweisen einander (wieder) angenähert haben, ohne die Grenzen ganz zu verwischen. Allerdings ist ein Ende der Annäherung aus den Daten gleichfalls nicht ablesbar.

Ein solcher Gesichtspunkt läßt deutlich werden, warum es irreführend ist, Verhäuslichung und Privatisierung des Alltagslebens als Zunahme sozialer Isolierung zu begreifen. Die Individuierung der Handlungsräume provoziert, im Gegenteil, eine erweiterte Sozialität — eine Sozialität allerdings, die als verinselte und auf intime Kleingruppen bezogen zu verstehen ist. Die historische Tendenz zur sozial-räumliche Abschließung und Verhäuslichung persönlicher Privatbezirke bedeutet u.a. eine Zunahme der sozialen Kontrollierbarkeit und individuellen Sicherheit — folglich eine Befriedung des täglichen Handlungsraumes. Auf der Basis solcher (relativ zu verstehender) Befriedung wächst die Bereitschaft zur erweiterten Sozialität nach innen wie nach außen. Im Inneren tritt eine Lockerung — Informalisierung — der sozialen Beziehungen ein, verbunden mit erweiterten Partizipationschancen für alle in diesem Raum zusammengeschlossenen Einzelpersonen. Nach außen äußert sich die Befriedung in einer gesteigerten Bereitschaft, den begrenzten Umkreis des Privaten durch selektive, individualisierte Kontakte zur Nachbarschaft und zu einer erweiterten sozialen Umgebung hin zu öffnen. In repräsentativen Surveys erscheint diese Tendenz als historisches Anwachsen sozialer — selbstgewählter — Bindungen bei den Befragten.

Ein zweiter Aspekt des Wandels bezieht sich darauf, daß sich privates Handeln als politisches, gesellschaftliches Handeln versteht, der Privatraum sich mit politischer Bedeutung und Sinngebung anfüllt. Eine entsprechende Neuakzentuierung läßt sich insbesondere bei jungen Erwachsenen — bzw. Postadoleszenten im dritten Lebensjahrzehnt — beobachten. Liebe, Familiengründung, Kindererziehung, Ernährung usw. werden als Teil einer Politik des Alltags verstanden. Eine entsprechende Erweiterung des überlieferten Begriffs von Politik ist ferner in bezug auf die „Politisierung“ des Diskurses um persönliche Lebensziele und Lebensplanung zu konstatieren.

Kindererziehung ist für Jugendliche heute z.B. vielfach keine Privatsache. Sie ist ein Beitrag für eine ,,bessere Zukunft" der Welt. Der Erziehungsoptimismus bürgerlicher Aufklärung, den diese im 18. Jahrhundert programmatisch vortrug, hat sich inzwischen als Alltagsverständnis künftiger Eltern von der politisch-gesellschaftlichen Seite ihrer Tätigkeit festgesetzt. ,,Kinder richtig zu erziehen" steht bei Jugendlichen '84 in der Liste dessen, was ,,jeder von uns für eine bessere Zukunft tun könnte", ganz obenan. Zwei Drittel aller Jugendlichen zwischen 15 und 24 Jahren finden den Beitrag, den Erziehung für die Zukunft leisten könne, ,,sehr wichtig".

Die politische Umwertung des Privaten, die wir bei der heutigen Jugendgeneration antreffen, läßt eine mehrfach von Jugendforschern vertretene These, wonach Jugendliche Anfang der achtziger Jahre vermehrt zum Rückzug ins Private neigen, als richtig und falsch zugleich erscheinen. Richtig daran ist, daß Jugendliche heute bei ihrer Lebensplanung dem privaten Bereich eine größere Bedeutung beimessen, als dies die Jugendgeneration der fünfziger Jahre tat — der ja das Odium des Privatistischen ohnehin anhaftete. (Vgl. den folgenden Exkurs über Lebensleistungen '55 — '84 als einen empirischen Beleg für die Behauptung.) Auf der anderen Seite unterschlägt eine solche — zumeist kritisierend vorgebrachte — Einschätzung die Hineinnahme des privaten Handlungsraumes in den politischen Diskurs. In diesem Punkt unterscheiden sich Jugendliche der achtziger Jahre grundlegend von ihrer historischen Vergleichsgeneration, für die eine Bezugnahme auf private Handlungsräume in der Tat Privatismus, also Rückzug aus dem politischen Handlungsraum, beinhaltete. Für bestimmte Gruppen Jugendlicher heute ist dagegen jede noch so unscheinbare private Handlung von politischer Relevanz und als Teil einer Politik des Alltags gemeint.

Exkurs: Lebensleistungen im Zeitvergleich

Zur Untermauerung des vorangegangenen Abschnittes zu den Wandlungen des Privaten sei ein empirischer Zeitvergleich mitgeteilt, der sich auf antizipierte Lebensleistungen bezieht. Jugendlichen '84 wurde die gleiche Frage vorgelegt, die der Jugendgeneration '55 bereits einmal gestellt worden war: ,,Auf welche beiden

Tab. 53: „Auf welche beiden Leistunge, die Du gerne in Deinem Leben vollbringen möchtest, würdest Du (Sie: 1955) besonders stolz sein?" — offene Frage — Mehrfachantworten möglich — Angaben in % —

	Jugend '55			Jugend '84		
	Alle	Geschlecht		Alle	Geschlecht	
		männlich	weiblich		männlich	weiblich
Schule und Beruf	52			59		
Berufliche Leistungen und Erfolge	33	**41**	25	31	29	33
Existenzsicherung, berufliche Selbständigkeit	13	**20**	6	11	14	9
Berufsprüfungen	10	12	8	12	14	11
Schulleistungen, Examen	3	4	3	**12**	13	**19**
Heim und Familie	26			47		
Heirat, Familiengründung, Kinder	10	6	**15**	**22**	19	24
Wohnung, eigenes Heim	9	10	8	11	11	11
Harmonisches Familienleben	7	2	**12**	12	11	13
Gute Hausfrau werden	2	—	**5**	0	—	1
Kindererziehung	1	0	2	**9**	6	12
Außerberufliche Leistungen und Erfolge	10			10		
(sportliche, künstlerische Erfolge u.ä.)	10	12	8	10	11	9
Materielle Erfolge	8			11		
Geld, Reichtum	5	6	4	5	**8**	3
Bestimmte (Konsum-)Gegenstände	3	4	2	5	7	4
Persönlichkeitswerte	6			20		
Geistige Leistungen	4	5	2	3	3	2
Guter Charakter, Wohlverhalten	2	1	2	**9**	8	10
Identität, Entwicklung	—	—	—	**9**	8	11
Wunschträume und utopische Vorstellungen	7			7		
Wunschträume und utopische Vorstellungen	6	6	5	6	**9**	3
Streben nach Berühmtheit	1	2	0	1	1	1
Humane Leistungen		2			4	
Leistungen für bestimmte Menschen	1	1	2	1	0	1
Leistungen für die Gesamtheit	1	0	2	3	4	3
Sonstiges	—	—	—	5	6	3
Keine Angaben	20	14	**25**	9	9	10

Quellen: Fröhner 1956, S. 286ff./Jugendliche und Erwachsene '85,Bd. 5, S. 174

Leistungen, die Du gerne in Deinem Leben vollbringen möchtest, würdest Du (Sie) besonders stolz sein?“ Wir dokumentieren die Antworten auf die offen gestellte Frage an dieser Stelle, da sich andernorts noch keine Gelegenheit ergab, die Ergebnisse mitzuteilen.

Die persönlichen Lebensziele heutiger Jugendlicher haben sich in Richtung Familiengründung verlagert. Zahlenmäßig erreichen „Heim und Familie“ fast die Bedeutung von „Schule und Beruf“ als Lebensleistungen. Jugendliche der 80er Jahre gewichten allgemein die Familiengründung als Lebensleistung höher. Vor allem aber drückt sich darin die größere Kindzentriertheit der 80er-Jahre-Jugend aus. Kinder gut erziehen zu können, gehört bei vielen inzwischen zu einer anerkannten und persönlich erstrebten Lebensleistung. Die stärkere Gewichtung von Familiengründung und Kindererziehung in den 80er jahren ist vor allem Resultat einer Umorientierung der männlichen Jugendlichen. Während in den 50er Jahren diese Lebensaufgaben für Jungen nahezu bedeutungslos waren und als Domäne den Mädchen überlassen qurden, äußern junge Männer in der 80er Jahren fast gleich häufig entsprechende familienbezogene Lebensziele.

Berufliche Leistungen und Erfolge sind für die beiden Jugendgenerationen gleich wichtig geblieben. Dies gilt jedoch nur für Mädchen. Bei Jungen hat die Bedeutung arbeits- und laufbahnbezogener Lebensziele deutlich abgenommen. In den 50er Jahren handelte es sich hier um eine Domäne der Jungen. In den 80er Jahren sind die beruflichen Ziele für Jungen und Mädchen nahezu gleich wichtig geworden. Für die Jugendlichen der 80er Jahre spielen schulbezogene Leistungen eine größere Rolle, dies insbesondere für die Mädchen.

Die leistungsbezogenen Lebensziele von Mädchen und Jungen waren in den fünfziger Jahren also stärker geschlechtstypisch ausgerichtet. Für Jungen bezogen sie sich überwiegend auf Schule und Beruf, für Mädchen auf Heim und Familie. In den achtziger Jahren unterscheiden sich Jungen und Mädchen zahlenmäßig kaum noch voneinander. Für eine Minderheit von Jungen sind materielle Erfolge (Geld, Konsum) ein gewissermaßen männliches Reservat geblieben. Was Jungen ferner — wiederum eine Minderheit — häufiger zeigen, sind Wunschträume und utopische Vorstellungen für ihr Leben. In den fünfziger Jahren wußten viele Mädchen keine Lebensleistungen für sich anzugeben (jede Vierte). Dieser Unterschied zu den Jungen ist in den achtziger Jahren verschwunden. Insgesamt wissen Jugendliche in den achtziger Jahren mehr über ihre Zukunftsvorstellungen und antizipierten Leistungen zu sagen als in den fünfziger Jahren.

Die Frage nach den hoch besetzten Lebensleistungen offenbart auch die Bedeutung anspruchsvoller Persönlichkeits- und Individualitätsmuster für die 80er-Jahre-Generation. In den fünfziger Jahren spielte dieses Ziel kaum eine Rolle (6 %); wenn überhaupt, so bezogen sich die Ansprüche auf gewisse geistige, intellektuelle Leistungen. In den achtziger Jahren bezieht sich jeder Fünfte auf eine Vielfalt von erwünschten, angestrebten Charaktereigenschaften und persönlichen Entwicklungsprozessen. Diese Neueinführung komplexer Identitätsfragen in die erhofften Lebensleistungen verdeutlicht das gestiegene Niveau der Individualisierung und Persönlichkeits-Modellierung in den achtziger Jahren.

Fortdauernde Bedeutung der Straßenöffentlichkeit

In gewissem Sinne gelten die oben besprochenen Tendenzen zur Eingrenzung und Verfestigung eines verhäuslichten Privatraumes nur für Erwachsene, auch für Kinder und ältere Menschen, nicht jedoch für Jugendliche. Für diese Altersgruppe finden sich Gegentendenzen, die uns berechtigen, geradezu von einer *Ent*-Häuslichung zu sprechen. Legen wir einen historischen Langzeit-Maßstab an, so können wir die Zeit zwischen 1900 und 1950 als eine Hochphase familiengebundener und an diesem Ort verhäuslichter Jugend erkennen (Mitterauer 1986). In den Jahrzehnten seit Mitte des 20. Jahrhunderts hat sich die Bindung Jugendlicher an den elterlichen Haushalt gelockert. Die Jüngeren verlassen lebensgeschichtlich früher das Elternhaus. Anders als zu früheren Zeiten sind weibliche Jugendliche nicht weniger, sondern mehr als männliche Jugendliche an diesem sozialräumlichen Exodus beteiligt. Die zum Teil historisch neuartigen Wohn- und Sozialformen von Jugend, die sich außerhalb des elterlichen Haushaltes seit den sechziger Jahren herausgebildet haben, sind erheblich stärker öffentlichkeitsbezogen als die familialen Haushalte. Dies läßt sich am Beispiel der Wohngemeinschaften, aber auch anhand von Einzel- und Paarhaushalten demonstrieren.

Entsprechend können wir im Fall der Jugendphase nicht von einem generellen Rückzug aus der territorialen Straßenöffentlichkeit sprechen, wie dies für Kinder, Erwachsene und Ältere gilt. Treffender dürfte sein, Jugendliche als Delegierte zu verstehen. Sie fungieren stellvertretend für die stärker verhäuslichten Altersgruppen als Akteure der Straße, der politischen oder freizeitbezogenen Öffentlichkeit. Während für Kinder der Sozialisationsmodus Straße historisch sich nahezu überlebt hat, jedenfalls in den westeuropäischen Metropolen der Industriezivilisation, kommt der Sozialisation in und durch die Straße im Jugendalter nach wie vor eine erhebliche Bedeutung zu.

Eine Bedingung hierfür ist die relative Mittellosigkeit von Jugendlichen, was verhäuslichten Privatraum angeht. Sie verfügen über weniger Handlungsräume als ein durchschnittlicher, ökonomisch selbständiger Erwachsener. Mangel an privatem Raum zwingt dazu, auf öffentlichen Handlungsraum zurückzugreifen — auch mit Handlungen, die historisch aus diesem Raum zwischenzeitlich entfernt wurden. Die Bedeutung des öffentlichen Kommunalraumes für Jugendliche hängt damit zusammen, daß Jugendliche ein relatives Defizit an eigenkontrolliertem Privatraum aufweisen und deshalb gezwungen sind, einen Teil gegenwärtig privatisierter Handlungen auf den öffentlichen Nahraum zu verschieben. Der Bedarf an öffentlichem Nahraum, den Jugendliche gegenwärtig anmelden, „fällt auf", weil er — anders als in der Vergangenheit — nicht mehr in entsprechende Anmeldungen breiterer Altersgruppen eingebettet ist.

Jugendliche sind noch aus einem weiteren Grund auf die kommunale Straßenöffentlichkeit in besonderer Weise angewiesen. Sie nehmen in geringerem Maße als Erwachsene an verschiedenen bürgerlichen Gesellungsformen (Vereine, Clubs) teil. Dieser kommunalen Erwachsenenöffentlichkeit korrespondiert ein eigener Raumtypus, der halböffentliche Raum. Weil Jugendliche weniger in die lokale Öffentlichkeit einbezogen sind, sind ihnen auch die entsprechenden Raumangebote häufiger versperrt. Oder anders formuliert: Die informellen Gesellungsweisen der Jugendlichen sind vielfach nicht als Teil lokaler bürgerlicher Öffentlichkeit anerkannt. Der Kampf von Jugendgruppen auf lokaler Ebene um Jugendzentren, eigene Räume usw. ist Ausdruck des Versuchs bestimmter Jugendlichengruppen, als Teil der legitimen Öffentlichkeit anerkannt zu werden.

Jugendliche sind auf den lokalen öffentlichen Raum auch deshalb in besonderer Weise angewiesen, weil sie räumlich weniger mobil als der durchschnittliche Erwachsene sind. Das gilt jedenfalls für überregionale Fern-Räume und für die Gruppe der Jüngeren. (In der Spät- und Nachphase der Adoleszenz kehrt sich dieses Verhältnis zugunsten der Jüngeren eher um.) Dorthin gelangt man nur mit Verkehrsmitteln, die den jüngeren Jahrgängen aus finanziellen und rechtlichen Gründen häufig noch versperrt sind. Im räumlichen Nahbereich sind Jugendliche als Fußgänger (und Radfahrer) allerdings häufig mobiler. Sie sind deshalb auch besonders befähigt, den öffentlichen lokalen Raum zu durchmessen.

Virtuosen der Körper- und Gefühlsdarstellung

Die Spezialisierung gesellschaftlicher Tätigkeit ergreift auch die Darstellung von Emotionen, Wünschen und Gefühlen. Als dominante Einrichtung in diesem Bereich dürfen wir den Kunstsektor ansehen. Die Spezialisierung hat jedoch genauso im nichtlegitimierten Bereich von Kultur, in der Alltagskultur, ihren Platz. Die Darstellung von Gefühlen ist in der gegenwärtigen Industriezivilisation auf bestimmte Orte und Personengruppen eingegrenzt. Nehmen wir eine gesamtgesellschaftliche Perspektive ein, so verfeinerten und erweiterten die entwickelten Industriegesellschaften das Spektrum der körpervermittelten Darstellungsformen von inneren Gefühlen. Dies allerdings im Zuge einer voranschreitenden Spezialisierung der Orte und hierzu befähigten Personenkreise. Aus der Sicht des Einzelnen und des täglichen Lebens erscheint die Entwicklung eher als Verarmung. Was diesen ,,Zentren" der Gefühlsexpression zugewiesen wird, wird dem Alltagsleben und der Fähigkeit des Einzelnen entzogen. Dieser Vorgang läßt sich in Parallele setzen zur Enteignung gewisser Arbeitsvermögen, die zentral verwaltet und monopol- wie treibhausartig weiterentwickelt werden (wo sie als Produktivkräfte nutzbar gemacht werden können).

Was der Alltagsmensch nicht mehr zum Ausdruck bringen kann, was er nicht gelernt oder im Zuge der Einfügung in zivilisierte Handlungsroutinen verlernt hat, findet er in höchster Vollendung und mit großer Variationsbreite repräsentiert im Hochleistungssportler, im Theaterschauspieler, im Filmstar, der Sängerin, beim Tänzer usw.

Die Renaissance von ,,Alltagskultur", die wachsende Bedeutung von Lebensstilen und Lebensstilsuche in der Freizeit läßt sich als eine Gegenbewegung gegen die Enteignung des Alltagsmenschen von der Vielfalt gesellschaftlich verfügbarer — aber monopolisierter — körperbezogener Expressionsmöglichkeiten deuten.

Im Rahmen der Dienstleistungsgesellschaft deutet sich gleichfalls eine Gegenbewegung zu einer Entkörperlichung an, die durch die

Dominanz der industriellen Warengesellschaft hervorgerufen wurde: Die Hochphase der kapitalistischen Industriegesellschaft war u.a. dadurch gekennzeichnet, daß industriell produzierte Waren als Substitut für direkte körperliche Expression von Innerem sich etablierten. Was ein Alltagsmensch zum Ausdruck bringen möchte, brachte (und bringt) er nicht mehr körpernah, sondern über das Medium gezielter Warenselektion und eines gezielten Warenarrangements in seiner Nahwelt zum Ausdruck.

In der Phase des Übergangs zur Dienstleistungsgesellschaft finden sich Gegenbewegungen, die die expressive Enteignung des Alltagsmenschen teilweise rückgängig machen, sie jedenfalls wieder stärker einbinden möchten in direkt körperbezogene Expressivität. Die Aktualisierung von Lebensstilen, die Einbindung der Warenwerbung und des Warenangebots in komplexe Ausdruckswünsche ihrer Besitzer mögen einen Hinweis in dieser Richtung geben. Die Dominanz der spezifisch warenkapitalistischen Durchdringung unseres Alltagslebens wird hierdurch nicht aufgehoben, sie wird nur in einer neuen Weise auf die wiedererwachende Expessivität der gesellschaftlichen Akteure bezogen und dieser nutzbar gemacht. (Vgl. z.B. die Freizeitindustrie, die sich auf bestimmte Körpertätigkeiten wie Surfen, Tanzen, Reiten usw. bezieht.)

Das Jugendalter spielt in diesem Zusammenhang eine besondere Rolle im Gefüge der Altersgruppierungen. In gewisser Weise fungiert dieses Alter als Vorreiter und auch als Stellvertreter körperbezogener Expression. Vorreiter sind Jugendliche bei der Wiederintegration körperbezogener sozialer Expression in das Alltagsleben. In diesem Sinn fungiert — auf der ökonomischen Ebene — der Markenwert der „Jugendlichkeit". Stellvertreter sind Jugendliche insofern, als andere Altersgruppen direkte körperbezogene Expression an die Jugendlichen delegieren: Expressivität als Teil der Zuschreibung an diese Altersphase. Die Zuschreibung richtet sich zum Teil an alle Jugendlichen — etwa in der besonderen Weise, in der Jugendlichen zugestanden und zugleich von ihnen erwartet wird, Liebe, Verliebtheit und die mit dem romantischen Komplex zusammenhängenden Szenen und Ritualien eindrucksvoll für andere Altersgruppen zu dramatisieren und sichtbar darzustellen.

Ähnlich verhält es sich mit der öffentlichen Demonstration von Schönheit, körperlicher Spannkraft (sportives Körpermodell). Weniger offensichtlich, weil tabuisiert, enthält die Altersnorm für Jugendliche auch noch Elemente der Darstellung von körperbezogener Aggressivität und Gewalt. Diese Aufforderung (an den männlichen Teil) ist zugleich mit der öffentlichen Darstellung von der Niederhaltung und Bestrafung direkter physischer Gewalt im Alltag verknüpft, aber nicht von der impliziten gesellschaftlichen Aufforderung zu trennen. Entsprechende Dramatisierungen finden wir in Medienberichten über Auseinandersetzungen jugendlicher Straßengruppen untereinander (bzw. neuerdings von Fußballfans), in Auseinandersetzungen von Demonstranten mit der Polizei usw. In diesen Inszenierungen finden wir Elemente älterer Strafpraxen wieder, die mit der Etablierung zivilisierter Industriegesellschaften als gesamtgesellschaftliche Einrichtungen verschwunden sind (z.B. öffentlicher Pranger; öffentliche Prügelstrafe). Zum Schauder und zum Ergötzen des ergriffenen Publikums (das allerdings nicht direkt, sondern medienvermittelt an diesen öffentlichen Auflehnungen und Bestrafungsritualen teilnimmt), stehen ausgewählte Jugendlichengruppen stellvertretend mit ihrem Körper für gesellschaftliche Rebellion und deren Bestrafung ein.

Expressive Gruppenstile sind ein prominentes Beispiel für Spezialisierung und Delegierung körperbezogener Ausdrucksformen. Jugendliche, die sich als Punker, Rocker, Popper usw. stilisieren, gestalten Wünsche, verleihen Ängsten, Problemen und Hoffnungen stellvertretend für andere sinnliche Gestalt. Teilnehmer an Gruppenstilen sollten deshalb als hochspezialisierte Alltagskünstler begriffen werden, Teilhaber an einem körpernahen ,,Kunsthandwerk". Sie agieren zunächst sellvertretend für die Mehrheit der Altersgleichen, die sich nicht in gleicher Weisev expressiv engagieren; allerdings nicht für alle Richtungen, sondern für bestimmte Subgruppen. Die Spezialisierung der Stile verrät, daß immer mehr ideologische Bewegungen bzw. gefühlsbezogene Zeitströmungen unter den Jüngeren eine kulturell institutionalisierte Ausdrucksweise suchen und finden. In diesem Sinne sind vielerorts z.T. hochprofessionelle ,,Theatergruppen" unterwegs, die straßenöffentlich oder zumindest jugendöffentlich bedeutsame Themen ausspielen und modisch inszenieren. Nur daß die Berichterstattung über diese Aufführungen nicht im Feuilleton — Abteilung Theaterkritik —, sondern in den Rubriken Politik oder ,,Aus aller Welt" (Unterhaltung) erfolgt.

Expressive Gruppenstile entziehen sich den herkömmlichen Kategorien des legitimen Kunstbetriebes. Das läßt verständlich erscheinen, daß um die Zuordnung dieser hochspezialisierten, aber nicht als solche anerkannten ,,Alltagskunst" gesellschaftliche Auseinandersetzungen stattfinden. Welchem Diskurs sind diese öffentlichen Ausdrucksstile zuzurechnen? Auf der einen Seite finden sich Bemühungen, die Stile kriminalpolitischen Diskursen zuzurechnen; auf der anderen Seite werden Gruppenstile einseitig politischen Kategorien subsumiert; eine dritte Variante ist, Stile in Beziehung zu sozialen Randgruppen zu bringen (der Diskurs der sozialen Kontrolleure); schließlich spielen Stile eine Rolle in der öffentlichen Thematisierung von sozialen Altersnormen (Generationsdebatte). Diese Unsicherheit und Konflikthaftigkeit der Zurechnung ist natürlich nicht zufällig, sondern lediglich auf Diskursebene Ausdruck dessen, daß es sich um nichtlegitime Formen der Kunst, also um ein nichtdefiniertes Neuland von Alltagskultur handelt.

Anhang: Synopse des Vergleichs Jugend der 50er und Jugend der 80er Jahre

(Band-Angaben (z.B. „Bd. 2") beziehen sich auf Fischer/Fuchs/Zinnecker: Jugendliche und Erwachsene '85 (1985))

Thema	Fundort
	Historische Jugendgenerationen
Autobiographien (Jahrgänge 29 bis 40	Bd. 3, S. 7
Erinnerungen an die 50er Jahre	Bd. 3, S. 43
Soziodemographie Jugend '53 — '84	Bd. 3, S. 462; 468
Jugend '81: Porträt einer Generation	Jugend '81, S. 80
Jugend der 40er — Jugend der 50er Jahre	(in diesem Buch) Erster Teil
	Beziehungen zwischen jüngerer und älterer Generation
Jugendfeindlichkeit	Bd. 1, S. 84
Machtbalance Ältere-Jüngere	Bd. 3, S. 248
Konflikte in Kindheit u. Jugend	Bd. 3, S. 99
	Kindheit — Erziehung in der Familie
Strenge der Erziehung	Bd. 3, S. 151
Wandel der Erziehungswerte	Bd. 3, S. 166, S. 197
Sexuelle Aufklärung	Bd. 3, S. 232, S. 293
Kinderspiel	Bd. 5, S. 162, S. 256; Bd. 3, 17; 282; Bd. 2, S. 280
Konflikte im Elternhaus	Bd. 3, S. 99
Autobiografische Erinnerungen	Bd. 3, S. 14
Auszug aus dem Elternhaus	Bd. 1, S. 222; Bd. 3, 465
Eltern als Vertrauenspersonen u. Vorbild	(in diesem Buch) Zweiter Teil
	Jugendlicher Lebenslauf
Lebenslaufereignisse —	
— der erste Tanzkurs	Bd. 1, S. 202
— erste sexuelle Erfahrungen	Bd. 1, S. 204
— aus der Schule kommen	Bd. 1, S. 216
— Abschluß der ersten Berufsausbildung	Bd. 1, S. 219
— Auszug aus dem Elternhaus	Bd. 1, S. 222; Bd. 3, 465
— Heirat und Elternschaft	Bd. 1, S. 224

Thema	Fundort
Leistungen im Leben	(in diesem Buch) Dritter Teil
Individualisierung der Lebensphase Jugend	Fuchs (1983)
Schule und Bildung	
Gute und schlechte Erinnerungen an die Schule	Fuchs/Zinnecker (1985)
Soziodemografie (Bildungs-Statistik)	Bd. 3, S. 462
Schulabgang (Lebenslaufereignis)	Bd. 1, S. 216, 237
Schule in Autobiografien	Bd. 3, S. 24
Schulkonflikte mit Eltern	Bd. 3, S. 123
Probleme in der Schul- und Ausbildungszeit	Bd. 5, S. 169, S. 263
Lieblingsfächer	Bd. 5, S. 168; S. 262
Interesse an Technik	(in diesem Buch); Bd. 2, S. 49 ff.
Arbeit und Erwerbstätigkeit	
Einstellung zur Arbeit	Fuchs/Zinnecker (1985)
Abschluß der Berufsausbildung	Bd. 1, S. 219
Arbeit als Lebensleistung	(in diesem Buch) Dritter Teil
Soziodemografie (Arbeits-Statistik)	Bd. 3, S. 462
Religion und Kirche	
Gottesdienstbesuch	Bd. 1, S. 266, S. 273
Beten	Bd. 1, S. 266, S. 279
Glaube an ein Weiterleben nach dem Tod	Bd. 1, S. 267, S. 285
Politische Kultur	
Interesse für Politik	Bd. 3, S. 366
Vorliebe für Parteien	Bd. 3, S. 396
Einstellung zu Nationalsozialismus und Hitler	Bd. 3, S. 328
Autoritarismus	Bd. 3, S. 322
Jugendpolitische Forderungen	Bd. 1, S. 99
Freizeit- und Konsumkultur	
Freizeittätigkeiten	(in diesem Buch)
Musikalische Praxis (Instrument)	Bd. 2, S. 127
Musikalische Veranstaltungen	(in diesem Buch)
Tanzinteressen	Bd. 2, S. 87
Tanzkurs/Tanzschule	Bd. 1, S. 202, Bd. 2, S. 71
Sportive Praxis	(in diesem Buch)
Sportveranstaltungen	(in diesem Buch)

Thema	**Fundort**
Organisierte Sportjugend	(in diesem Buch)
Rauchen	(in diesem Buch)
Alkohol trinken	(in diesem Buch)
Medienkonsum	Bd. 2, S. 186, S. 210
Lesekultur	Bd. 2, S. 189
Tagebuchschreiben	Bd. 2, S. 240, S. 297
Literarische und künstlerische Tätigkeit	Bd. 2, S. 176
Gruppen und Vereine	
Mitgliedschaft in Vereinen und Organisationen	(in diesem Buch)
Informelle Gruppen	(in diesem Buch)
Öffentliche Gruppenstile (z.B. Halbstarke, Rocker, Fußball-Fans)	(in diesem Buch)
Bezugspersonen	
Vertrauenspersonen	(in diesem Buch)
Vorbilder	(in diesem Buch)

Literaturverzeichnis

Adam, Clemens et al. 1981 — Lebenssituation von Arbeiterjugendlichen, Beiträge aus einem Forschungsprojekt. Frankfurt am Main

Alberts, Jürgen 1974. Zum Beispiel Bowling, in: Alberts et al., S. 130-147

Alberts, Jürgen et al. 1974. Segemente der Unterhaltungsindustrie. Frankfurt am Main

Allerbeck, Klaus R., Hoag. Wendy J. 1985. Jugend ohne Zukunft? Einstellungen, Umwelt, Lebensperspektiven. München und Zürich

Amerikanische Hochkommission o.J. (1950). Jugend in Westdeutschland. München

Arbeitsgruppe Jugend '83 1984. Jugend vom Umtausch ausgeschlossen. Eine Generation stellt sich vor. Hamburg

Baacke, Dieter 1980. „Der leise Widerstand", Psychologie heute, August, S. 23-29

Baacke, Dieter 1985. „Jugendkulturen und Popmusik", in: D. Baacke, W. Heitmeyer, Hrsg., S. 154-174

Baacke, Dieter, Heitmeyer, Wilhelm, Hrsg. 1985. Neue Widersprüche. Jugendliche in den achtziger Jahren. Weinheim, München

Bangert, Albrecht 1983 a. Der Stil der 50er Jahre. Möbel und Ambiente. München

Bangert, Albrecht 1983 b. Der Stil der 50er Jahre. Design und Kunsthandwerk. München

Bauer, Andi 1981. „Schaukeln und Wälzen", in: E. Siepmann et al., Hrsg., S. 170-181. Berlin

Baumann, Hans-Dieter 1983. „Szenen aus dem deutschen Rockerleben", deutsche jugend 31, S. 31 ff.

Baumann, Ulrich 1984. Katholische Jugend 1983. Eine empirische Untersuchung zur Situation von Jugend u. Jugendarbeit im Bistum Limburg. In Anlehnung an die „Shell-Studie Jugend '81". Marburg

Baumert, Gerhard 1952. Jugend der Nachkriegszeit. Lebensverhältnisse und Reaktionsweisen. Darmstadt

Beck, Ulrich 1983. „Jenseits von Stand und Klasse: Soziale Ungleichheit, gesellschaftliche Individualisierung und die Entstehung neuer sozialer Formationen und Identitäten", in: R. Kreckel, Hrsg., Soziale Ungleichheiten, Sonderband 2 der Sozialen Welt, S. 35-74. Göttingen

Becker, Helmut et al. 1984. Pfadfinderheim, Teestube, Straßenleben, Jugendliche Cliquen und ihre Sozialräume. Frankfurt am Main.

Bednarek, Joachim 1985. „Bodybuilding als Freizeitaktivität und Lebensinhalt", in: M. Klein, Hrsg. Sport und Körper, S. 50-64. Reinbek b.H.

Behnken, Imbke, Hrsg. 1985. Jugend in Selbstbildern (Bd. 4 von A. Fischer et al.). Leverkusen

Beirat für Jugendfragen, Hrsg. 1951. Erhebung über Lage, Tätigkeiten und Freizeitwünsche der Jugend von 14-21 Jahren. Wiesbaden

Benz, Wolfgang, Hrsg. 1983. Die Bundesrepublik Deutschland, Geschichte in drei Bänden. Frankfurt am Main

Berliner Geschichtswerkstatt 1985. Vom Lagerfeuer zur Musikbox. Jugendkulturen 1900 — 1960. Berlin

Bertlein, Hermann 1961. Das Selbstverständnis der Jugend heute. Eine empirische Untersuchung über ihre geistigen Probleme, ihre Leitbilder und ihr Verhältnis zu den Erwachsenen. Berlin, Hannover, Darmstadt

Bischoff, Joachim; Maldaner, Karlheinz, Hrsg. 1980. Kulturindustrie und Ideologie. Teil 1: Arbeiterkultur. Theorie des Überbaus. Freizeit; Sport. Hamburg

Bischoff, Joachim; Maldaner, Karlheinz, Hrsg. 1982. Kulturindustrie und Ideologie. Teil 2: Ideologie und Aneignung. Tourismus. Kleingärten und Camping. Glücksspiel. Heimtiere. Kirche, Kultur. Druckmedien. Hamburg

Blücher, Viggo Graf 1956. Freizeit in der Industriellen Gesellschaft. Dargestellt an der jüngeren Generation. Stuttgart

Blücher, Viggo Graf 1966. Jugend — Bildung und Freizeit. Dritte Untersuchung zur Situation der Deutschen Jugend im Bundesgebiet, durchgeführt von EMNID. Bielefeld

Blücher, Viggo Graf 1966. Die Generation der Unbefangenen. Zur Soziologie der jungen Menschen heute. Düsseldorf und Köln

Blücher, Viggo Graf 1975. Jugend zwischen 13 und 24. Vergleich über 20 Jahre. Bielefeld

Boltanski, Luc 1976. ,,Die soziale Verwendung des Körpers", in: D. Kamper, V. Rittner, Hrsg.: Zur Geschichte des Körpers. Perspektiven der Anthropologie, S. 138-183. München-Wien

Bondy, Curt; Eyferth, Klaus 1952. Bindungslose Jugend. Eine sozialpädagogische Studie über Arbeits- und Heimatlosigkeit. München und Düsseldorf

Bondy, Curt et al. 1957. Jugendliche stören die Ordnung. Bericht und Stellungnahme zu den Halbstarkenkrawallen. München

Bourdieu, Pierre 1982. Die feinen Unterschiede. Kritik der gesellschaftlichen Urteilskraft. Frankfurt am Main

Bourdieu, Pierre 1983. ,,Ökonomisches Kapital, kulturelles Kapital, soziales Kapital", in: R. Kreckel, Hrsg., Soziale Ungleichheiten, Sonderband 2 der Sozialen Welt, S. 183-198. Göttingen

Bourdieu, Pierre 1985. ,,Historische und soziale Voraussetzungen modernen Sports", Merkur 39, (7), S. 575-590

Bourdieu, Pierre 1985. Sozialer Raum und ,,Klassen". Frankfurt am Main

Bracken, Helmut von 1954. ,,Meinungsforschung und Jugendarbeit. Zu der EMNID-Erhebung ,Die Jugend zwischen 15 und 24'", deutsche jugend 2, S. 115 ff.

Bracken, Helmut von 1954. „Die deutsche Jugend von 1953 im Spiegel der Meinungsforschung. Zu der EMNID-Erhebung ,Die Jugend zwischen 15 und 24' ", deutsche jugend 2, S. 15 ff

Brake, Mike 1981. Soziologie der jugendlichen Subkulturen. Eine Einführung. Frankfurt am Main

Brauer, Andi 1982. ,,Schaukeln und Wälzen", in: Siepmann et al., Hrsg., Bikini. Die fünfziger Jahre. Kalter Krieg und Capri-Sonne

Braun, Hans 1979. ,,Die gesellschaftliche Ausgangslage der BRD als Gegenstand der zeitgenössischen soz. Forschung.", Kölner Zeitschrift für Soziologie und Sozialpsychologie 31, S. 785 ff.

Braun, Hans; Articus, Stephan 1984. ,,Sozialwissenschaftliche Forschung im Rahmen der amerikanischen Besatzungspolitik 1945 — 1949", Kölner Zeitschrift für Soz. u. Sozialpsychologie, 36, S. 703-737
Brecht, Günter 1983. Rocker in Deutschland '81. Ein Jahrbuch. Heidelberg
Brecht, Günter 1984. Rocker in Deutschland. Ein Jahrbuch, Band 2 ('82). Heidelberg
Breyvogel, Wilfried; Helsper, Werner 1980. ,,The Teens in Concert ... Alltag und Musik", Westermanns Pädagogische Beiträge (11), S. 433-437; 440-445
Breyvogel, Wilfried; Helsper, Werner 1980. Superman und Kinder-Rock. Kindliche Phantasie und Rezeption industriell produzierter Allmachtsobjekte. Pilotstudie des Nazißmusprojektes Essen, Typoskript. Essen
Brunhöber, Hannelore 1983. ,,Unterhaltungsmusik", in: Benz (Hrsg.): Die Bundesrepublik Deutschland, Band 3, S. 397-419
Brunner, Rudolf 1984. ,,Auswertung von Verfahren gegen 149 Fußballfans, insb. unter jugendkriminologischen Aspekten". Zentralblatt für Jugendrecht, 71, S. 224-228
Büchner, Peter 1985. Einführung in die Soziologie der Erziehung und des Bildungswesens. Darmstadt
Clarke, J. et al. 1979. Jugendkultur als Widerstand. Milieus, Rituale, Provokationen. Frankfurt am Main
Cohen, Phil 1979. ,,Territorial- und Diskursregeln bei der Bildung von ,,Peergroups" unter Arbeiterjugendlichen", in: Clarke, S. 238 ff.
DIVO 1958. Eine Untersuchung über Ferien und Freizeit der Jugend. Materialbericht. Frankfurt und Bad Godesberg
DIVO 1962. Der westdeutsche Markt in Zahlen. Ein Handbuch für Forschung, Werbung und Verkauf (2. Aufl.). Frankfurt am Main
Dorner, Rainer 1980. ,,Halbstark in Frankfurt", in: Götz Eisenberg, Hans-Jürgen Linke, Hrsg. Fuffziger Jahre, S. 221-234
Drexler, Wulf 1984. ,,Kriegsschäden. Die Auswirkungen des 2. Weltkrieges auf die um 1930 und um 1940 Geborenen", in: Ch. Büttner et al., Hrsg., Jahrbuch der Kindheit 1, S. 39-50. Weinheim und Basel
Dzial, Helma 1985. ,,Selbstbilder und Träume", in: A. Fischer, W. Fuchs, J. Zinnecker, S. 273-296 (Bd. 4)
Ege, Peter; Kuntze, Sven 1974. ,, ,Little Honda'. Zur Gebrauchswertbestimmung des Motorrads", in: Jürgen Alberts u.a., S. 215-243
Eichberg, Henning 1978. Leistung, Spannung, Geschwindigkeit. Sport und Tanz im gesellschaftlichen Wandel des 18./19. Jahrhunderts. Stuttgart
Eichstedt, Astrid; Polster, Bernd 1985. Wie die Wilden. Berlin
Eisenberg, Götz; Linke, Hans-Jürgen, Hrsg. 1980, Fuffziger Jahre, Gießen;
Elder, Glen H., 1980, ,,Adolescence in Historical Perspective", in: J. Adelson, Hrsg., Handbook of adolescent psychology, S. 3-46, New York;
Elias, Norbert 1981, Über den Prozeß der Zivilisation. Soziogenetische und psychogenetische Untersuchungen. 2 Bände (1939), Frankfurt am Main;
Elias, Norbert 1983, ,,Die Genese des Sports als soziologisches Problem", in: Ders. und Eric Dunning, Sport im Zivilisationsprozeß, S. 9-46, Münster;
Elias, Norbert, Dunning, Eric 1983, Sport im Zivilisationsprozeß, Münster;
EMNID-Inst.f.Meinungsforschung, 1954, Jugend zwischen 15 und 24. Eine Un-

tersuchung zur Situation der deutschen Jugend im Bundesgebiet Hamburg und Bielefeld;
EMNID-Inst.f.Meinungsforschung, 1955, Jugend zwischen 15 und 24. Zweite Untersuchung zur Situation der deutschen Jugend im Bundesgebiet Hamburg und Bielefeld;
EMNID 1961, Grundeinstellungen und Orientierungsmaßstäbe der Jugendlichen zwischen 15 und 20 Jahren, Bielefeld;
EMNID, 1963, Bindung der Jugendlichen zwischen 15 und 20 Jahren an Vereine und Jugendverbände, Bielefeld;
EMNID 1966, Jugend, Bildung und Freizeit. Hrsg. vom Jugendwerk der Deutschen Shell, Bielefeld;
EMNID, 1969, Junge Intelligenzschicht 1968/69. Politische Meinungen, Einstellungen und Verhaltensbereitschaften, Bielefeld;
EMNID, 1969, Freizeit und Privatleben, Bielefeld;
EMNID, 1972, Spiegel-Umfrage Freizeitverhalten;
EMNID, 1973, Freizeitbedingungen und Freizeitentwicklungen 1972/73, Bielefeld;
EMNID, 1975, siehe: Jugendwerk 1975;
Engler, Steffanie et al. 1985, Arrangements der Geschlechter. Die kulturellen Praxen von Mädchen in einer männlich geprägten Jugendsubkultur. Unveröffentl. Diplomarbeit, Marburg;
Erikson, Erik H., 1974, Jugend und Krise. Die Psychodaynamik im sozialen Wandel, Stuttgart;
Faltermaier, Martin, Hrsg., 1983, Nachdenken über Jugendarbeit. Zwischen den fünfziger und achtziger Jahren. Eine kommentierte Dokumentation mit Beiträgen aus d. Zeitschrift ‚deutsche jugend', München;
Fend, Helmut; Schneider, Gabriele, 1984, ,,Schwierige Schüler - Schwierige Klassen. Abweichendes Verhalten, Sucht- und Delinquenzbelastung im Kontext der Schule", Zeitschrift für Sozialisationsforschung und Erziehungssoziologie, 4 (1), S. 123-142;
Fend, Helmut; Friedeburg, Ludwig von, Hrsg., 1985, ,,Jugend im sozialen Wandel" (Themenheft), Zeitschrift für Sozialisationsforschung und Erziehungssoziologie 5 (1);
Fischer, Arthur, 1985, ,,Rauchen und Trinken", in: A. Fischer; W. Fuchs; J. Zinnecker, S. 35-48 (Bd. 2);
Fischer, Arthur; Fuchs, Werner; Zinnecker, Jürgen; 1985, Jugendliche und Erwachsene '85. Generationen im Vergleich (Hg. Jugendwerk d. Dt. Shell) (5 Bde.), Leverkusen;
Fischer, Cornelia, 1985, ,,Tanz", in: A. Fischer; W. Fuchs; J. Zinnecker, S. 59-106, (Bd. 2);
Fischer, Wolfgang, 1953, ,,Das Vorbild in der Vorpubertät", Vierteljahrsschrift für wissenschaftliche Pädagogik, 29, S. 125-132;
Fischer-Kowalski, Marina, 1983, ,,Halbstarke 1958, Studenten 1968: Eine Generation und zwei Rebellionen", in: U. Preuss-Lausitz u.a., S. 53-69;
Flitner, Andreas; Hornstein, Walter, 1964, ,,Kindheit und Jugendalter in geschichtlicher Betrachtung", Zeitschrift für Pädagogik 10, S. 311-339;
Franck, Dieter, 1983, Jahre unseres Lebens. 1945-1949, Reinbek bei Hamburg;

Friebel, Harry et al., 1979, Selbstorganisierte Jugendgruppen zwischen Partykultur und politischer Partizipation am Beispiel von Jugendzentren und Fußball-Fanclubs, Opladen;
Friedeburg, Ludwig von, Hrsg., 1965, Jugend in der modernen Gesellschaft, Köln und Berlin;
Fröhner, Rolf, 1956, Wie stark sind die Halbstarken? Jugend zwischen 15 und 24, Dritte Untersuchung, Bielefeld;
Fuchs, Werner, 1983, ,,Jugendliche Statuspassage oder individualisierte Jugendbiographie?", Soziale Welt 34, S. 341-371;
Fuchs, Werner, 1985, ,,Sport und Sportverein", in: A. Fischer; W. Fuchs; J. Zinnecker, S. 107-126 (Bd. 2);
Fuchs, Werner, 1985, ,,Entspannung im Alltag", in: A. Fischer et al., S. 7-34 (Bd. 2);
Fuchs, Werner; Zinnecker, Jürgen, 1985, ,,Nachkriegsjugend und Jugend heute. Werkstattbericht aus einer laufenden Studie", Zeitschrift f. Sozialisationsforschung und Erziehungssoziologie 5 (1), S. 5-28;
Gaiser, Wolfgang; Hübner-Funk, Sibylle et. al., 1985, Immer diese Jugend! Ein zeitgeschichtliches Mosaik. 1945 bis heute. (Hrsg. Deutsches Jugendinstitut), München;
Gartner, Alan; Riessman, Frank, Der aktive Konsument in der Dienstleistungsgesellschaft. Zur politischen Ökonomie des tertiären Sektors, Frankfurt/Main;
Gebauer, Gunter, 1982, ,,Ausdruck und Einbildung. Zur symbolischen Funktion des Körpers, in: D. Kamper; Ch. Wulf, Hrsg., S. 313-329;
Gershuny, Jonathan, 1981, Die Ökonomie der nachindustriellen Gesellschaft. Produktion und Verbrauch von Dienstleistungen, Frankfurt/New York;
Gillis, John R., 1980, Geschichte der Jugend, Weinheim und Basel;
Gleichmann, Peter/Goudsblom, Johan/Korte, Hermann (Hrsg.), 1977, Materialien zu Norbert Elias' Zivilisationstheorie, Frankfurt/Main;
Gleichmann, Peter/Goudsblom, Johan/Korte, Hermann (Hrsg.), 1984, Macht und Zivilisation. Materialien zu Norbert Elias' ,Zivilisationstheorie 2, Frankfurt/Main;
Glöckel, Hans, 1960, ,,Eine Vergleichsuntersuchung zur Frage jugendlichen Idealerlebens", Psychologische Rundschau (1), S. 1-20;
Göbel, Edith, 1964, Mädchen zwischen 14 und 18. Ihre Probleme und Interessen, ihre Vorbilder, Leitbilder und Ideale und ihr Verhältnis zu den Erwachsenen, Hannover u.a.;
Graf, Otto, 1950, ,,Die Lebensbedingungen des Jungarbeiters, Soziale Welt 3, S. 42-50;
Graudenz, Karl-Heinz/Pappritz, Erika, 1956, Das Buch der Etikette, München;
Gronefeld, Gerhard, 1984, Frauen in Berlin 1945-1947, Berlin;
Gross, Peter, 1983, Die Verheißungen der Dienstleistungsgesellschaft. Soziale Befreiung oder Sozialherrschaft, Opladen;
Grube, Frank/Richter, Gerhard, 1981, Die Gründerjahre der Bundesrepublik Deutschland zwischen 1945 und 1955, Hamburg;
Hartmann, Klaus, 1958, ,,Spielaspekte des Jugendkrawalls. Subjektive Spielmerkmale", Zeitschrift für Psychotherapie und Medizinische Psychologie 8, S. 159-170;

Hartmann, Klaus, 1959, „Spielaspekte des Jugendkrawalls. Objektive Spielmerkmale“, Zeitschrift für Psychotherapie und Medizinische Psychologie 9, S. 108-121;
Hasenclever, Christa, 1978, Jugendhilfe und Jugendgesetzgebung seit 1900, Göttingen;
Haß, Kurt, Hrsg., 1950, Jugend unterm Schicksal. Lebensberichte junger Deutscher 1946-1949, Bern;
Haug, Wolfgang Fritz, 1971, Kritik der Warenästhetik, Frankfurt/Main;
Hauschka, Ernst R., 1954, „Ideale und Vorbilder der jungen Menschen heute“, deutsche jugend 2 (2), S. 63-69;
Hebdige, Dick, 1979, Subculture. The Meaning of Style, London;
Heigert, Hans, 1959, „Ein neuer Typ wird produziert, der Teenager“, deutsche jugend 7, S. 117 ff;
Heinritz, Charlotte, 1985, „Bedrohte Jugend - drohende Jugend? Jugend der fünfziger Jahre im Blick des Jugendschutzes, in: A. Fischer/W. Fuchs/J. Zinnecker, S. 293-319, (Bd. 2), Leverkusen;
Hellfeld, Matthias von/Klönne, Arno, 1985, Die betrogene Generation. Jugend in Deutschland unter dem Faschismus. Quellen und Dokumente, Köln;
Hemsing, Walter, 1958, Das Fräulein Tochter, Stuttgart;
Hermann, Charlotte, 1952, Eure Tochter in der Entwicklungskrise, Stuttgart;
Herrmann, Ulrich, 1980, „Probleme und Aspekte historischer Ansätze in der Sozialisationsforschung“, in: K. Hurrelmann/D. Ulich, Hrsg., Handbuch der Sozialisationsforschung, S. 227-252, Weinheim/Basel;
Herrmann, Ulrich, 1982, „Was heißt Jugend?“, in: H.-G. Wehling, Hrsg., Jugend. Jugendprobleme. Jugendprotest, S. 11-27, Stuttgart;
Herrmann, Ulrich, 1984, „Geschichte und Theorie. Ansätze zu neuen Wegen in der erziehungsgeschichtlichen Erforschung von Familie, Kindheit und Jugendalter“, Zeitschrift für Sozialisationsforschung und Erziehungssoziologie 4 (1), S. 11-28;
Herrmann, Ulrich/Gestrich, Andreas/Mutschler, Susanne, 1983, „Kindheit, Jugendalter und Familienleben in einem schwäbischen Dorf im 19. und 20. Jahrhundert (bis zum Ersten Weltkrieg), in: P. Borscheid/H.J. Teuteberg, Hrsg., Ehe, Liebe, Tod, S. 66-79, Münster;
Hoefer, Liese, 1950, Verarbeitungsweisen zeitbedingter Erlebnisse bei 17-21jährigen. Unveröffentl. Dissertation, Bonn;
Hofstätter, Peter R., 1957, Gruppendynamik. Kritik der Massenpsychologie, Hamburg;
Hofstätter, Peter R., 1957, „Die amerikanische und die deutsche Einsamkeit“, Verhandlungen des 13. deutschen Soziologentages, Köln;
Hopf, Wilhelm, 1979, „Fernsehsport: Fußball und anderes“, in: W. Hopf, Hrsg., Fußball, S. 227-240;
Hopf, Wilhelm, Hrsg., 1979, Fußball. Soziologie und Sozialgeschichte einer polpulären Sportart, Bensheim;
Hornstein, Walter, 1965, Vom „Jungen Herrn“ zum „Hoffnungsvollen Jüngling“. Wandlungen des Jugendlebens im 18. Jahrhundert, Heidelberg;
Hornstein, Walter et. al., 1975, Lernen im Jugendalter. Ergebnisse, Fragestellungen und Probleme, Stuttgart;

Huck, Gerhard, Hrsg., 1980, Sozialgeschichte der Freizeit, Wuppertal;
Hurrelmann, Klaus/Rosewitz, Bernd/Wolf, Hartmut K., 1985, Lebensphase Jugend. Eine Einführung in die sozialwissenschaftliche Jugendforschung, Weinheim/München;
Hyde, Chris, 1983, Rock'n'Roll Tripper, Stories & Bilder, Rheinberg;
Infas, 1962, Berliner Jugend 1962 — Ergebnisse einer sozialwissenschaftlichen Erhebung, Bad Godesberg;
Infas, 1968, Bremer Jugend 1968, Bad Godesberg;
Infas, 1982, Zur Situation der Jugendlichen in Nordrhein-Westfalen/Zur Situation der türkischen Jugendlichen in Nordrhein-Westfalen, Bad Godesberg;
Irwin, John, 1977, Scenes, Beverly Hills und London;
Italiaander, Rolf, Hrsg., 1958, Teenagers. Mit Zeichnungen von Eric Godal, Hamburg;
Jaide, Walter, 1961, Eine neue Generation? Eine Untersuchung über Werthaltungen und Leitbilder der Jugendlichen (Hrsg. Deutsches Jugendinstitut), München;
Jaide, Walter, 1968, Leitbilder heutiger Jugend. Eine emprische Studie über Leitbilder, Vorsätze und Lebenswünsche — ihre Eigenart, Problematik und Erforschung, Darmstadt und Berlin;
Joerges, Bernward, Berufsarbeit, Konsumarbeit, Freizeit. Soziale Welt, 2, S. 168-195;
Jordan, Erwin/Sengling, Dieter, 1977, Einführung in die Jugendhilfe, München;
Jugendliche heute, 1955, s. Hörerforschung des NWDR, Hrsg., 1955;
Jugendwerk der Deutschen Shell, Hrsg., 1966, Jugend, Bildung und Freizeit. Dritte Untersuchung zur Situation der Deutschen Jugend im Bundesgebiet, durchgeführt vom EMNID-Inst. f. Meinungsforschung, Hamburg;
Jugendwerk der Deutschen Shell, Hrsg., 1975, Jugend zwischen 13 und 24 — Vergleich über 20 Jahre, Hamburg;
Jugendwerk der Deutschen Shell, Hrsg. 1982, Jugend '81. Lebensentwürfe, Alltagskulturen, Zukunftsbilder, Opladen;
Jugendwerk der Deutschen Shell, Hrsg., 1983, Näherungsversuche. Jugend '81, Opladen;
Jungwirth, Nikolaus et. al., 1983, Die Pubertät der Republik. Die 50er Jahre der Deutschen, Reinbek bei Hamburg;
Kaiser, Günther, 1959, Randalierende Jugend. Eine soziologische und kriminologische Studie über die sogenannten ‚Halbstarken', Heidelberg;
Kamper, Dietmar/Wulf, Christoph, Hrsg., 1982, Die Wiederkehr des Körpers, Frankfurt/Main;
Kamper, Dietmar/Wulf, Christoph, Hrsg., 1984, Das Schwinden der Sinne, Frankfurt/Main;
Kirchner, Rolf, 1985, „Von der Geige zur Gitarre. Zur Musizierpraxis von Jugendlichen", in: A. Fischer/W. Fuchs/J. Zinnecker, S. 127-141 (Bd. 2);
Kleinschmidt, Ulrich/Winter, Jochen, 1981, „Fest-strukturierte Gruppen — ihr Einfluß auf die Entwicklung von Verarbeitungsstrategien", in: C. Adam u.a., S. 177-196;
Klinsky, E.J./Reich, H., 1962, Bilder schreiben Geschichte. Deutschland 1945 bis heute, München;

Koebner, Thomas/Janz, Rolf-Peter/Trommler, Frank, Hrsg., 1985, ‚Mit uns zieht die neue Zeit'. Der Mythos Jugend, Frankfurt/Main;
Kraft, Bruno, 1985, „Jugend als Problem — Jugendliche Kunst zwischen Medienberichterstattung, schulischer Belehrung und eigenständiger Produktion", in: A. Fischer/W. Fuchs/J. Zinnecker, S. 387-428 (Bd. 4);
Kraußlach, Jörg et al. 1976, Aggressive Jugendliche. Jugendarbeit zwischen Kneipe und Knast, München;
Krüger, Heinz-Hermann, 1983, „Sprachlose Rebellen? Zur Subkultur der ‚Halbstarken' in den Fünfziger Jahren", in: W. Breyvogel, Hrsg., Autonomie und Widerstand, S. 78-83, Essen;
Krüger, Heinz-Hermann et al., 1984, „James Dean und die ‚wilden Engel' vom Borsigplatz", in: L. Niethammer et al., Hrsg. Die Menschen machen ihre Geschichte, Bonn;
Krüger, Heinz-Hermann, Hrsg., 1985, ‚Die Elvis-Tolle, die hatte ich mir unauffällig wachsen lassen'. Lebensgeschichte und jugendliche Alltagskultur in den fünfziger Jahren, Opladen;
Kuhn, Anette/Schubert, Doris, 1980, Frauen in der Nachkriegszeit und im Wirtschaftswunder 1945-1960, Frankfurt/Main;
Kulke, Christine, 1983, „Altrebellen und Neurebellen zwischen Annäherung und Abgrenzung. Zur Veränderung des Protestverhaltens Jugendlicher", in: U. Preuss-Lausitz, Hrsg., Kriegskinder. Konsumkinder. Krisenkinder. Zur Sozialisationsgeschichte seit dem Zweiten Weltkrieg, S. 71-88, Weinheim;
Kurz, Karl, 1949, Lebensverhältnisse der Nachkriegsjugend. Denkschrift zu einer von dem Senator für Schulen und Erziehung in Bremen veranlaßten Erhebung ..., Bremen;
Lehmann, Hans-Georg, 1981, Chronik der Bundesrepublik Deutschland. 1945/49 bis 1981, München;
Lessing, Helmut/Liebel, Manfred, Hrsg., 1981, Wilde Cliquen. Szenen einer anderen Arbeiterjugendbewegung;
Liede, Margret/Ziehe, Thomas, 1983, Über Telefonitis, die Liebe zu den alten Klamotten und den Hunger nach Itensität, Reinbek bei Hamburg;
Liedtke, Peer; 1983, Bewegung und Bewegungslosigkeit. Zur Sozialisation des Körpers im Prozeß der Zivilisation. Diplomarbeit, Marburg;
Lindner, Rolf, Hrsg., 1980, Der Fußballfan. Ansichten vom Zuschauer, Frankfurt/Main;
Lopez, Hannelore, 1983, Rauchen bei Kindern und Jugendlichen. Eine empirische Untersuchung, Weinheim;
Lückert, Rolf, 1965, Beiträge zur Psychologie der Gegenwartsjugend, München und Basel;
Lüderitz, Herwig, 1984, „Rocker in der Bundesrepublik". Pschologie und Gesellschaftskritik 8, S. 50-64;
Lutte, Gerard et al., 1969, „Das Bild der Eltern und die Familienwerte im jugendlichen Idealleben", Zeitschrift f. Entwicklungspsychologie u. päd. Psychologie 1, S. 18-31;
Lutte, Gerard et al., 1970, Leitbilder und Ideale der europäischen Jugend. Untersuchung in sieben europäischen Ländern, Ratingen u.a.;
Lutz, Jürgen et al., 1983, Jugendkulturen: Produktionsstätten von Identität —

Orte der sozialen Reproduktion. Diplomarbeit, Marburg;
Marplan, 1968, Aufbereitung und Analyse von Ergebnissen aus der Basisstudie zur Situation der Jugend in Deutschland, Bundesministerium für Familie und Jugend;
Mary und Doris, 1978, ,,Wenn ich ne Karre hab, verzicht ich auf alles. Die ,Dark Ladies' in Berlin. Interviews von Jochen Maes" in: Kursbuch 54 (Thema Jugend), S. 88-96;
Matthes, Joachim, Hrsg., 1983, Krise der Arbeitsgesellschaft? Frankfurt/New York;
Mauss, Marcel, 1978, ,,Die Techniken des Körpers", in: ders. Soziologie und Anthropologie, Bd. 2, Hrsg. W. Lepenies/H. Ritter, S. 199-200, Frankfurt/Main;
Max-Planck-Inst.f.Bildungsforschung, 1980, Projektgruppe Bildungsbericht, Hrsg., Bildung in der Bundesrepublik Deutschland. Daten und Analysen, 2 Bände, Reinbek bei Hamburg;
Mitterauer, Michael, 1986, Sozialgeschichte der Jugend, Frankfurt/Main;
Muchow, Hans-Heinrich, 1956, ,,Zur Psychologie und Pädagogik der ,Halbstarken'", 3 Teile, Unsere Jugend, S. 388-394; 442-448; 486-498;
Muchow, Hans-Heinrich, 1959, Sexualreife und Sozialstruktur der Jugend, Reinbek bei Hamburg;
Muchow, Hans-Heinrich, 1962, Jugend und Zeitgeist. Morphologie der Kulturpubertät, Reinbek bei Hamburg;
Müller, Marcel, 1949, Untersuchungen über das Vorbild, Bern;
Müller, K,.F. Wilhelm, 1956, ,,Jugend und Motorkoller. Bemerkenswerte Fälle aus der jugendrichterlichen Praxis", Recht der Jugend, S. 42-44;
Müller-Lundt, Evelin, 1985, ,,Jungsein ist ...", in: A. Fischer/W. Fuchs/J. Zinnecker, S. 251-272, (Bd. 4);
Munkwitz, Werner/Neulandt, Günter, 1957, ,,Autodiebstahlsdelikte Jugendlicher", Deutsche Zeitschrift für gerichtliche Medizin, 46, S. 455-468;
Nikles, Bruno W., 1978, Jugendpolitik in der Bundesrepublik Deutschland. Entwicklungen, Merkmale, Orientierungen, Opladen;
Nitschke, August, 1985, Junge Rebellen, Mittelalter, Neuzeit, Gegenwart: Kinder verändern die Welt, München;
Noelle-Neumann, Elisabeth, 1978, Werden wir alle Proletarier? Wertewandel in unserer Gesellschaft, Zürich;
Noelle, Elisabeth/Neumann, E.P., Hrsg., 1956, Jahrbuch der öffentlichen Meinung 1947-1955, Allensbach;
Noelle, Elisabeth/Neumann, Hrsg., 1957, Jahrbuch der öffentlichen Meinung 1957, Allensbach;
Noelle, Elisabeth/Neumann, Hrsg., 1965, Jahrbuch der öffentlichen Meinung 1958-1964, Allensbach;
Noelle, Elisabeth/Neumann, Hrsg., 1967, Jahrbuch der öffentlichen Meinung 1965-1967, Allensbach;
Noelle, Elisabeth/Neumann, Hrsg., 1974, Jahrbuch der öffentlichen Meinung 1968-1973, Allensbach;
Noelle, Elisabeth/Neumann, Hrsg., 1976, Allensbacher Jahrbuch der Demoskopie 1974-1976, Band VI, Wien, München, Zürich;
Noelle-Neumann, Elisabeth, Hrsg., 1977, Allensbacher Jahrbuch der Demosko-

pie 1976-1977, Band VII, Wien, München, Zürich;
Noelle-Neumann, Elisabeth/Piel, Hrsg., 1983, Allensbacher Jahrbuch der Demoskopie 1978-1983, Band VIII, München;
Noelle-Neumann, E. und Piel, E., Hrsg., 1983, Eine Generation später. Bundesrepublik Deutschland 1953-1979, München, New York, London, Paris;
Nordwestdeutscher Rundfunk, Hrsg., 1955, Jugendliche heute. Ergebnisse einer Repräsentativbefragung der Hörerforschung des Nordwestdeutschen Rundfunks, München;
Oerter, Rolf/Montada, Leo u.a., 1982, Entwicklungspsychologie. Ein Lehrbuch, München, Wien, Baltimore;
Oheim, Gertrud, 1955, Einmaleins des guten Tons, Gütersloh;
Peukert, Detlev, 1980, „Edelweißpiraten, Meuten, Swing, Jugendsubkulturen im Dritten Reich", in: Gerhard Huck, Hrsg., Sozialgeschichte der Freizeit, Wuppertal;
Peukert, Detlev, 1980, Die Edelweißpiraten. Protestbewegungen jugendlicher Arbeiter im Dritten Reich. Eine Dokumentation, Köln;
Pilz, Gunter A., 1984, „Fußball ist für uns Krieg", psychologie heute, August, S. 52-59;
Pilz, Gunter A., Hrsg., 1982, Sport und körperliche Gewalt, Reinbek bei Hamburg;
Pilz, Gunter A., Hrsg., 1984, Sport im Verein, Reinbek bei Hamburg;
Pipping, Knut et al., 1954, Gespräche mit der Deutschen Jugend. Ein Beitrag zum Autoritätsproblem, Helsingfors;
Pirsig, Robert M., 1978, Zen und die Kunst ein Motorrad zu warten. Ein Versuch über Werte, Frankfurt/Main;
Planck, Ulrich, 1956, Die Lebenslage der westdeutschen Landjugend. Band 1: Grunddaten zur Struktur, sozialen Lage und Berufssituation der ländlichen Jugend, München;
Planck, Ulrich/Wollenweber, Hrsg., 1956, Die Lebenslage der westdeutschen Land-Jugend. Band 2: Ulrich Planck u.a., Meinungen und Verhaltensweisen der ländlichen Jugend, München;
Platz, Eberhard, 1971, Freizeitverhältnisse und Freizeitverhalten der Jugend auf dem Land, Hohenheim;
Pramann, U., 1980, Das bißchen Freiheit. Die fremde Welt der Fußballfans, Hamburg;
Preuss-Lausitz, Ulf u.a., 1983, Kriegskinder. Konsumkinder. Krisenkinder: Zur Sozialisationsgeschichte seit dem Zweiten Weltkrieg, Weinheim und Basel;
Projektgruppe Jugendbüro, 1973, Die Lebenswelt von Hauptschülern, München;
Projektgruppe Jugendbüro, 1977, Subkultur und Familie als Orientierungsmuster, München;
Prondcynsky, Andras von, 1985, „Die englische Jugendforschung am Beispiel des ‚Centre for Contemporary Cultural Studies (CCCS)'", ZSE 5, S. 149-155;
Rauch, Karl, 1956, Junge Menschen heute. Probleme und Lösungen, München;
Reigrotzki, Erich, 1956, Soziale Verflechtungen in der Bundesrepublik. Elemente der sozialen Teilnahme in Kirche, Politik, Organisationen und Freizeit, Tübingen;
Reschke, Karin, 1980, Memoiren eines Kindes, Berlin;

Reuband, Karl-Heinz, 1980, ,,Konstanz und Wandel im Alkoholgebrauch Jugendlicher", in: H. Berger et al., Jugend und Alkohol, S. 22-41, Stuttgart;
Reuband, Karl-Heinz, 1985, ,,Methodische Probleme bei der Erfassung altersspezifischer Verhaltensweisen: Die Zusammensetzung von Interviewerstäben und ihr Einfluß auf das Antwortverhalten Jugendlicher", Zentralarchiv für emprirische Sozialforschung, 17, S. 34-50;
Rittner, Volker, 1982, ,,Krankheit und Gesundheit. Veränderungen in der sozialen Wahrnehmung des Körpers", in: Dietmar Kamper und Christoph Wulf, Hrsg., Die Wiederkehr des Körpers, S. 40-51, Frankfurt/Main;
Rittner, Volker, 1983, ,,Zur Soziologie körperbetonter sozialer Systeme", in: F. Neidhardt, Hrsg., Gruppensoziologie, S. 233-255 (KZfSS-Sonderheft 25), Opladen;
Röper, Burkhardt, 1978, Rauchmotivation Jugendlicher, Göttingen;
Roessler, Wilhelm, 1957, Jugend im Erziehungsfeld. Haltung und Verhalten der deutschen Jugend in der 1. Hälfte des 20. Jahrh. unter bes. Berücksicht. d. westdt. Jugend d. Gegenwart, Düsseldorf;
Roessler, Wilhelm, 1961, Die Entstehung des modernen Erziehungswesens in Deutschland, Stuttgart;
Rosenmayr, Leopold, 1976, Schwerpunkte der Jugendsoziologie, 2. Auflage, Stuttgart;
Roth, Lutz, 1983, Die Erfindung des Jugendlichen, München;
Rüther, Werner/Plum, Wolfgang, 1983, ,,Die Thematisierung von ‚Jugend' als soziales Problem in der Presse", in: M. Brusten/P. Malinowski, Hrsg., Jugend — ein soziales Problem?, S. 169-181, Opladen;
Sack, Hans-Gerhard, 1980, Die Fluktuation Jugendlicher in Sportvereinen. Forschungsprojekt 1976-1979. Abschlußbericht (Dt. Sportjugend ,,Berichte und Analysen H. 63), Frankfurt/Main;
Sack, Hans-Gerhard, 1985, Soziale Funktionen des Sportvereins im Jugendalter. Forschungsprojekt 1981 - 1983. Abschlußbericht (Dt. Sportjugend ,,Berichte und Analysen" H. 85), Frankfurt/Main;
Sack, Hans-Gerhard, 1984, ,,Zum Problem der Teilhabe der Sportvereins-Jugendlichen an der Jugendkultur — eine Reanalyse der Daten der Studie ,,Jugend '81", in: G. Pilz, Hrsg.: Sport im Verein, Reinbek bei Hamburg;
Sack, Hans-Gerhard, 1985, ,,Was bedeuten die sozialen Funktionen des Sportvereins für Jugendliche?" Olympische Jugend (7, 9, 10);
Sagitz, Walter, 1959, ,,Das Problem der ‚Halbstarken' in psychologischer Sicht", Neue Juristische Wochenschrift 18, S. 806-807;
Sand, Hermann/Benz, Kurt H., 1976, Jugend und Meinungsbildung: Ergebnisse empirischer Jugendforschung, Band 1, Stuttgart;
Sand, Hermann/Benz, Kurt H., 1979, Jugend und Freizeitverhalten: Ergebnisse empirischer Jugendforschung, Band 2, Stuttgart;
Savier, Monika/Wildt, Carola, 1978, Mädchen zwischen Anpassung und Widerstand. Neue Ansätze zur feministischen Jugendarbeit, München;
Scharmann, Dorothea-Luise, 1965, Konsumverhalten von Jugendlichen, München;
Schelsky, Helmut, 1957, Die skeptische Generation. Eine Soziologie der deutschen Jugend, Düsseldorf, Köln;

Schilling, Johannes, 1977, Freizeitverhalten Jugendlicher. Eine empirische Untersuchung ihrer Gesellungsformen und Aktivitäten, Weinheim und Basel;
Schimetschke, H., 1958, Der jugendliche Motorradfahrer, Dissertation, München;
Schivelbusch, Wolfgang, 1983, Das Paradies, der Geschmack und die Vernunft. Geschichte der Genußmittel, Frankfurt/Main;
Schlagenhauf, Karl, 1977, Sportvereine in der Bundesrepublik Deutschland. Teil I: Strukturelemente und Verhaltensdeterminanten im organisierten Freizeitbereich, Schorndorf;
Schlumbohm, Jürgen, 1979, „Straße und Familie. Kollektive und individualisierende Formen der Sozialisation im kleinen und gehobenen Bürgertum in Deutschland um 1800", Zeitschrift für Pädagogik 25, S. 697-726;
Schmeing, K., 1935, Ideal und Gegenideal. Eine Untersuchung zur Polarität der jugendlichen Entwicklung, Leipzig;
Schörken, Rolf, 1984, Luftwaffenhelfer und Drittes Reich. Die Entstehung eines politischen Bewußtseins, Stuttgart;
Schwarz, Hans-Peter, 1981, Die Ära Adenauer. Gründerjahre der Republik 1949-1957 (Band 2 der Geschichte der BRD. Hrsg. K.D. Bracher, T. Eschenburg u.a.), Stuttgart und Wiesbaden;
Schwarz, Hans-Peter, 1983, Die Ära Adenauer 1957-1963, (Band 3 der Geschichte der BRD), Wiesbaden;
Seelmann, Kurt, 1957, Das Halbstarkenproblem in München (Unveröffentl. Manuskript), zit. nach Kaiser, 1959;
Seidenspinner, Gerlinde/Burger, Angelika, 1982, Brigitte. Mädchen 82. Eine repräsent. Untersuchung über d. Lebenssit. u.d. Lebensgefühl 15-19jähriger Mädchen i.d. BRD, durchg. v. Deut. Jugendinst. für Brigitte, Hamburg;
Sennett, Richard, 1983, Verfall und Ende des öffentlichen Lebens. Die Tyrannei der Intimität. Frankfurt/Main (urspr. 1974 u.d.T.: The Fall of Public Man);
Siepmann, Eckhard et al., Hrsg., 1982, Bikini. Die Fünfziger Jahre. Kalter Krieg und Capri-Sonne, 1981), Berlin;
SINUS-Institut, 1983, Die verunsicherte Generation — Jugend und Wertewandel, Opladen;
SINUS-Institut, 1984, Jugendforschung in der Bundesrepublik. Ein Bericht im Auftrag des Bundesministers für Jugend, Familie und Gesundheit, Opladen;
SINUS-Institut/Infratest Soz.For. 1982/83, Veränderungen i.d. Motivationsstruktur Jugendlicher u. junger Erwachsener. Unters. i. Auftrag d. BuMi. f. Jugend, Fam. u. Gesundheit (6 Teile), Heidelberg und München;
SINUS-Institut, 1985, Die verunsicherte Generation. Jugend und Wertewandel. Im Auftrag des BMJFG (Materialienband 1), Stuttgart;
SINUS-Institut, 1985, Jugend privat — Verwöhnt? Bindungslos? Hedonistisch? Opladen;
Sozialarbeit und Selbsthilfe/1945, sozial extra, 1945, Heft 4, S. 18-33;
Spranger, Eduard, 1924, Psychologie des Jugendalters, Leipzig;
Statistisches Bundesamt o.J., Die Jugend im wirtschaftlichen und sozialen Leben der Bundesrepublik Deutschland 1959 (Statistik der Bundesrepublik. Band 220), Stuttgart und München;
Statistisches Bundesamt, Hrsg., 1983, Statistisches Jahrbuch 1983 für die Bun-

desrepublik Deutschland, Stuttgart und Mainz;
Statistisches Bundesamt, Hrsg., 1984, Zur Situation der Jugend in der Bundesrepublik Deutschland, Mainz;
Stein, Werner; 1978, Kulturfahrplan. Bd. 5. Von 1945 bis 1978, Frankfurt/Main;
Stone, Gregory P., 1976, ,,Soziale Sinnbezüge des Sports in der Massengesellschaft", in: G. Lüschen/K. Weis, Hrsg.: Die Soziologie des Sports, S. 132-145, Darmstadt, Neuwied;
Struss, Dieter, 1980, a, Das war 1945. Fakten, Daten, Zahlen, Schicksale, München;
Struss, Dieter, 1980, b, Das war 1951. Fakten, Daten, Zahlen, Schicksale, München;
Struss, Dieter, 1981, Das war 1948. Fakten, Daten, Zahlen, Schicksale, München;
Struss, Dieter, 1984, Das war 1954. Fakten, Daten, Zahlen, Schicksale, München;
Stückrath, Fritz/Wenzel, Ewald o.J., Vom Ausdruck des Kindes, Lübeck und Hamburg;
Tenbruck, Friedrich H., 1962, Jugend und Gesellschaft. Soziologische Perspektiven, Freiburg;
Thomae, Hans, 1950, ,,Zur psychologischen Charakteristik der deutschen Nachkriegsjugend und ihrer Gefährdungen", Bildung und Erziehung 3, S. 575-590;
Thoemae, Hans, 1965, Vorbilder und Leitbilder der Jugend, München;
Thurnwald, Hilde, 1948, Gegenwartsprobleme Berliner Familien. Eine soziologische Untersuchung, Berlin;
Trotha, Trutz von, 1982, ,,Zur Entstehung von Jugend", Kölner Zeitschrift für Soziologie und Sozialpsychologie, 34, S. 254-277;
Undeutsch, Udo, 1966, Die psychische Entwicklung der heutigen Jugend, München;
Uttitz, Pavel, 1984, ,,Gesellschaftliche Rahmenbedingungen f.d. Entwicklung des Freizeitverhaltens v. 1953-1980 in d. BRD", Zentralarchiv f. emp. Sozialforschung, Inform. 15, S. 17-37;
Uttitz, Pavel, 1985, ,,Determinanten des Freizeitverhaltens in den letzten 30 Jahren", Zentralarchiv für emprirische Sozialforschung, Information 16, S. 22-39;
Weis, K., 1982, ,,Fußballrowdytum — Zur räumlichen und rituellen Beschränkung eines sozialen Problems", in: Vaskovics, Hrsg., Die Raumbezogenheit sozialer Probleme, Opladen;
Weis, K., 1983, ,,Fußballrowdies auf dem Weg in die Kriminalität", in: H.-J. Kerner et al., Hrsg. Deutsche Forschungen z. Kriminalitätsentstehung und Kriminalitätskontrolle, Köln;
Weißbach, Wolfgang, 1971, Rocker — Stiefkinder unserer Gesellschaft. Erfahrungen eines Großstadtpfarrers, Hamburg;
Wensierski, Hans-Jürgen von, 1985, ,,Die anderen nannten uns Halbstarke" — Jugendsubkultur in den 50er Jahren, in: H.-H. Kürger, Hrsg., S. 103-128;
Wenske, Helmut/Ortwein, Otto, 1984, Fats and his Cats. 25 Jahre Rock'n'Roll. Eine Dokumentation in vielen Bildern und wenigen Worten, Wetzlar;
Wiechell, Dörte, 1977, Musikalisches Verhalten Jugendlicher, Frankfurt/Main;
Willis, Paul, 1977, Learning to Labour. How Working Class Kids Get Working

Class Jobs. Westmead. (Deutsch: Spaß am Widerstand. Gegenkultur i.d. Arbeiterschule, Frankfurt 1979), Saxon House;

Willis, Paul, 1981, ‚Profane Clulture'. Rocker, Hippies: Subversive Stile der Jugendkultur, Frankfurt/Main;

Willmott, Peter, 1975, Adolescent boys of East London. Pelikan books (urspr. 1966), London;

Wölber, Hans-Otto, 1959, Religion ohne Entscheidung. Volkskirche am Beispiel der jungen Generation, Göttingen;

Woesler de Panafieu, Christine, 1982, ,,In den Brüchen der Zeit", Feministische Studien 1 (Heft 1), S. 5-8;

Wouters, Cas, 1979, ,,Informalisierung und der Prozeß der Zivilisation", in: P. Gleichmann et al., Hrsg., Materialien zu Norbert EliasŹivilisationstheorie, S. 279-298, Frankfurt/Main;

Würzberg, Gerd, 1985, Rocker, Hexen, Kamikazes. Geschichten aus dem Motorrad-Alltag, Reinbek bei Hamburg;

Wurzbacher, Gerhard, 1965, Gesellungsformen der Jugend, München;

Ziehe, Thomas/Stubenrauch, Herbert, 1983, Plädoyer für ungewöhnliches Lernen. Ideen zur Jugendsituation. Reinbek bei Hamburg;

Zinnecker, Jürgen, 1979, ,,Straßensozialisation. Versuch, einen unterschätzten Lernort zu thematisieren", Zeitschrift für Pädagogik, 25, S. 727-746;

Zinnecker, Jürgen, 1981, ,,Jugendliche Subkulturen. Ansichten einer künftigen Jugendforschung", Zeitschrift für Pädagogik 27, S. 421-440;

Zinnecker, Jürgen, 1982, ,,Jugend '81: Porträt einer Generation", in: Jugendwerk der Deutschen Shell, S. 80-114;

Zinnecker, Jürgen, 1982, ,,Die Gesellschaft der Altersgleichen", in: Jugendwerk der Deutschen Shell, S. 422-671;

Zinnecker, Jürgen, 1983, ,,Accessoires — Ästhetische Praxis und Jugendkultur", in: Jugendwerk der Deutschen Shell, Hrsg., Näherungsversuche. Jugend '81, S. 15-312, Opladen;

Zinnecker, Jürgen, 1985, ,,Literarische und ästhetische Praxen in Jugendkultur und Jugendbiografie", in: A. Fischer/W. Fuchs/J. Zinnecker, S. 143-348 (Bd. 2);

Zinnecker, Jürgen, 1985, ,,Kindheit. Erziehung. Familie", in: A. Fischer/W. Fuchs/J. Zinnecker, S. 97-292 (Bd. 3);

Zinnecker, Jürgen, 1985, ,,Jugend der Gegenwart — Beginn oder Ende einer historischen Epoche?" in: D. Baacke/W. Heitmeyer, Hrsg., S. 24-45;

Zinnecker, Jürgen, 1986, ,,Jugend im Raum gesellschaftlicher Klassen", in: W. Heitmeyer et al., Hrsg., Interdisziplinäre Jugendforschung (im Druck), Weinheim, München;

Zulauf, Beate, 1981, ,,Die Bedeutung des Motorrads im Lebenszusammenhang männlicher Arbeiterjugendlicher", in: C. Adam u.a., S. 197-220.